한국사회의 반기업문화

나남
nanam

나남신서 1897

한국사회의 반기업문화

2017년 1월 15일 발행
2017년 1월 15일 1쇄

지은이 • 조대엽 · 이명진 · 김원섭 · 김수한 · 김혜영 외
발행자 • 趙相浩
발행처 • (주) 나남
주소 • 경기도 파주시 회동길 193
전화 • (031) 955-4601 (代)
FAX • (031) 955-4555
등 록 • 제 1-71호(1979. 5. 12)
홈페이지 • http://www.nanam.net
전자우편 • post@nanam.net

ISBN 978-89-300-8897-8
ISBN 978-89-300-8001-9 (세트)

책값은 뒤표지에 있습니다.

나남신서 1897

한국사회의 반기업문화

조대엽 · 이명진 · 김원섭 · 김수한 · 김혜영 외 지음

나남
nanam

Anti-Corporate Sentiment in Korea

by

Dae-Yop Cho, Myoung-Jin Lee,
Won-Sub Kim, Soohan Kim,
Hyeyoung Kim et al.

nanam

머리말

20세기 중반 이후 자본주의 체제의 주요한 특징은 국가공공성의 확대라고 할 수 있다. 국가는 안보, 치안뿐만 아니라 민주주의와 복지까지 국가공공성의 영역을 확대했다. 이러한 국가역할의 확대는 '시장'의 공동체 해체 경향을 완화시킴으로써 자본주의 체제의 안정적 발전을 이끌었다. 심지어 이러한 국가역할은 경제발전의 주체로까지 확대되었다. 한국을 비롯한 동아시아의 발전국가 체제에서 국가 스스로가 시장을 형성하고 선도하는 것이 대표적 예이다.

하지만 많은 사회에서 이러한 안정적인 자본주의 체제가 큰 변화를 겪는다. 사회문제 해결과 관련된 국가능력의 감소와 연관된다. 오늘날 경제발전과 민주화 그리고 세계화에 따른 사회문제의 다원화, 복잡성의 증대는 국가의 해결능력의 범위를 넘어선다. 반면에 시장부문, 특히 기업이 사회에서 차지하는 부분은 빠르게 확대된다. 다양한 형태의 '사회화'가 진행되며 전통적으로 국가가 담당하던 공공의 역할과 기능이 시장의 영역으로 넘어간다.

시장의 영향력이 사회전체에 다양하게 미침으로써 기업 활동이 사적 영역에만 머물지 않는다. 이러한 기업 활동과 영향력의 확대는 사회 여러 부문에서 저항과 도전 그리고 요구에 직면한다. 한국 시민사회와 정치권에서 반기업정서의 확산이 빈번히 감지된다. 기업도 사적 영역을 넘어 공적 부문에서 일정 부분 역할을 수행할 것을 요구받는다. 기업 자체에서도 다양한 사회공헌활동을 통해 이러한 문제에 대처한다.

고려대 한국사회연구소에서는 지난 3년 동안 한국사회에서 반기업의식의 내용과 양상을 분석함으로써 우리 사회의 반기업문화의 수준과 성격을 명확히 규명하고 지구화시대 기업의 시민친화성을 제고하기 위해 기업의 공공성을 확장시키는 방안을 모색하고자 했다. 이를 위해 일반시민과 시민사회 활동가를 대상으로 기업에 대한 의식조사를 수행했으며 정치권과 언론계의 기업에 대한 다양한 논의를 진행했다.

이 책은 이러한 연구결과를 더욱 완성도 높은 학술적 성과로 만들고 그 성과를 광범하게 공개해 우리 사회 발전을 위한 사회적 공공재로 활용하고자 하는 일련의 노력 중 하나이다. 구체적으로는 "지구화시대 한국사회의 반기업의식"에 관한 1차(2012), 2차(2014) 연구보고서를 바탕으로 연구영역을 "기업의식"으로 확장시켜 학술적 성과로서 《한국사회의 반기업문화》를 고려대 한국사회연구소의 "연구총서"로 발간하게 되었다.

이 책은 총 3부 10장으로 이루어졌다. 제 1부는 반기업정서와 기업의식과 관련된 3개의 장으로 구성되었고, 제 2부는 기업의 시민성과 사회적 책임에 관련된 4개의 장으로 이루어졌다. 제 3부는 반기업담론의 정치와 관련된 3개의 장으로 이루어졌다. 각 장의 내용을 간략히 소개하면 다음과 같다.

제 1장에서 김수한과 이명진은 반기업정서를 접근하는 이론적 논의를 전개하고 전국단위 조사자료를 통해 한국사회 반기업정서의 특징을 분석한다. 두 저자는 조직사회학의 정당성 개념에 기반을 두고 반기업정서에 접근한다. 이들의 주요한 발견은 다음과 같다. 우선, 사회제도에 대한 신뢰가 낮은 사람들이 기업에 대해 부정적으로 평가하는 경향이 있다. 또한 젊은 세대일수록, 교육의 수준이 높을수록, 소득수준이 낮을수록, 대도시에서 성장하지 않은 사람일수록 반기업정서를 가질 가능성이 높은 것으로 나타났다.

제 2장에서 김원섭, 남윤철, 신종화는 한국언론이 기업에 대해 어떤 인식을 전파하는지를 살펴본다. 이를 위해 2년(2013, 2014) 간 보수언론인 〈조선일보〉와 진보성향의 〈한겨레〉의 사설을 비교해 두 신문의 공통점과 차이점을 분석했다. 〈한겨레〉는 노동자문제와 근로조건에 초점을 두고 대기업에 대한 부정적 평가와 대기업의 불공정 행위를 부각시키는 경향이 강했다. 반면, 〈조선일보〉는 재벌의 불공정 행위, 중소기업의 경쟁력, 경제성장의 관점에서 대기업에 대한 비판적 평가를 전개하는 경향이 있다.

제 3장에서 이명진은 한국사회의 대기업 이미지를 분석한다. 사회심리학의 사회정체성 개념과 감성조절이론을 기반으로 5대 대기업 집단에 대한 태도와 평가를 살펴본다. 대학생과 서울 및 광역시에 거주하는 성인의 기업인식은 몇 가지 특징을 보인다. 첫째, 대기업의 능력이 이미지에 가장 중요한 영향을 미치는 것으로 나타났다. 둘째, 기업의 전반적 이미지는 오너에 대한 평가와 사회 전반

에 대한 신뢰에 의해 크게 영향을 받는다. 이 연구는 반기업정서를 해결하기 위해서는 기업의 사회적 책임과 더불어 재벌총수에 대한 한국인의 인식, 사회제도에 대한 공적신뢰를 동시에 재고하는 것이 필요하다는 것을 보여준다.

제 4장에서 조대엽과 홍성태는 기업의 시민성 구조를 시장영역에 내재된 공공성의 질서라는 관점에서 분석한다. 이 연구는 기업 스스로가 규범적 공공성을 바로잡지 않고서는 어떠한 전략도 제한적 시장공공성 안에서 소모적인 것으로 변질될 수밖에 없음을 강조한다. 시장공공성은 시민사회의 공공성과 접점의 영역을 활성화하는 전략에 기초해 재구조화될 필요가 있다. 이런 맥락에서 '시장에서 사회로', '사회에서 시장으로' 공공성을 투과시키는 새로운 메커니즘으로서 '적극적 시장공공성'을 제안한다.

제 5장에서 박정민과 김수한은 기업에 대한 평가와 인식에 따라 일반인이 기업에 기대하는 사회적 책임이 어떻게 다른가를 분석한다. 기업을 긍정적으로 인식하는 사람은 경제적 영역에 대한 기대를 많이 하지만 부정적으로 인식하는 사람들은 법률적, 윤리적 영역에 대한 활동을 더 기대한다. 기업에 대한 신뢰, 윤리성, 호감도에 대해 긍정적 인식을 가진 사람은 기술개발과 고객만족이 기업이 담당해야 할 사회적 책임이라고 생각하는 반면 부정적 인식을 가진 사람은 동반성장과 근로자 복지에 대한 기대가 높은 것으로 나타났다.

제 6장에서 최지영과 이명진은 시민사회 활동가의 기업인식과 평가에 초점을 두어 반기업정서를 분석한다. 정치, 경제, 사회 분야의 대표적 시민사회 활동가는 기업의 경제적 책임과 법적·윤리적 책임을 강조하는 것으로 나타났다. 시민사회 활동가는 경제적 책임과 더

불어 법적 · 윤리적 책임에 충실한 대기업에 대해 호감도와 신뢰도를 가지는 것으로 분석되었다. 하지만 기업의 자선적 활동은 시민사회 리더가 가지는 반기업정서를 완화하는 데 특별히 도움이 되지 않는 것으로 나타났다.

제 7장에서 김혜영과 이재경은 반기업정서를 둘러싼 성별 차이를 중심으로 반기업정서에 미치는 영향요인을 살펴본다. 전국단위 조사자료를 통해 분석한 결과 여성이 남성보다 반기업정서가 낮은 것으로 나타났다. 이러한 반기업정서의 성별 차이는 모든 기업이 아니라 대기업으로 국한되는 특징을 보인다. 반기업정서를 가지게 되는 주요한 요인도 성별에 따라 차이를 보였다. 남성의 경우 정부에 대한 신뢰가 낮을수록, 여성의 경우 기업의 윤리적 책임이 높다고 인지할수록 대기업에 관한 부정적 인식이 높은 것으로 나타났다.

제 8장에서 조대엽은 한국 시민정치의 전개와 반기업주의를 설명한다. 반기업주의는 정치영역과 시장영역을 감시하고 이에 저항하는 시민사회 영역에서 가장 체계적으로 나타난다. 저자는 민주화운동을 포함하는 시민사회의 운동정치를 '시민정치'로 규정하고 해방 이후 전개된 시민정치의 역사적 주기에 따라 반기업주의 프레임 변화를 분석한다. 저자는 해방 이후 1987년 6월 민주항쟁까지의 시기를 '민족민주운동주기', 1990년대 이후를 '시민사회운동주기'로 구분하고 전자를 '비시장적 반기업주의'의 시기, 후자를 '시장적 반기업주의'의 시기로 구분해 반기업주의가 사회운동주기를 거치며 구체화되고 변화되는 과정을 분석했다.

제 9장에서 김수한은 반기업담론의 근원에 대한 역사적 접근과 해석을 시도한다. 저자는 정치세력이 기업과 기업인에 대한 부정적

정체성을 공인하는 핵심적 역할을 했음을 강조한다. 권력의 전환기마다 신진 정치 엘리트는 자본과 기업가에 대한 상징폭력을 행사함으로써 통치의 정당성을 확보하려 했지만 결국에는 부정적 낙인을 찍었던 경제권력과 타협하는 과정을 반복했다. 한국 정치권력의 허약성은 재벌의 지배력을 강화시켜주는 것으로 귀결되었고 기업에 대한 부정적 인식은 더 공고해졌다.

제 10장에서 유진숙, 김원섭, 용미란은 정치인이 SNS를 통해 형성하는 반기업담론의 내용과 특징을 분석한다. 여당인 새누리당 소속 정치인은 국가가 민간기업에 후원을 제공해 경제성장을 촉진하는 후견주의적 노선을 지향하지만 야당인 새정치민주연합 소속 정치인은 경제민주화의 실현을 위해 재벌개혁을 적극적으로 추진해야 한다는 담론을 만들어내는 것으로 나타났다. 이 연구를 통해 저자들은 SNS 정치커뮤니케이션의 구조가 전통적인 정치담론의 행위자인 정당의 이념·정책적 논쟁을 그대로 반영함을 보여준다.

이 책이 담은 10편의 연구논문은 체계적인 자료와 분석방법에 기반을 둔다. 각 절에서 연구자료와 분석방법이 서술되었으므로 여기서는 간략한 소개로 대신한다. 우선 본 연구자들은 2012년 9월 서울 및 6대 광역시에 거주하는 성인남녀 1,319명을 대상으로 기업이미지 조사를 시행했다. 기업이미지 조사는 대기업에 대한 인식과 호감도, 반기업정서, 대기업에 대한 이미지 등에 관한 다양한 설문을 포함했다. 이 책의 제 1장, 3장, 5장, 7장은 2012년에 실시된 기업이미지 조사를 분석한 것이다.

2014년 본 연구진은 정치사회의 공론장을 구성하는 정치인의 SNS 내용과 주요 언론의 사설, 주요 시민사회 활동가의 의식을 중심으로 반기업정서와 기업인식을 분석했다. 먼저 정치인의 기업인식을 파악하기 위해 19대 국회의원을 대상으로 2년간(2012. 1. 1~2013. 12. 31) 이들이 트위터에 올린 내용을 수집했다.

제 10장은 이 자료를 사용해 수행된 것이다. 주요 언론 사설을 통한 언론의 기업 인식조사를 위해서는 한국언론재단(KINDS)이 선정한 10대 일간지 — 〈조선일보〉, 〈문화일보〉, 〈세계일보〉, 〈한국일보〉, 〈경향신문〉, 〈동아일보〉, 〈중앙일보〉, 〈서울신문〉, 〈아시아투데이〉, 〈한겨레〉 — 를 대상으로 2012년 1월 1일부터 2013년 12월 31일까지 2년 사이의 기업과 관련된 모든 사설을 수집해 분석했다.

제 2장은 전체 자료 중에서 〈조선일보〉와 〈한겨레〉에 초점을 두고 분석한 결과이다. 시민사회 활동가의 의식에 관한 조사는 2012년 일반성인을 대상으로 한 기업의식에 관한 설문지를 2014년 시민사회 활동가를 대상으로 재조사한 것이다. 제 6장은 이 자료를 이용해 작성되었다.

마지막으로 제 4장, 8장, 9장의 연구는 한국사회의 반기업정서와 기업인식의 역사적 형성과 변화과정을 분석하기 위해 비교역사방법론을 사용했다. 해방 이후부터 2010년대까지 한국사회의 정치변화, 시민사회, 기업의 변화를 역사적으로 추적하고 시민사회와 정치사회의 변화에 따라 기업인식과 반기업담론이 변화된 과정을 역사적으로 추적했다.

우리가 수행한 연구를 통해 기업과 공공성의 문제를 단기간에 해결할 수 있을지는 확실하지 않다. 시장과 기업의 문제는 한국사회만의 문제도 아니고 그 수준도 그만큼 심각하고 어렵기 때문이다.

다만 기초적이고 구체적인 자료에 기반을 두고 관련 담론을 구체화하고 다양한 시각에서 진단과 처방을 생각할 수 있는 출발점이 될 수 있을 것으로 기대한다. 시장과 기업의 문제를 공공성으로 다루지 못한다면, 어쩌면 한국사회에서 지속가능한 발전을 모색하기가 어렵다는 점을 인식할 필요가 있다.

이 책이 나오기까지 여러 기관과 개인이 도와주셨다. 무엇보다도 장기간 이 주제에 대한 연구가 가능할 수 있도록 연구비를 지원한 SK텔레콤 관계자에게 감사한다. 고려대 노동대학원 조대엽 원장께서는 전체 연구의 이론적 기반을 제공했을 뿐만 아니라, 참여 연구진이 꾸준하게 작업할 수 있도록 다양하게 지원해주셨다. 아울러 이 연구의 중간결과를 정리해 발표한 "한국사회연구소 2015 후기 학술심포지엄: 한국사회와 기업의식"에서 심도 있는 토론을 하신 김병수, 김신영, 김종태, 신동준, 신종화, 신진욱, 이해진 선생님께 감사드린다. 그리고 가장 감사를 드려야 할 분들은 필자와 연구에 다양한 방식으로 참여한 연구원, 연구보조원이다. 이분들의 헌신적인 노력 없이 이 연구결과가 나오기 어려웠을 것이다. 마지막으로 이 책의 출간을 흔쾌히 허락해주시고 출판작업에 도움을 주신 나남출판사 조상호 회장님을 비롯한 관계자에게 감사드린다.

2016년 11월
고려대 한국사회연구소 소장
이 명 진

나남신서 1897

한국사회의 반기업문화

차 례

3
한국인의 대기업 이미지 이명진

제 2부 기업의 시민성과 사회적 책임

4
기업의 시민성과 시장공공성 조대엽 · 홍성태

제 3부 반기업담론의 정치

8
한국 시민정치의 전개와 반기업주의 조대엽

9
정치권력의 변화와 반기업담론 김수한

10
한국정당의 기업의식 유진숙 · 김원섭 · 용미란

1

반기업정서와 기업의식

Anti-Corporate Sentiment in Korea

1

한국사회의 반기업정서

김수한 · 이명진

1. 서 론

지난 10년간 한국사회에서 '반기업정서'에 대한 논의가 지속적인 관심을 끌었다. KDI(한국개발연구원), 대한상공회의소, 전국경제인연합회(이하, 전경련) 등은 반기업정서의 실체와 규모를 파악하기 위한 전국단위의 조사를 수차례 실시했다. 또한 대한상공회의소는 2003년부터 기업호감도 지수를 1년 혹은 6개월 단위로 조사하면서 기업에 대한 한국인의 평가가 어떻게 변화하는가를 추적한다. 지금까지의 연구에 따르면 한국인은 기업에 대해 높은 수준의 반감을 가지며 반기업정서의 강도는 지난 10년간 상당한 지속성을 가지는 것으로 보인다(한국경제연구원, 2008; 이재열 · 장진호 · 정원칠 · 정한울 · 한준, 2006; 한국개발연구원, 2007; 대한상공회의소, 2012).

반기업정서에 대한 선행연구는 한국사회에 만연한 기업에 대한 반감의 규모와 지속성을 알려주었지만 한계점도 적지 않다. 우선 엄밀한 이론적 논의와 개념에 기반을 둔 연구를 찾아보기 어렵다.

대부분의 선행연구는 반기업정서를 기업에 대한 일반인의 막연한 감정과 정서의 문제로 접근했다. 그러나 반기업정서는 그 규모와 지속성을 고려할 때, 일시적이고 가변적인 정서의 문제로 간주하거나 기업에 대한 일반인의 편견에서 비롯한 것으로 접근하는 것은 적절하지 않다. 반기업정서를 기업에 대한 표면적 감정의 문제를 넘어 '사회적 사실'(*social fact*)로 간주하고 학술적 개념과 이론의 틀 안에서 분석할 필요가 있다.

선행연구의 가장 근본적 한계는 한국사회에서 높은 수준의 반기업정서가 지속적으로 유지되는 이유를 설명하지 못한다는 점이다. 기존의 연구는 반기업정서를 재벌과 재벌총수에 대한 반감에서 비롯한 것으로 접근하고 반기업정서가 재벌과 재벌총수의 올바르지 못한 경영행태에서 비롯한 것으로 설명했다(한국개발연구원, 2007). 그러나 반기업정서를 재벌과 소수 기업인의 잘못된 행태로 이해하는 관점은 한국인이 대기업뿐 아니라 중소기업과 외국기업에 대해서도 상당한 수준의 반감을 지속적으로 유지하는 이유를 설명하지 못한다.

반기업정서가 지속되는 더욱 근본적인 이유를 파악하기 위해서는 기업을 사회 속에 존재하는 다양한 사회제도의 하나로 파악하고 한국인이 사회제도 전반에 대해 어느 수준의 신뢰를 가졌는가를 살펴봐야 한다. 사회제도의 일부분으로서 기업에 대한 평가는 제도 전반에 대한 평가와 밀접한 관련을 가질 가능성이 있기 때문이다. 따라서 반기업정서의 실체를 파악하기 위해서는 기업에 한정된 평가를 넘어, 사람들이 사회제도 전반에 대해 어떠한 태도를 가지는가를 고려해야 한다.

선행연구의 또 다른 한계는 높은 수준의 반기업정서를 가지는 사람들의 사회경제적 특징이 무엇이고 기업에 대해 반감을 가지는 이유를 밝히지 않았다는 점이다. 이러한 한계는 반기업정서를 기업에 대한 막연한 인식과 선입견의 문제로 접근했기 때문이다. 반기업정서를 기업에 대한 편견과 선입견에서 비롯한 것으로 간주하더라도, 어떠한 사람이 어떠한 선입견을 가졌으며 그 이유는 무엇인가를 살펴보는 것은 반기업정서가 지속되는 이유를 파악하는 데 도움이 될 것이다.

이 연구는 조직사회학의 연구성과와 이론을 바탕으로 한국사회의 반기업정서에 대한 이론적, 경험적 분석을 시도한다. 좀더 구체적으로 이 연구는 조직이론의 정당성(*legitimacy*)에 관한 논의에 기반을 두어 반기업정서를 분석하고자 한다. 조직은 외부환경과 의존적 관계이며 외부로부터 생존과 존속에 필요한 자원을 공급받는다. 조직이 생존을 위해 외부환경에 의존하는 자원은 물질적, 기술적인 것에 국한되지 않는다. 조직의 존재가 사회적으로 정당한 것으로 인정받아야 하고 조직의 행위가 가치 있고 타당한 것으로 여겨져야 하기 때문이다.

정당성을 상실한 조직은 내부와 외부로부터 지속적인 도전을 받을 뿐만 아니라, 물질적·기술적 자원을 안정적으로 확보하는 데 어려움을 겪는다. 정당성을 가진 조직은 사회적으로 가치가 있는 존재로 인정받으며 사회 성원으로 하여금 조직의 권위와 특권을 기꺼이 인정받는다(Weber, 1978; Meyer and Rowan, 1977; Suchman, 1995). 정당성의 관점에서 반기업정서는 기업의 활동에 대한 부정적 인식과 평가를 의미한다고 볼 수 있다.

2. 선행연구 검토

1) 반기업정서에 관한 기존연구

한국의 기업, 전문연구소, 언론, 학자가 반기업정서의 존재, 현황 그리고 원인에 본격적인 관심을 갖게 된 것은 2000년대 초반부터이다. 특히, 2001년 액션추어는 한국이 22개 조사대상국 가운데 기업인에 대한 부정적 인식이 가장 높은 국가라고 발표했다(대한상공회의소, 2003). 액션추어의 조사결과는 한국에서 반기업정서에 대한 지속적인 관심과 후속연구를 촉발시켰다. 지난 10년간 진행된 반기업정서에 대한 다양한 연구는 반기업정서의 개념적 정의, 반기업정서의 원인 그리고 국가 간 비교연구 등의 차원으로 나누어 정리해 볼 수 있다.

사회과학의 이론에 기반을 둔 반기업정서에 대한 개념적 정의와 측정을 시도한 연구는 많지 않다. 개념정의를 시도한 몇 개의 논의를 살펴보면 다음과 같다. 김승욱(2005)은 반기업정서를 "여론이 기업의 긍정적 측면보다는 부정적 측면을 더 강조하는 것", 한국개발연구원(2007)은 "재벌, 재벌총수, 공기업 및 부자에 대한 반감", 윤영민 · 최윤정(2009)은 "개인이 기업 전반에 대해 가진 부정적 지각", 최준혁(2011)은 "개인이 대기업에 대해 가진 부정적 인식, 감정, 행동경향성"으로 각각 정의했다. 기업에 대한 비호감도를 반기업정서로 이해하는 시도가 있는데 대표적인 경우는 대한상공회의소와 현대경제연구원이 2003년부터 매년 발표하는 기업호감지수(*corporate favorite index* · CFI)이다(대한상공회의소, 2012).

이상의 논의를 종합해 볼 때, 기존의 연구에서 반기업정서는 특정 대기업이나 이들의 구체적인 활동에 대한 평가가 아니라 대기업 전체에 대한 막연하고 종합적인 인식을 의미하는 것으로 이해되었다.

선행연구의 주요 초점은 반기업정서의 원인을 파악하기 위한 것이었다. 반기업정서의 실체를 파악하기 위해 다양한 계층을 대상으로 경제의식을 조사한 2004년 KDI의 조사가 대표적 사례이다(한국개발연구원, 2007). KDI는 19세 이상의 일반국민, 교사, 공무원, 경제전문가, 기업인, 언론인, 시민단체, 노조간부, 국회의원 등 총 2,611명을 조사한 결과, 노조간부를 제외한 모든 집단에서 기업에 대한 반감보다는 호감이 크다는 결과를 발표했다. 이 연구는 반기업정서가 일반기업에 대한 반감이 아니라 재벌과 총수에 대한 반감이며 이러한 반감은 외부적 요인보다는 재벌과 재벌총수의 올바르지 못한 경영행태에 의해 발생하는 것으로 결론지었다.

국제비교연구는 대체로 한국인의 기업에 대한 부정적 태도가 다른 국가보다 높다는 결론을 내린다. 최초의 국가 간 비교연구는 2001년 액션추어에 의해 수행되었다. 액션추어는 22개국 880개 기업인을 대상으로 "기업인에 대한 부정적 인식이 있다고 보는가?"라는 조사를 했는데 한국은 기업인에 대한 부정적 인식이 70%로 조사대상 국가 중에서 1위를 차지했다(대한상공회의소, 2003).

이신모(2005)는 한국, 미국, 중국의 대학생을 대상으로 반기업정서에 대한 국가 간 비교를 통해 한국의 반기업정서가 미국과 중국보다 높다는 결과를 보여주었다. 동아시아연구원은 2005년부터 매년 CSR국제여론조사를 통해 21개국의 기업에 대한 평가를 진행한다. 동아시아연구원의 2005년도 조사에 따르면, "대기업이 모두에게 더 좋은 사회를 만들고 있느냐"라는 질문에 대해 긍정적으로 대답한 한국인은 48%이고 이는 전체 21개국 가운데 8위에 해당한다(이재열 외, 2006: 7~8).

이 연구에 따르면 한국인은 대기업에 대해 미국, 독일, 프랑스, 캐나다 응답자보다 높은 기대와 우호적 평가를 하는 것으로 나타났다. 김용열(2009)은 한국, 중국, 일본의 국민을 대상으로 수집된 기업 인식조사를 바탕으로, 한국에서 기업에 대한 부정적 인식이 가장 높다고 주장했다. 국가 간 비교연구는 한국의 반기업정서가 높다는 인식을 확산시키는 데 상당한 기여를 했다.

2) 기존연구의 한계

선행연구는 반기업정서를 기업에 대한 반감, 특히 대기업에 대한 반감으로 정의하고 반기업정서의 존재와 정도를 측정하는 데 주력했다. 선행연구는 반기업정서가 대기업 일반에 대한 반감에서 비롯한 것이 아니라 재벌과 재벌총수에 대한 반감에 기반을 둔 것으로 정리했다. 여기서는 기존연구의 한계점을 세 가지로 정리하고 이 연구를 통해 각각의 문제에 대한 극복방안을 간략히 모색한다.

첫째, 반기업정서에 대한 대부분의 연구는 반기업정서를 기업에 대한 일반인의 막연한 감정과 정서의 차원에서 접근했다. 학술적 개념과 이론에 기반을 둔 연구가 거의 없었는데 이러한 연구경향은 반기업정서의 실체를 파악하는 데 가장 큰 한계였다고 볼 수 있다. 따라서 반기업정서에 대한 학술적 분석과 학계의 기여를 위해서는 사회과학의 이론과 연구성과에 토대를 둔 연구가 필요하다. 이 연구는 이러한 한계를 극복하기 위해 반기업정서를 분석하기 위한 이론적, 개념적 논의에 많은 노력을 기울였다.

둘째, 기존연구에서는 기업에 대한 평가에만 초점을 두고 일반인이 기업을 포함한 사회조직과 제도 전반에 대해 어느 정도의 신뢰와 호감도를 가지는가 하는 점을 고려하지 않았다. 즉, 기업에 대한 호감도를 다른 제도와 조직에 대한 호감도와 비교했을 때 상대적으로 어느 정도인지, 사회 전반에 대한 사람들의 평가는 어느 수준인가를 고려하지 않았다는 것이다.

선행연구는 기업에 대한 평가에만 초점을 두었기 때문에 반기업정서가 존재한다고 주장함에도 불구하고 기업에 대한 평가가 다른 사회조직에 대한 평가보다 높게 나오는 이유를 설명할 수 없었다. 지난 10여 년간 사회조직 및 제도에 대한 평가에서 기업과 기업인은 정부기관 및 다른 조직보다 높은 수준의 평가를 받았다(이명진, 2011; 정원칠, 2012).

한국에서 높은 수준의 반기업정서가 존재하며 반기업정서는 재벌과 재벌소유자에 대한 반감이라는 주장에도 불구하고 삼성, 현대자동차, SK 등과 같은 대기업에 대한 신뢰와 존경의 수준이 다른 사회기관보다 높게 나타난다(이재열 외, 2006; 정원칠, 2012). 반기업정서의 더욱 정확한 실태와 원인을 규명하기 위해서는 기업에 한정된 평가를 넘어서 사회를 구성하는 다양한 제도와 조직에 대한 평가를 동시에 고려해야 한다.

마지막으로, 기존연구에서는 반기업정서를 측정하는 시간적 범위가 명확하지 않다. 즉, 기업의 활동과 존재에 대해 평가를 내리는 시간적 범위가 무엇인가를 고려하지 않았다. 사람들이 대기업에 대해 반감을 가진다는 것은 대기업의 과거의 업적에 대한 부정적 평가인가, 아니면 근래의 특정 사건에 대한 평가인가 혹은 미래에 대한 부정적 기대를 반영한 것인가?

반기업정서의 실체를 파악하고 적절한 정책적 제안을 마련하기 위해서는 시간적 요소를 고려해 반기업정서를 연구해야 한다. 이 연구에서는 사회적 행위 및 조직의 정당성에 관한 베버의 고전적 논의에 기반을 두어 정당성의 시간적 차원을 검토하고 반기업정서를 기업의 과거, 현재, 미래의 시간적 차원으로 나누어 분석할 것이다.

3. 이론적 논의 및 연구가설

1) 정당성과 반기업정서

이 연구는 정당성의 관점에서 반기업정서를 접근한다. 사회학자는 어떤 행위나 존재가 사회적으로 수용되고 신뢰를 얻는 조건을 설명하기 위해 정당성 개념을 사용했다. 이 연구의 초점인 반기업정서는 기업에 대한 사람들의 일반적 인식, 신뢰, 평가와 관련되었기 때문에 정당성에 관한 논의는 반기업정서를 분석하는 데 적합한 이론적 토대가 된다.

그동안 정치사회학, 경제사회학, 사회심리학 등 사회학의 여러 분과에서 정당성에 대한 관심과 연구를 진행했다. 특히, 조직연구자는 조직의 성장과 사멸에서 정당성의 역할에 대해 지속적으로 관심을 보였다. 베버의 지배와 정당성에 관한 논의, 작업장에서의 통제에 관한 벤딕스의 연구, 조직생태학, 신제도주의 그리고 조직문화에 대한 연구에 이르기까지 정당성에 대한 논의는 조직사회학의 핵심적인 부분을 이루었다(Scott & Davis, 2007; Powell & DiMaggio, 1991; Johnson, Dowd, & Ridgeway, 2006). 조직사회학자들이 정당성에 주목한 구체적인 이유와 관점에는 다소의 차이가 있지만 정당성을 얻지 못한 조직은 존속하고 발전하기 어렵다는 데 대부분의 연구자가 동의한다.

그렇다면 정당성이란 무엇인가? 조직사회학에서 정당성은 "사회적으로 구성된 규범, 가치, 신념, 정의(*definition*)의 체계 속에서 어떤 존재의 행위가 바람직하고, 적정하고, 정당하다는 일반적 인식 혹은 추정"(Suchman, 1995: 574)으로 정의한다. 정당성의 개념에서 중요한 점은 정당성이 어떤 대상에 대해 사람들이 가지는 객관적 인식뿐 아니라, 주관적 관념과 판단도 포함한다는 점이다. 다시 말해, 정당성은 객관적 요소와 주관적 요소를 모두 포함한다(Weber, 1978; 신진욱, 2013). 반기업정서와 같이 사람들이 기업에 대해 가진 막연한 주관적 인식과 반감을 정당성의 시각에서 접근할 수 있는 근거도 여기에 있다.

기업의 존속에서 정당성 확보는 매우 중요하다. 사회조직으로서의 기업은 환경으로부터 고립되어 존속할 수 없고 생존에 필요한 자원을 외부환경으로부터 공급받는다. 기업조직이 생존과 성장을 위해 외부환경에 의존하는 자원은 물질적, 기술적인 것에 국한되지 않는다. 기업의 존재가 사회적으로 정당한 것으로 인정받아야 하고 기업의 활동과 행위가 사회적 신뢰를 얻어야 한다. 정당성을 상실한 기업은 조직의 존속에 필요한 외부환경으로부터 기술적, 물질적 자원을 안정적으로 확보하는 데 어려움을 겪을 뿐 아니라, 조직내부의 성원에게 후원과 지지를 이끌어내는 것도 쉽지 않다. 이러한 점에서 정당성은 조직의 생존에서 핵심적 자원에 해당한다(Meyer & Rowan, 1977; Suchman, 1995; Scott, Ruef, Mendel, & Caronna, 2000).

반기업정서는 기업조직이 당면한 정당성의 위기를 의미한다고 볼 수 있다. 다시 말해, 반기업정서는 기업조직이 사회 성원에게 정당성을 상실한 상태를 의미하거나 혹은 기업이 정당성을 상실한 결과로 인해 사회 성원이 그 조직에 대해 느끼는 반감으로 이해할 수 있다는 것이다. 기업조직이 제도로서의 정당성을 상실할수록 기업에 대한 일반인의 반감과 부정적 인식이 증대된다고 예상할 수 있다.

2) 정당성의 시간적 차원

우리가 어떤 대상을 친숙하고 당연한 것으로 생각하게 되는 것은 하루아침에 형성된 것이 아니라 오랜 시간을 거친 제도화의 결과이다(Berger & Luckmann, 1966; Zucker, 1977; Scott, 2008). 기업의 존재와 기업의 활동에 대한 정당성도 비슷한 맥락에서 접근할 수 있다. 다시 말해, 기업조직은 일정한 시간적 경과를 거치면서 자신의 활동이 사회 성원에게 친숙하고 당연한 것으로 간주되고 사회적으로 의미 있는 것으로 인정받게 된다. 여기서 강조점은 반기업정서를 연구할 때 정당성의 형성과 관련된 '시간적 차원'이다.

그렇다면 정당성의 시간적 차원이란 무엇이며 이를 측정하는 방법은 무엇인가? 우리는 이 물음에 대한 해답의 실마리를 베버의 고전적 논의에서 찾을 수 있다(Weber, 1978). 사회구성원이 특정한 개인이나 조직에게 가치와 의무를 부여하는 정당성에 대한 탐구는 베버의 《경제와 사회》의 핵심적 논의의 대상이다(Weber, 1978). 베버는 정당성을 포함하는 '사회적 행위'(*social action*)가 "타인의 과거 행동, 현재 행동, 또는 미래에 기대되는 행동에 지향될 수 있다"고 했다(Weber, 1978: 22). 즉, 우리가 타인의 행동에 대해 의미를 부여하고 평가하는 것은 평가대상의 현재뿐 아니라, 그의 과거의 행동 혹은 미래에 기대되는 행동을 포함해 이루어진다는 것이다.

특히, 베버는 종교집단에 대한 연구를 통해 특정한 조직 혹은 조직 내의 특권적 계층이 정당성을 획득하는 방법을 자세히 논한다(Weber, 1978: 490-492). 종교집단에서 특권적 지위에 대한 정당성은 자신들에게 보장된 '약속'에 바탕하는데 그 약속은 그들에게 부과된 '기능', '임무', '소명'과 결합하는 경향이 있다. "자신의 (열악한) '현재의 존재'에 대해 자부심을 가질 수 없는 부분을 현세 혹은 내세에서의 미래의 삶에서 자신들이 차지하도록 '소명'받은 바의 존엄성을 통해서 보충하거나 아니면 자신들이 지닌 '의미'와 자신들이 이룩한 '업적'을 통해 보충한다"(Weber, 1978: 490-491).

이처럼 정당성을 인정받기를 원하는 개인과 조직은 과거, 현재, 미래의 시간적 차원에서 정당성을 확보하려 한다. 다시 말해, 자신의 존재에 대한 정당성의 획득은 타인에게 자신의 현재, 과거 혹은 미래에 대한 존재의 의미와 그 가치를 설득함으로써 이루어진다는 것이다.

사람들은 현재 자신의 존재와 행위에 대한 의미부여를 통해 정당성을 획득하려 하거나 자신들이 과거에 이룩한 업적을 통해 정당성을 획득하려 한다. 만일 현재의 의미와 과거의 업적을 통해 정당성을 획득하는 것이 충분하지 않으면 미래에 자신이 담당하게 될 임무 혹은 소명으로 정당성에 대한 합리화를 시도할 것이다.

이와 마찬가지로 기업조직의 정당성에 대한 평가는 기업의 현재에 대한 평가에 국한된 것만이 아니라 과거에 대한 평가 그리고 미래에 기대되는 행동도 포함하는 것으로 생각할 수 있다. 기업에 대한 정당성은 그 기업의 과거, 현재, 미래를 아우르는 평가, 인정, 지원을 의미한다.

첫째, 정당성은 과거에 대한 인정과 평가와 관련이 있다. 사람들은 정당성을 가진 조직의 과거 행동과 존재에 대해 긍정적으로 평가하고 가치 있는 것으로 판단한다. 반면, 정당성을 결여한 조직은 과거에 대해 부정적 평가를 받을 가능성이 높다. 따라서 기업에 대한 정당성은 기업의 성장과 사회적 기여에 대한 긍정적 평가를 의미하며 기업의 과거 활동이 일반인에게 가치 있는 것으로 인정되는 것을 의미한다.

이러한 맥락에서 반기업정서는 기업의 과거 활동 및 기여에 대한 부정적 인식과 평가와 관련된다고 할 수 있다. 즉, 반기업정서는 기업이 성장과 발전 과정에서 이룬 성과에 대한 정당성을 인정하지 않으려는 태도로 이해할 수 있다. 좀더 구체적으로 기업의 성장과 발전이 정상적인 방법을 통한 자신의 노력으로 이룬 것이 아니라 비정상적인 방법과 특혜를 통한 결과라고 인식할 가능성이 높다.

둘째, 정당성은 현재에 대한 가치평가와 관련이 있다. 사람들은 정당성을 가진 조직의 존재와 현재의 특권적 지위에 대해 당연한 것으로(taken for granted) 그리고 그 특권이 타당한 것으로 생각한다. 반면, 정당성을 결여한 조직은 비합리적이고 불필요하다는 평가를 받을 가능성이 높다(Meyer & Rowan, 1977). 이처럼 정당성은 현재 질서를 정당화하고 그 질서의 운영을 가능하게 한다. 정당성의 측면에서 접근할 때, 반기업정서는 기업조직의 현재 운영과 존속에 대해 부정적 판단을 의미한다.

셋째, 정당성은 미래에 대한 기대와 지원을 포함한다. 조직의 생존에서 정당성이 중요한 것은 바람직하고 정당한 것으로 보이는 조직은 현재뿐 아니라 미래에도 필요한 자원을 안정적으로 공급받을 가능성이 높기 때문이다.

이처럼 정당성은 특정 조직의 과거와 현재 활동에 대한 평가와 인정을 넘어, 그 조직이 미래에 누리게 될 특권과 권위를 인정하고 조직의 운용에 필요한 자원을 지원하는 것을 포함한다.

그러나 정당성을 결여한 조직에 대해서는 기대와 지원을 철회할 가능성이 높다. 예를 들어, 파산한 기업을 회생시키기 위해 정부나 은행의 막대한 지원이 있어야 하는데 이러한 지원이 가능하기 위해서는 그 기업의 존속에 대한 정당성이 확보되어야 한다. 정당성의 관점에서 반기업정서는 기업의 미래 활동에 대한 부정적 기대 혹은 지원에 대한 부정적 태도를 의미한다.

3) 반기업정서의 역사적 기원

여기서는 기업의 업적에 대한 과거의 평가, 현재적 가치평가, 미래에 대한 기대는 어떻게 이루어졌는가를 살펴본다. 한국사회에서 기업 및 기업가에 대한 정당성은 어떻게 구성되었는가? 지난 60년 동안 주요한 역사적, 정치적 국면마다 기업 활동의 정당성에 대한 평가와 논의가 반복적으로 제기되었다(서재진, 1991; 김대환·김균, 1999; 김윤태, 2012).

이러한 평가는 기업에 대한 정부의 지원을 정당화하는 근거가 되기도 했지만 기업에 대한 개혁과 규제의 필요성과 반기업정서를 강화시키는 원인이 되기도 했다. 기업에 대한 평가의 내용은 시기별로 변했지만 평가의 핵심은 기업인의 과거의 업적에 대한 평가, 현재의 존재의미, 미래의 역할로 나눠 살펴볼 수 있다.

첫째, 정권이 변화할 때마다 대기업의 과거 행적에 관한 평가가 이뤄졌다. 우선 1960년 4·19 혁명 이후 주요 대자본가와 기업은 부정축재 혐의로 여론과 정치권력으로부터 공격을 당했다(서재진, 1991; 홍덕률, 1996).

기업인의 기업형성 및 성장과정에 대한 평가는 군사정부의 집권 초기에도 재현되었다. 1961년 5·16 군사정변으로 집권한 군부는 주요 기업인을 부정축재 혐의로 체포했으며 1980년 신군부 역시 재벌기업인을 박정희 정권과 결탁해 부정축재했다고 낙인을 찍었다. 정권의 교체기에 이루어진 부정축재자 및 기업인에 대한 처리는 기업인이 부정축재자 혹은 정경유착과 같은 이미지를 갖게 된 중요한 역할을 했다(서재진, 1991).

1993년 이후 등장한 민간정부에서도 대기업과 재벌에 대한 부정적 평가는 반복되었다. 김영삼 정부는 대기업이 군사정권과 정경유착으로 성장했다고 진단했고 재벌개혁을 중요한 정책과제로 삼았다(김윤태, 2012). 김대중 정부는 대기업을 IMF 경제위기의 주범으로 간주하고 경제위기의 극복을 위해 재벌해체를 주장하기도 했다(공제욱, 1998; 김은미·장덕진·Granovetter, 2005).

둘째, 역사의 국면마다 대기업 혹은 재벌의 현재적 역할에 대한 논의가 이루어졌다. 1960~1980년대 국가주도의 산업 및 경제개발 시기에 기업의 활동과 영향력이 정부의 지배와 통제에 놓였다. 하지만 1980년대 후반 한국 대기업과 재벌의 영향력은 정부를 압도하는 수준에 이르렀다(송원근·이상호, 2005; 윤상우, 2005; 최장집, 2010).

노태우 정부 시절 대기업은 금융실명제, 금산분리, 재벌소유 부동산매각 등과 같은 자신의 이해와 충돌되는 정책에 대해 강하게 저항했다(이장규, 1995). 김영삼 정부는 한국경제의 국제경쟁력 강화와 세계화에서 대기업이 걸림돌이라고 간주했다. 1997년 경제위기를 계기로 재벌은 한국경제와 한국인의 생존을 위협하는 위기의 주범으로 간주되었다(김은미 외, 2005).

셋째, 지난 60년간 한국경제에서 대기업이 향후 담당할 적절한 역할이 무엇인가에 대한 논의가 지속되었다. 대기업의 시대적 역할에 대한 논의는 대기업이 한국사회에서 차지하는 위상과 세력의 변화에 따라 달라졌다. 1960~1980년대에는 정부가 기업을 통제하고 관리한 국가주도의 시대였다(윤상우, 2005). 하지만 국가주도적 시대에도 대기업은 주요한 정권변화의 기간마다 정부주도 경제에서 민간주도 경제로의 전환을 도모하고 대기업이 한국경제에서 차지하는 비율을 증대시키는 것에 대한 정당성을 주장했다.

민간주도적 경제성장과 대기업의 시장지배 강화에 대한 주장은 1963년 민정이양기, 1971년 대통령선거, 1980년 정권교체기, 1988년 정권교체기 등에 반복적으로 등장했다(서재진, 1991). 정권의 힘이 약화되거나 정권이 변화하는 시점마다 대기업은 국가의 경제통제와 국가소유 기업의 비중을 낮추고 민간부분이 전체 경제에서 차지하는 비중을 늘려야 한국경제가 발전할 수 있음을 주장했다.

김영삼 정부와 김대중 정부의 재벌개혁은 오히려 대기업의 경제력 집중과 지배를 강화시키는 결과를 초래했다(김은미 외, 2005). 노무현 정부에 들어서는 재벌우위 체제가 공고화되었고 급기야 재벌기업은 정부와 국가의 기능과 역할, 정책의 방향을 제공하는 단계에 이르렀다(최장집, 2010). 이처럼 한국사회에서 국가와 기업의 관계는 국가에 의한 일방적 지배관계에서 공생과 경쟁의 관계로 그리고 기업우위의 시대로 변모했다.

지난 20년간 재벌대기업에 의한 경제력의 집중과 의존도가 지속적으로 심화되었다. 이러한 변화는 기업의 정당성의 논의에서 대기업이 향후 한국경제에서 담당할 역할과 그 정당성에 대한 논의를 지속적으로 촉발시켰다(김대환·김균, 1999; 김은미 외, 2005; 최장집, 2010; 김윤태, 2012).

4) 기업에 대한 평가에 미치는 요인 및 연구가설

(1) 사회제도에 대한 신뢰

기업은 사회에 존재하는 다양한 조직과 제도의 일부분이다. 따라서 기업에 대한 인식과 평가를 체계적으로 이해하기 위해서는 기업을 포함한 사회제도 전반에 대한 사람들의 평가와 신뢰수준이 어떠한가를 먼저 살펴볼 필요가 있다. 어쩌면 기업에 대한 반감과 불신은 단순히 기업에 대한 것을 넘어, 기업을 포함한 사회제도 전반에 대한 불신과 정당성의 부정을 반영하는 것일 수 있다(조대엽·박길성 외, 2005).

실제로 한국사회에서 기업뿐 아니라 정부, 국회, 법원, 언론, 학교 등 사회의 여러 조직과 제도에 대한 신뢰수준이 전반적으로 낮은 것으로 조사된다(한준, 2008; 한국개발연구원, 2007; 송호근, 2005). 그렇다면 한국인이 가진 사회제도 전반에 대한 신뢰수준의 저하는 반기업정서와 어떠한 관련이 있는가?

1960년대부터 1980년대 초반까지 미국의 공공제도에 대한 신뢰를 탐구한 립셋의 연구에 따르면, 기업에 대한 신뢰는 정부와 노조에 대한 신뢰수준과 일관된 경향성을 따르는 것으로 나타났다(Lipset & Schneider, 1983, 1987). 미국사회에서 정부와 노조에 대한 신뢰가 감소하는 시기에는 기업에 대한 신뢰수준도 저하되었고 정부에 대한 신뢰가 높은 시기에는 기업에 대한 신뢰수준도 함께 증가했다.

립셋의 연구가 제시하는 핵심적인 내용은 기업에 대한 신뢰와 정부에 대한 신뢰의 시간적 선후관계이다. 그의 연구에 따르면 기업에 대한 반감은 정부에 대한 반감보다 늦게 시작되었고 기업에 대한 반감이 회복되는 것도 정부에 대한 반감이 회복된 후에 이루어졌다. 립셋은 이 현상을 정부에 대한 신뢰수준이 기업에 대한 신뢰수준에 영향을 준다는 것으로 해석했다. 이는 하위제도로서의 기업에 대한 신뢰와 평가는 기업보다 포괄적인 사회 전반에 대한 신뢰수준에 의해 영향을 받는다는 것을 의미한다.

사회제도에 대한 신뢰를 연구한 학자들은 사람들이 더욱 높은 수준이나 넓은 수준의 사회제도를 신뢰한다면 그 사회의 성원은 그보다 낮은 수준이나 좁은 범위의 제도에 대해서도 신뢰할 가능성이 높다고 주장한다(Giddens, 1990; Fukuyama, 1995; Sztompka, 1999). 사회제도에 대한 신뢰수준과 반기업정서가 밀접한 관련이 있다는 위의 논의를 바탕으로 다음과 같은 가설을 도출할 수 있다.

- 가설 1: 사회제도 전반에 대한 신뢰수준이 낮을수록 반기업정서는 증대할 것이다.

(2) 탈물질주의적 가치관: 연령 및 교육수준

사회제도의 정당성에 대한 평가는 사람들이 가진 문화적 가치에 의해 영향을 받는다. 수십 년간 세계가치조사(World Value Survey)를 실시한 잉글하트의 연구에 따르면, 결핍의 시대에서 성장한 사람들은 경제적 안전과 물질적 욕구충족을 강조하는 물질주의적 가치관을 추구하고 풍요의 시대에서 성장한 젊은 세대는 탈물질주의적 가치관을 추구하는 경향이 있다.

특히, 탈물질주의자는 자기표현을 열망하고 삶에서 자율성을 추구하려 하기 때문에 자기표현과 자율성을 억누르는 현대사회의 관료주의적 거대조직에 대한 반감을 갖는 경향이 있다(Inglehart, 2001: 334). 또한 탈물질주의자는 삶에서 추구하는 자율성과 자기표현에 대한 기대수준이 높기 때문에 기존의 조직과 제도에 대해 낮은 만족감을 경험한다.

이러한 전 세계적 경향은 한국에서 실시된 세계가치 조사자료를 이용한 분석에서도 반복적으로 확인되었다. 서울대 사회발전연구소가 1998년, 2001년, 2003년 실시한 한국인의 가치관 조사에 따르면 탈물질적 가치관을 지닌 사람은 공적 제도를 불신하는 경향이 높은 것으로 나타난다(한준, 2008: 124~125). 세계가치 조사자료를 이용한 다른 연구에서도 탈물질적 가치관을 가진 한국인은 저항적 정치행위와 사회운동에 적극적으로 관여하며 다양한 자원적 결사체에 참여할 가능성이 높은 것으로 나타났다(정철희, 1997; 어수영, 2004; 김두식, 2005; 강수택 · 박재흥, 2011).

이러한 연구결과는 한국사회에서 탈물질주의적 성향을 지닌 사람들이 대기업을 포함한 관료주의적 조직의 권위와 정당성에 도전적 자세를 취할 가능성이 높음을 의미한다. 기존의 경험적 연구에 따르면, 탈물질주의적 가치지향은 나이 및 교육수준과 관련이 있다. 일반적으로 나이가 젊을수록 그리고 교육수준이 높을수록 탈물질주의적 가치를 추구하는 경향이 높게 나타난다(Inglehart & Baker, 2000; 김두식, 2005; 박재흥 · 강수택, 2012).

- 가설 2-1: 연령이 증대될수록 반기업정서는 감소할 것이다.
- 가설 2-2: 교육수준이 높아질수록 반기업정서는 증대될 것이다.

(3) 사회경제적 지위

반기업정서에는 기업의 업적과 사회적 기여를 인정하지 않으려는 태도가 포함되었다. 기업에 대한 반감은 불투명한 경영과 탈법행위와 같은 기업 내부적 요인에서 비롯한 것일 수 있지만 한국사회 전반에 만연한 평등지향적 문화에서 비롯한 것일 수도 있다. 한국인은 남과 비교해 자신이 차별적 대우를 받는 것에 상당한 거부감을 가졌으며 타인이 누리는 권리를 자신도 누려야 한다는 생각을 지녔다(송호근, 2006; 전성표, 2006).

이와 같은 평등지향적 태도는 신분상승의 열망으로 나타기도 하고 남에게 존중과 인정을 받아야 한다는 기대감으로 표출되기도 한다. 남과 내가 다를 것이 없다는 생각은 주관적 계층의식에 관한 연구에서 반복적으로 발견된다. 한국인은 본인의 실제적 소득수준과는 별개로 다른 사람과 비슷한 중간계층에 속한다고 생각하는 사람이 많고, 특히 하위계층에 속한 사람일수록 이러한 경향이 두드러진다(홍두승, 2005; 송한나 · 이명진 · 최샛별, 2013).

한국사회의 평등지향적 태도는 남이 나를 존중하지 않는다는 부정적 경험으로 이어진다. 타인에게 기대하는 대접의 수준이 강한 만큼, 자신이 남에게 대우와 존중을 받지 못한다는 주관적 경험도 강하게 나타나는 경향이 있다. 2005년부터 2011년까지의 갤럽 월드 폴(Gallup World Poll) 자료를 사용한 연구에 따르면, 타인으로부터 존중을 받는다고 생각하는 한국인은 다른 나라보다 20~30% 가량 낮은 것으로 나타났다(Lim & Kim, 2013).

자신이 충분한 존경을 받지 못한다는 경험과 생각은 타인의 사회적 위치와 권위를 부정하는 태도로 이어진다. 다시 말해, 한국인의 평등지향적 태도는 성공한 사람과 특권을 지닌 조직에 대한 정당성을 거부하려는 태도로 표출된다. 남이 성공했을 때 그의 노력과 재능을 인정하기보다는 자신에게 주어지지 않았던 삶의 기회와 특권이 있었을 것이라고 생각하고 그의 성공을 인정하지 않으려는 '인정 거부' 혹은 '존경의 철회'로 표출되곤 한다(송호근, 2006: 63~72).

한국인의 평등인식에 대한 경험적 연구에 따르면, 한국인은 계층이 낮을수록 사회의 여러 조건이 불평등하다고 인식하는 경향이 있다. 낮은 계층의 사람은 자신이 처한 상황이 개인의 책임이 아니라 불리한 사회적 요건의 결과에서 비롯한 것이라고 생각하는 경향이 있다(전성표, 2006: 120). 2013년 통계청의 조사에서도 낮은 계층에 속한다고 생각하는 사람일수록 한국사회의 경제적 부의 분배가 불공정하다고 인식하는 것으로 나타났다(통계청, 2013).

반면, 계층이 높을수록 한국사회의 취업, 승진, 교육기회 등이 공평하다고 생각한다. 또한 가계소득이 낮은 계층에 속할수록 주관적으로 낮은 수준의 존중감을 경험하는 것으로 나타났다(Lim & Kim, 2013). 이상의 논의를 바탕으로 낮은 계층에 있을수록 기업에 대한 반감을 더 많이 가질 것으로 예상할 수 있다.

- 가설 3: 낮은 사회계층에 속한 사람일수록 높은 수준의 반기업 정서를 가질 것이다.

4. 연구자료 및 연구방법

1) 연구자료

이 연구는 2012년 9월 서울 및 6대 광역시에 거주하는 성인남녀 1,319명을 대상으로 조사한 기업이미지 조사자료를 이용했다. 기업이미지 조사는 대기업에 대한 인식과 호감도, 반기업정서, 대기업에 대한 이미지 등에 관한 연구를 위해 고려대 한국사회연구소가 기획하고 조사 전문회사인 한국리서치가 조사를 대행했다. 이 글의 저자들은 연구의 전반적 기획과 설문문항의 설계과정에 적극적으로 참여했다. 특히, 기업에 대한 일반인의 의식과 호감도를 측정하는 데 이용되었던 종래의 설문문항을 검토했고 선행연구에서 사용

된 문항과의 연속성과 비교가능성을 높이고자 했다.[1]

이와 동시에 연구자들은 서베이 문항의 설계과정에서 기존의 선행연구에서 간과했던 부분을 보완하려 했다. 우선 대부분의 선행연구가 기업 전반에 관해 국민의 의견을 묻거나 혹은 대기업에 국한해 반기업정서를 측정했다면, 이 연구는 기업유형에 따라(기업 전체, 대기업, 중소기업, 다국적기업/외국기업) 사람들의 선호도와 반기업정서를 측정했다. 또한 선행연구가 반기업정서를 측정하는 시간적 범위를 모호하게 다루었다면, 이 연구는 설문지에서 평가의 시간적 범위를 과거, 현재, 미래로 각각 구분해 대기업에 대한 사람들의 의견을 측정했다.

이 연구의 모집단은 서울 및 6대 광역시(인천, 대전, 대구, 부산, 광주, 울산)에 거주하는 만 19세 이상 성인남녀이다. 표본추출 틀은 2012년 6월 1일을 기준으로 한 주민등록 인구자료를 사용했고 표본추출은 지역의 성별, 연령별, 지역별 인구구성비에 따라 무작위 추출법을 이용했다. 서베이는 2012년 9월 3일부터 24일의 기간 동안 대면면접 조사방법을 통해 이루어졌다. 실제의 조사는 전국적인 직영 실사기관을 보유한 한국리서치에 의해 시행되었다.

응답자의 특성을 구체적으로 살펴보면 남성이 651명(49.4%)이고

---

1 특히, KDI가 2004년 실행한 "기업에 대한 국민의식 조사", 대한상공회의소의 2007년 "기업의 사회공헌에 대한 국민의식 조사" 및 2011년 "기업호감도지수 조사", 한국경제인연합회와 한국갤럽이 2005년 공동으로 실시한 "기업 및 기업인에 대한 국민의식 조사", 2006년에 시행된 "한국사회종합조사"(Korean General Social Survey) 그리고 한국노동연구원이 실시한 1-10차 "한국노동패널 연구" 등이 이 연구의 설문을 만드는 과정에서 참조되었다.

여성이 668명(50.6%)이다. 연령별로는 20대가 254명(19.3%), 30대가 277명(21%), 40대가 286명(21.7%), 50대가 253명(19.2%), 60대 이상이 249명(18.9%)이다. 거주 지역별로는 서울 595명(45.1%), 부산 201명(15.2%), 대구 139명(10.5%), 인천 163명(12.4%), 광주 79명(6%), 대전 82명(6.2%), 울산 60명(4.5%)이다.

2) 자료의 측정

이 연구는 반기업정서를 기업에 대한 신뢰, 호감도, 정당성 평가 등 세 가지 차원으로 나누어 살펴보았다. 첫째, 대기업에 초점을 두고 기업에 대한 신뢰수준을 조사했다. 응답자에게 한국의 대기업을 어느 정도 신뢰하는가를 매우 신뢰, 신뢰, 보통, 불신, 매우 불신 중에서 선택하도록 했다. 둘째, 기업 유형에 따라 기업에 대한 호감도의 차이가 있는가를 살펴보았다. 전체 기업, 대기업, 중소기업, 다국적기업(외국기업) 각각에 대해 응답자의 호감도(매우 좋음, 좋음, 보통, 나쁨, 매우 나쁨)가 어느 정도인가를 측정했다. 셋째, 기업에 대한 정당성 평가는 대기업의 과거, 현재, 미래의 활동으로 나누어 조사했다.

이론적 논의 부분에서 상술했듯, 기업의 정당성에 관한 평가는 기업의 현재 활동에만 한정되는 것이 아니라 기업의 과거 업적, 미래에 대한 기대를 포함한다고 볼 수 있다. 따라서 이 연구에서도 기업의 활동에 대한 평가를 과거, 현재, 미래로 나누어 각각 측정했다. 과거에 대한 평가는 대기업의 성장과 발전 과정에 대한 평가와 대기업이 한국경제의 성장에 어떻게 기여했는가를 측정했다.

"1960~1980년대에 우리나라 대기업이 성장하고 발전하는 데 정부의 특혜가 중요하게 작용했다는 의견이 있습니다. 선생님께서는 이에 대해 어떻게 생각하십니까?"라는 질문에 대해 "매우 동의한다", "동의한다", "보통이다", "동의하지 않는다", "전혀 동의하지 않는다" 등의 항목으로 응답을 받았다.

현재에 대한 평가는 대기업에 대한 일반인의 신뢰, 즉 대기업이 한국의 경제에 긍정적 역할을 하는가를 측정했다. "선생님께서는 지금까지 우리나라의 대기업들이 우리나라의 경제성장에 어떠한 영향을 주었다고 생각하십니까?"라는 질문에 대해 "매우 긍정적 영향을 주었다", "긍정적 영향을 주었다", "보통이다", "부정적 영향을 주었다", "매우 부정적 영향을 주었다" 등의 항목으로 응답을 측정했다.

미래에 대한 평가와 지원에 대해서는, 대기업이 앞으로 한국경제에서 차지할 비중에 대한 일반인의 기대와 지원의 정도를 측정했다. 우선 대기업의 미래에 대한 평가에서는 "선생님께서는 앞으로 우리나라의 대기업이 우리나라의 경제성장에 어떠한 영향을 줄 것으로 생각하십니까?"라고 물은 뒤에 "매우 긍정적 영향을 줄 것이다", "긍정적 영향을 줄 것이다", "보통이다", "부정적 영향을 줄 것이다", "매우 부정적 영향을 줄 것이다" 등에서 선택하게 했다. 이와 더불어 "선생님께서는 우리나라 전체 경제에서 차지하는 대기업의 비중이 어떻게 되어야 한다고 생각하십니까?"라는 물음에 대해 "매우 커져야 한다", "커져야 한다", "지금 이대로가 적당하다", "작아져야 한다", "매우 작아져야 한다" 중에서 응답을 받았다.

사회제도에 대한 신뢰수준은 대기업을 제외한 15개의 주요 조직이나 단체에 대한 개별적 신뢰수준을 5점 척도로 평가한 것을 합해 하나의 척도로 구성했다. 신뢰수준 조사에 포함된 15개 조직과 기관은 종교계, 초등/중등/고등학교, 노동조합, 신문사, TV방송국, 의료계, 중앙정부부처, 지방자치정부, 국회, 사법부, 대학, 군대, 금융기관, 청와대, 시민운동단체 등이다(Cronbach's α = 0.875). 교육수준은 응답자의 교육경험에 대해 초등학교 이하(= 1), 중학교(= 2), 고등학교(= 3), 전문대학(= 4), 대학교 이상(= 5) 등의 5단계로 나누어 측정했다.

응답자의 가계소득수준은 전체 응답자의 가계소득 평균을 4분위로 나누고 각 등급에 따라 1에서 4의 값을 부여했다. 또한 응답자의 현재 거주지역, 고용상태가 어떠한지, 자영업 및 소규모 사업장을

〈표 1-1〉 기술통계 - 변수, 평균, 표준편차, 최솟값, 최댓값

변수	평균	표준편차	최소	최대
반기업정서_전체 기업	2.653	0.618	1	5
반기업정서_대기업	2.718	0.833	1	5
반기업정서_중소기업	2.503	0.634	1	5
반기업정서_외국기업	2.861	0.757	1	5
대기업에 대한 신뢰	2.718	0.833	1	5
대기업평가_과거	4.219	0.714	1	5
대기업 평가_현재	2.046	0.683	1	5
대기업 평가_미래기대	2.262	0.747	1	5
대기업 지원_미래지원	2.915	1.012	1	5
사회제도 비신뢰	29.055	7.720	0	52
연령	45.274	14.377	20	88
교육수준	3.634	1.178	1	5
가계소득수준	2.614	1.121	1	4
성장지역(대도시)	0.684	0.465	0	1
성(남성 = 1)	0.494	0.500	0	1
고용여부(고용 = 1)	0.676	0.468	0	1
자영업/소규모 사업장	0.350	0.477	0	1

운영하는가 등에 대해서도 각각에 대해 이항변수로 측정했다. 〈표 1-1〉은 이 연구에 사용된 자료의 기술통계 값을 보여준다.

3) 분석전략

이 연구에서는 반기업정서의 실체와 반기업정서에 영향을 주는 요인을 파악하기 위해 단순상관관계, 중다대응분석, 중다회귀분석 등의 세 가지 분석방법을 순차적으로 적용하였다.

첫째, 상관관계분석을 이용해 사회제도에 대한 신뢰와 반기업정서의 관계를 살펴보았다. 또한 기업의 유형을 전체 기업, 대기업, 중소기업, 다국적기업(외국기업) 등으로 구분해 기업규모와 특성에 따라 반기업정서의 정도에 차이가 있는가를 상관관계분석을 이용해 살펴보았다.

둘째, 중다대응분석(*multiple correspondence analysis*)을 이용해 사회신뢰, 반기업정서, 응답자의 사회인구학적 특성 사이의 관련성과 결합 정도를 분석했다. 중다대응분석은 3개 이상 변수를 대상으로 대응분석 기법을 적용하는 것이다. 중다대응분석은 몇 가지 장점을 가졌다(이명진, 2005). 우선, 대응분석처럼 분석에 연속변수를 분석하는 통계기법과 달리 엄격한 전제 조건이 필요 없다. 또한 범주변수를 분석하는 카이제곱분석이나 로그선형분석과 달리, 중다대응분석은 변수 내 개별범주 사이에 관계를 상세하게 알 수 있다. 아울러 범주변수의 개별범주 사이의 관계를 도표상에 보여줌으로써 변수 사이의 관계를 시각적으로 표현해준다는 것도 중다대응분석의 장점이다.

셋째, 일반회귀분석을 이용해 반기업정서에 영향을 주는 요인을 분석했다. 특히, 기업의 존재와 활동에 대한 시간적 차원을 과거, 현재, 미래로 나누고 각 요인이 기업에 대한 평가의 시점이 변경됨에 따라 달라지는가를 살펴보았다.

5. 연구결과

1) 사회신뢰와 반기업정서

〈표 1-2〉는 사회제도에 대한 신뢰와 반기업정서의 상관관계를 기업유형에 따라 분석한 것이다. 상관계수 값이 보여주듯이 반기업정서와 사회신뢰는 전반적으로 부(-)의 관계를 보인다. 이는 사회제도에 대한 신뢰수준이 낮을수록 반기업정서는 높아지고 신뢰수준이 증대되면 반기업정서는 줄어든다는 것을 의미한다. 사회신뢰와 반기업정서 사이에 존재하는 부의 관계는 모든 기업유형에서 동일하게 나타난다. 대기업, 중소기업, 다국적기업(외국기업) 등과 같이 유형을 구분하더라도 사회신뢰 수준이 낮으면 각 기업유형에 대한 반기업정서가 높게 나타난다. 따라서 기업의 규모와 범주에 관계없이 사회신뢰와 반기업정서 사이에 높은 상관관계가 있음을 알 수 있다.

이와 더불어 〈표 1-2〉는 전체 기업에 대한 반기업정서와 기업유형에 따른 반기업정서의 상관관계를 보여준다. 응답자가 전체 기업에 대해 가진 반감은 기업유형에 대한 반기업정서와 정(+)의 관계이다.

〈표 1-2〉 사회신뢰와 반기업정서 사이의 상관계수

(사례 수: 1,314명)

	전체 기업	대기업	중소기업	다국적기업 (외국기업)	사회신뢰
전체 모든 기업	1	.629**	.441**	.356**	-.473**
대기업	.629**	1	.325**	.366**	-.499**
중소기업	.441**	.325**	1	.254**	-.309**
다국적기업(외국기업)	.356**	.366**	.254**	1	-.253**
사회신뢰	-.473**	-.499**	-.309**	-.253**	1

주: 반기업정서는 기업에 대해 전반적인 호감도를 5점 척도로 평가하는 변수를 사용해 측정했다. 그리고 사회신뢰는 종교계, 교육계, 노조, 언론계, 의료계, 정치권 등 16개 대표적 기관과 분야에 대한 신뢰를 5점 척도로 평가한 변수의 평균값을 사용해 측정했다.

**$p < .01$.

특히, 대기업에 대한 반기업정서는 기업전체를 향한 반기업정서와 가장 높은 상관관계가 있고 다국적기업(외국기업)에 대한 반기업정서와의 관계의 정도는 상대적으로 낮은 것으로 나타났다.

중소기업에 대한 반기업정서와의 상관관계는 다국적기업보다는 높고 대기업보다는 낮은 편이다. 이 결과는 한국사회에서 반기업정서는 주로 대기업에 대한 반기업정서라는 사회일반의 통념과 선행연구자의 주장과 크게 다르지 않다.

〈표 1-3〉은 사회제도에 대한 신뢰와 반기업정서 사이의 관련성을 2×2 표의 형식으로 분석한 결과이다. 응답자의 유형에 따라 사회제도에 대한 신뢰의 수준과 반기업정서의 강도를 각각 고/저의 이항변수(*binary variable*)로 나누고 이들 유형 간의 상관관계를 살펴보았다.

유형 I에 속한 응답자는 사회제도에 대해 신뢰가 높고 반기업정서는 낮은 경우이고 유형 II는 제도에 대한 신뢰와 반기업정서가 동시에 높은 경우이다. 유형 III에 속한 응답자는 제도에 대한 신뢰와 반기업정서가 모두 낮은 경우이고 마지막으로 유형 IV는 사회신뢰

〈표 1-3〉 사회신뢰와 반기업정서 유형분류

(단위: 명/백분율)

		반기업정서	
		저	고
사회신뢰	고	유형 Ⅰ: 369(28%)	유형 Ⅱ: 266(20.2%)
	저	유형 Ⅲ: 140(10.6%)	유형 Ⅳ: 539(40.9%)

주: 사회신뢰와 반기업정서의 각 유형은 개별변수의 평균값을 기준으로 구별했다. 즉 사회신뢰 평균값보다 높을 경우는 고신뢰로, 평균보다 낮을 경우 저신뢰로 분류했다. 마찬가지로 반기업정서가 평균보다 높을 경우는 고반기업정서로, 평균보다 낮을 경우는 저반기업정서로 유형화했다.

는 낮고 반기업정서는 높은 경우이다.

사회제도에 대한 신뢰수준과 반기업정서 사이의 부(-)의 관계에 해당하는 경우는 유형 Ⅰ과 유형 Ⅳ이다. 전체 응답자의 68.9% 가량이 유형 Ⅰ과 유형 Ⅳ에 해당한다. 이는 사회제도에 대한 높은 신뢰를 가진 사람들은 기업에 대한 반감이 적으며(28%의 응답자) 반대로 사회제도에 대한 신뢰가 낮은 사람들은 기업에 대해 높은 반감을 가졌음을 의미한다(40.9%의 응답자).

2) 사회경제적 변인에 따른 반기업정서

지금까지의 분석을 통해 사회제도에 대한 신뢰가 반기업정서와 밀접한 관련성이 있다는 것을 확인할 수 있었다. 그렇다면 사회신뢰와 반기업정서의 유형은 응답자의 사회경제적 변인과 어떠한 관계가 있는가? 다시 말해, 응답자의 성, 연령, 교육수준, 가구소득의 특징에 따라 그들이 가진 사회제도에 대한 신뢰 및 기업에 대한 인식은 일정한 패턴을 지녔는가?

〈그림 1-1〉은 사회신뢰와 반기업정서 관계 유형과 사회경제적

〈그림 1-1〉 사회신뢰와 반기업정서 관계 유형과
사회경제적 변인에 대한 중다대응분석

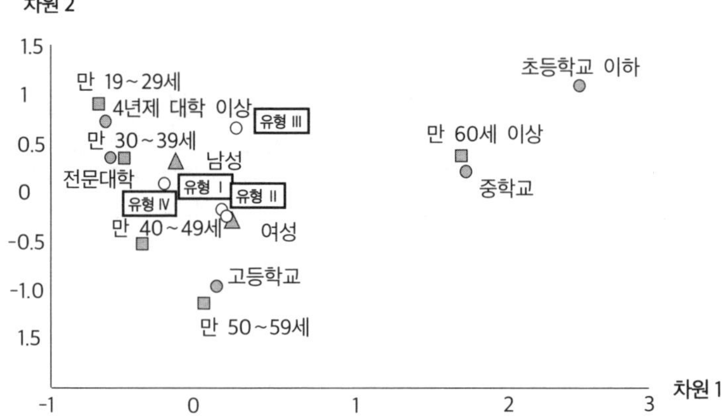

주 1: 유형별 차이를 보여주기 위해 가구소득은 그림에서 제외했다.
주 2: 유형 I -고사회신뢰, 저반기업정서; 유형 II -고사회신뢰, 고반기업정서; 유형 III-저사회신뢰, 저반기업정서; 유형 IV-저사회신뢰, 고반기업정서.

변인에 대한 중다대응분석 결과를 보여준다. 중다대응분석은 기존의 자료를 요약해 보여줄 수 있음에도 불구하고 자료를 지나치게 단순화해 보여준다는 단점도 동시에 지녔다.

그러나 본문의 유형구분에서 보여준 것처럼 사회신뢰와 반기업정서의 관계는 선형적이지 않다. 즉, 사회신뢰가 낮아도 반기업정서는 높거나 사회신뢰가 높아도 반기업정서는 낮은 경우가 전체 응답자의 약 31%에 이른다. 따라서 변수 사이의 선형적 관계를 가정한 회귀분석 결과의 제한점을 보완하고 사회신뢰와 반기업정서 사이의 관계의 특징을 더욱 자세히 보여준다는 점에서 중다대응분석 결과를 제시했다.

먼저 전체 모형의 설명력을 살펴보면, 1차원이 전체 자료 변량의 59.7%를 설명하고 2차원이 전체 자료 변량의 40.3%를 설명한다.

1차원의 Cronbach's α 값이 0.649이고 2차원의 Cronbach's α 값이 0.361이다. Cronbach's α 값은 내적 신뢰도(*reliability*)나 일관성(*homogeneity*)을 측정하는 통계 값이다. 이러한 맥락에서, 각 Cronbach's α 값은 상대적으로 1차원과 관련된 변수 사이의 관련성이 높은 것을 의미한다.

1차원이 의미하는 바를 살펴보기 위해 가장 차이가 많이 나는 변수를 살펴보면, 교육수준에서 가장 현저한 차이가 발생한다는 것을 알 수 있다. 초등학교 졸업자가 한 극단에 있다면, 4년제 대학 이상 졸업자는 다른 극단에 위치했다. 그 중간에 중학교와 고등학교 졸업자가 각각 위치했다. 따라서 1차원이 학력과 관련성이 높고 그 관계는 비교적 선형적이라고 말할 수 있다. 즉, 학력이 높아지거나 낮아지는 것에 따라 응답자의 태도가 달라진다는 것이다.

한편, 2차원은 연령과 상대적으로 관련이 깊다. 연령의 차이가 2차원에서 가장 두드러지게 나타나기 때문이다. 한 극단에 20대가 위치했다면 다른 극단에 50대가 위치했다. 이를 통해 학력과 연령이 사회신뢰와 반기업정서 관계에 중요한 차원으로 작동함을 확인했다. 반면, 성별이나 가구소득은 상대적으로 그 중요성이 미미한 것으로 보인다.

이제는 사회경제적 배경변수가 〈표 1-4〉에서 구분한 응답자 유형과 어떠한 관련성이 있는지 살펴보자. 먼저 유형 I과 유형 II는 사회신뢰는 높지만 반기업정서라는 측면에서는 구별이 된다. 유형 I은 사회 전반에 대한 신뢰가 높고 반기업정서가 낮다. 사회 일반에 대한 신뢰도 높고 기업에 대해서 상대적으로 친화적인 이 유형에는 남성, 2년제 대학교, 30대가 상대적으로 많이 분포했다. 한편, 유형Ⅱ는 사회신뢰가 높고 반기업정서가 높다. 이 유형에는 여성, 고등학교 졸업, 50대와 관련이 깊다.

유형 Ⅲ과 유형 Ⅳ는 사회신뢰는 낮지만 반기업정서라는 측면에서 상이한 태도를 취한다. 유형 Ⅲ은 사회신뢰가 낮고 반기업정서도 낮다. 즉, 일반사회에 대해서는 상대적으로 낮은 신뢰를 보이지만 기업에 대해서는 상대적으로 우호적이다. 이 유형에 속하는 응답자는 20대이고 대졸자인 경우가 상대적으로 많다. 일반적인 상황을 고려해 볼 때, 이들은 대학교를 졸업하고 직장을 구하거나 직장 초년생일 가능성이 높다. 반면에 유형 Ⅳ는 사회신뢰가 낮고, 반기업정서가 높다. 유형 Ⅳ는 기업과 사회 전반에 대해 비판적인 유형이다. 이 유형은 남성, 4년제 대학 졸업자, 30대 젊은 층, 고소득자와 관련이 깊다. 유형 Ⅳ의 특징을 통해 우리는 남성, 고소득, 고학력, 젊은 층이 가진 높은 반기업정서는 단순히 기업에 대한 부정적 평가를 넘어, 사회제도 전반에 대한 낮은 신뢰와 밀접한 관련이 있음을 알 수 있다.

3) 반기업정서의 시간적 차원

지금까지의 논의는 반기업정서는 사회제도 전반에 대한 신뢰수준에 의해 영향을 받는다는 것 그리고 개인의 사회경제적 특징에 따라 사회신뢰와 반기업정서가 달라진다는 것으로 요약될 수 있다. 이론적 논의에서 상술했듯, 반기업정서는 기업의 현재에 대한 평가에 국한된다고 볼 수 없다. 기업의 존재와 활동에 대한 정당성은 기업의 과거, 현재, 미래를 아우르는 평가와 인정을 포괄하는 것일

수 있기 때문이다. 따라서 반기업정서의 실체를 온전하게 이해하기 위해서는 과거, 현재, 미래의 시간적 차원을 염두에 두고 반기업정서에 미치는 요인을 분석할 필요가 있다.

〈표 1-4〉는 기업평가를 과거, 현재, 미래의 시간적 차원으로 나누고 각각의 평가에 영향을 주는 요인을 중다회귀모형으로 분석한 것이다. 여기서는 대기업에 대한 평가에 초점을 두었는데 이는 반기업정서에서 가장 큰 부분을 차지하는 것이 대기업과 관련이 있기 때문이다(〈표 1-2〉 참고). 〈표 1-4〉에서 모형 1-모형 4는 대기업을 과거, 현재, 미래의 차원에서 나누어 각각 평가한 것이고 모형 5는 대기업의 과거, 현재, 미래에 대한 평가를 하나의 지표로 통합한 것이다. 모형 1은 1960~1970년대 대기업의 성장과 발전 과정에 대한 평가이고 모형 2는 현재까지 대기업의 한국경제에 대한 기여를 평가한 것이다. 모형 3과 모형 4는 대기업의 미래와 관련된 것이다. 모형 3은 대기업이 한국경제발전에 어떠한 기여를 할 것인가에 대한 예측이고 모형 4는 대기업이 한국경제에서 차지할 적정한 비중에 대한 의견이다. 〈표 1-4〉에 나타난 핵심적인 분석결과는 대략 세 가지로 정리할 수 있다.

첫째, 사회제도 전반에 대한 신뢰수준은 반기업정서에 영향을 준다. 사회제도에 대한 신뢰가 낮을수록 반기업정서는 높아지고 신뢰가 증대되면 반기업정서는 감소한다. 더욱 구체적으로 정부, 언론, 정당, 교육기관 등 15개의 사회기관에 대한 신뢰가 낮을수록 대기업의 과거업적(모델 1), 현재까지의 기여(모델 2), 미래의 역할(모델 3, 4)에 대해 부정적으로 평가한다.

사회제도에 대한 신뢰가 반기업정서에 미치는 영향력은 모형 1-모

〈표 1-4〉 한국인의 반기업정서: 대기업의 과거, 현재, 미래에 대한 평가와 지원에 대한 회귀분석

	모형 1	모형2	모형3	모형4	모형5
	과거_성장	현재_성과	미래_기대	미래_지원	전체평가
사회제도 비신뢰	0.007**	0.012***	0.018***	0.025***	0.093***
	(0.003)	(0.002)	(0.003)	(0.004)	(0.008)
연령	0.007***	-0.006***	-0.005**	0.001	-0.014**
	(0.002)	(0.002)	(0.002)	(0.002)	(0.005)
교육수준	0.072***	-0.016	0.051*	0.172***	0.275***
	(0.022)	(0.020)	(0.022)	(0.030)	(0.063)
가계소득 수준	0.041*	-0.050**	-0.040*	-0.043	-0.108
	(0.019)	(0.018)	(0.020)	(0.027)	(0.056)
성장지역_대도시	-0.056	-0.118**	-0.090*	-0.062	-0.339**
	(0.044)	(0.042)	(0.046)	(0.061)	(0.129)
성 (남성 = 1)	0.077	0.056	0.058	-0.004	0.204
	(0.044)	(0.041)	(0.045)	(0.060)	(0.127)
고용여부 (고용 = 1)	0.032	-0.035	-0.074	0.053	-0.137
	(0.053)	(0.050)	(0.055)	(0.073)	(0.155)
자영업/소규모	-0.021	0.002	0.010	-0.126	-0.066
	(0.049)	(0.046)	(0.050)	(0.067)	(0.142)
울산	-0.013	-0.028	-0.099	-0.557***	-0.772**
	(0.097)	(0.091)	(0.099)	(0.133)	(0.281)
부산	0.141*	-0.166**	0.022	0.132	0.116
	(0.059)	(0.055)	(0.061)	(0.081)	(0.172)
대구	0.112	-0.248***	-0.016	0.094	-0.268
	(0.067)	(0.063)	(0.069)	(0.092)	(0.195)
인천	0.035	0.035	0.002	0.036	0.149
	(0.065)	(0.061)	(0.066)	(0.089)	(0.188)
광주	0.026	0.153	0.070	0.148	0.359
	(0.087)	(0.082)	(0.089)	(0.119)	(0.252)
대전	-0.206*	-0.060	0.036	0.163	0.286
	(0.084)	(0.079)	(0.087)	(0.116)	(0.245)
상수	3.461***	2.111***	1.813***	1.635***	3.507***
	(0.141)	(0.133)	(0.145)	(0.194)	(0.411)
관찰 수	1,296	1,296	1,296	1,296	1,296
R-squared	0.043	0.062	0.063	0.093	0.156
Adj. R-squared	0.033	0.052	0.053	0.083	0.147

주: 괄호의 값은 표준편차.

$^{*}p < 0.05$, $^{**}p < 0.01$, $^{***}p < 0.001$.

형 5의 전체 5개에서 통계적으로 유의미하다. 이는 사회제도에 대한 신뢰수준은 일반인이 대기업에 대해 가진 과거, 현재, 미래에 대한 가치평가와 인정 그리고 지원에 영향을 준다는 것을 의미한다.

이 결과는 〈표 1-2〉와 〈표 1-3〉에서 발견한 사회신뢰와 반기업정서의 관련성을 확증하는 것이다. 더 나아가 〈표 1-4〉의 결과는 사회제도에 대한 신뢰가 기업의 현재에 대한 평가를 포함해 과거와 미래에 대한 평가, 지원, 기대에 영향을 미친다는 것을 보여준다.

둘째, 젊은 세대일수록 그리고 교육의 수준이 높을수록 반기업정서가 높은 것으로 나타났다. 과거 대기업의 성장과 발전에 관한 평가와 인정부분에 관해서는(모형 1) 연령이 높을수록 대기업의 성장과 발전 과정에 대해 부정적으로 인식하는 것으로 나타났다. 반면, 대기업의 현재와 미래에 대한 평가에서는 연령이 높을수록 긍정적 자세를 보인다(모형 2, 3).

교육수준이 높은 사람일수록 대기업의 성장과 발전이 정경유착을 통해 가능했다는 비판적 태도를 지닌다. 또한 교육수준이 높을수록 대기업이 한국경제에서 담당하는 역할에 대해 비판적 입장을 취하며 대기업의 시장지배력이 축소되어야 한다고 생각하는 것으로 나타났다.

이 결과는 교육수준이 높고 젊은 세대일수록 탈물질적 가치관을 추구하는 경향이 있으며 탈물질적 가치관을 추구하는 사람은 사회제도와 조직의 권위와 정당성에 대해 부정적 자세를 취한다는 기존의 논의와 일치하는 것이다(Inglehart & Baker, 2000; Inglehart, 2001). 한국사회에서 탈물질적 가치관은 대기업의 존재와 가치에 대한 부정적 평가로 이어진다고 해석할 수 있다.

셋째, 가계소득 및 지리적 성장배경도 대기업에 대한 평가 및 인식에 영향을 주는 것으로 나타났다. 우선, 대도시에서 성장한 성인은 대도시에서 성장하지 않은 사람보다 대기업에 대해 우호적 태도를 지니는 것으로 보인다. 특히, 대도시에서 성장한 사람은 대기업이 지금까지 한국경제에 기여한 역할에 대해 긍정적으로 평가하며 앞으로도 한국경제에서 더 많은 비중을 차지해야 한다고 생각한다. 응답자의 계층에 따라 기업에 대한 평가도 달랐다.

흥미로운 점은 대기업의 과거, 현재, 미래의 시간적 시점에 따라 동일한 계층에 속하더라도 입장이 변화한다는 점이다. 가계소득이 높은 계층에 속한 사람은 대기업이 정경유착을 통해 성장했다는 입장을 취하지만 한국경제에서 현재까지 긍정적으로 기여했다고 평가하며 앞으로도 긍정적으로 기여하리라 기대하는 것으로 나타났다. 반면, 낮은 계층에 속한 사람은 대기업의 과거 성장과정에 대해 긍정적으로 평가하지만 한국경제의 현재와 미래의 기여에 대해서는 부정적으로 평가하는 것으로 나타났다.

응답자의 현재 거주지역도 반기업정서에 영향을 주는 것으로 나타났다. 서울지역의 응답자와 비교해 울산에 거주하는 사람은 대기업에 대해 호의적 태도를 취하는 것으로 보인다. 특히, 울산 거주자는 한국의 전체 경제에서 대기업이 차지하는 비중이 증대되어야 한다는 입장을 취하는 것으로 나타났다. 이는 울산에 자동차, 조선, 석유화학 등의 산업이 발달했고 지역경제에서 현대중공업, 현대자동차, SK에너지, GS칼텍스와 같은 대기업의 기여가 크다는 사실과 관련이 있는 것으로 생각된다.

또한 대구와 부산에 거주하는 사람은 지금까지 대기업이 한국경제에 기여한 역할에 대해 서울지역 거주자보다 긍정적으로 평가하는 것으로 나타났다. 대기업의 과거 성장과정에 대해 대전 거주자는 긍정적 태도를 보이지만 부산 거주자는 부정적 태도를 보인다. 그 외에 응답자의 성별, 고용여부 그리고 고용형태 등은 반기업정서에 통계적으로 유의미한 영향을 주지 않았다.

6. 결 론

최근 한국사회에서 반기업정서의 존재, 규모, 원인에 대한 연구와 논의가 지속되었다. 이러한 관심에도 불구하고 반기업정서에 대한 엄밀한 개념과 이론에 근거한 연구나 논의는 많지 않았다. 이 연구는 정당성에 관한 조직사회학의 연구성과를 바탕으로 반기업정서에 대한 이론적 접근과 경험적 분석을 시행했다. 더 나아가 이 연구는 반기업정서가 기업의 현재 활동에만 한정된 평가라기보다는 과거, 현재, 미래의 행위에 대한 기대와 평가를 포괄하는 것으로 파악했다.

반기업정서는 기업조직이 당면한 정당성의 위기에 해당한다. 즉, 반기업정서는 사회 성원이 기업의 행위와 존재의 정당성과 적정성에 대해 부정하는 것을 의미한다고 볼 수 있다. 기업은 외부환경에 의존해 생존에 필요한 자원을 공급받기 때문에 기업의 운영과 존속에서 정당성을 얻는 것은 매우 중요하다. 정당성을 상실한 조직은 외부환경으로부터 자원과 지원을 확보하기 어려울 뿐 아니라, 조직 내부의 구성원의 동의와 조직몰입을 얻는 데 어려움을 겪는다.

그렇다면 사회 성원이 기업의 행위와 존재의 정당성을 평가하는 요소는 무엇인가? 우리는 베버의 고전적 논의에서 이 물음에 대한 답을 찾고자 했다. 베버는 종교연구에서 정당성의 획득은 타인에게 자신의 현재, 과거 혹은 미래에 대한 존재의 의미와 그 가치를 설득함으로써 이루어진다고 했다. 이처럼 정당성은 과거, 현재, 미래의 시간적 차원에 대한 평가를 포함한다.

따라서 기업조직의 정당성에 대한 평가는 기업의 과거 업적, 현재적 의미, 미래에 기대되는 행동에 대한 평가를 모두 포괄하는 것으로 이해할 필요가 있다. 우리는 정당성의 시간적 차원에 대한 이론적 논의를 바탕으로 반기업정서 역시 한국기업의 업적에 대한 과거, 현재, 미래의 평가와 기대의 차원으로 구분해 접근했다.

실제로 지난 60년간 한국사회에서 주기적으로 지속된 기업에 대한 논쟁도 기업이 과거에 이룩한 업적에 대한 평가, 현재적 의미 그리고 향후 담당할 역할에 대한 것을 중심으로 이루어졌다. 우리는 연구논문과 저작을 통해 반기업정서의 역사적 기원에 대해 간략하게 살펴보았다. 1960년 4·19 혁명 이후 한국의 주요한 정치, 사회적 변동의 국면마다 기업의 정당성에 대한 평가가 이루어졌음을 확인할 수 있었다.

이러한 논의를 통해 한국사회에서 기업인과 기업에 대한 부정적 인식이 반세기 넘게 축적된 역사적 구성물이라는 것을 확인할 수 있었다. 한국사회에서 국가와 기업의 관계는 국가에 의한 일방적 지배관계에서 공생과 경쟁의 관계로 그리고 기업우위의 시대로 변모했다. 최근 심화된 재벌대기업에 의한 경제력의 집중 현상은 향후 대기업이 한국경제에서 담당할 역할에 대한 논의를 촉발시켰다.

마지막으로 이 연구는 기업이미지 조사를 바탕으로 기업에 대해 부정적으로 평가하는 사람의 사회, 경제적 특징과 그 이유를 살펴보았다. 통계분석의 주요한 결과는 세 가지로 정리된다.

첫째, 사회제도에 대한 신뢰수준은 반기업정서와 밀접한 관련이 있다. 사회제도에 대한 신뢰가 낮은 사람은 기업에 대해 부정적으로 인식하고 평가하는 경향이 있고 사회제도에 대한 신뢰가 높은 사람은 기업에 대해서도 긍정적으로 평가했다. 이는 기업에 대한 평가는 사회제도 전반에 대한 신뢰도와 밀접한 관련이 있으며 반기업정서를 줄이기 위해서는 사회제도 전반에 대한 신뢰를 회복하는 것이 중요함을 의미한다.

둘째, 젊은 세대일수록 그리고 교육의 수준이 높을수록 반기업정서가 높은 것으로 나타났다. 이 결과는 교육수준이 높고 젊은 세대일수록 탈물질적 가치관을 추구하는 경향이 있다는 기존의 논의와 상응한다. 일반적으로 탈물질적 가치관을 추구하는 사람은 사회제도와 조직의 권위와 정당성에 대해 부정적 자세를 보이는 경향이 있다.

셋째, 가계의 소득수준이 낮을수록 높은 수준의 반기업정서를 보인다. 또한 대도시에서 성장하지 않은 사람일수록 높은 수준의 반기업정서를 보인다. 이러한 연구결과는 사회적, 계층적 요인에 의해 기업에 대한 평가와 기대가 달라짐을 말해준다. 낮은 계층의 사람일수록 그리고 대도시에서 성장하지 않은 사람일수록 한국사회에서 상대적 박탈감을 더 느끼고 기업의 활동에 대한 부정적 평가와 기대를 가진다고 볼 수 있다.

하지만 이 연구는 다음과 같은 측면에서 한계를 지닌다. 첫째, 이 연구에 사용된 기업이미지 자료는 횡단적 자료이다. 횡단조사의 한계로 인해 제도신뢰와 반기업정서 사이의 역(逆) 인과성을 배제할 수 없다. 또한 대기업의 평가에 대한 과거, 현재, 미래의 평가를 분석했지만 이 또한 자료의 제약으로 인해 현재 시점에서 구성된 시간이라는 한계를 지닌다.

둘째, 이 연구는 젊은 세대와 교육수준이 높은 사람이 반기업정서를 가지는 이유를 이들이 지향하는 탈물주의적 가치관으로 설명했다. 그러나 이러한 설명은 선행연구의 연구결과를 토대로 간접적으로 추정했을 뿐, 탈물질적 성향을 직접 측정한 것은 아니다.

셋째, 반기업정서의 실체를 좀더 온전히 규명하기 위해서는 역사적 연구방법 및 질적자료에 기반을 둔 연구가 추가적으로 수행할 필요가 있다. 구체적인 역사적 자료에 기반을 둔 연구를 통해 한국사회에서 기업의 존재와 활동에 대한 사회적 인식이 어떻게 형성되고 변화했는가를 탐구할 필요가 있다.

자신의 활동에 대한 정당성을 획득하기 위해 기업은 어떠한 노력을 했는지, 한국인은 기업 활동의 정당성에 대해 어떻게 평가했는가를 역사적으로 살펴볼 필요가 있다. 따라서 이 연구는 한국사회의 반기업정서에 관한 본격적인 연구의 시작일 뿐이며 다양한 연구방법과 자료를 이용한 후속적 연구가 이어지기를 기대한다.

참고문헌

강수택 · 박재홍, 2011, “한국 사회운동의 변화와 탈물질주의”, 〈Oughtopia〉, 26(3) : 5~38쪽.

공제욱, 1998, “IMF 구제금융 이후 한국자본주의 재벌구조 개편”, 〈경제와 사회〉, 38: 73~90쪽.

김대환 · 김 균 (엮음), 1999, 《한국 재벌개혁론》, 서울: 나남.

김두식, 2005, “환경주의와 탈물질주의적 가치에 대한 태도 연구”, 〈ECO〉, (9) : 135~180쪽.

김승욱, 2005, “한국 사회 반기업정서의 뿌리와 경제 교육”, 〈경영계〉, (320) : 10~13쪽.

김용열, 2009, “한중일 기업인식의 국제비교와 영향요인”, 〈무역학회지〉, 34(4) : 25~46쪽.

김윤태, 2012, 《한국의 재벌과 발전국가: 고도성장과 독재, 지배계급의 형성》, 파주: 한울.

김은미 · 장덕진 · Granovetter, M., 2005, 《경제위기의 사회학》, 서울: 서울대학교출판부.

대한상공회의소, 2003, 〈우리나라 반기업정서의 현황과 과제〉, 서울: 대한상공회의소.

______, 2012, 〈2011년 하반기 기업호감지수(CFI)〉, 서울: 대한상공회의소.

박재홍 · 강수택, 2012, “한국의 세대 변화와 탈물질주의: 코호트 분석”, 〈한국사회학〉, 46(4) : 69~95쪽.

서재진, 1991, 《한국의 자본가 계급》, 서울: 나남.

송원근 · 이상호, 2005, 《재벌의 사업구조와 경제력 집중》, 파주: 나남.

송한나 · 이명진 · 최샛별, 2013, “한국 사회의 객관적 계급위치와 주관적 계층의식간 격차 결정요인에 관한 연구”, 〈한국인구학〉, 36(3) : 97~119쪽.

송호근, 2005, “세대와 권위”, 조대엽 · 박길성 외, 2005, 《한국 사회 어디로 가나?: 권위주의 이후의 권위구조, 그 대안의 모색》, 서울: 굿인포메이션, 285~311쪽.

______, 2006, 《한국의 평등주의, 그 마음의 습관》, 서울: 삼성경제연구소.

신진욱, 2013, “정당성 정치의 구조와 동학: 막스 베버 정치사회학의 관계론적, 행위론적 재구성”, 〈한국사회학〉, 47(1): 35~69쪽.
어수영, 2004, “가치변화와 민주주의 공고화: 1990~2001년간의 변화 비교연구”, 〈한국정치학회보〉, 38(1): 193~214쪽.
윤상우, 2005, 《동아시아 발전의 사회학》, 파주: 나남.
윤영민·최윤정, 2009, “반 대기업 정서, 위기 책임성, 그리고 사과 수용 간 관련성”, 〈한국언론학보〉, 53(1): 288~304쪽.
이명진, 2005, “대응분석”, 이재열 외, 《사회과학의 고급계량분석: 원리와 실제》, 서울: 서울대학교출판부, 126~157쪽.
______, 2011, 《사회정체성 평가 차원에 대한 국제비교조사: 한국, 중국, 미국 비교연구》, 파주: 집문당.
이신모, 2005, “반 대기업 및 반 대기업가 정서와 생산성 지향적 해소방안”, 〈생산성논집〉, 19(2): 17~41쪽.
이장규, 1995, 《실록 6공경제: 흑자 경제의 침몰》, 서울: 중앙일보사.
이재열·장진호·정원칠·정한울·한 준, 2006, “기업의 사회적 책임, 패러다임 바뀌나”, 〈EAI CRS 브리핑〉, (2), 서울: 동아시아연구원(EAI).
전성표, 2006, “배분적 정의, 과정적 정의 및 인간관계적 정의의 관점에서 본 한국인들의 공평성 인식과 평등의식”, 〈한국사회학〉, 40(6): 92~127쪽.
정원칠, 2012, “대기업을 바라보는 국민인식의 복합성”, 〈EAI Opinion Memo〉, (1), 서울: 동아시아연구원.
정철희, 1997, “문화변동과 사회민주화: 탈물질주의 가치와 공중-주도 정치”, 〈한국사회학〉, 31: 61~83쪽.
조대엽·박길성 외, 2005, 《한국 사회 어디로 가나?: 권위주의 이후의 권위구조, 그 대안의 모색》, 서울: 굿인포메이션.
최장집 (지음), 박상훈 (개정), 2010, 《민주화 이후의 민주주의: 한국 민주주의의 보수적 기원과 위기》, 서울: 후마니타스.
최준혁, 2011, “반기업정서 척도 개발과 타당도 연구”, 〈국제·경영연구〉, 18(3): 133~145쪽.
통계청, 2013, 〈한국의 사회동향 2013〉, 대전: 통계청.
한국개발연구원, 2007, 〈‘반기업정서’의 실체 파악을 위한 조사 연구〉, 서울: KDI 경제정보센터.

한국경제연구원, 2008, "반기업정서: 외국의 경험과 교훈", 〈학술대회 자료집〉, 서울: 한국경제연구원.
한 준, 2008, 《한국사회의 제도에 대한 신뢰》, 춘천: 한림대학교출판부.
홍덕률, 1996, "1987년 이후 정부와 재벌 관계의 변화", 〈경제와 사회〉, 30: 218~243쪽.
홍두승, 2005, 《한국의 중산층》, 서울: 서울대학교출판부.

Berger, L. P., & Luckmann, T., 1966, *The social construction of reality: A treatise in the sociology of knowledge*, Garden City, NY: Anchor Books.
Fukuyama, F., 1995, *Trust: The social virtues and the creation of prosperity*, New York, NY: Free Press.
Giddens, A., 1990, *The consequences of modernity*, Stanford, CA: Stanford University Press.
Inglehart, R., 1997, "Postmaterialist values and the erosion of institutional authority", In Nye, J. S., Zelikow, P. D., & King, D. C. (Eds.), *Why people don't trust government*. 박준원 (옮김), 2001, 《국민은 왜 정부를 믿지 않는가》, 서울: 굿인포메이션, 323~349쪽.
Inglehart, R., & Baker, W., 2000, "Modernization, cultural change, and the persistence of traditional values", *American Sociological Review*, 65: pp. 19-51.
Johnson, C., Dowd, T., & Ridgeway, C., 2006, "Legitimacy as a social process", *Annual Review of Sociology*, 32: pp. 53-78.
Lim, C., & Kim, K., 2013, "A better life in first class: Inequality in experienced well-being and time use in korea", *Department of Sociology*, University of Wisconsin-Madison, Madison, WI, U.S.A., pp. 1-23.
Lipset, S., & Schneider, W., 1983, *The confidence gap: Business, labor and government in the public mind*, New York, NY: Free Press.
______, 1987, "The confidence gap during the reagan years, 1981-1987", *Political Science Quarterly*, 102: pp. 1-23.
Meyer, J., & Rowan, B., 1977, "Institutionalized organizations: Formal

structure as myth and ceremony", *American Journal of Sociology*, 83: pp. 340-363.

Powell, W., & DiMaggio, P., 1991, *The new institutionalism in organizational analysis*, Chicago, IL: University of Chicago Press.

Scott, R., 2008, *Institutions and organizations: Ideas and interests* (3rd ed.), Thousand Oaks, CA: Sage Publications.

Scott, R., & Davis, G., 2007, *Organizations and organizing: Rational, natural, and open system perspectives*, Englewood Cliffs, NJ: Prentice Hall.

Scott, R., Ruef, M., Mendel, P., & Caronna, C., 2000, *Institutional change and healthcare organizations*, Chicago, IL: University of Chicago Press.

Shin, J. S., & Chang, H. J., 2003, *Restructuring 'Korea Inc.': Financial crisis, corporate reform, and institutional transition*. 장진호 (옮김), 2004, 《주식회사 한국의 구조조정: 무엇이 문제인가》, 파주: 창비.

Suchman, M., 1995, "Managing legitimacy: Strategic and institutional approaches", *Academy of Management Review*, 20: pp. 571-610.

Sztompka, P., 1999, *Trust: A sociological theory*, Cambridge: Cambridge University Press.

Weber, M., 1922, *Stände, Klassen und Religion*. 전성우 (옮김), 2008, 《(막스 베버) 종교사회학 선집》, 파주: 나남.

Weber, M., 1978, *Economy and society: An outline of interpretive sociology*. Univ of California Press. 박성환 (옮김), 1997, 《경제와 사회》, 서울: 문학과 지성사.

______, 1978, *Economy and society*, In Roth, G., & Wittich, C. (Eds.), Berkeley, CA: University of California Press.

Zucker, L., 1977, "The role of institutionalization in cultural persistence", *American Sociological Review*, 42: pp. 726-743.

2

한국언론의 기업인식

김원섭 · 남윤철 · 신종화

1. 서 론

민주화 이후 사회변동은 기업의 역할과 지위에서도 중대한 변화를 가져왔다. 한때 발전국가 연합의 중요한 한 축으로 국가의 후원으로 성장한 기업이 국가로부터 상당히 자율화되는 경향을 보이고 있으며, 나아가 다른 사회체계에도 중대한 영향을 미치는 제도로 등장한 것이다. 국가의 쇠퇴와 기업의 성장은 세계적인 차원에서 진행된 신자유주의 시장경제의 팽창과 동시에 진행되었다(조대엽, 2012).

오늘날 한국사회에서 기업의 중요성이 증가하면서 기업에 대한 사회구성원들의 기대도 커졌다. 사람들은 기업이 전통적 목표인 고용과 물질적 부의 창출뿐만 아니라 사회적 요소의 창출과 촉진에도 의미 있는 역할을 해줄 것을 기대하게 되었다. 하지만 지금까지 한국의 기업은 이러한 사람들의 열망에 제대로 부합하고 있다고 할 수 없다. 기업이 공정하고 역동적인 사회적 질서를 창출하는 데 기여하기보다는 오히려 구래의 특혜를 유지하려고 하는 것으로 인식된다. 중소기업, 소상공인들과 상생의 방법을 찾기보다는 불공정한 질서를 유지하려 하는 것처럼 보인다. 안정적 고용을 창출하고 유지하기보다는 고용을 축소하고 유연화하여 노동자의 저항을 유발하고 있다. 이러한 점에서 오늘날 한국에서 만연한 반기업정서는 기업의 퇴행적 활동에 대한 국민의 평가라고 할 수 있다.

반기업정서 확산의 주요한 통로 중 하나는 언론매체이다. 그중에서 신문은 대표적인 언론매체로 반기업정서의 전달과 확산에 중요한 영향을 미친다. 이런 점에서 언론과 기업 간의 관계는 중요한 연구주제라고 할 수 있다. 많은 연구들이 언론이 국민들의 기업에 대한 인식에 어떤 영향을 주는지를 밝히고자 한다. 이들은 아래의 질문에 대답하고자 한다. 언론은 기업에 대해 어떤 인식을 확산시키는가?

지금까지 연구들은 이 질문에 대해 일치된 대답을 주지 못하고 있다. 일군의 연구들은 기업에 종속된 언론이 기업에 대해 긍정적인 인식을 주로 전달한다고 한다. 다른 일군의 연구들은 언론은 부정적인 것을 과장하는 속성이 있기 때문에 기업에 대해서도 긍정적인 상보다는 부정적인 상을 전파하는 경향이 있다고 주장한다. 이외에도 언론은 단지 기업에 대한 사회의 다양한 인식을 반영할 뿐이라고 주장하는 연구들도 있다.

이 연구의 목적은 서로 다른 주장들을 경험적 근거를 가지고 검증하는 것이다. 이런 점에서 이 글의 관심은 보수적 경향인 〈조선일보〉와 진보적 성향인 〈한겨레〉의 사설을 분석하여 과연 언론이 기업에 대해 어떤 입장을 생산하고 전파하는지를 살펴보는 것에 있다.

이를 위해 이 연구는 다음 절에서는 기존연구에서 제시된 여러 이론적인 입장을 살펴본다. 이어서 3절에서는 이 연구의 방법론과 자료수집 방법을 제시하고, 4절에서는 이를 바탕으로 신문사설에 대한 분석을 수행한다. 분석은 신문사설의 논조와 '기업' 키워드의 사용 두 가지 관점에서 진행되었다. 마지막으로 결론은 연구내용을 요약하고 이론적 함의를 제시하였다.

2. 이론적 논의와 방법론

1) 기존연구와 연구목적

언론과 기업의 관계에 대한 기존의 연구는 크게 세 가지 접근으로 분류될 수 있다. 첫째 접근은 가장 지배적인 입장으로 언론이 기업에 대해 긍정적인 인식을 확산시킨다는 것이다. 이 접근에 따르면 언론의 입장과 논조는 기업에 의해 영향을 받는다. 기업에 대한 언론의 종속성은 여러 요인에 기인한다.

장행운(1999)은 프랑스의 사례를 통해 언론이 기업에 유리한 정보를 유포시키고 불리한 정보는 내보내지 않는 경향이 있다고 주장하였다. 이러한 '언경유착'은 우선 언론의 소유관계에 기인한다. 대기업들은 국민을 대리하는 정치권력에 맞서 자신들의 이익을 지키고 확대하는 수단을 확보하기 위해 언론을 소유한다. 대기업에 팔린 언론에 종사하는 언론인들은 비판의식을 상실하고 소유주인 언론재벌의 주구로 전락하게 된다(장행운, 1999: 136).

기업이 언론을 통제하는 방식은 직접적인 소유관계에 한정되지 않는다. 언론이 기업광고에 의존하고 있는 것도 중요한 요인으로 지적된다. 배정근(2010)에 따르면 언론의 대기업광고에 대한 의존은 점차적으로 심화되었다. 특히, 전체 광고수입에서 특정 기업의 비중이 20~30%까지 육박하는 등 대기업의 광고는 언론사의 생존에 결정적 역할을 한다. 이런 상황에서 언론은 자발적으로 광고주에 부정적인 기사를 자제하고 긍정적인 기사를 양산하려는 태도를 보이게 된다.

4개 중앙일간지(〈중앙일보〉, 〈조선일보〉, 〈한겨레〉, 〈경향신문〉)의 기사를 분석한 임봉수·이완수·이민규(2014)의 연구에 따르면 이러한 경향은 모든 언론사에서 공통적으로 나타난다. 이들은 '삼성그룹 X파일 사건' 보도를 분석하였는데 그 결과는 광고주 관련 기사에 대한 긍정적 편향을 보여준다. 이러한 편향은, 특히 보도프레임, 본문의 논조, 제목 순으로 강하게 나타나고 있으며 서로 다른 성향을 가진 4개 신문 모두에서 나타난다(임봉수 외, 2014). 이 연구결과는 이념적 지향에 상관없이 모든 언론이 기업에 대한 긍정적인 인식을 확산시키며 부정적인 인식을 감소시키려 한다는 주장을 뒷받침해주는 것이다.

언론과 기업의 관계에 대한 두 번째 접근은 언론이 기업의 부정적 이미지를 강화시킨다는 것이다. 기업에 대한 언론의 부정적 인식은 무엇보다도 언론이 긍정적이기보다는 부정적인 것을 더 부각시키는 속성이 있기 때문이다. 언론기사는 호황기와 같은 좋은 시기보다 불황기나 경제위기와 같이 상황이 안 좋은 시기에 더 많이 생산되는 경향이 있다. 이에 따라 부정적 기사가 긍정적 시각보다는 많아지는 것이다(Goidel & Langley, 1995). 한국에서도 경제위기 시기에는 부정적인 보도가 더 높은 빈도로 나타나는 양상을 보인다. IMF

시기의 언론보도를 비판한 박성태(1998)에 따르면 언론의 지나친 특종경쟁과 기사의 영향력을 고려하지 않은 보도태도는 기업 이미지에 부정적인 영향을 주었다.

이 입장에 따르면 경제위기 시기뿐 아니라 일상적인 시기에도 언론은 기업에 대한 보도에서 객관적인 시각을 유지하기보다는 흥미위주의 자극적인 소재인 불륜, 뇌물공여, 반유리적인 행위들을 더 많이 부각시키는 경향이 있다(최병일, 2004; 이신모, 2005). 최근 수행된 분석에 따르면(배명한, 2010) 인터넷신문들은 기업에 대해 무분별한 비판을 행하는 경향이 있다. 이에 따라 기사의 편향성에 대한 기업의 우려도 높아지고 있다고 주장하였다. 이러한 점에서 언론은 기업의 긍정적인 점보다는 부정적인 점에 주목하게 되고 상황이 좋은 시기보다는 안 좋은 시기에 이러한 부정적 인식은 더 강하게 나타난다고 할 수 있다.

마지막으로 기업과 언론의 관계에서 언론사별 차이를 강조하는 연구들이 있다. 이들 연구는 언론의 수가 증가하면서 동시에 언론의 다양성도 증가하고 있다고 주장한다. 안주아·이지욱(2008)이 실시한 기업의 사회적 공헌활동 보도에 관한 분석에 따르면 중앙일간지(〈동아일보〉, 〈한겨레〉)와 지역일간지(전남, 부산) 간에 보도태도에 있어서 분명한 차이가 드러나고 있다. 연구대상 중 〈한겨레〉가 주관적인 보도태도를 취하는 경향이 가장 강하며 기업에 대해 부정적 보도를 많이 하는 것으로 나타났다. 이에 비해 다른 언론들은 객관적인 사실 보도태도를 취하는 경향이 있고 기사에서도 긍정적 보도의 비중이 높다.

역사적 접근을 통해 이러한 차이를 보다 잘 보여주는 연구로는 김동률(2009)의 연구가 있다. 이 연구는 정부의 재벌규제 정책에 관한 보도에서 나타난 언론의 정파성을 4마리 개 모델을 기반으로 논의하고 있다.

연구에 따르면 〈조선일보〉의 입장은 민주화 초기 규제 찬성에서 김대중 정부에서 중립의견을 거쳐 노무현 정부에서 규제반대 의견으로 이동한다. 〈중앙일보〉는 일관된 반규제 의견을 보이며 노무현 정부에 와서는 반정부 경향 역시 드러내고 있다. 〈경향신문〉은 언론사 소유관계의 변화에 따라 입장이 달라지는데 규제찬성에서 규제반대를 거쳐 다시 규제찬성의 입장으로 돌아갔다. 〈한겨레〉의 경우 연구기간 동안 일관되게 규제정책에 대해 찬성하는 입장을 보인다. 이 연구의 결과는 언론의 기업에 관한 시각이 언론의 소유구조나 이념적 성향의 영향을 받는다는 사실을 보여주고 있다.

이처럼 기존연구는 언론과 기업의 관계에 대해 일치된 대답을 내놓지 못하고 있다. 기존연구의 주장은 다양할 뿐 아니라 서로 충돌한다. 하지만 그중에서 가장 영향력이 있는 입장은 첫 번째 입장인 언론의 종속성에 대한 접근이라 할 수 있다. 최근에는 언론의 영역 확대와 함께 언론의 다양성에 대한 논의도 그 근거를 보강해가고 있다고 할 수 있다. 논의의 진전을 위해서는 이 주제에 관해 좀더 많은 이론적이고 경험적인 연구가 실시될 필요가 있는 것이다.

이러한 점에서 이 연구는 언론의 기업에 대한 논조를 분석하여 언론과 기업관계에 대한 경험적 근거를 찾아보려고 한다. 밝혀진 경험적 증거는 기존의 입장들을 검증하여 이론적 논의의 활성화에 기여할 수 있을 것으로 기대한다.

2) 방법론과 자료의 구축

(1) 담론분석과 데이터 마이닝

이 연구에서는 두 가지 연구방법을 사용한다. 이 연구는 먼저 담론분석을 사용한다. 이 연구가 주목하는 것은 기업에 대한 어떤 종류의 해석이 구성되는가에 있다. 해석은 선택된 주제와 내용의 구조 두 가지 측면에서 분석된다. 주제의 선택과 구조가 어떤 요소에 의해 영향을 받는지는 이 연구의 관심이 아니다. 담론의 분석에서 이 연구가 활용한 것은 언론의 정파성 분석이다. 이 연구는 기업에 관한 언론의 여러 입장들을 신문사설들의 내용을 분석하여 분류한다(윤영철, 2000).

다음으로 이 글은 오피니언 마이닝 방법을 사용한다. 오피니언 마이닝은 다양한 미디어의 텍스트에 담긴 의견을 자동으로 추출하여 분석하는 방법이다(강범일, 2013). 특히, 이 연구는 언어네트워크 분석을 실시하였다. 이 방법은 문헌의 내용분석 방법이 가진 약점인 노동집약성과 연구자의 주관성을 극복하려는 방법으로 개발되었다. 이 방법은 빅데이터와 같이 분석대상 자료의 양이 클 때 컴퓨터 프로그램을 통해 주제에 관한 내용을 계량화한다.

토픽모델링을 활용하여 이 연구는 텍스트에 포함된 단어를 통해 주제를 추출하고 구성한다. 이를 통해 텍스트에서 사용되는 여러 단어들의 연관이 추출되고 이를 바탕으로 신문의 주된 주장과 그 내용이 분석된다.

이 글이 대상으로 하는 기업에 대한 담론은 크게 세 가지로 나눌 수 있다. 첫 번째는 개입주의적 입장이다(송원근, 2006; 한국개발연구원, 2007). 이에 따르면 한국에서는 정경유착과 불공정거래가 만연해있고, 이는 중소기업의 몰락, 독과점에 의한 생산성의 정체 등의 심각한 문제를 야기하고 있다. 따라서 정부는 법적, 제도적 수단으로 기업의 활동에 적극적으로 개입해야 한다는 것이다.

두 번째는 자율주의적 입장이다(김용렬, 2005; 권영준, 2005). 이 입장에 따르면 정경유착과 같은 탈법경영과 비윤리적 기업경영은 기업의 창의성과 생산성에 부정적 영향을 미친다. 하지만 정부의 규제도 문제를 해결하기보다는 새로운 문제를 야기할 수 있다. 기업의 문제들은 정부의 규제가 아니라 시장의 투명성과 기업의 경쟁력을 강화함으로써 해결될 수 있다. 특히, 기업지배구조의 개선은 이 문제를 위한 핵심적 수단이다(권영준, 2005).

마지막으로 후견주의적 입장은 정부가 적극적 후원을 통해 기업을 육성해야 한다는 입장이다. 이 입장에서는 고용과 성장은 기업활동의 촉진을 통해 가능하다고 본다. 때문에 정부는 기업에 대한 조세 감면 등 친기업적 환경조성을 통해 기업의 활동을 지원해야 한다는 것이다.

(2) 자료의 구축

이 연구의 분석자료로는 〈한겨레〉와 〈조선일보〉에 게재된 사설이 활용되었다. 〈한겨레〉와 〈조선일보〉는 각각 보수적 성향과 진보적 성향을 보여주는 대표적 신문이다. 또한 양 신문은 또한 기업에 대해서 서로 뚜렷이 구분되는 입장을 보여주었다. 2014년에 실행된 연구(조대엽·이명진·김원섭·김수한, 2014)에서 10개 중앙일간지의 기업에 대한 인식이 조사되었다. 그중 〈한겨레〉와 〈조선일보〉는 논지가 상당히 일관적이었으며 입장의 차이도 뚜렷했다.

연구대상 기간은 2012년 1월 1일부터 2013년 12월 31일까지이다. 사설은 신문사의 경향을 드러내기 때문에 특정 사건이나 제도에 대한 신문사의 입장을 파악하기 위해 적합한 자료라고 할 수 있다(최진호 · 한동섭, 2012). 사설은 각 신문사 홈페이지에서 수집되었다. 〈한겨레〉의 경우 홈페이지 오피니언란의 사설항목에서 수집되었다. 해당 언론사의 사설 제하에 일부 칼럼이 혼입되었기 때문에 제목을 통해 사설로 구분된 항목과 해당 항목에 '칼럼' 표기가 되지 않은 항목을 수집했다.

〈조선일보〉의 경우도 홈페이지 오피니언란의 사설항목에서 수집을 진행했다. 이 역시 사설란에 혼입된 칼럼들은 수집과정에서 제외되었다. 이러한 방법으로 해당 시기 동안 전체 사설을 수집한 결과 〈한겨레〉의 경우 1, 834건, 〈조선일보〉는 1, 822건이 수집되었다.

1차적인 분석은 수집된 사설을 연구자가 일독하는 것을 통해 수행되었고, 이 과정에서 '기업관'과 관련성이 높은 사설을 전체 사설 중에서 별도로 표집하여 정성적인 분석자료로 활용하였다. 표집은 두 차례에 걸쳐서 진행되었다. 두 번의 확인을 통해서 표집된 사설은 〈한겨레〉 216건, 〈조선일보〉 287건이다. 이에 비해서 토픽모델링을 사용한 분석은 전체 사설을 대상으로 수행했다.

3. 언론의 기업에 대한 담론

1) 신문사설의 논조로 본 기업에 대한 언론의 담론

(1) 기업에 관련 신문사설의 게재량과 논조

다수의 연구들이 기업에 대한 언론의 입장이 한가지로 일치하지 않고 여러 가지로 분화될 수 있음을 보여주고 있다. 언론의 입장은 특히 이념적 성향과 지배구조와 같은 개별 언론사의 성격에 영향을 받는다. 이에 따라 기업에 대한 관심도와 입장도 언론사에 따라 다르게 나타날 수 있다.

기업과 관련된 사설을 표집한 결과는 다음과 같다. 〈표 2-1〉은 기업 관련 사설이 전체 사설에서 차지하는 비중을 보여준다. 이를 통해 우선 두 언론의 기업에 대한 관심도가 비교될 수 있다.

〈표 2-1〉에 따르면 전체 사설 가운데 기업 관련 사설은 〈한겨레〉가 216건, 〈조선일보〉가 287건이다. 기업 관련 사설이 전체 사설에서 비치는 비중은 〈한겨레〉에서 11.8%, 〈조선일보〉에서는 15.7%로 나타났다. 즉, 연구대상 기간 동안 〈조선일보〉는 〈한겨레〉에 비해 기업에 관련된 사설을 더 많이 게재했다. 또한, 기업 관련 사설의 비중도 〈조선일보〉가 〈한겨레〉보다 더 높았다.

다음으로 신문사들이 기업에 대해 가지고 있는 입장을 비교해 보기 위해 기업 관련 사설의 논조분석을 실시하였다. 논조는 긍정, 부정, 중립으로 분류되었다. 긍정적 논조의 사설들은 사건, 경제상황 등의 언급에 있어 기업의 긍정적 역할과 활동을 전파하는 내용

〈표 2-1〉 기업 관련 사설의 게재량과 전체 사설에서의 비중

(비중: %)

	전체 사설 계	기업 관련	비중
〈한겨레〉	1,834	216	11.8
〈조선일보〉	1,822	287	15.7
계	3,656	503	13.8

을 포함한다. 여기에는 "눈길 끄는 아모레퍼시픽의 '남녀고용평등' 실천"(〈한겨레〉, 2012. 4. 1)과 같이 개별기업의 긍정적 사건에 대한 기술, "국내 일자리 늘리는 기업에 훈장과 세금 혜택 더 줘야"(〈조선일보〉, 2012. 1. 15)와 같이 기업의 긍정적인 활동에 연결된 정책대응, "여야, '성장(成長) 밑그림'도 없이 어떻게 공약 지킬 건가"(〈조선일보〉, 2012. 2. 19)와 같이 경제에 대한 기업의 긍정적인 영향에 대한 사설이 포함되어있다.

또한 긍정적 논조에는 "국제적 '라면 수거' 소동 불러온 줏대 없는 식약청"(〈조선일보〉, 2012. 10. 29)과 같이 정부의 과도한 규제가 기업에 미치는 악영향에 대한 문제제기와 "대기업・하도급기업 간 '축의금 먹이사슬' 끊을 때 됐다"(〈조선일보〉, 2012. 11. 6)처럼 문제해결에 있어서 기업의 자율성을 중심으로 한 접근도 포함되었다.

부정적 논조의 경우 사설 전체에서 기업에 대한 부정적인 내용을 포함한다. 예를 들면, "현대차 노조원 분신, 원인 규명하고 후속 대책 마련해야"(〈한겨레〉, 2012. 1. 10), "재벌 딸들 빵집 경쟁, 이러다 무슨 큰 벌(罰) 받으려고"(〈조선일보〉, 2012. 1. 17)와 같이 기업의 특정한 행태에 대한 비판이나, "재벌개혁의 시금석 출자총액제한제도"(〈한겨레〉, 2012. 1. 29), "한국 10대 재벌총수 지분(持分) 1%도 안 된다"(〈조선일보〉, 2012. 7. 2) 등과 같이 문제의 원인을 기업의 소

〈표 2-2〉 사설의 논조

(비중: %)

구분	계	긍정		부정		중립	
		건수	비중	건수	비중	건수	비중
〈한겨레〉	216	8	3.7	188	87	20	9.3
〈조선일보〉	287	93	32.4	131	45.6	63	22
계	503	101	20.1	319	63.4	83	16.5

유구조와 같은 기업구조의 문제에서 찾는 사설들이 포함된다. 또한 문제의 해결방법에 있어서도 "재벌개혁, 공약경쟁 넘어 입법경쟁 하라"(〈한겨레〉, 2012. 10. 14)와 같이 기업의 자정능력의 범위를 넘어서는 제도적 해결방안을 제시하는 내용도 포함되었다.

중립적 논조에는 주로 "재벌 개혁, 경쟁력 죽이기 아닌 '오너 독단(獨斷)' 견제로"(〈조선일보〉, 2012. 2. 2), "재벌 개혁, 재계(財界)가 대답할 차례다"(〈조선일보〉, 2012. 10. 14)와 같이 부정적 논조와 긍정적 논조 양편이 유사한 비중으로 나타나는 사설들과, 경제영역에서 기업 관련 내용이 중심이 되지만 현황을 기술하며 전반적인 경기흐름에 집중해 기업에 대해 특정한 견해를 보이지 않는 사설들이 포함되었다.

표집된 기업 관련 사설에서 〈한겨레〉의 경우 기업에 대한 긍정적 논조를 가진 사설은 3.7%, 중립적인 관점은 9.3%에 불과하였다. 거의 대부분인 87%의 사설이 기업에 대해 부정적 논조를 가지고 있다. 이와 대조적으로 〈조선일보〉의 경우 부정적 논조가 45%로 상대적으로 높기는 하지만, 긍정적 논조가 32.4%, 중립적 논조가 22%로 상당한 비중을 차지하고 있다.

이러한 경향으로 볼 때 〈한겨레〉는 기업에 대해 강하게 부정적 입장을 보이지만, 〈조선일보〉의 경우 부정적 입장과 더불어 긍정적이거나 중립적 입장도 충분히 고려한다고 말할 수 있다. 즉, 두 신문에서 공통적으로 기업에 대한 긍정적 입장보다는 부정적 입장이 더 강하게 나타난다. 하지만 부정적 입장의 비중은 큰 차이를 보이고 있다.

(2) 기업 범주별 사설의 논조

기업에 대한 언론의 인식은 기업 범주별로도 다르게 나타난다. 기업은 균등한 집단이 아니다. 두 신문의 기업에 대한 시각은 선택된 기업 카테고리의 세분화에 의해서도 분석될 수 있다. 이를 위해서 표집된 사설을 해당 사설이 다루는 대상에 따라 기업, 대기업/재벌, 중소기업으로 나누어서 각각의 비중을 살펴보았다.

신문사와 상관없이 사설은 세 가지 범주 중에서 대기업/재벌을 가장 빈번하게 다루고 있다. 〈한겨레〉가 〈조선일보〉보다 대기업/재벌(79.6%)을 다루는 비중이 높으며 중소기업(4.2%)이나 기업일반(16.2%)은 덜 다루는 모습을 보인다. 〈조선일보〉 역시 대기업/재벌(65.2%)을 가장 많이 다루고 있다. 하지만 〈한겨레〉보다 기업일반(27.5%)이나 중소기업(7.3%)에 대해 더 높은 관심을 보인다. 이는 한국에서 기업에 관한 이슈가 주로 대기업/재벌을 통해 제기된다는 점을 보여주는 것이다.

〈표 2-4〉는 〈조선일보〉와 〈한겨레〉의 범주별, 신문사별, 사설의 논조를 보여주고 있는데 이를 통해 기업 범주가 언론의 입장에 미치는 영향을 확인할 수 있다.

첫째, 신문사와 상관없이 대기업/재벌 범주에서 다른 범주인 중소기업과 기업일반에 비해 부정적 입장을 취한다. 전체 사설에서 부정적인 논조는 대기업/재벌 범주에서 71%, 중소기업 범주에서 66.7%, 기업일반 범주에서는 38.6%로 차이를 보였다. 양 신문이 대기업/재벌 범주를 가장 크게 다루기 때문에 대기업/재벌에 대한 부정적 논조는 기업 전체에 대한 부정적 입장으로 연결된다고 할 수 있다.

둘째, 범주별 논조에서 양 신문의 차이도 역시 간과될 수 없는 것으로 나타났다. 〈한겨레〉는 기업일반, 대기업/재벌, 중소기업 모두에 대해 부정적인 입장을 보인다. 반면, 〈조선일보〉는 기업일반에 대해서는 〈한겨레〉에 비해 긍정(44.3%)적인 논조가 더 자주 나

〈표 2-3〉 두 신문의 대상 범주별 비중

(비중: %)

구분	기업 관련	기업일반		대기업/재벌		중소기업	
		건수	비중	건수	비중	건수	비중
〈한겨레〉	216	35	16.2	172	79.6	9	4.2
〈조선일보〉	287	79	27.5	187	65.2	21	7.3
계	503	114	22.7	359	71.4	30	6

〈표 2-4〉 대상 범주별 사설의 논조

(비중: %)

	구분	기업일반				대기업/재벌				중소기업			
〈한겨레〉		계	긍정	부정	중립	계	긍정	부정	중립	계	긍정	부정	중립
	건수	35	1	23	11	172	6	158	8	9	1	7	1
	비중	100	2.9	65.7	31.4	100	3.5	91.9	4.7	100	11.1	77.8	11.1
〈조선일보〉	구분	기업일반				대기업/재벌				중소기업			
		계	긍정	부정	중립	계	긍정	부정	중립	계	긍정	부정	중립
	건수	79	35	21	23	187	52	97	38	21	6	13	2
	비중	100	44.3	26.6	29.1	100	27.8	51.9	20.3	100	28.6	61.9	9.5
계	구분	기업일반				대기업/재벌				중소기업			
		계	긍정	부정	중립	계	긍정	부정	중립	계	긍정	부정	중립
	건수	114	36	44	34	359	58	255	46	30	7	20	3
	비중	100	31.6	38.6	29.8	100	16.2	71	12.8	100	23.3	66.7	10

타나며 대기업/재벌(51.9%)이나 중소기업(61.9%)에 대해서 부정적 입장이 더 드물게 나타난다.

셋째, 중소기업에 대해서도 부정적인 논조가 높음인 것은 양 신문이 주로 부정적 사건을 중심으로 중소기업을 다루고 있다는 것을 보여주는 것이다. 실제로 양 신문은 원전납품업체 비리, 중소대부업체 등과 같은 사건으로 중소기업을 다루고 있다.

결론적으로 언론은 대기업/재벌 범주를 기업의 대표적 범주로 다루고 있다. 이에 따라 대기업/재벌에 대한 부정적 입장이 기업 전체에 대한 부정적 입장에 영향을 주고 있다. 또한 언론사별로도 범주별 논조에 차이가 난다. 〈한겨레〉는 대기업/재벌 범주에 보다 집중하여 논조가 상당히 단순한 편이다. 반면 〈조선일보〉는 기업일반이나 중소기업 범주를 기업 논의의 대상에 포함시켜 상대적으로 다양한 입장의 구축이 가능하였다.

(3) 시기별 사설의 게재량과 논조

사설의 논조는 범주와 언론사의 특성뿐 아니라 시기에 따라서도 차이를 보인다. 특히, 언론의 기업에 대한 부정적 인식을 강조하는 사람들은 언론이 주로 스캔들과 부정적 사건에만 주목하는 속성을 강조한다. 긍정적 사건보다는 부정적 사건이 발생한 시기에 언론의 관심도 커지게 된다. 이에 따라 부정적 입장이 보다 많이 제시될 가능성이 높아지는 것이다.

이러한 점에서 이번에는 시기가 사설의 논조에 미치는 영향을 살펴보고자 한다. 이를 위해 먼저 표집 사설의 추이를 살펴보고 어떤 이슈들이 사설과 연관되어 나타나는지 알아보고자 한다.

먼저 〈그림 2-1〉은 표집된 2012년 사설의 추이를 게재된 사설의 수로 보여주고 있다. 이에 따르면 2012년 동안 〈한겨레〉와 〈조선일보〉에서 확인된 기업 관련 사설의 추이는 상당한 등락을 보이고 있다. 주별 추이는 0건에서 10건에 이르는 차이를 보이며 두 신문이 보이는 추이는 일치하는 부분과 그렇지 않은 부분으로 나뉜다.

사설의 추이를 고점, 즉 사설의 수가 증가한 시기를 중심을 살펴보면 이들의 시기가 〈표 2-5〉의 이슈와 연관되어있음을 알 수 있다. 〈표 2-5〉에 따르면 양 언론사에서 고점은 공통적으로 긍정적 사건보다 부정적 사건과 더 밀접한 연관을 가진다. 하지만 양 언론사는 고점의 수와 연관된 이슈에서는 큰 차이를 보인다. 우선 양적으로 〈조선일보〉의 경우 고점에 속하는 시기에 더 많은 기업 관련 사설을 게재하고 있다.

다음으로 고점과 연관된 이슈에서도 〈한겨레〉의 경우 고점은 노사관계, 특히 노동자와 관련한 이슈와 대기업의 불공정행위에 관한 이슈들이 주로 제시되었다. 9번의 고점 중에서 5번째와 7번째를 제외한 모든 고점에서 용역폭력, 노동자자살, 노조파괴 등과 같은 기업의 부당한 노동행위가 이슈가 되었다. 가장 활발했던 시기는 7월 29일에서 8월 4일로 용역폭력, 부당한 노동행위에 대한 사설을 다수 게재하였다. 또한 재벌의 불공정한 행위 역시 고점과 밀접한 연관이 있었다. 7번의 고점이 고객정보유출, 불공정거래, 연비과장 등과 같은 이슈와 관련이 있었다.

이에 비해서 〈조선일보〉는 주로 재벌의 불공정한 행위와 경제성장과 관련된 이슈들이 고점에서 발견되었다. 10번의 고점 중 8개의 고점에서 재벌의 불공정행위가 이슈가 되었고 4개의 고점에서 경제

〈그림 2-1〉 2012년 표집 사설 추이

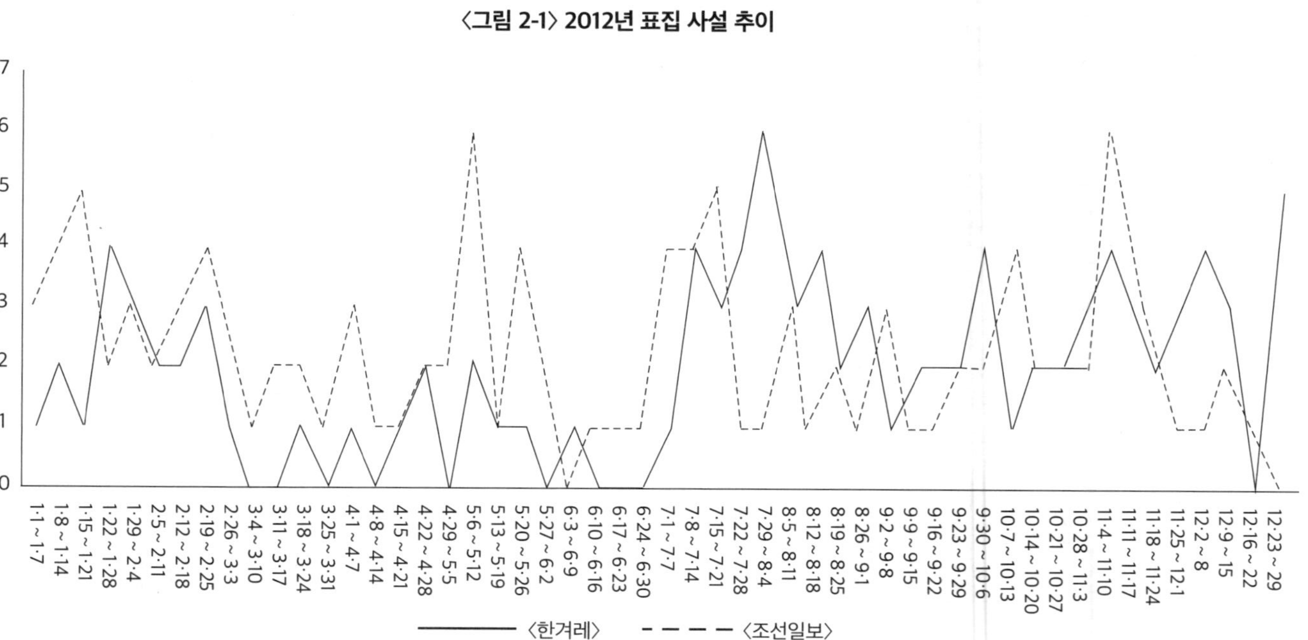

〈표 2-5〉 2012년 주요시기(고점)의 대표적 이슈

〈한겨레〉		고점	〈조선일보〉	
7.29 ~ 8.4	**컨택터스 용역폭력, 만도 부당 노동행위**, KT 고객정보유출, 대법관 인사	1	11.4 ~ 11.10	현대-기아차 연비 과장, 대선 경제민주화 공약, 원전 비리, 부실상조회사, 검사 뇌물수수, 작은 결혼식 캠페인
12.23 ~ 12.29	**노동자자살**, 불공정거래 솜방망이 처벌, 징벌적 손해배상제, 남녀소득격차, 18대 대선	2	5.6 ~ 5.12	포스코 인사문제, 동반성장위 동반성장 지수 발표, 저축은행, 산업혁신
11.4 ~ 11.10	**현대그룹 노조파괴 논의**, 현대-기아차 연비과장, 원전 비리	3	7.15 ~ 7.21	삼성-허베이스트릿 원유유출 사고 보상, CD금리 담합, 롯데 내부거래 통행세관행 적발, 재벌 총수 집행유예 금지, 세계경제 침체
7.8 ~ 7.14	**민주통합당 경제민주화 입법제안**, 대법관후보자 인사, 박근혜 후보 출마선언	4	1.15 ~ 1.21	재벌빵집, CNK 주가조작, 게임중독, 오리온그룹 회장 실형, 30대 그룹 투자-고용계획 발표
1.22 ~ 1.28	민주통합당, 한나라당 재벌개혁, 세계경제포럼, 외환은행 인수	5	7.8 ~ 7.14	박근혜 후보 출마선언, 경제민주화 공약, 민주통합당 경제민주화 입법 제안, 남성 육아휴직, **삼성전자 실적발표, 경기지표 위축**
9.30 ~ 10.6	공정위 재벌빵집 과징금, 새누리 경제민주화 의원총회 파행, 웅진그룹 법정관리, 음악산업 구조적 문제	6	2.19 ~ 2.25	**현대차 부당해고 판결(대법)**, 출산비용, 부산저축은행-태광 오너 선고, 여야 성장전략 부재
7.22 ~ 7.28	**삼성전자 백혈병문제**, 전경련 회장 경제민주화 비판, 가산금리 담합, 경제성장률 하락	7	1.8 ~ 1.14	은행수익환원, 주가 조작범 처벌, 삼성전자-LG전자 담합, 재래시장 갈취범, 자본적정성(性) 5개년 운영계획
8.12 ~ 8.18	**현대차 노사교섭(불법파견/사내하청), 노동부 SJM 노동감독 결과**, 한화 김승연 회장 실형	8	5.20 ~ 5.26	저커버그 결혼, 강제징용 배상(대법원, 자발적 배상), 광물공 감사
12.2 ~ 12.8	**서울시 비정규노동자 정규직 전환**, 전경련 경제민주화 비판, 삼성1호-허베이스트리트 원유유출, 경제성장률 감소 발표	9	7.1 ~ 7.7	공정거래위의 총수지분율, 경제민주화 논쟁(비판), 여성임원 비율, 재벌사면금지 공약
		10	10.7 ~ 10.13	코스트코 보복단속, 재벌개혁공약(안철수, 문재인), 휴브글로벌 유독가스누출 사고, 삼성전자-현대, 기아차 실적-순이익

주: 노동관련 이슈는 **굵게**, 불공정거래 이슈는 *기울임*, 경제성장 관련 이슈는 밑줄로 표기.

〈그림 2-2〉 2013년 표집 사설 추이

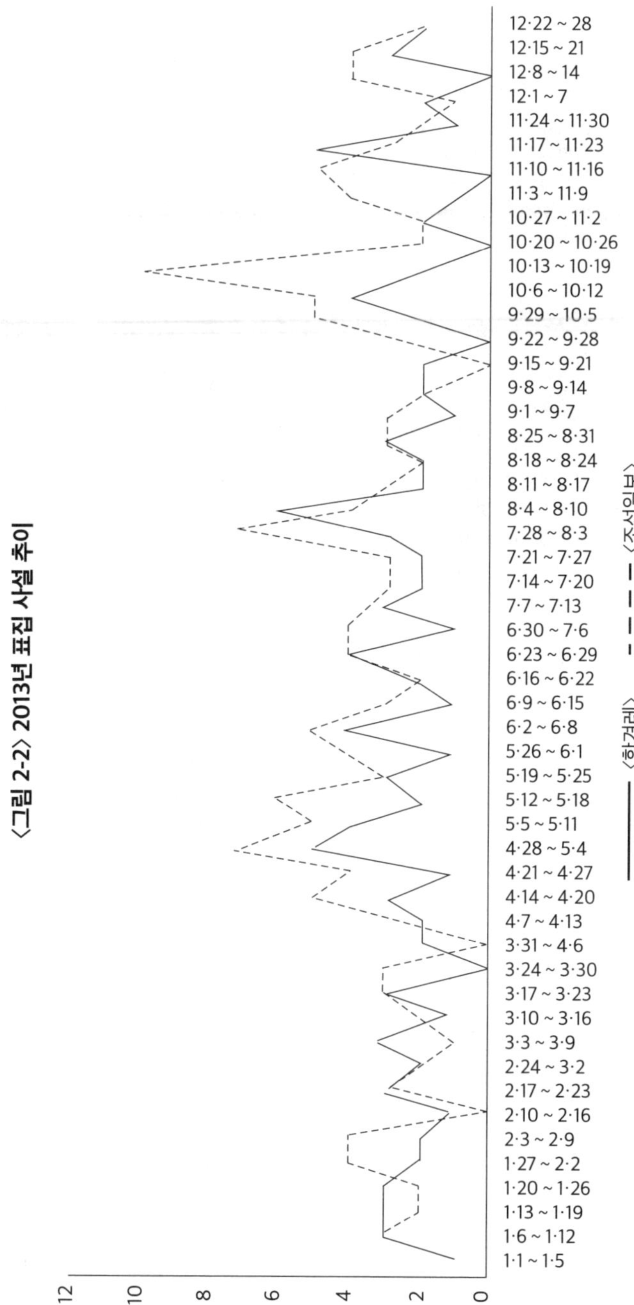

0
2
4
6
8
10
12
1·1 ~ 1·5
1·6 ~ 1·12
1·13 ~ 1·19
1·20 ~ 1·26
1·27 ~ 2·2
2·3 ~ 2·9
2·10 ~ 2·16
2·17 ~ 2·23
2·24 ~ 3·2
3·3 ~ 3·9
3·10 ~ 3·16
3·17 ~ 3·23
3·24 ~ 3·30
3·31 ~ 4·6
4·7 ~ 4·13
4·14 ~ 4·20
4·21 ~ 4·27
4·28 ~ 5·4
5·5 ~ 5·11
5·12 ~ 5·18
5·19 ~ 5·25
5·26 ~ 6·1
6·2 ~ 6·8
6·9 ~ 6·15
6·16 ~ 6·22
6·23 ~ 6·29
6·30 ~ 7·6
7·7 ~ 7·13
7·14 ~ 7·20
7·21 ~ 7·27
7·28 ~ 8·3
8·4 ~ 8·10
8·11 ~ 8·17
8·18 ~ 8·24
8·25 ~ 8·31
9·1 ~ 9·7
9·8 ~ 9·14
9·15 ~ 9·21
9·22 ~ 9·28
9·29 ~ 10·5
10·6 ~ 10·12
10·13 ~ 10·19
10·20 ~ 10·26
10·27 ~ 11·2
11·3 ~ 11·9
11·10 ~ 11·16
11·17 ~ 11·23
11·24 ~ 11·30
12·1 ~ 7
12·8 ~ 14
12·15 ~ 21
12·22 ~ 28
〈한겨레〉
〈조선일보〉

〈표 2-6〉 2013년 주요시기(고점)의 대표적 이슈

〈한겨레〉		고점	〈조선일보〉	
8.4 ~ 8.10	**현대차 비정규 노조 농성해제**, **대체휴일제 문제**, 음악산업 음원사재기, 당정협의, 세법개정안, 세제개편, 애플 수입금지 거부권 행사	1	10.13 ~ 10.19	**대기업 구직 편중**, **양극화 문제**, 대기업 규제 문제(외국기업 독식), 효성그룹 탈세의혹 수사, 원전납품 비리, 국정감사 기업인 증인, 종편 주주구성 문제, 유산기부, 에너지기본계획 정책권고안, 건설업계 해외수주 문제
4.28 ~ 5.4	하도급법, 정년연장법 통과, 전경련 경제민주화 반대 입법로비, 삼성전자 불산 누출, 자본시장법 통과, 수도권규제 완화	2	4.28 ~ 5.4	**인턴사원 자살**, **통상임금**, **정규직 전환**, 한국얀센 불량약품, 국세청 세무조사, 무역투자진흥회의(투자-규제 문제), 경제성장률 향상, 주요기업 실적 악화
11.17 ~ 11.23	재벌 보수공개 규제 회피, 교육부 호텔 관련 규제 약화, 관광진흥법 개정로비, 산업용 전기요금, 도심헬기 사고	3	7.28 ~ 8.3	국세청 비리, CJ로비의혹, NHN상생안 발표, 원전비리, 금감원 청탁사건, 삼성전자 투자발표, 해외투자증가, 소프트웨어 산업 문제
5.5 ~ 5.11	**박근혜 대통령 통상임금 발언**, **현대제철 당진 공장 산재사망**, 남양유업 사태	4	5.12 ~ 5.18	**일자리 대물림 무효판결**, NHN 불공정거래 조사, 기업직무발명 보상, 저축은행(회계사 부실감사), 4대강 수사, 국가재정전략회의(경기활성화 재정지출, 정책모순 문제)
6.2 ~ 6.8	**쌍용차 파산 회계조작 관련 폭로**, 6월 임시국회, 원전비리, BS금융지주 회장 사퇴 요구(관치)	5	5.5 ~ 5.11	현대제철 산재사망 사고, 통상임금(한미경제인오찬), 갑을관계 문제(원청사원 막말사건), 출판사 책 사재기, 기준금리 인하
10.6 ~ 10.12	**방송 보조출연자 착취 문제**, **근로시간단축 당정합의**, 동양그룹 사태(대주주등 수사의뢰) 원전 비리	6	6.2 ~ 6.8	**시간제보호법**, **노동시간 축소**, 원전비리, 갑을문제(병/정 등), 이익 몰수제(불량식품), BS금융지주 회장 사퇴 요구(관치)
6.23 ~ 6.29	*경제부처수장-경제단체 회동*, *KT 낙하산인사*, 긴급 거시경제금융회의, 개성공단 문제	7	10.6 ~ 10.12	동부제철 회사채 발행, 동양증권 수사, 신용평가사 문제, 국감 기업인 증인문제, 뇌물수수, 자금시장(회사채) 문제
		8	4.14 ~ 4.20	**기아차 노사협의(자녀채용 우대) 비판**, 공정거래법 개정안, 현대차 내부거래 개선안 발표, 중산층 붕괴, 추경발표-기업투자 문제
		9	9.29 ~ 10.5	**현대차 노동시간 조정 신규채용**, 동양그룹 법정관리-직원자살-CP문제, 상하이 자유무역지구
		10	11.10 ~ 11.16	**주요기업 시간제근로자 선발계획 발표**, 수협비리, 원전-군납-고속철비리, 게임중독 규제, 국제수지 불황형 흑자

주: 노동 관련 이슈는 굵게 **표기**, 불공정거래 이슈는 *기울임*, 경제성장 관련 이슈는 밑줄로 표기.

성장과 경제지표에 대한 이슈가 제기되었다.

2013년 사설에서는 2012년의 사설보다 기업 관련 사설 추이에서 더 큰 등락을 보인다. 주별 추이는 0건에서 12건에 이르는 차이를 보인다. 또한 고점의 수에 있어서의 언론사 간 차이는 7번과 10번으로 더 크게 나타난다.

고점과 연관된 이슈의 관점에서 보면, 〈한겨레〉에서는 2012년과 유사하게 노동문제와 재벌의 불공정행위가 고점에서 발견되었다. 모든 고점에서 불공정행위 이슈가 제기되었고 노동문제는 4번의 고점에서 이슈화되었다. 이에 비해 〈조선일보〉에서 고점점유 이슈는 지속성과 변화를 동시에 보였다. 대기업의 불공정행위와 경제성장 관련 이슈는 여전히 고점점유 이슈였다. 10개 중 8개의 고점에서 대기업의 불공정행위는 이슈로 제기되었다. 경제성장의 이슈도 8개의 고점에서 제기되었다(해외수주, 성장률, 해외투자 등). 하지만 2012년과 비교하여 새로운 변화도 있었다. 고용문제가 8번의 고점에서 제기된 것이다. 하지만 〈한겨레〉와 달리 〈조선일보〉는 노사관계보다는 구직편중, 일자리 대물림, 시간제 근로자 등의 고용문제가 주로 제기되었다.

이러한 점에서 사설의 수가 많은 시기를 나타내는 고점과 관련된 이슈의 측면에서 양 언론사는 상당한 차이를 보여준다고 할 수 있다. 〈조선일보〉는 불공정거래, 경제성장, 고용과 같은 주제를 강조하고 있는 데 반해, 〈한겨레〉는 불공정거래와 노사관계의 문제를 기업에 관한 입장을 제시하는 주요 근거로 삼고 있는 것이다.

더 나아가 시기적 변수가 사설의 논조에 주는 영향을 포착하기 위해서 연구대상 시기를 활성기와 소강기로 나누어서 사설의 논조를

〈표 2-7〉 표집 사설의 시기별 상하위 극값

(비중: %)

구분			긍정		부정		중립		계
			건수	비중	건수	비중	건수	비중	
활성기	2013	5월	7	21.2	20	60.6	6	18.2	33
	2013	8월	4	13.8	22	75.9	3	10.3	29
	2013	10월	6	20.7	15	51.7	8	27.6	29
	2012	7월	3	10.3	22	75.9	4	13.8	29
	2013	7월	4	14.8	19	70.4	4	14.8	27
	평균			16.2		**66.9**		16.9	-
소강기	2013	9월	3	20	6	40	6	40	15
	2012	9월	2	14.3	9	64.3	3	21.4	14
	2012	4월	2	18.2	8	72.7	1	9.1	11
	2012	3월	1	14.3	4	57.1	2	28.6	7
	2012	6월	1	25	2	50	1	25	4
	평균			18.4		**56.8**		24.8	
전체시기				20.1		63.4		16.5	-

살펴보았다. 활성기는 기업 관련 사설 수가 상위 20%에 해당하는 다섯 주이다.

〈표 2-7〉이 보여주는 것처럼 활성기에는 사설의 부정적 논조의 비중이 평상시보다 높다. 반면 소강기에는 부정적 논조의 비중이 평상시보다 낮은 경향을 보인다. 부정적 논조는 활성기에 66.9%, 소강기에는 56.8%로 차이가 현저하다. 이에 반해 긍정적이거나 중립적 논조는 활성기에 평상시보다 낮거나 비슷한 경향을 보이고 소강기에는 상대적으로 높거나 비슷한 경향을 보인다.

결론적으로 활성기와 소강기의 논조는 뚜렷한 차이를 보이는 것으로 나타나 시기적인 변수, 특히 기업에 대한 이슈가 활발하면 신문의 기업에 대한 입장이 부정적으로 될 가능성이 높아진다고 할 수 있다.

2) 신문사설에 나타난 키워드로 본 신문의 기업에 대한 담론

신문사설에서 사용된 키워드를 이용한 데이터 마이닝을 통해서 기업에 대한 언론의 입장과 그 구조가 탐색되어질 수 있다. 위의 신문사설의 논조분석에서 시기별 범주별 차이에도 불구하고 언론사는 서로 다른 입장을 가지고 있다는 것이 나타났다. 이 장에서는 이러한 언론사들의 입장을 비교하는 것에 집중하고자 한다.

데이터 마이닝 분석은 두 가지 방법이 사용되었다. 첫째, 기업 키워드 사용빈도를 통해 언론별 '기업' 키워드의 중요성과 사용추이를 파악한다. 둘째, 토픽모델링 분석을 통해 기업과 연관된 키워드를 추출하여 언론사별 기업에 관한 입장의 핵심내용을 비교한다. 여기서는 언론사의 주제형성과 내용구조 두 측면이 비교된다.

(1) 기업 키워드의 등장 빈도

2012년과 2013년 연구대상 기간 전체에 걸쳐 〈조선일보〉가 사설에서 '기업'을 더 많이 사용하는 것으로 나타난다. 〈조선일보〉는 1,822건 그리고 〈한겨레〉는 1,832건의 사설을 게재한 가운데 '기업' 키워드는 〈조선일보〉에서 487건, 〈한겨레〉에서 321건이 사용되었다. 이는 〈조선일보〉가 보다 많은 기업 관련 사설을 게재하고 있다는 앞 절의 분석과도 일치한다.

〈표 2-8〉은 또한 '기업'이라는 키워드와 '경제', '재벌' 키워드의 연결 빈도를 보여준다. 기업-재벌 두 키워드가 같이 활용된 사례는 양 신문사에서 똑같이 73건으로 나타났다. 하지만 기업 키워드의 언급

〈표 2-8〉 전체 사설에서 기업 키워드 등장의 빈도분석

	〈조선일보〉	〈한겨레〉
전체 사설	1,822	1,834
사설-기업	487	321
사설-기업 · 경제	231	167
사설-기업 · 재벌	73	73

빈도가 〈조선일보〉가 더 많기 때문에 상대적으로 보면 〈한겨레〉가 기업과 재벌을 더 많이 연계하여 사용한다는 것으로 해석할 수 있다.

또한 기업과 경제 키워드의 연계는 〈조선일보〉가 〈한겨레〉보다 훨씬 많이 하고 있는 것으로 나타났다. 이는 양 신문이 기업의 이슈를 다루는 방식을 보여준다. 〈조선일보〉는 재벌문제와 경제문제 등 다각적 측면에서 기업을 언급하고 〈한겨레〉는 기업 이슈에서 재벌 문제에 더 집중하는 경향을 보이는 것이다. 이 결과 역시 앞의 사설 빈도분석의 내용과 유사하다.

(2) 기업의 출현빈도의 추이

전체적인 '기업' 키워드 빈도의 추이 역시 이러한 빈도분석상의 경향을 반영하고 있다. 연구기간인 2012년 1월부터 2013년 12월에 기업 단어 출현의 월간 추이를 살펴보면(〈그림 2-3〉) 〈조선일보〉가 '기업' 단어를 〈한겨레〉보다 더 자주 사용하는 경향을 보인다.

이러한 경향에는 몇 군데 주목할 만한 두 시기가 발견된다. 우선 "2012년 5월"의 경우는 예외적 시기이다. 다른 시기와 달리 〈한겨레〉에서 〈조선일보〉보다 '기업' 단어 사용빈도가 높게 나타나고 있다. 이는 당시의 정치적 사건인 '통합진보당 제 19대 국회의원총선거

〈그림 2-3〉〈조선일보〉와 〈한겨레〉의 기업 단어 빈도 추이

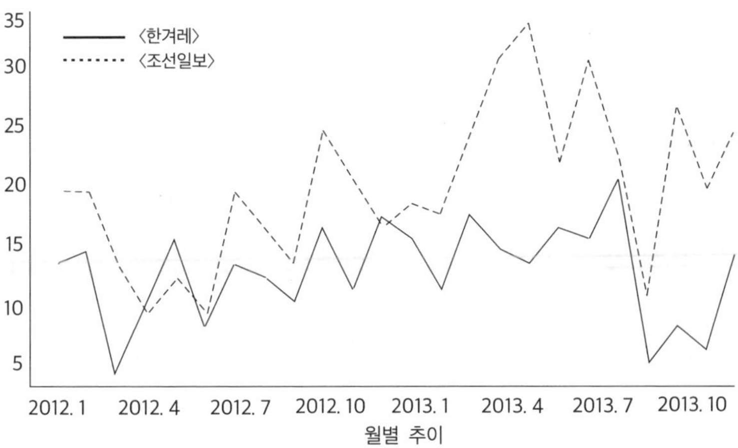

비례대표후보 부정경선사건'을 반영한 것으로 보인다. 5월 동안 〈조선일보〉는 〈한겨레〉보다 통합진보당 부정경선사건과 관련된 사설을 더 많이 게재했고 해당 사설은 그 특성상 '기업' 단어를 활용하지 않는다.

다음으로 2013년 5월의 경우 양 언론사의 기업 키워드 사용의 차이가 일반적 경향을 따르면서 그 정도가 가장 두드러지는 시기이다. 〈조선일보〉의 '기업' 키워드 사용빈도가 가장 높고 〈한겨레〉의 '기업' 키워드 사용이 다소 줄어든다. 이에 따라 양 언론사의 사용빈도가 가장 큰 차이가 나게 된다. 5월의 경우 〈한겨레〉에서 정상회담과 윤창중 성추행사건을 다루는 사설이 더 많이 나타난 것과 해군기지 문제나 진주의료원 문제를 다룬 사설이 나타나고 있기 때문으로 보인다.

이 두 시기의 선택은 언론사 간의 논조의 차이를 규명하고자 하는 이 글의 목적과 다음의 두 가지 점에서 부합한다. 첫째, 이 시기는 다른 사회적 주제 간의 경쟁이 치열했던 시기라고 볼 수 있다. 이 시

기에 신문이 기업과 관련된 주제를 선택하고 입장을 개진하는 것은 그만큼 기업의 중요성을 강조하는 것으로 해석할 수 있다.

둘째, 이 시기는 서로 다른 경향을 표시한다. 2012년 5월의 시기는 일반적 시기와 다른 예외적 시기이다. 주제 선택과 내용에서 각 신문의 특징이 가장 뚜렷하게 반영되는 시기이다. 반면 2013년 5월의 시기는 일반적 경향 중에서 가장 두드러진 시기이다. 이에 따라 선택된 동일 주제들이 각각의 언론사들에 의해 어떻게 처리되는지를 알 수 있는 기회라고 할 수 있다. 이런 점에서 아래에서는 이러한 특이점을 가진 시기에 대한 분석을 통해 언론사 간의 입장을 비교해 보고자 한다.

(3) 기업과 연결 키워드의 분석: 토픽분석

① 2012년 5월의 사설분석: 주제형성의 차이

언론이 어떤 키워드를 어떤 키워드와의 연관 속에서 사용하는지를 파악하기 위해 토픽모델링 분석을 실시하였다. 〈한겨레〉와 〈조선일보〉에 게재된 기업 관련 사설에서 주요단어를 추출하여 3개의 주제를 추출하였다. 그 결과는 〈표 2-9〉와 〈표 2-10〉에서 제시된다. 오른쪽의 키워드는 연관이 많은 단어를 연관도의 순서대로 나열한 것이고 왼쪽은 연구자가 그 그룹의 성격을 나타내는 주제를 부여한 것이다. 괄호로 표시된 주제는 이 글에서 다루는 기업의 범주와 다른 내용이 연결된 것이다.

토픽모델링 분석결과는 주제형성과 내용구성의 차이로 구분해서 분석될 수 있다. 우선 양 언론의 주제형성의 차이부터 살펴보자.

〈표 2-9〉〈조선일보〉와 〈한겨레〉의 기업 관련 사설 토픽모델링 결과

(2012. 5)

	주제	핵심어 리스트
〈조선일보〉	전체	기업, 일본, 회장, 중소기업, 한국, 사장, 업체, 부채, 공사, 원전, 인력, 말, 피해자, 세계, 전력, 부품, 인사, 강제, 동반
	경제문제와 동반성장 (배상문제)	**기업**, 일본, 한국, **정부**, 피해자, 세계, 강제, **동반**, 배상, **성장**, 판결, 회사, 징용, 청구, **평가**, **경제**, **문제**, **반도체**, 법원
	중소기업의 인력	**중소기업**, **기업**, 부채, **인력**, 말, 전력, **시간**, 일, **국가**, **비정규직**, **정부**, **고용**, 방안, 필요, 핵심, 때, 노동
	비리 (인사)	회장, 사장, 업체, 공사, 원전, 부품, 인사, 결혼식, 저커버그, 당시, 자원, 정권, 지분, 자리, 포스코, 공기업, 과정, 납품, 이구택, 사람, 차관
〈한겨레〉	전체	검찰, 수사, 의혹, 노동자, 정부, 명부, 사건, 프랑스, 일본, 암, 근로, 돈, 차관, 징용, 판결, 인정, 일, 당원, 강제
	노동자문제 (배상문제)	노동자, 일본, 징용, 판결, 인정, 일, 강제, 대법원, **문제**, **노동**, **사내**, **기업**, **정부**, **법**, 피해자
	근로조건	**정부**, **근로**, **시간**, **암**, **기업**, 사장, 문화방송, **경제**, **감면**, **개발**, 남북, 조사, 북한
	비리 (통진당)	검찰, 수사, 의혹, 명부, 사건, 프랑스, 차관, 당원, 위원장, 정권, 대통령, 협의, 비리, 관련, 권력, 부정

2012년 5월과 2013년 5월의 신문사설에 대한 토픽모델링으로 6개의 주제를 추출할 수 있다. 〈한겨레〉의 경우, 2012년 5월에는 경제문제와 동반성장 및 배상문제, 고용문제와 중소기업, 비리가, 2013년 5월에는 갑을관계와 재벌개혁, 투자와 규제, 통상임금이 주제로 형성되었다. 반면, 〈조선일보〉의 사설은 2012년 5월에는 경제문제와 동반성장 및 배상문제, 중소기업의 인력, 비리, 2013년 5월에는 갑을관계와 재벌개혁, 투자와 규제, 통상임금이 주제로 형성되었다.

주제형성의 관점에서 양 언론사 차이의 통상적 흐름을 벗어났던 예외적 시기인 2012년 5월에 양 언론사는 서로 다른 주제에 집중하고 있었다. '비리' 외에는 두 주제가 뚜렷이 다른 주제였다. 이는 주제형성에서 양 언론의 차이를 분명하게 보여주는 것이다. 〈한겨레〉는 기업과 관련한 주제 중에서 노동자문제와 근로조건과 같은 문제에 집중하고 〈조선일보〉는 경제문제와 중소기업의 경쟁력과 같은 주제에 집중하고 있다. 이러한 결과는 앞 절에서 신문사설 논조의 분석결과와도 일치한다.

내용구성 측면에서 보면, 〈조선일보〉에서 첫째 주제인 경제문제에서 연관도가 높은 키워드는 기업, 정부, 동반, 성장, 경제, 문제, 반도체 등이었다. 이때 같이 혼합된 배상문제는 일단 제거되었다.

이 키워드를 통해 〈조선일보〉는 성장이 기업의 혁신을 통해 가능함을 주장한다. "한국경제와 한국기업은 지금 혁신 중이라고 자신 있게 이야기할 수 있을까"(〈조선일보〉, 2012. 5. 6). 또한 동반성장 주제하에서 대기업과 중소기업 협력의 필요성은 인정하면서도 정부의 규제에 관해서는 소극적 입장이다. 〈조선일보〉는 대기업의 불만을 반영해 동반성장에 대한 규제를 보다 유연하게 할 것을 주장한다. "동반성장 평가, 돈 이외의 다른 협력에도 점수 줘야"(〈조선일보〉, 2012. 5. 10).

〈조선일보〉가 형성한 다음 주제는 '중소기업의 인력'이다. 주요 키워드는 중소기업, 기업, 인력 등이다. 이 주제에서 중소기업과 대기업 상생의 주요이슈로 대기업이 중소기업의 인재를 충원하는 문제를 지적한다. 여기서도 〈조선일보〉는 기업혁신을 중요시하는 입장을 유지한다. 동반성장의 문제는 중소기업의 경쟁력과 대기업의 창의력 촉진문제와 연관되기 때문에 중요하다는 것이다.

> 대기업의 무차별 인력 빼가기에 제동을 걸고, 그래도 핵심인력이 유출되면 중소기업은 보상금으로 새로운 인력을 키워 활로(活路)를 찾을 수 있다는 것이다(〈조선일보〉, 2012. 5. 27).

이에 비해 같은 시기 〈한겨레〉는 노동자문제에 대한 주제에서 노동자, 문제, 판결 등과 같은 키워드를 강조하고 있다. 〈한겨레〉는 이러한 키워드로 기업의 부당한 노동자 관리 관행을 비판하는 데 주력하고 있다. 노동자문제와 관련하여 〈한겨레〉는 부당노동행위를 인정한 대법원의 판결에도 불구하고 복직을 미루고 있는 기업을 비판하고 있다.

> 이미 대법원과 중노위에서 사법적(준사법적) 판단이 내려진 사안을 조그만 꼬투리를 잡아 다시 소송을 제기하겠다는 것은 국내 최대기업으로서 치졸하기 그지없는 처사다(〈한겨레〉, 2012. 5. 14).

근로조건 주제에서 〈한겨레〉는 정부, 근로, 시간, 암, 기업 등을 주요 키워드로 사용하고 있다. 이들 키워드는 주로 휴일근로와 산재인정과 같은 노동조건의 악화를 초래하는 기업을 정부가 규제해줄 것을 촉구하는 내용을 표현하고 있다.

> 정부는 산재보험법 등을 손질해 직업성 암 인정기준을 넓히고 발암물질의 종류도 대폭 확대해야 한다. … 명색이 경제규모 세계 15위 국가면 '노동보건 후진국' 신세를 면할 때도 되지 않았는가(〈한겨레〉, 2012. 5. 1).

> 오히려 정부가 행정해석으로 기업의 탈법적 초과근로를 인정해준 관행이 문제였다. 장시간 노동체제는 경제사회환경과 노동시장의 변화를 제대로 반영하지 못해 경쟁력 향상에도 짐이 되는 만큼 이번 기회에 꼭 손질돼야 한다(〈한겨레〉, 2012. 5. 25).

이런 점에서 기업 이슈에서 〈조선일보〉는 기업문제의 주된 과제를 대기업의 창의력과 중소기업의 경쟁력을 회복하는 것으로 본다는 점에서 노동자문제와 근로조건의 개선을 위한 기업의 각성과 정부의 노력을 촉구하는 〈한겨레〉와 그 입장이 뚜렷이 구분된다.

② 2013년 5월의 사설분석: 내용구성의 차이

2013년 5월의 시기는 〈조선일보〉에서 기업 키워드가 가장 활발하게 사용된 시기이다. 반면 〈한겨레〉에서 기업 키워드는 직전 시기보다 적게 사용되었다. 이런 점에서 두 언론사가 추구하는 입장이 가장 잘 반영된 시기라고 할 수 있다. 또한 이 시기는 주제선택에서 거의 동일한 주제가 형성되었기 때문에 내용구조의 차이가 분명히 드러난 시기이다. 토픽모델링 분석결과에 따르면 양 언론사는 각각 투자와 규제, 통상임금, 갑을관계의 세 가지 동일한 주제를 형성하였다.

내용구성의 측면에서 '투자와 규제' 주제에서 양 신문의 논지의 차이가 뚜렷이 드러난다. 〈조선일보〉에서는 투자, 정부, 법, 조사, 세금, 검찰, 규제 등의 키워드가 두드러진다. 〈조선일보〉는 경제 살리기가 정치적 목표의 제일 순위가 되어야 된다고 주장한다. 이를 위해서라면 정부는 경제민주화 공약의 실행에도 신중해야 한다는 것이다.

> 정부는 경제 살리기에 대한 의지를 더 분명하게 보여줘야 한다. 그래야 기업들이 안심하고 투자에 나설 수 있다. 경제민주화 정책도 단계적이고 점진적인 시행 일정표를 정해 기업이 대비할 수 있도록 해야 한다(〈조선일보〉, 2013. 5. 17).

나아가 〈조선일보〉는 경제를 살리기 위해서는 정부가 경제민주화가 아니라 강도 높은 규제완화 조치와 조세부담 완화를 위한 조치들을 실행해야 한다고 주장한다.

> 여러 기업의 투자를 불러올 수 있는 큰 규제들을 풀어야 상장회사들이 갖고 있는 유보금 832조 원이 경기활성화 자금으로 돌기 시작할 것이다(〈조선일보〉, 2013. 5. 2).

> 국세청이 세수목표를 무리하게 달성하려고 이렇게 기업들을 들볶고, 기업들이 밤낮으로 세금을 피할 궁리만 하게 되면 어떻게 투자가 늘고 경기가 살아나겠는가(〈조선일보〉, 2013. 5. 2).

이에 비해 〈한겨레〉에서는 '투자와 규제' 주제가 상당히 다른 키워드로 구성되어있다. 주요 키워드로는 규제, 투자, 미래, 국민, 언론, 재원, 전체, 조세, 진보 등이 추출되었다. 〈한겨레〉는 규제완화가 경제를 활성화시키지 못한다는 점을 지적하며 이보다는 지역발전을 위한 균형발전 정책의 보다 적극적인 추진을 요구한다.

> 이명박 정부가 … 각종 규제를 풀었지만 기업 투자는 늘지 않았다. … 대기업의 민원 해결 창구처럼 수도권 규제를 풀 게 아니라 지방 살리기와 지역균형발전 정책에 힘을 쏟아야 한다(〈한겨레〉, 2013. 5. 2).

다음으로 '갑을관계' 주제에서 〈조선일보〉는 기업, 회사, 회계, 본사, 네이버, 대리점 등의 주요 키워드를 사용했다. 이 주제어로 〈조

〈표 2-10〉〈조선일보〉와 〈한겨레〉의 기업 관련 사설 토픽모델링 결과

(2013. 5)

	주제	핵심어 리스트
〈조선일보〉	전체	기업, 회사, 투자, 대통령, 임금, 북한, 회계, 근로자, 정규직, 사회, 아파트, 정부, 국민, 경제, 일본, 법, 통상, 국내, 조사, 문제, 세금
	투자와 규제	**투자**, **정부**, 국민, **법**, **조사**, **세금**, 검찰, 경기, 공무원, **규제**, 관련
	통상임금 (개성공단)	기업, 정부, 대통령, 경제, 임금, 북한, 문제, 근로자, 정규직, 사회, 통상, 고용, 노조, 개성
	갑을관계 (부정)	**기업**, **회사**, **회계**, 아파트, 일본, 국내, 한국, 주민, 수입, 공개, 법원, **본사**, 가스, 개발, **네이버**, **대리점**, 사고
〈한겨레〉	전체	정부, 임금, 공단, 문제, 사회, 한겨레, 사고, 규제, 수도, 개성, 통상, 투자, 미래, 공정, 공정위, 노동부, 북한, 장관, 정상
	갑을관계와 재벌개혁	사고, **기업**, **공정**, **공정위**, **경제**, 연장, 정년, 필요, **관리**, **본사**, 안전, **남양유업**
	투자와 규제	사회, 한겨레, **규제**, **투자**, 미래, 국민, 언론, 재원, 전체, 조세, **진보**, 계획, 독자, 소통, 그림
	통상임금 (개성공단)	정부, 임금, 공단, 문제, 개성, 통상, 노동부, 북한, 장관, 기업, 정상, 대법원, 대화, 판례, 현실, 남북, 노동

선일보〉는 엄정한 법 집행을 통해 대리점에 대한 대기업의 횡포를 줄일 것을 요구한다. 이런 맥락에서 〈조선일보〉는 대리점과 본사의 문제를 세부적으로 지적하고 있지만 다른 주제로 확대하지는 않는다. 이 때문에 이 문제의 해결을 위해 정부가 새로운 조치를 실행할 필요는 없다는 입장을 견지한다.

> 정부 당국이 지금 있는 공정거래법, 가맹사업법, 하도급입법 같은 법만 제대로 시행해도 대리점을 괴롭히는 대기업 횡포를 크게 줄일 수 있다(〈조선일보〉, 2013. 5. 6).

이에 비해 〈한겨레〉에서는 '갑을관계' 주제에서 사고, 기업, 공

정, 공정위, 경제, 관리, 본사, 남양유업 등의 키워드들이 두드러진다. 〈조선일보〉와 달리 〈한겨레〉는 이 주제를 대리점에 대한 본사의 횡포문제로 한정하지 않는다. 이보다는 이를 더욱 적극적으로 연계하고 확대하며 경제민주화 추진의 계기로 삼고자 한다. 이에 따라 불공정행위를 시정할 수 있는 정부의 보다 적극적이고 제도적 노력을 촉구한다.

> 갑을문화는 불공정거래에서 비롯되는 만큼 강력한 법과 제도로 규제해야 한다. 경제민주화에 그 해답이 있다. 지난 임시국회에서 가맹사업법과 공정거래법 개정안을 처리하지 않은 것은 참으로 안타까운 일이다. 다음 달 임시국회에서 경제민주화 입법이 반드시 이뤄져야 한다(〈한겨레〉, 2013. 5. 9).

결론적으로 보면 이 시기에 양 언론사는 주제형성에 있어서는 차이가 없었다. 하지만 내용구성에 있어서는 상당한 차이를 보였다. 〈조선일보〉는 경제활성화를 최우선의 목표로 제시하고 이를 위해 규제와 조세의 완화를 주장하고 있다. 대리점과 본사 간의 갑을관계 이슈에서도 〈조선일보〉는 문제를 대리점과 본사 간의 관계로 제한한다. 이런 점에서 〈조선일보〉는 기업에 대해 자율주의적 입장을 취하고 있다고 볼 수 있다. 이에 비해 〈한겨레〉는 규제완화를 비판하고 경제민주화의 강력한 실행이 갑을관계의 문제를 해결할 수 있을 것으로 보는 개입주의적 입장에 속한다.

4. 결 론

이 연구의 목적은 언론이 기업에 대해 어떤 인식을 전파하는지를 파악하는 것이다. 이를 위해 이 연구는 우선 기업에 대한 〈조선일보〉와 〈한겨레〉 사설의 논조를 분석하였다. 분석결과에 따르면 양 신문에서 긍정적 입장보다는 부정적 입장이 더 강하게 나타났다. 그리고 이러한 부정적 입장은 한국언론의 관심이 주로 대기업과 재벌의 범주에 있는 것과 관련이 있었다. 또한 기업에 대한 이슈가 활발한 시기에 부정적 입장이 더 강하게 제시되는 것은 언론이 부정적 이슈에 더 민감하게 반응하는 것과 관련이 있는 것으로 해석될 수 있다. 이런 점에서 널리 퍼진 견해와 달리 한국언론의 논조는 기업의 영향력에서 상당히 독립적이라고 할 수 있다.

신문사설의 논조에서 나타난 또 다른 사실은 언론사별로 기업에 대한 입장이 다르다는 것이다. 진보언론은 보수언론보다 대기업에 더 집중하고 더 부정적인 입장을 보였다. 또한 〈한겨레〉가 기업 관련 사설에서 노동자문제와 대기업의 불공정행위를 제기한 것에 반해, 〈조선일보〉는 재벌의 불공정행위와 더불어 경제성장과 관한 이슈들에 치중했다.

신문의 기업에 대한 인식은 토픽모델링 분석에 의해서 심화되었다. 토핑모델링 분석은 주로 언론사 간의 차이를 분석하는 데 집중했다. 분석결과는 아래의 세 가지로 요약된다.

첫째, 〈조선일보〉가 〈한겨레〉보다 기업 키워드를 더 많이 사용했다. 이는 앞의 사설의 논조분석의 결과와 일치하는 것이다.

둘째, 예외적 시기의 사설을 바탕으로 한 토픽모델링 분석에 따르면 주제형성에서 〈한겨레〉는 노동자문제와 근로조건에 집중하였고 〈조선일보〉는 경제문제와 중소기업의 경쟁력 문제를 부각하였다.

셋째, 양 신문은 같은 주제에서도 다른 내용구성을 보였다. 〈조선일보〉는 기업문제의 해결을 주로 대기업의 창의력과 중소기업의 경쟁력 회복에서 찾았다. 이런 점에서 〈조선일보〉는 자율주의적 입장에 가까운 담론을 형성하였다. 반면, 〈한겨레〉는 노동자문제와 근로조건의 개선을 위한 기업의 각성과 정부의 노력을 촉구하는 경향을 보였다. 이는 개입주의적 담론에 가까운 것이다.

이론적으로 이 연구결과는 한국에서 언론이 대기업에 종속되거나 강한 영향을 받는다는 널리 알려진 가설을 기각하고 있다. 이보다 한국의 언론은 부정적이고 자극적인 면을 강조하는 언론의 속성상 기업에 대해 부정적 인식을 생산하고 전파하고 있는 것으로 나타났다. 또한 이러한 가운데에도 주제선택과 내용구성에서 언론의 이념적 지향에 따른 뚜렷한 차이를 확인할 수 있었다.

참고문헌

강범일 · 송 민 · 조화순, 2013, "토픽 모델링을 이용한 신문 자료의 오피니언 마이닝에 대한 연구", 〈한국문헌정보학회지〉, 47(4) : 315~334쪽.

권영준, 2005, 〈반재벌정서와 재벌개혁의 과제, 21세기의 도전, 일자리 문제: 전망과 대책〉, NSI 정책연구보고서, 서울: 국가경영전략연구원.

김동률, 2009, "언론의 정치권력화: 재벌 정책 보도의 정권별 비교 연구", 〈한국언론정보학보〉, 45 : 296~340쪽.

김용열, 2004, "반기업정서와 기업 경쟁력", 〈e-Kiet 산업경제정보〉, 191 : 1~12쪽.

박성태, 1998, “경제보도 실태와 그 대책”, 〈관훈저널〉, 67: 53~64쪽.
반 현·김남이·노혜정, 2010, “한국 경제에 관한 국내외 언론 보도경향 비교 분석 연구”, 〈한국언론학보〉, 54(5): 397~422쪽.
배명한, 2010, “경제계가 생각하는 인터넷신문의 역할과 발전방안”, 〈FKI Issue Paper〉, 178: 1~11쪽.
배정근, 2010, “광고가 신문보도에 미치는 영향에 관한 연구: 그 유형과 요인을 중심으로”, 〈한국언론학보〉, 54(6): 103~128쪽.
송원근, 2006, “재벌 개혁의 여러 층위들: 삼성 재벌을 중심으로”, 〈동향과 전망〉, 68: 173~202쪽.
안주아·이지욱, 2008, “기업의 사회공헌활동에 대한 언론보도 분석”, 〈광고PR실학연구〉, 1(1): 89~105쪽.
염성원, 1994, “韓國新聞에 나타난 大企業의 對外 이미지에 관한 硏究”, 〈수선론집〉, 19: 201~224쪽.
윤영철, 1998, “한 일 신문의 독도관련 분쟁보도의 비교분석”, 〈한국사회과학논집〉, 29: 99~125쪽.
이신모, 2005, “반 대기업 및 반 대기업가 정서와 생산성 지향적 해소방안”, 〈생산성논집〉, 19(2): 17~41쪽.
이완수, 2007, “한국 경제뉴스의 속성(attributes) 프레임효과 연구”, 〈언론과 사회〉, 15(1): 86~122쪽.
임봉수·이완수·이민규, 2014, “뉴스와 광고의 은밀한 동거: 광고주에 대한 언론의 뉴스구성”, 〈한국언론정보학보〉, 66: 133~158쪽.
장행운, 1999, “대재벌의 언론매체 컬렉션: 프랑스 민주주의에 위협”, 〈관훈저널〉, 73: 126~139쪽.
조대엽, 2012, “현대성의 전환과 사회 구성적 공공성의 재구성: 사회 구성적 공공성의 논리와 미시공공성의 구조”, 〈한국사회〉, 13(1): 3~62쪽.
조대엽·이명진·김원섭·김수한, 2012, 〈지구화시대 한국의 반기업문화와 시장공공성〉, 서울: 고려대 한국사회연구소.
최병일, 2004, “특집 1: 반기업정서 해소, 경제회생의 선결과제; 한국의 반기업정서의 현실과 원인, 그리고 미래”, 〈경영계〉, 309: 8~11쪽.
최인호·주혜연·이지연·김준홍·박재영, 2011, “신문의 대기업 호의보도와 광고의 상관관계”, 〈한국언론학보〉, 55(3): 248~270쪽.

최진호·한동섭, 2012, "언론의 정파성과 권력 개입: 1987년 이후 13~17대 대선캠페인 기간의 주요일간지 사설 분석", 〈언론과학연구〉, 12(2): 534~571쪽.

한국개발연구원, 2007, "'반기업정서'의 실체 파악을 위한 조사 연구", 서울: KDI 대외협력팀 보도자료.

〈조선일보〉, (2012. 1. 15), "국내 일자리 늘리는 기업에 훈장과 세금 혜택 더 줘야", URL: http://news.chosun.com/site/data/html_dir/2012/01/15/2012011501447.html

〈조선일보〉, (2012. 1. 17), "재벌 딸들 빵집 경쟁, 이러다 무슨 큰 벌(罰) 받으려고", URL: http://news.chosun.com/site/data/html_dir/2012/01/17/2012011703141.html

〈조선일보〉, (2012. 2. 2), "재벌 개혁, 경쟁력 죽이기 아닌 '오너 獨斷' 견제로", URL: http://news.chosun.com/site/data/html_dir/2012/02/02/2012020201868.html

〈조선일보〉, (2012. 2. 19), "여야, '成長 밑그림'도 없이 어떻게 공약 지킬 건가", URL: http://news.chosun.com/site/data/html_dir/2012/02/19/2012021 900516.html

〈조선일보〉, (2012. 5. 6), "日 반도체 몰락이 예고하는 한국 孝子 산업의 앞날", URL: http://news.chosun.com/site/data/html_dir/2012/05/06/2012050601619.html

〈조선일보〉, (2012. 5. 10), "동반성장 평가, 돈 이외의 다른 협력에도 점수 줘야", URL: http://news.chosun.com/site/data/html_dir/2012/05/10/2012051003238.html

〈조선일보〉, (2012. 5. 27), "오죽하면 中企 인력 빼갈 때 '이적료' 내라 하겠나", URL: http://news.chosun.com/site/data/html_dir/2012/05/27/2012052700993.html

〈조선일보〉, (2012. 7. 2), "한국 10대 재벌 총수 持分 1%도 안 된다", URL: http://news.chosun.com/site/data/html_dir/2012/07/02/2012070202808.html

〈조선일보〉, (2012. 10. 14), "재벌 개혁, 財界가 대답할 차례다", URL:

http://news.chosun.com/site/data/html_dir/2012/10/14/2012101401475.html
〈조선일보〉, (2012. 10. 29), "국제적 '라면 수거' 소동 불러온 줏대 없는 식약청", URL: http://news.chosun.com/site/data/html_dir/2012/10/29/2012102903073.html
〈조선일보〉, (2012. 11. 6), "대기업·하도급기업 간 '축의금 먹이사슬' 끊을 때 됐다", URL: http://news.chosun.com/site/data/html_dir/2012/11/06/2012110602884.html
〈조선일보〉, (2013. 5. 2), "단발성 규제 완화론 '投資 붐' 일으킬 수 없다", URL: http://news.chosun.com/site/data/html_dir/2013/05/02/2013050201036.html
〈조선일보〉, (2013. 5. 3), "이 정도면 세금이 아니라 폭탄이다", URL: http://news.chosun.com/site/data/html_dir/2013/05/03/2013050302547.html
〈조선일보〉, (2013. 5. 6), "정부, 대리점 괴롭히는 대기업 횡포 구경만 할 건가", URL: http://news.chosun.com/site/data/html_dir/2013/05/06/2013050602507.html
〈조선일보〉, (2013. 5. 17), "경제 살리기가 公約 이행의 첫걸음이다", URL: http://news.chosun.com/site/data/html_dir/2013/05/17/2013051700828.html
〈한겨레〉, (2012. 1. 10), "현대차 노조원 분신, 원인 규명하고 후속 대책 마련해야", URL: http://www.hani.co.kr/arti/opinion/editorial/514143.html
〈한겨레〉, (2012. 1. 29), "재벌개혁의 시금석 출자총액제한제도", URL: http: //www.hani.co.kr/arti/opinion/editorial/516480.html
〈한겨레〉, (2012. 10. 14), "재벌개혁, 공약경쟁 넘어 입법경쟁 하라", URL: http://www.hani.co.kr/arti/opinion/editorial/555694.html
〈한겨레〉, (2012. 4. 1), "눈길 끄는 아모레퍼시픽의 '남녀고용평등' 실천", URL: http://www.hani.co.kr/arti/opinion/editorial/526181.html
〈한겨레〉, (2012. 5. 1), "직업병 인정 암환자가 한해에 고작 25명이라니", URL: http://www.hani.co.kr/arti/opinion/editorial/530676.html
〈한겨레〉, (2012. 5. 14), "현대차는 최병승 씨 복직을 언제까지 거부할 건가",

URL: http://www.hani.co.kr/arti/opinion/editorial/532670.html

〈한겨레〉, (2013. 5. 2), "균형발전 허무는 수도권 규제완화 안 된다", URL: http://www.hani.co.kr/arti/opinion/editorial/585625.html

〈한겨레〉, (2013. 5. 25), "휴일근로를 연장근로에 포함하는 건 상식", URL: http://www.hani.co.kr/arti/opinion/editorial/534659.html

〈한겨레〉, (2013. 5. 9), "약탈적 '갑을문화' 경제민주화로 바로잡아야", URL: http://www.hani.co.kr/arti/opinion/editorial/586678.html

Goidel, R. K., & Langley, R. E., 1995, "Media coverage of the economy and aggregate economic evaluations: Uncovering evidence of indirect media effects", *Political Research Quarterly*, 48(2): pp. 313-328.

3

한국인의 대기업 이미지

이명진

1. 머리말

일반적으로 한 사회를 구성하는 중요 영역으로 정부, 기업, 시민사회를 든다. 그런데 최근 들어 다른 부문과 달리 사적 이윤의 극대화를 목표로 하는 기업이 전체 사회에서 차지하는 비중이나 영향력이 급증한다. 반면, 공공성을 기반으로 두는 정부가 차지하는 비중이나 영향력은 상대적으로 축소된다(Fukuyama, 1992). 아울러 한국사회의 특징으로 인해 사적 교류와 여론형성에 중요한 영향을 끼치는 시민사회의 비중은 여전히 상대적으로 미약한 편이다.

이러한 분위기를 기반으로 각종 정책적 규제를 철폐하고 시장의 효율성을 강조하는 목소리도 커진다. 심지어는 기업부문이 가진 장점을 행정, 교육, 문화 같은 다른 영역에도 적용해 비효율적 요소를 제거하려는 다양한 움직임도 발견된다(Eikenberry & Kluver, 2004). 한마디로 기업의 논리가 어느 때보다도 우월한 위치를 차지하는 듯하다.

그러나 이러한 사회 내에서 기업의 영향력 증가와 동시에 사회에 대한 기업의 관계와 책무에 관한 요구도 커진다. 그중에서 사람들의 관심이 큰 대표적 영역이 기업에 대한 태도와 평가 영역이다. 이러한 영역은 재벌이라는 특수한 형태의 대기업 집단이 전체 경제에 결정적 역할을 하는 한국사회에서는 더욱 중요하다. 예전에는 이들 재벌은 정권과의 관계에만 신경을 쓰면 비교적 안정적으로 기업 활동을 할 수 있었다.

그러나 민주주의와 시민사회의 성장에 따라 이러한 관계가 더 이상 유지되기 힘들어졌다. 재벌을 비롯해 많은 대기업은 경제발전 단계에서 정치권의 특혜를 받아 급속하게 성장했고 시장에서 독과점적 권력을 행사한다는 점과 관련해 여러 형태의 비판을 받았다. 뿐만 아니라 세계화 과정에서 시장개방에 따른 국제적 기준에 맞아야 한다는 측면도 지적되었다. 이에 따라 사람들의 기업에 대한 태도와 평가에 관련된 요소에 긍정적 영향을 줄 수 있는 하나의 방안으로 기업의 사회공헌활동이 더욱 강조되었다.

물론 기업의 사회공헌활동에 관한 논의가 기업의 이익을 극대화하기 위한 하나의 전략으로 다뤄지기도 하고(김회성 · 박기태 · 이명진, 2009) 다른 부문과의 조화, 즉 비시장적 측면이 강조되기도 한다(Zadek, 2001; 김성수, 2009). 그런데 중요한 점은 기업에 대한 긍정적 태도와 평가를 최종적 목표로 한다는 점이다. 즉, 기업의 사회공헌활동의 최종적 목적이 기업의 이익의 확대이든 다른 부문과의 지속가능성 확대이든, 기본적으로 기업에 대한 긍정적 태도와 평가를 직접적 목표로 한다.

이러한 맥락에서 기업에 대한 태도와 평가 자체보다는 여기에 결정적 역할을 할 것으로 간주되는 기업의 사회공헌활동에 초점을 맞추고 이를 설명하려는 연구가 활발히 진행되었다(Adams & Hardwick, 1998; 권순창 · 김형국 · 최수만, 2003; Seifert, Morris, & Bartkus, 2004; Fry, Keim, & Meiners, 1982; Porter & Kramer, 2002; Buchholtz, Amason, & Rhtherfold, 1999; Thompson, Smith, & Hood, 1993; Wang & Coffey, 1992; Williams, 2003).

반면, 기업에 대한 태도와 평가 자체를 다룬 연구는 상대적으로 활발하지 못하다. 아울러 기업에 대한 태도와 평가가 비교적 단순한 차원의 기업에 대한 선호도 혹은 반기업정서라는 측면에서 다루는 경향이 크다. 물론 최근에 반기업정서를 하나의 사회적 사실로 보고 이를 체계적으로 분석하려는 몇몇 시도에도 불구하고(김수한 · 이명진, 2014; 한준, 2014) 아직도 많은 연구가 막연한 감정과 정서라는 측면에서 다루는 것도 사실이다.

결국, 이러한 접근은 기업에 대한 태도와 평가라는 복잡한 차원의 문제를 '좋다 혹은 싫다'라는 비교적 단순한 차원의 문제로 귀착시키게 된다. 따라서 기업에 대한 태도와 평가의 구체적 내용에 대한 충분한 연구결과가 제공되지 못했고 이러한 문제를 어떻게 사회적으로 풀어나갈 것인가에 대한 구체적 답변을 제공하기가 어려웠다.

이러한 관점에서 이 연구는 한국사회에서 대기업에 대한 태도와 평가를 좀더 구체적인 측면에서 다루고자 한다. 특히, 한국사회에서 대기업 집단(혹은 재벌)이 차지하는 사회적 비중을 고려해 5대 대기업 집단을 중심으로 대기업 이미지를 살펴보고자 한다. 이를 위해, 대기업에 대한 모호한 감정이 아니라 대기업에 대한 태도와 평가를 좀더 체계적으로 살펴보고자 한다.

즉, 심층적인 선행연구의 이론적 자원과 이를 바탕으로 한 객관적인 척도를 활용하고자 한다. 한국사회에서 대기업에 대한 태도와 평가가 단순히 '좋다-싫다'의 문제를 넘어 구체적으로 어떠한 특징을 가지는가를 살펴보고자 한다. 이러한 분석결과는 향후에 이 주제와 관련해 더욱 발전적인 방향을 모색할 때 더 구체적인 방향을 제시할 수 있는 근거가 될 수 있으리라 기대한다.

2. 이론적 배경

1) 사회정체성과 감성조절이론

대기업에 대한 이미지는 사회정체성 연구에서 사용된 방법을 이용했다. 사회정체성은 사람들이 형성하는 신뢰관계의 근원인 가치체계에 기반을 둔다. 한 사회가 성립하기 위해서는 사회구성원이 서로 공유하는 기준이 존재해야 한다. 이러한 기반 위에서만 서로의 반응이나 행동을 예측하고 안정적인 관계를 맺을 수 있기 때문이다. 여기에 좋은 것과 나쁜 것, 아름다운 것과 추한 것 혹은 빠른 것, 느린 것과 같은 기본적인 가치와 행동기준이 포함된다.

이렇게 사회정체성 개념은 개인의 주관적 평가를 넘어 사회구성원으로서 비교적 객관적 평가를 공유한다는 것이다. 따라서 특정 대상이 지극히 개별적인 하나의 평가대상이 아니라 사회적 규정과 문화적 가치 — 때로는 선입견 혹은 편견이라고 여겨질지라도 — 에 기반을 둔 평가대상이라는 것이다. 이렇게 사회 내에서 많은 사람이 공유하는 주관성은 하나의 객관적 사실로 간주할 수 있다. 당연히 사회구성원에게 하나의 객관성을 부여받는 사회정체성은 사회적 사실로 사회적 함의를 가질 수 있다.

사회정체성 개념은 사회과학 분야에서 광범위하게 쓰인다. 특히, 1970년대 말 타이펠(Tajfel) 등에 의해서 더욱 체계화되어 사회심리학 분야에서 다양하게 사용된다. 이들에 의하면 사회정체성은 분류화(*categorization*), 정형화(*identification*)와 비교(*comparison*)라는 세 가지 과정을 통해 형성된다.

첫째, '분류화'는 개인은 하나의 대상에 대해 모두 개별적으로 인식하는 것이 아니라 유사한 것끼리 모아서 평가하는 것을 말한다. 둘째, '정형화' 과정에서 개인은 자신이 속한 집단과 자신이 속하지 않은 집단으로 구별한다. 셋째, '비교'는 자신의 평가를 다른 사람의 평가에 비추어 수정하고 형성하는 것을 가리킨다. 여기에서 다른 사람은 대체로 자기와 비슷한 사람을 의미한다. 이렇게 사회정체성은 다른 사람의 평가를 참고로 하고 사회적 분류기준을 사용한다는 점에서 지극히 사회적이다(Tajfel & Turner, 1979).

하이즈(Heise, 2001)를 비롯한 일련의 사회심리학자는 이러한 과정을 좀더 체계화해 감성조절이론(*affective control theory*)을 제안했다. 감성조절이론은 사회정체성 형성을 하나의 흐름으로 설명한다. 먼저 개인은 어떤 대상을 평가하거나 판단할 때 그동안 형성된 사회정체성을 사용한다. 물론, 이러한 평가가 고정적인 것은 아니다. 개인은 이러한 기존의 평가와 새로운 평가를 비교한다. 이 둘 사이에 대한 비교과정에서 특별한 차이가 없으면 기존의 평가가 유지되거나 강화된다. 그런데 이 둘 사이에 어떠한 차이가 나타나면 개인은 그 차이를 새로운 형태의 정보로 판단한다. 이러한 정보는 개인에게는 하나의 사건(*event*)으로 받아들여진다. 이럴 경우는 개인은 그 차이를 해석하게 되는데 기존의 사회정체성을 수정하거나 재해석 혹은 유지하게 된다. 이러한 일련의 흐름 속에서 사람들은 사회정체성을 형성한다.

이렇게 발달해온 사회정체성 개념과 감성조절이론은 두 가지 측면에서 학문적으로 기여한다. 이론적 측면에서는 비교문화의 가능성을 보여주었다는 것이다. 일반적으로 여러 사회의 문화에 대한 비교는 필요성에도 불구하고 구체성이라는 점에서 제한적이었다. 문화에 대한 일반적 기술에 그치는 경우가 많았다. 그런데 사회정체성 개념과 감성조절이론은 여러 사회의 문화에서 공통적으로 발견되는 요소가 있는데 이를 기반으로 비교분석하면 단순한 차원에서 문화에 대한 비교가 가능함을 보여주었다.

즉, 다양한 사회에 대한 사회정체성 개념과 감성조절이론의 적용을 통해 문화의 공통요소와 차별요소를 구분할 수 있다. 경험적 측면에서도 기여한다. 사회정체성 개념과 감성조절이론은 여러 사회의 문화를 구체적 자료를 통해 실증적으로 평가하고 비교할 수 있는 방법론을 제시했다. 이러한 방법론은 여러 사회의 문화가 어떠한 측면에서 유사하고 어떠한 측면에서 다른가를 간단하게 수치로 보여줄 수 있다.

2) 대기업 이미지와 평가

대기업 이미지를 사회정체성 개념과 감성조절이론으로 접근하기 위해서는 한국사회에서 대기업에 대한 이미지가 어느 정도 고정화되었는가를 확인할 필요가 있다. 사회정체성은 무엇보다도 개인이 주관적으로 분류하고 정형화해 많은 사람에 의해 공유될 필요가 있기 때문이다. 변동이 심하고 의견 차이가 많이 나서 논란의 여지가 많은 대상은 사회정체성을 갖는 것으로 보기 어렵다. 이러한 측면에서 대기업 이미지는 큰 문제가 없는 것으로 보인다. 한국사회에서 대기업에 대한 여러 가지 형태의 평가는 비교적 뚜렷하고 지속성을 갖는 것으로 알려졌다(한국개발연구원, 2007; 김수한·이명진, 2014). 따라서 대기업 이미지를 사회정체성 개념으로 분석하는 것이 가능하다고 할 수 있다.

실제분석 단계에서 감성조절이론은 비교와 평가를 위한 차원을 선정할 필요가 있다. 이러한 차원을 선정하기 위해서는 두 가지 접근방법이 가능하다. 첫 번째 방법은 일반사회정체성 국제비교연구에서 사용되는 기본적 차원을 사용하는 것이다. 이러한 방법이 갖는 장점은 무엇보다도 사회정체성을 구성하는 가장 보편적이고 일반적인 차원을 적용한다는 것이다. 흔히 EPA(*emotion*, *potency*, *activity*)로 알려진 이 차원은 다양한 문화권에서 60년 이상 검증되었다. 따라서 국제비교의 가능성뿐만 아니라 관련된 다른 사회정체성과의 비교가능성이 크고 비교적 분석이 용이하다.

두 번째 방법은 일반사회정체성의 분석방법을 따르지만 기업 관련 차원도 고려해 새로운 차원을 사용하는 것이다. 이 방법은, 기본적인 분석과정은 동일하게 하되 구체적인 평가차원을 달리한다. 이럴 경우 일반적인 비교분석의 가능성과 분석범위는 줄어든다. 그러나 대기업 전체를 보는 것이 아니라 개별 대기업을 포함해 상대적으로 세밀하게 분석할 수 있다는 장점이 있다.

이 연구의 목적은 한국사회에서 대기업에 대한 이미지를 좀더 체계적으로 살펴보는 것이다. 특히, 전체 대기업에 대한 이미지보다는 좀더 구체적인 특징을 살펴보기 위해 개별 대기업을 구체적으로 살펴보고자 한다. 어떻게 본다면 개별 대기업에 대한 이미지를 분석해 전체 대기업에 대한 이미지를 살펴보고 이들 사이에 존재할 수 있는 차이를 파악하고자 하는 것이다. 이를 위해서 앞서 언급된 접근방법 가운데 첫 번째 접근방법을 사용하고 기업과 관련한 특성을 반영하기 위해 두 번째 접근방법의 일부를 추가하고자 한다.

3. 자료와 방법론

1) 자 료

이 논문에서 대기업 이미지 연구를 위해 사용한 자료는 두 가지이다. 첫 번째 자료는 1차 분석단계에서 사용한 것으로 대기업의 이미지를 평가할 때 사용하는 주요차원을 추출하고 어의차이척도(*semantic differential scale*)를 구성하기 위한 목적으로 수집된 자료이다. 이 자료는 2012년 5월 1일부터 5월 20일 사이에 수집되었다. 조사의 편의를 위해 서울 시내 4년제 대학(고려대, 국민대, 서울시립대, 이화여대) 대학생

160명을 선정해 자료를 수집했다. 사실 대학생을 대상으로 자료를 수집하는 것은 자료수집과 관련된 예산문제 이외에도 자료의 대표성과 관련해 논란의 여지가 있다.

그만큼 대학생이 한 사회의 평균적 집단으로 보기가 어려울 수도 있기 때문이다. 그러나 적어도 가치를 포함한 문화영역에서 대학생을 대상으로 한 자료수집은 일반적인 방법이다. 어떤 측면에서는 주제와 관련된 구체적인 내용에 대한 이해가 가능하기 때문에 적어도 기초자료 수집이라는 측면에서 장점이 있다는 주장도 있다. 이러한 맥락에서, 오즈긋 외(Osgood, May, & Miron, 1975)를 비롯한 감성조절이론을 기반으로 두는 많은 국제비교 조사가 대학생에 대한 조사자료에 근거한다.

〈표 3-1〉 응답자의 사회인구학적 특성

변수		인원수(명)	비율(%)
성별	남자	651	49.4
	여자	668	50.6
연령	20대 이하	254	19.3
	30대	277	21
	40대	286	21.7
	50대	253	19.2
	60대 이상	249	18.9
지역	서울	595	45.1
	부산	201	15.2
	대구	139	10.5
	인천	163	12.4
	광주	79	6
	대전	82	6.2
	울산	60	4.5
전체		1,319	100

두 번째 자료는 대기업 이미지분석 단계에서 사용한 것이다. 대기업 관련 다른 자료와 달리 이 자료에는 첫 번째 자료에서 구성한 어의차이척도를 포함한 대기업 관련 문항이 포함되었다. 이를 통해 단순하게 '좋다-나쁘다〈싫다〉'라는 호감도가 아닌 좀더 다차원적이고 좀더 이론적인 대기업 이미지분석이 가능하다.

이 자료는 한국리서치가 2012년 9월 서울 및 6대 광역시에 거주하는 성인남녀 1,319명을 대상으로 조사한 것이다. 이 연구의 모집단은 서울 및 6대 광역시(인천, 대전, 대구, 부산, 광주, 울산)에 거주하는 만 19세 이상 성인남녀이다.

표본추출 틀은 2012년 6월 1일을 기준으로 한 주민등록인구자료를 사용했다. 표본추출은 지역의 성별, 연령별, 지역별 인구구성비에 따라 무작위 추출법을 이용했다. 조사는 2012년 9월 3일부터 24일 사이에 대면면접 조사방법을 통해 이루어졌다. 구체적인 응답자 사회인구학적 특성은 〈표 3-1〉에 제시했다.

2) 방법론

사회정체성 이론과 감성조절이론에서 사회정체성을 평가하고 이를 객관적으로 보여주기 위해 사용한 대표적 도구로 어의차이척도가 있다. 이 척도는 오스굿 등(Osgood et al., 1975)이 문화와 같은 다소 추상적이고 주관적인 대상을 측정하고자 사용한 것이다. 어의차이척도는 측정 대상을 하나의 고정된 단일지표가 아닌 다양한 차원을 이용해 측정한다. 하나의 차원은 반대의 의미를 갖는 두 개의 형용사로 이루어진다.

즉, 하나의 평가대상이 있을 때, 이를 설명하거나 표현하는 한 쌍의 형용사 묶음을 여러 개 사용해 평가대상의 속성을 파악하는 것이다. 평가대상인 하나의 사회정체성이 다양한 차원을 갖는 형용사 군으로 표현된다는 것이다. 사실 하나의 사회정체성은 응답자의 마음속에 이미 형성되었으며 일정한 정도의 안정성을 갖는다. 응답자는 논리적이거나 이론적인 틀을 기반으로 특정 대상을 평가하는 것이 아니라, 이렇게 형성된 특정 사회정체성에 대해 갖는 느낌을 신속하게 표현하게 된다. 따라서 좀더 솔직한 응답을 기대할 수 있는데 소비자 조사 등에 널리 이용된다(Babbie, 2000).

어의차이척도는 크게 세 단계의 과정을 거쳐서 활용된다. 첫 번째 단계는 시험조사 단계로 어의차이척도를 구성하게 된다. 이를 위해서 이 조사보다 규모가 작은 응답자를 대상으로 다양한 유형의 사회정체성에 대한 여러 가지 속성을 파악하게 된다. 이 과정에서 조사의 평가대상뿐만 아니라 관련 평가대상도 포함한다. 감성조절이론의 국제비교조사에서는 여러 문화에서 공통적으로 발견되는 평가대상을 기본으로 포함했지만 여기에서는 대기업의 이미지에 대한 평가인 만큼 다양한 유형의 대기업 관련 평가대상을 포함한다.

이렇게 수집된 다양한 유형의 형용사는 전체적으로 정리하고 선택해야 한다. 일반적으로는 보편성, 다양성, 독립성이라는 세 가지 기준으로 형용사를 선택한다. 보편성은 어떤 형용사가 전체 평가대상을 설명할 때 얼마나 많이 사용되는가를 본다. 다양성은 얼마나 많은 평가대상을 설명할 때 사용되는가를 기준으로 형용사를 선정한다. 앞에 언급된 보편성과 다소 중첩되는 면이 있으나, 보편성이 평가대상과는 상관없이 형용사를 기준으로 빈도수를 고려한다면,

다양성은 평가대상을 기준으로 빈도수를 고려한다. 반면에 독립성은 형용사 사이에 최대한 차이를 두고자 한다. 유사한 형용사가 여러 번 사용되고 다양한 평가대상에 대해 사용된다 할지라도 평가대상의 다양한 속성을 측정하기 위해 더욱 이질적인 형용사를 선정하는 것이다(이명진, 2011).

물론 이러한 형용사 선정과정을 연구자가 임의로 결정하지는 않는다. 여기에는 선정근거가 되는 각종 요약지수를 사용한다. 보편성과 다양성을 보여주는 대표적인 요약지수가 생산성 혹은 H-지수이고 독립성을 보여주는 대표적인 요약지수가 Φ지수이다. H-지표는 어떤 형용사로 평가대상이 되는 사회정체성을 얼마나 설명하는가를 나타낸다. 이 값이 0이면 그 형용사는 하나의 사회정체성을 설명할 때만 사용된다는 것이다. 그리고 그 절댓값이 크면 그 형용사가 더 많은 사회정체성을 설명하는 데 사용됨을 의미한다. 한편 φ계수는 형용사 간의 관계를 보여준다. 이 값이 크면 두 형용사 사이에 유사성이 높음을 의미한다(Osgood et al., 1975). 두 가지 지수를 이용해 연구자는 반대 의미를 갖는 여러 개의 형용사 쌍으로 이루어진 목록을 작성하는데 이것이 바로 어의차이척도이다.

어의차이척도 이용의 두 번째 단계에서는 앞서 작성된 어의차이척도를 실제 평가대상을 대상으로 측정하는 것이다. 구체적으로는 한 쌍의 형용사는 중간을 기준으로 양 극단에 가장 강한 의미를 갖도록 배치한다. 일반적으로 중간 값이 0을 갖고 오른쪽으로 갈 경우에 양(+)의 값을, 왼쪽으로 갈 경우에 음(-)의 값을 갖도록 한다. 그다음으로는 특정한 대상에 대해 어의차이척도를 제시하고 응답자는 전체 척도에 대해 응답한다(Osgood et al., 1957).

마지막 단계에서 어의차이척도는 두 가지 방식으로 이용된다. 첫 번째는 연구자가 선택한 특정한 차원을 기준으로 평가대상을 비교한다. 이 방법은 연구자가 특정 차원을 선택하기 위한 이론적 근거가 있을 때 사용할 수 있다. 두 번째는 요인분석을 이용해 몇 개의 주요차원을 추출한다. 이 방법은 특정한 이론보다는 수집된 자료에 근거해 주요차원을 선정하고 이를 기반으로 평가대상을 비교하는 것이다.

두 가지 방법 모두 장단점이 있다. 전자의 경우는 다양한 사회를 비교할 때 자주 사용된다. 다양한 사회를 비교할 때 여러 가지 이유로 안정적인 요인분석 결과를 얻기 힘든 경우가 많기 때문이다. 이럴 경우 연구자가 이론적 중요성에 비추어 특정차원을 직접 선택하고 비교할 수 있을 것이다. 후자의 경우는 특정 이론적 틀이 존재하지 않고 복잡한 자료의 이면에 숨은 사실을 탐색적으로 살펴볼 때 유용하다. 가장 중요한 판단기준은 평가대상에 대한 구체적인 이론적 틀이 있는가라는 점이다.

4. 분석

1) 대기업 관련 형용사

사회정체성 개념과 감성조절이론에서 사용하는 대표적 방법론인 어의차이척도는 이러한 사회정체성 이론을 적용하는 구체적 방법론이다. 어의차이척도는 첫 번째 단계에서는 여러 쌍의 반대형용사척도(*polar-scales*)를 찾아내고자 각 응답자에게 관련 평가대상에 대해

〈표 3-2〉 기업이미지조사를 위한 어의차이척도

	한없이	매우	꽤	조금	그저 그런	조금	꽤	매우	한없이	
1) 부러운	①	②	③	④	⑤	⑥	⑦	⑧	⑨	불쌍한
2) 강한	①	②	③	④	⑤	⑥	⑦	⑧	⑨	약한
3) 근면한	①	②	③	④	⑤	⑥	⑦	⑧	⑨	게으른
4) 멋있는	①	②	③	④	⑤	⑥	⑦	⑧	⑨	촌스러운
5) 믿음직한	①	②	③	④	⑤	⑥	⑦	⑧	⑨	믿기 어려운
6) 친숙한	①	②	③	④	⑤	⑥	⑦	⑧	⑨	낯선
7) 유능한	①	②	③	④	⑤	⑥	⑦	⑧	⑨	무능한
8) 풍부한	①	②	③	④	⑤	⑥	⑦	⑧	⑨	부족한
9) 좋은	①	②	③	④	⑤	⑥	⑦	⑧	⑨	나쁜
10) 힘든	①	②	③	④	⑤	⑥	⑦	⑧	⑨	편한

제일 먼저 생각나는 특성을 형용사로 적도록 한다. 그리고 이렇게 산출된 형용사를 목록으로 작성해 척도구성의 기준에 맞추어 최종척도를 구성한다.

먼저, 기업이미지와 관련해 응답자의 평가를 살펴보기 위해 이 연구에서는 대기업 이미지와 관련한 평가대상 39개를 선정했다. 여기에는 매출액을 기준으로 한국사회에서 대표적인 12개 대기업(군), 3개 외국기업이 포함되었다. 응답자에게 대기업 관련 대상을 제시하고 제일 먼저 생각나는 첫 번째 특성을 적도록 했다.

이 과정에서 형용사 389개가 추출되었으나 적절하지 않거나 특이한 형용사를 삭제해 유사한 형용사는 대표적인 형용사로 통합했다. 최종적으로는 총 158개의 형용사를 포함한 목록을 구성했다. 그다음으로 이 목록에서 가장 '생산적'(*productive*)인 반대형용사를 골라 마지막 조사에 포함한다. H-지표와 φ계수 두 가지 통계치를 사용해 기업이미지와 관련해 더 많은 사회정체성을 평가할 때 이용되고 다른 형용사와 중복이 덜한 형용사를 선택했다.

일반적으로 사회정체성 관련 국제조사에서는 50쌍, 즉 100개의 형용사를 가장 많이 사용한다. 그러나 일반인을 대상으로 하는 면접조사에서 조사분량을 고려할 때 모든 척도를 포함하기 어렵다. 이 조사에서는 질문 수와 면접시간을 고려해 가장 많이 나온 10쌍의 형용사를 선정했다. 〈표 3-2〉는 이런 과정을 거쳐서 구성된 기업이미지 관련 어의차이척도를 보여준다.

2) 대기업 이미지

(1) 전반적 이미지 비교

두 번째 단계에서는 전체 응답자에게 제시된 각각의 정체성에 대해 첫 번째 단계의 조사에서 선정된 10쌍의 반대형용사로 구성된 9개의 어의차이척도(1에서 9점)에 응답하도록 요구했다. 응답자가 기업을 평가할 때 비교적 높게 평가하는 차원은 '강한-약한', '유능한-무능한', '풍족한-부족한' 세 가지이다.

이렇게 높은 평가를 받는 것은 2차적 집단 혹은 공식적 측면과 관련이 높은 차원이고 이 차원에서는 대기업 사이에 차이가 상대적으로 큰 편이다. 반면에 상대적으로 낮은 평가를 받은 차원은 힘든-편안한, 좋은-나쁜 두 가지이다. 마찬가지로 이 차원에서는 대기업 사이에 차이가 상대적으로 작은 편이고 낮은 평가를 받는 것은 1차적 집단 혹은 감성적 측면과 관련이 높은 차원이다.[1]

1 척도의 편의를 위해 왼쪽에 위치한 형용사에 가까울수록 높은 값을 갖는 것으로

〈그림 3-1〉은 이러한 어의차이척도를 이용해서 5대 대기업 집단에 대한 평가를 한 결과를 나타낸다. 이를 구체적으로 보면 다음과 같다. '강한-약한' 차원에서 가장 높은 평가를 받는 대기업 집단은 삼성과 현대자동차이다. SK는 LG와 유사한 평가를 받았다. '유능-무능' 차원에서는 SK가 현대자동차, LG와 함께 중간 정도의 평가를 받았다. '근면한-게으른'이라는 면에서는 롯데와 비슷한 평가를 받았다. 이러한 중간 정도의 평가는 '좋은-나쁜', '친숙한-낯선', '힘든-편안'과 같은 1차적 집단과 관련된 차원에서도 비슷하거나 다소 낮아진다. 여러 차원에서 SK는 중간 혹은 하위에 위치한다.

〈그림 3-1〉 5대 대기업 정체성 비교

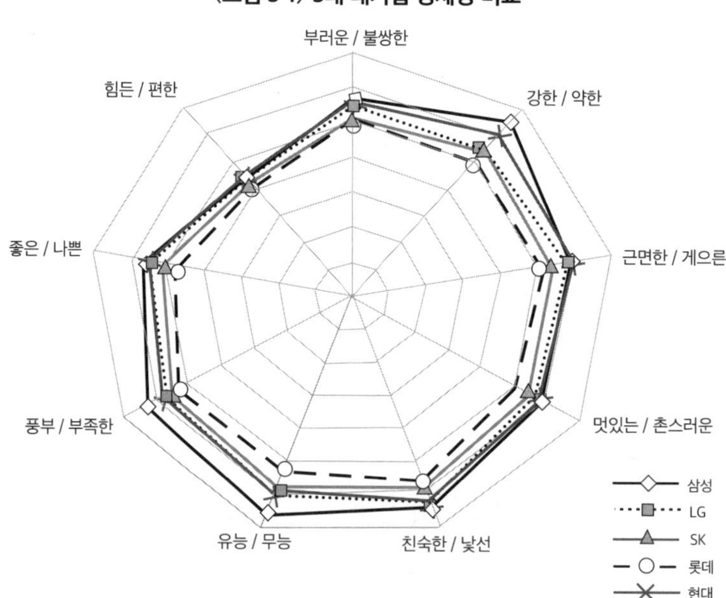

재부호화했다.

'부러운-불쌍한', '힘든-편안'에서 롯데와 유사한 평가를 받았다.

(2) 주요차원별 비교

그러면 앞서 제시된 차원 중에서 중요한 몇 개의 차원을 선택해 구체적으로 살펴보고자 한다. 여기에서는 모든 차원의 조합을 다 살펴보기보다는 주요차원을 중심으로 이들 사이에 같이 고려해 구체적인 결과의 함의를 살펴보고자 한다. 차원을 선정하는 근거는 여러 가지가 있을 수 있으나 여기에서는 감성조절이론에서 평가의 주요차원으로 삼는 EPA를 고려하고자 한다. 이러한 감정(E), 능력(P), 활동(A) 차원은 분석결과에서도 잘 나타난다. 물론 평가대상이 인물이 아닌 대기업이라는 측면에서 능력차원이 크게 두드러진 편이다. 따라서 능력과 관련된 부분은 대기업에 대한 평가가 상대적으로 차이가 많이 나는 '강한-약한' 차원을 사용하고자 한다. 그리고 감정은 '좋은-나쁜' 차원을, 마지막으로 활동차원은 '멋있는-촌스러운' 차원을 선정했다.

〈그림 3-2〉는 능력과 감정차원을 동시에 보여준다. 이 두 가지 차원 사이에 관련성을 살펴보면, 전체적으로 강한 정도보다 좋음 정도가 낮은 편으로 나타났다.

다만, 그 관련성은 비교적 높은데 강함으로 표현되는 능력이 높게 평가받을수록 좋음으로 표현되는 감정이 높은 평가를 받았다. 가장 강하다고 평가를 받은 삼성이 가장 좋다고 평가를 받았다. 이러한 경향은 현대자동차, SK, 롯데에서도 발견되었다. 롯데는 상대적으로 약하고, 상대적으로 나쁜 기업으로 평가받고 있다. 하나의 예외는 LG이다. LG의 경우는 능력이라는 측면에서 SK와 큰 차이가 없었으나 감정이라는 측면에서 상대적으로 높은 평가를 받았다. LG의 경우는 '좋은' 기업이라는 이미지가 능력에 비해 상대적으로 크다는 사실을 보여준다.

〈그림 3-2〉 능력과 감정차원의 비교

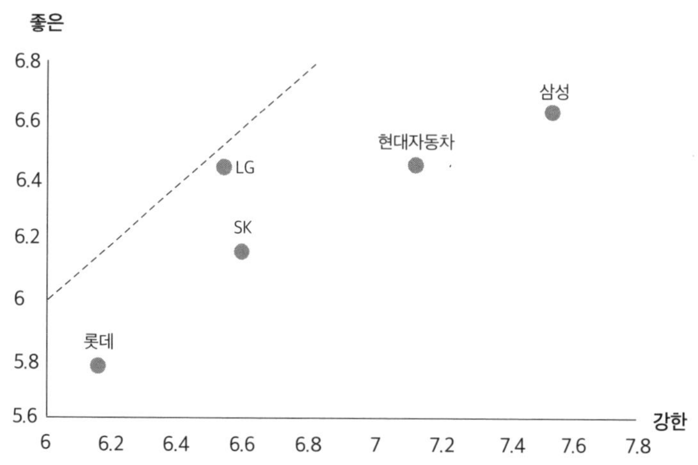

〈그림 3-3〉 활동과 감정차원의 비교

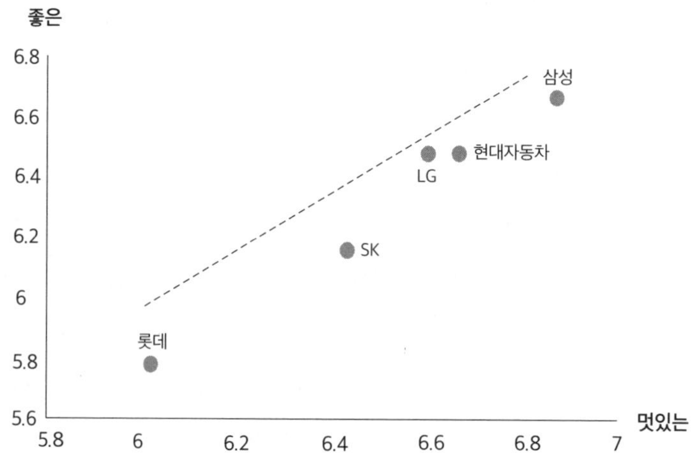

〈그림 3-3〉은 활동차원과 감정차원을 보여준다. 두 가지 차원의 관련성도 능력과 감정차원 비교에서 나타나는 결과보다 더 큰 편이다. 전체적으로 멋지다는 평가보다 '좋다'라는 평가가 낮은 편이다. 그러나 멋짐으로 평가되는 활동차원의 정도가 높을수록 좋음으로 평가되는 감정차원의 평가가 높다. 대기업의 평가순서도 대체로 유사하다.

삼성이 상대적으로 가장 높고 롯데가 상대적으로 가장 낮은 평가를 받았다. 앞의 경우와 다르다면, 활동성이라는 측면에서 LG가 현대자동차와 거의 유사한 평가를 받는다는 것이다. 따라서 SK의 경우는 능력이라는 측면에서는 상대적으로 높은 평가를 활동이라는 측면에서는 상대적으로 낮은 평가를 받는다.

마지막으로 〈그림 3-4〉는 능력차원과 활동차원을 비교한 결과이다. 이 결과 역시 첫 번째 능력과 감정차원을 비교한 경우와 유사하다. 능력차원에 비해 활동차원에 대한 평가가 상대적으로 낮다. 그러나 대체로 강할수록 '멋있다'라는 평가를 받았다. 삼성이 가장 높은 평가를, 롯데가 가장 낮은 평가를 받았다.

하나의 예외적인 경우는 LG이다. 다른 대기업의 경우는 능력에 비해 활동에 대한 평가가 다소 낮지만 LG의 경우는 능력에 대한 평가와 활동에 대한 평가가 유사하다.

결국, 감성조절이론에서 기본적 차원으로 사용하는 감정, 능력, 활동 등 세 가지 차원에서 대기업 집단에 대한 평가를 살펴보면, 기업이 조직이라는 측면에서 가장 중요한 평가차원은 역시 능력차원으로 볼 수 있다. 평가의 상대적 범위와 강도도 대체로 큰 편이다. 그런데 '좋다'로 표현되는 감정이나 '멋있다'로 표현되는 활동성 차

〈그림 3-4〉 능력과 활동차원의 비교

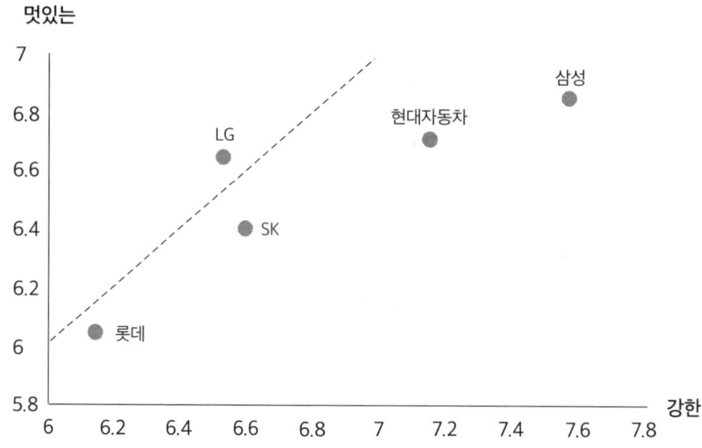

원에서 볼 때는 이러한 능력만이 기업의 이미지를 모두 보여준다고 보기는 어렵다. 이러한 맥락에서 기업의 이미지를 구성하는 다른 요인도 고려한다. 기업의 입장에서 반기업정서를 접근하는 데 이해의 폭을 좀더 높일 수 있다고 생각한다.

(3) 대기업 이미지 평가 결정요인

여기에서는 앞서 살펴본 대기업 집단의 이미지 평가의 원인을 살펴보고자 한다. 이러한 분석은 향후에 대기업 집단의 이미지를 더욱 심층적으로 이해하는 데 도움을 줄 수 있다고 생각한다. 물론 이러한 원인은 구체적인 이론적 틀을 기반으로 선정해야 하지만 이와 관련한 구체적 이론적 틀이나 변수가 제시되지 않는다는 점에서 주로 응답자의 인구·사회·경제학적 변수와 해당 대기업의 소유자에 대한 평가를 중심으로 살펴보고자 한다.2 〈표 3-3〉은 이러한 분석을 위해서 사용한 개별변수의 특징을 보여준다.

성별로는 여성이 남성에 비해서 약간 많은 것으로 나타난다. 연령은 19세가 가장 낮고 87세가 가장 높다. 평균 연령은 44.27세이다. 교육수준은 13.03년이고 수입은 168.4만 원으로 나타났다. 현재 일자리를 가진 응답자의 비율이 과반수보다 낮고 자영업 비율은 23%에 이른다. 사회신뢰도는 다양한 사회제도와 기관에 대한 5점 척도 평가의 평균값으로 최저점은 1.5이고 최댓값은 5이다.

5대 대기업인 삼성, LG, SK, 현대자동차, 롯데의 소유주에 대한 호감도는 5점 척도로 측정되었다. 삼성 이건희 회장, 현대자동

〈표 3-3〉 독립변수의 특징

	사례 수	최솟값	최댓값	평균	표준편차
성별	1,319	1	2	1.51	0.5
연령	1,319	19	87	44.27	14.38
교육	1,308	0	16	13.03	2.82
수입(월)	1,295	0	1,000	168.4	166.21
일자리 여부	1,319	1	2	1.32	0.47
자영업	1,319	0	1	0.23	0.42
사회신뢰	1,314	1.5	5	3.08	0.51
이건희	1,313	1	5	3.22	0.95
구본무	1,249	1	5	3.2	0.72
최태원	1,246	1	5	2.73	0.86
정몽구	1,292	1	5	3.22	0.82
신동빈	1,172	1	5	2.9	0.8
부산	1,319	0	1	0.15	0.36
대구	1,319	0	1	0.11	0.31
인천	1,319	0	1	0.12	0.33
광주	1,319	0	1	0.06	0.24
대전	1,319	0	1	0.06	0.24
울산	1,319	0	1	0.05	0.21

2 관련 논의는 김수한 · 이명진(2014)을 참조할 것.

차 정몽구 회장이 3.22점으로 가장 높은 평가를 받은 반면, 최태원 회장이 2.73점으로 가장 낮은 평가를 받았다.

〈표 3-4〉는 이러한 변수를 사용한 회귀분석 결과를 제시한다. 대기업의 능력차원에 영향을 주는 요인을 살펴보면, 대기업의 종류와 상관없이 공통적으로 중요한 영향을 미치는 변수는 해당 대기업의 소유자에 대한 호감도이다. 사회신뢰도는 삼성을 제외한 다른 대기업의 능력에 대한 평가에 영향을 미쳤다. 연령, 교육, 혹은 거주지역 같은 다른 요인들은 특정 대기업에 대한 평가에 부분적으로만 영향을 미쳤다.

〈표 3-4〉 대기업 능력차원 회귀분석 결과(비표준화 계수)

		삼성	LG	SK	현대자동차	롯데
상수		8.744	-9.094	5.511	4.852	13.488
성별		-.033	-.020	.035	-.061	.104
연령		-.001	.008**	.001	.001	-.004
교육		-.020	-.018	-.022	-.010	-.052**
수입		.000	.000	.000	.000	.001
일자리 여부		.122	.039	-.138	-.045	.229
자영업 여부		-.021	.110	-.024	-.013	.217*
소유주 호감		.171**	.235**	.276**	.263**	.364**
사회신뢰도		.020	-.327**	-.193**	-.198**	-.145*
거주지역 (기준: 서울)	부산	.161	-.092	.006	.006	.405**
	대구	-.011	.142	-.273*	-.056	-.015
	인천	-.048	-.193	-.307**	-.117	-.205
	광주	-.466**	.164	-.145	-.189	.270
	대전	.301*	.129	.026	.157	.062
	울산	.070	-.695**	.152	.123	-.424*
R-제곱		.042	.095	.069	.052	.091
빈도수		1,273명	1,210명	1,208명	1,252명	1,136명

*$p < .05$, **$p < .01$.

이러한 결과는 한국사회에서 대기업 집단의 이미지에 대한 특성을 잘 보여준다. 한국사회에서 대기업 집단, 특히 재벌이 총수를 중심으로 운영된다는 점에서 대기업에 대한 평가 역시 소유주에 대한 호감에 큰 영향을 받는다는 것이다. 아울러 사회에 대한 전반적 신뢰에 따라 대기업 집단의 능력에 따른 평가가 달라짐은 대기업 집단의 이미지가 단순하게 기업 자체의 운영실적에 대한 평가에만 달려 있지 않다는 것이다.

대기업 소유주나 사회 전반에 대한 신뢰도가 가지는 영향력은 다른 차원의 평가에서도 동일하게 발견된다. 두 변수는 '좋다'를 의미

〈표 3-5〉 대기업 감정차원 회귀분석 결과(비표준화 계수)

		삼성	LG	SK	현대자동차	롯데
상수		-.985	-3.726	1.866	14.850	12.760
성별		-.039	.055	-.044	.076	.164
연령		.002	.004	.001	-.005	-.005
교육		-.024	.002	-.008	-.037*	-.029
수입		.000	.000	-.001	-.001	.000
일자리 여부		-.064	.116	-.215	-.227	-.040
자영업 여부		-.031	.024	-.048	.058	.014
소유주 호감		.634**	.462**	.393**	.448**	.617**
사회신뢰도		.414**	.286**	.349**	.344**	.127**
거주 지역 (기준: 서울)	부산	.221	-.069	-.292*	-.167	-.069
	대구	.063	.221	-.238	.242	-.312*
	인천	.272*	.356**	.041	.045	.176
	광주	-.165	-.183	-.130	.162	.158
	대전	.031	.035	-.087	.196	.296
	울산	-.311	.070	.026	.132	.139
R-제곱		.197	.103	.097	.121	.146
빈도수		1,273명	1,210명	1,208명	1,252명	1,136명

$^{*}p < .05$, $^{**}p < .01$.

하는 감정차원에 대한 평가나 '멋지다'를 의미하는 활동차원에 대한 평가에 영향을 미친다. 이 결과는 한국사회에서 대기업 이미지가 갖는 특수성에 기인한 것으로 보인다. 즉, 대기업이 규모가 큰 기업인 경우가 대부분인 서구사회와는 달리 한국사회의 대기업은 많은 경우 재벌이라고 불리는 한국형 기업 집단을 의미한다. 따라서 개별 대기업의 윤리경영이나 사회공헌이 기업이라는 조직과 연결되는 서구사회와는 다르게 한국사회에서는 1인 소유주라는 개인과 연결되는 측면이 크다.

〈표 3-5〉와 〈표 3-6〉에 제시했듯 대기업의 감정과 활동차원에 대

〈표 3-6〉 대기업 활동차원 회귀분석 결과(비표준화 계수)

		삼성	LG	SK	현대자동차	롯데
상수		.403	-8.541	5.091	12.199	10.899
성별		.068	-.005	.002	.019	.192*
연령		.003	.008*	.001	-.003	-.003
교육		-.013	-.026	-.026	-.054**	-.050**
수입		.000	.000	-.000	-.001*	.000
일자리 여부		.082	.136	-.048	-.112	.124
자영업 여부		.023	.028	-.031	.264**	.084
소유주 호감		.469**	.272**	.312**	.381**	.328**
사회신뢰도		-.265**	-.218**	-.346**	-.134	-.116
거주 지역 (기준: 서울)	부산	.088	-.041	-.044	-.074	.098
	대구	-.088	-.270*	-.370**	-.065	-.419**
	인천	-.137	-.300*	-.209	-.077	-.117
	광주	-.561**	-.251	-.259	-.180	.144
	대전	-.107	-.120	-.266	.111	.155
	울산	-.619**	-.134	-.135	-.082	-.123
R-제곱		.158	.076	.095	.094	.077
빈도수		1,273명	1,210명	1,208명	1,252명	1,136명

$^{*}p<.05$, $^{**}p<.01$.

한 회귀분석 결과도 유사하다. 대기업의 감정차원에 대해 대기업 소유주의 호감이 공통적으로 중요한 역할을 미치며 사회적 신뢰도 역시 모든 대기업에 대한 평가에서 중요한 역할을 미친다. 대기업의 활동차원에 대해서도 대기업 소유주 호감과 사회신뢰도가 의미 있는 영향을 미친다.

추가적으로 대기업 집단 활동차원에 영향을 미치는 변수는 교육이다. 물론 모든 대기업 집단에 영향이 있다기보다는 제한적으로 현대자동차와 롯데에 대한 활동차원에 대한 평가에 영향을 미친다.

5. 요약과 토의

1) 요 약

5대 대기업에 대한 평가는 크게 세 가지 차원을 기반으로 구성된다. 이러한 세 가지 차원은 사회정체성이론에서 주요 평가차원으로 사용되는 감정(E), 능력(P), 활동(A)차원에 기반을 둔 것이다. 첫 번째 차원은 강한-약한, 유능한-무능한, 풍족한-부족한, 능력과 관련된 평가이다. 두 번째 차원은 힘든-편안한, 좋은-나쁜 같은 감성과 관련된 평가이다. 세 번째 차원은 근면한-게으른, 멋진-촌스러운 같은 활동성과 관련된 평가이다.

이러한 기준으로 볼 때, SK는 첫 번째와 두 번째 차원에서 상대적 위치가 다소 다르다. 첫 번째 차원을 살펴볼 때, 강한-약한 차원에서 가장 높은 평가를 받는 대기업은 삼성과 현대자동차이다.

SK는 LG와 유사한 평가를 받았다. 유능-무능 차원에서는 SK는 현대자동차, LG와 함께 중간 정도의 평가를 받았다. 두 번째 차원에서 볼 때, SK에 대한 평가는 상대적으로 다소 낮아진다. '근면한-게으른'이라는 면에서는 롯데와 비슷한 평가를 받았다. 부러운-불쌍한, 힘든-편안에서 롯데와 유사한 평가를 받았다.

이러한 결과는 앞서 논의한 SK의 강점, 단점과 유사하다. 능력이나 기술을 의미하는 부분에서 중간 부분에 위치했다. 친숙도를 의미하는 부분에서는 상대적으로 낮은 부분에 위치했다. 세 번째 차원에서 SK는 항상 모든 부분에서 높은 평가를 받는 것은 아니다. 예를 들면, '근면하다'고 평가받기보다는 상대적으로 '게으르다'고 평가받는 부분이 좀더 많다. 반면에 '멋있다'라는 평가에서는 상대적으로 평균 이상의 평가를 받았다.

이러한 차원별 평가를 조합해 살펴보면 그 결과를 더욱 구체적으로 살펴볼 수 있다. 능력과 감정차원을 동시에 살펴볼 때, 능력과 감정차원의 관련성은 비교적 높다. 가장 강하다고 평가를 받은 삼성이 가장 좋다고 평가를 받았다. 이러한 경향은 현대자동차, SK, 롯데에서도 발견되었다. LG의 경우는 예외적이다. LG는 능력이라는 측면에서 SK와 큰 차이가 없었으나 감정이라는 측면에서 상대적으로 높은 평가를 받았다. LG의 경우는 '좋은' 기업이라는 이미지가 능력보다 상대적으로 크다는 사실을 보여준다.

활동차원과 감정차원도 관련성이 크다. 멋짐으로 평가되는 활동차원이 정도가 높을수록 좋음으로 평가되는 감정차원의 평가가 높다. 삼성이 상대적으로 가장 높고 롯데가 상대적으로 가장 낮은 평가를 받았다. SK의 경우는 능력이라는 측면에서는 상대적으로 높은 평가를 활동이라는 측면에서는 상대적으로 낮은 평가를 받았다.

능력차원과 활동차원을 비교한 결과 역시 관련성이 크다. 대체로 강할수록 '멋있다'라는 평가를 받았다. 삼성이 가장 높은 평가를, 롯데가 가장 낮은 평가를 받았다. LG는 예외적인 경우로 다른 대기업과는 달리 능력에 대한 평가와 활동에 대한 평가가 유사하다.

한편 대기업 집단의 이미지에 영향을 주는 요인으론 대기업 집단의 소유자에 대한 호감도와 사회신뢰도이다. 이는 대기업과 이미지 평가차원의 종류와 상관없이 공통적으로 발견되는 사항이다. 이미지 평가차원이 감정이든, 능력이든, 활동성이든 대기업 집단의 소유자에 대한 호감도가 중요한 영향을 미친다.

아울러 전체 사회에 대한 신뢰도 역시 모든 평가차원에 대해 중요한 영향을 미친다. 반면, 연령, 교육, 혹은 거주지역 같은 다른 사회인구학적 요인의 영향력은 특정 대기업에 대한 평가에 부분적으로 발견된다.

2) 토 의

이 연구는 대기업 집단의 이미지에 대한 평가를 위해 사회정체성 이론과 방법론을 적용했다. 분석결과 두 가지 점에 주목할 필요가 있다.

첫째, 이미지라는 다소 추상적이고 주관적인 평가에 가장 중요한 영향을 미치는 차원은 능력으로 나타났다. 감성조절이론에서 기본적인 차원으로 사용하는 감정, 능력, 활동 등 세 가지 차원에서 대기업에 대한 평가를 살펴보면, 기업이 조직이라는 측면에서 가장 중요한 평가차원은 역시 능력이라는 차원으로 볼 수 있다. 평가의 상대적 범위와 강도도 대체로 큰 편이다.

그런데 '좋다'로 표현되는 감정이나 '멋있다'로 표현되는 활동성 차원에서 볼 때 이러한 능력만이 기업의 이미지를 다 보여준다고 보기는 어렵다. 이러한 맥락에서 기업의 이미지를 구성하는 다른 요인도 고려한다면, 기업의 입장에서 반기업정서를 접근하는 데 이해의 폭을 좀더 높일 수 있다고 생각한다. 즉, 객관적 측면뿐만 아니라 감정적이고 주관적 요소도 대기업의 이미지 형성에 중요한 역할을 한다는 점을 고려해야 한다.

둘째, 한국사회에서 대기업에 대한 이미지 혹은 반기업정서를 다루기 위해서는 대기업 집단의 고유한 특성에 주목할 필요가 있다. 그것은 한국사회에서 기업 특히 대기업 집단은 다름 아닌 재벌이라는 특수성을 가진다는 것이다. 이러한 재벌은 회장이라는 1인 소유주가 기업을 다양한 방식으로 지배하고 통제한다. 때로는 이러한 지배와 통제가 빠른 의사결정과 과감한 투자라는 장점을 가질 수 있지만 기업이윤의 독점과 독단적 결정으로 인해 기업가치의 훼손이라는 단점을 가질 수 있다.

특히, 한국경제의 초창기와 달리 자본시장 개방으로 인한 주식 소유의 다양화와 국제화라는 최근의 흐름에 비추어 1인 소유주에 의한 통제와 지배는 비판을 받는다. 물론, 현재 공고한 구조에 변화가 없다는 것은 아니다. 재벌 내에서 다양한 변화와 변동이 존재하는 것은 사실이고 향후에도 다양한 유형의 변화가 있으리라 기대한다.

그러나 이러한 사실에도 불구하고 한국사회에서 재벌이 갖는 현실적인 영향을 고려하지 않고 대기업 이미지나 반기업정서를 논의하는 것은 제한적 시도가 될 가능성이 많다. 즉, 대기업 이미지나 반기업정서를 설명하기 위해 이미 선진국에서 논의했던 기업가치나 사회공헌 혹은 윤리 같은 조직 자체의 특징이 갖는 설명력에 한계가 있다는 것이다. 더욱 확장된 대기업 이미지 평가나 반기업정서 모형을 구성하기 위해서는 재벌이라는 한국적 특성과 사회적 신뢰라는 구조적 특성도 주목할 필요가 있다.

참고문헌

권순창 · 김형국 · 최수만, 2003, "기업의 기부금지출 결정요인에 관한 실증분석", 〈경영연구〉, 18(2) : 35~57쪽.

김성수, 2009, "기업(企業)의 사회적(社會的) 책임(責任)(CSR)의 이론적(理論的) 변천사(變遷史)에 관한 연구(硏究)", 〈기업경영연구〉, 29: 1~25쪽.

김수한 · 이명진, 2014, "한국사회의 반기업정서", 〈한국사회학〉, 48(1) : 37~70쪽.

김회성 · 박기태 · 이명진, 2009, "기업 사회공헌 결정요인의 시기별 변화에 관한 연구: 1990년대 초반 이후 기업의 기부금 규모를 중심으로", 〈한국사회학〉, 43(4) : 1~36쪽.

이명진, 2011, 《사회정체성 평가 차원에 대한 국제비교조사》, 서울: 집문당.

한국개발연구원, 2007, "'반기업정서'의 실체 파악을 위한 조사 연구", 서울: KDI 대외협력팀 보도자료.

한 준, 2014, 〈반기업정서와 이념, 가치, 경험〉, 2014 후기사회학대회 발표문, 서울: 중앙대학교.

Adams, M., & Hardwick, P., 1998, "An analysis of corporate donations: United Kingdom evidence", *Journal of Management Studies*, 35(5) : pp. 641-654.

Babbie E. R., 1973, *Survey research methods*, CA: Wadsworth Publishing.
Buchhloltz, A. K., Amason, A. C., & Rutherfold, M. A., 1999, "Beyond resources: The mediating effect of top management discretion and values on corporate philanthropy", *Business & Society*, 38(2): pp. 168-187.
Eikenberry, A. M., & Kluver, J. D., 2004, "The marketization of the nonprofit sector: Civil society at risk?", *Public Administration Review*, 64(2): pp. 132-140.
Fry, L. W., Keim, G. D., & Meiners. R. E., 1982, "Corporate contributions: Altruistic or for-profit", *Academy of Management Journal*, 25(1): pp. 94-106.
Fukuyama, F., 1992, "Capitalism & Democracy: The missing link", *Journal of Democracy*, 3(3): 100-110.
Heise, D. R., 1979, Understanding events: Affect and the construction of social action, NY: Cambridge University Press.
Heise, D. R., 1987, "Affect control theory: Concepts and model", *Journal of Mathematical Sociology*, 13(1-2): pp. 1-33.
______, 2000, "Affect control theory across cultures", presented at theory section Annual Meetings of the American Sociological Association.
______, 2001, "Project Magellan: Collecting cross-cultural affective meanings via the internet", *Electronic Journal of Sociology*, 5(3).
Osgood, C. E., May, W. S., & Miron, M. S., 1975, *Cross-cultural universals of affective meaning*, Urbana: University of Illinois Press.
Osgood, C. E., Suci, G. J., & Tannenbaum, P., 1957, *The measurement of meaning*, Urbana: University of Illinois Press.
Porter, M. E., & Kramer, M. R., 2002, "The competitive advantage of corporate philanthropy", *Harvard Business Review*, 80(12): pp. 57-68.
______, 2006, "Strategy and society: The link between competitive advantage and corporate social responsibility", *Harvard Business Review*, 84(12): pp. 78-92.
Seifert, B., Morris, S. A., & Bartkus, B. R., 2004, "Having, giving,

and getting: Slack resources, corporate philanthropy and firm financial performance", *Business & Society*, 43(2): pp. 135-161.

Tajfel, H., & Turner, J. C., 1979, "An integrative theory of intergroup conflict", In Austin, W. G., & Worchel, S. (Eds.), *The social psychology of intergroup relations*, monterey, CA: Brooks-Cole.

Thompson, J. K., Smith, H. L., & Hood, J., 1993, "Charitable contribution by small businesses", *Journal of Small Business Management*, 31(3): pp. 35-51.

Wang, J., & Coffey, B. S., 1992, "Board composition and corporate philanthropy", *Journal of Business Ethics*, 11(10): pp. 771-778.

Williams, R. J., 2003, "Women on corporate boards of directors and their influence on corporate philanthropy", *Journal of Business Ethics*, 42(1): pp. 1-10.

Zadek, S., 2001, *The civil corporation: The new economy of corporate citizenship*, London: Sterling.

2

기업의 시민성과 사회적 책임

Anti-Corporate Sentiment in Korea

4

기업의 시민성과 시장공공성

조대엽 · 홍성태

1. 서론: 샤일록과 최국선

시장을 바라보는 두 개의 친숙한 시각이 있다. '나쁜 시장'과 '좋은 시장'이 그것이다. 셰익스피어의 희곡 《베니스의 상인》(*The merchant of venice*, 1598)에 등장하는 악덕 고리대금업자 샤일록(Shylock)은 나쁜 시장의 구조에 갇힌 탐욕스러운 자산가의 표상이다. 물론 샤일록의 탐욕적인 행동과 그 동기를 가엾게 여기는 사람도 있다. 그러나 소수민족으로서 유대인이 받는 핍박과 사회적 편견 그리고 채무자인 안토니오로부터 받아온 모멸감 등 극 중의 복잡한 배경은 논외로 할 필요가 있다. 그것이 자산가의 탐욕과 전횡을 정당화할 수는 없기 때문이다. 돈을 빌려 간 안토니오가 채무이행을 제때 못할 경우에 대비해 그의 살 1파운드를 베어도 좋다는 증서를 쓰게 했으니 말이다.

샤일록이 나쁜 시장의 구조와 현실을 반영한 허구의 인물이라면, 반대로 '좋은 시장'의 일면을 보여주는 역사적 실존 인물이 있다. "주변 백 리 안에 굶어 죽는 사람이 없게 하라." 이 말은 조선시대부터 4백 년 가까이 명맥을 이어온 경주 최 부자의 시초, 최국선(1631~1681)이 세운 육훈(六訓) 가운데 하나이다. 당시 지주는 소작인에게 소작료의 8할을 거둬들였다. 하지만 최국선은 소작농과 그 자식들이 화적떼에 가담해 집안을 약탈했을 때 처벌 대신 남은 채권문서를 모두 돌려주고 소작료를 5할만 받도록 했다. 독점과 탐욕의 전횡 대신 나눔과 박애의 관용을 지켜온 최부잣집은 경주지역에서 가장 존경받는 유력가문이 되었다. 이처럼 나쁜 시장과 좋은 시장의 단상은 사회적 관계의 측면에서 극명하게 대비된다.

그런데 오늘날의 시장현실은 나쁜 시장과 좋은 시장이 혼재되어 시장에 대한 가치판단을 어렵게 한다. 어쩌면 시장은 처음부터 두 얼굴을 했다. 다만, 샤일록과 최국선의 사례처럼 시장에서 사회적 관계가 구조화되는 방식에 따라 다르게 투영되었을 뿐이다.

나쁜 시장에서는 과도한 노동착취와 독과점 그리고 정경유착 등이 축적의 근본적인 동력으로 작용했다. 따라서 자본의 지배력은 시장영역을 초월해 정치와 사회의 영역까지 깊숙이 침투될 수밖에 없었다. 세계사적으로 유례를 찾아보기 힘든 한국의 고도 경제성장기에 나타난 산업화의 동력, 즉 재벌의 성장신화에 감춰진 불편한 진실이 이를 잘 반영한다.

이와 대조적으로 좋은 시장에서는 기업가의 박애주의가 투영된 공익재단의 설립과 사회공헌의 확장, 양질의 좋은 일자리 확충, 노동과 자본의 사회적 대화, 더 나아가 소수의 자본가가 아닌 사회 전체를 먹여 살리는 시장질서의 재편으로 분배가 성장의 동력이 되는 경제체제를 구조화한다. 이러한 시장의 두 얼굴은 시공간을 초월해 도처에서 발견된다. 그럼에도 거대한 전환이 일고 있는데 그것은 야누스의 얼굴을 한 하나의 시장권력이 강화되고 있다는 점이다. 특히, 국가와 시장 사이에서 권력의 역치현상이 벌어지고 있다.

주지하듯, 한국의 자본주의는 취약한 정치적 정당성을 물리력으로 강제 봉합한 국가에 의해 주조되었다. 그 과정에서 재벌기업이 국가권력의 후원에 힘입어 기형적으로 성장했다. 이는 수많은 기업이 정경유착이라는 불편한 관계를 피할 수 없는 전략적 선택으로 삼았던 중요한 배경이 되었다. 그러나 민주화가 진행되면서 국가권력과 시장권력의 유착이 효력을 상실하기 시작했다. 기업이 국가의 지배로부터 그리고 국제적 압력에 의해 '자유화'되면서 시장권력은 과거보다 상대적으로 강화되었다(윤상철, 2007: 71~72).

물론 1997년 외환위기 이후 수많은 재벌이 무너지는 사태가 발생했다. 폐쇄적이고 비효율적인 재벌경영이 외환위기의 내부요인으로 지적되면서 재벌개혁에 대한 요구가 강력하게 제기되었다(김윤태, 2003: 313). 특히, 사회운동을 통해 급속히 성장한 시민사회의 사회권력이 정치적 민주화 이후 재벌개혁을 겨냥한 경제적 민주화를 본격적으로 요구하고 나섰다.

하지만 국가는 기업의 구조조정을 위해 시장의 질서에 개입할수록 더욱 '시장지향적'으로 변화되었다. 개입을 통해 시장의 기능을 보호하는 동시에 자유경쟁이라는 전 지구적 시장의 논리를 적극적으로 수용해야 하는 모순적 상황에서 국가는 '시장기능의 강화'라는 전략적 선택을 취할 수밖에 없었기 때문이다. 이에 따라 외환위기 이후 시장권력은 강화되고 국가의 경제개입과 그 정당성은 급속히 위축되는 경향을 보였다.[1]

그런 가운데 국가부문의 민영화가 가속화되었다. 김대중 정부 시기 11개 공기업의 민영화가 추진되었는데 그중 포항제철(2000), 한국중공업(2001), 담배인삼공사(2002), 한국통신(2002) 등 8개사가 대기업에 인수되었다.

한편, 1990년대 이후 대기업은 강화된 시장권력을 바탕으로 시민사회와의 교호성을 높이기 위한 새로운 프로젝트를 시작했다. 기업은 세계시장주의의 확산에 따라 국가의 공적 복지기능이 약화되면서 나타난 공공성 위기의 틈새를 겨냥해 새로운 기업전략을 모색했다. 이른바 사회공헌활동을 주축으로 기업의 시민성(*corporate citizenship*·CC) 혹은 기업의 사회적 책임(*corporate social responsibility*·CSR)의 확대를 추구하고 나선 것이다. 공공성의 재구성이라는 관점에서 시장과 시민사회의 간격이 빠르게 좁혀졌다(조대엽, 2007).[2] 기업의 시민성 확대에 따른 '시장의 시민사회화'와 더불어—기업주도의 시민지향 거버넌스가 발달함에 따라—공익을 추구하는 다양한 NGO가 경쟁과 효율성 위주로 재편되면서 '시민사회의 시장화'가 도래했다.

1 2005년 5월 노무현 대통령은 청와대에서 '대·중소기업 상생협력 대책회의'를 주재하면서 "우리 사회를 움직이는 힘의 원천이 시장에서 비롯된다"며 "이미 권력은 시장으로 넘어간 것 같다"고 말했다. 그 자리에는 전경련, 삼성, 현대, LG, SK 등 경제단체장과 대기업 총수, 중소·벤처기업 대표들이 참석했다(〈국민일보〉, 2005. 5. 16). 국가에서 시장으로의 권력이동 혹은 이양을 선포하다시피 한 그날은 공교롭게도 44년 전 쿠데타가 일어난 5월 16일이었다.

2 공공성의 재구성은 공공성의 위기에 대응하는 거시적 사회질서의 자기 조정적 대응이라는 성격을 갖는다. 이는 국가, 시장, 시민사회의 공적 구조가 단순히 축소되거나 확장되는 것을 의미하는 것이 아니다. 그것은 각 영역 내부에 고유한 공적 기능이 다른 영역으로 할당되거나 새로운 기능적 공공성이 형성됨으로써 각 영역 간에 공적 기능의 호환성이 발생하고 구조적 경계가 불명확해짐을 말한다(조대엽, 2007: 43).

이로써 민주화에 따른 국가와 시민사회의 관계변화보다 더욱 '근원적인 거시적 변화'가 시장과 시민사회 사이에서 공공성을 둘러싸고 나타나기 시작했다. 어찌 보면 국가와 시민사회에 대한 시장권력의 반격이 본격화된 것이라 할 수 있다. 그런데 흥미롭게도 '시장의 반격'은 공공성을 내재화하는 방식으로 진행되었다.

이 글은 1990년대 이후 신자유주의적 시장화에서 주목할 지점으로, 국가영역의 민영화 추세와 함께 나타난 '시장영역의 공공화' 경향에 착안한다. 특히, 시장의 영역에서 확장되는 '기업시민성'을 중심으로 한 공공성의 새로운 질서에 논의의 초점을 둔다. 이런 맥락에서 이 글은 기업의 시민성 구조를 시장영역에 내재된 공공성의 질서라는 관점에서 분석하는 데 목적이 있다. 이를 위해 기업의 시민성을 구조화하는 세 가지 요소로서 투명경영의 윤리(규범적 공공성), 전략적 사회공헌(제한적 시장공공성), 사회적기업과 사회적경제(적극적 시장공공성)를 공공성의 관점에서 분석하고자 한다.

이미 기업에 대한 관념에 시민성이라는 요소가 기업인식과 시장의 공공성을 이해하는 중요한 준거로 자리 잡기 시작했다. 이런 점에서 기업의 시민성 구조를 파악하는 일은 '좋은 시장'의 도래 가능성을 전망하는 가장 유용한 접근이다. 우리는 시장에 대한 급진적 비판가가 주장하는 바와 같이 기업의 시민성을 한낱 수사(*rhetoric*)나 은유(*metaphor*)에 불과한 것으로 규정하지 않는다. 다만, 기업의 시민성을 새롭게 구성하는 시장공공성의 사회적 실재(*social reality*)와 그 가능성에 주목한다.

2. 기업시민성과 시장공공성의 사회적 구성

최근 많은 연구자가 '기업의 시민성'(이하, CC) 이라는 용어로 '기업의 사회적 책임'(이하, CSR) 에 관한 논의를 넓혀왔다.[3] CC는 '사회에서 기업의 역할'이 적극적으로 개념화되기 시작한 1990년대 경영학 문헌에서 두드러진 용어로 떠올랐다(Carroll, 1991, 1999; Matten & Crane, 2005: 166). 그리고 20여 년이 지난 오늘날 학계뿐만 아니라 정부와 기업에서도 즐겨 사용하는 개념이 되었다.[4]

하지만 CC는 학계에서 만들어낸 새로운 개념이나 프레임이 아니다. 이 용어는 이미 1980년대에 경영관행(*management practice*) 이라는 차원에서 미국의 기업에 의해 사용되었다(Altman & Vidaver-Cohen, 2000). 물론, CC의 개념이 기업의 영역에 한정되지 않고 학계에서 일종의 유행어가 된 까닭은 기업에 대한 사회적 요구의 증대와 맞물린 CSR 그리고 기업의 환경변화와 학문적 논의 사이의 복합적인 상호작

---

3 CSR 연구에서 '기업의 시민성'은 아직 명료하게 정의되지 않은 채로 남았다. 기업의 시민성을 제한적 관점에서 이해할 때 그것은 지역공동체에서 기업에 의해 수행되는 자선적이고 자발전인 활동과 동일시되지만 등가적 관점에서는 본질적으로 CSR과 동의어가 되기 때문이다(Matten, Crane, & Chapple, 2003: 112-113; Tracey, Phillips, & Haugh, 2005: 330). 이런 점에서 이 글은 CSR의 특성을 시장공공성의 프레임으로 재해석하면서 기업시민성의 다층적 구조를 탐색한다.

4 예를 들어, 미국의 포드자동차는 "기업시민성은 우리가 취하는 모든 결정과 행동의 필수적인 부분이 되었다"고 밝힌다. 한국의 현대자동차도 "단순히 이윤추구라는 기업의 목적을 벗어나 사회를 구성하는 기업시민으로서의 역할을 인식"함을 표명한다.

용이 수반되었기 때문일 것이다(Crane, Matten, & Moon, 2008: 26).

일반적으로 CC는 기업을 사회의 한 성원으로 규정하며 그에 따르는 사회적 책임을 강조할 때 사용한다. 여기서 기업은 '시민성'(*citizenship*)의 정치적 개념과 '책임'(*responsibilities*)의 윤리적 개념을 내포한다. 또한 '통합'(*integration*)이라는 사회적 개념과 '평판'(*reputation*)이라는 경제적 개념도 포괄한다(Fombrun, 1997: 35). 기업은 프리드먼(Friedman, 1970)이 강조한 '수익을 내는 본연의 경제적 기능'뿐만 아니라 그 과정에서 개인들을 매개해 그들을 지역사회에 통합시키는 적극적인 사회적 기능을 수행하기 때문이다.5 이때 지역사회의 공동체를 지탱하고 지속가능한 성장을 동반하는 데 필요한 핵심적 과제가 바로 오랜 기간에 걸쳐 구축되는 기업의 사회적 평판을 관리하는 것이다.

이러한 맥락에서 캐롤은 일찍이 CC를 충족시키는 네 가지 측면에 대해서 강조했다(Carroll, 1991, 1998). 첫째는 경제적 측면에서 이윤을 남기는 것이다(be profitable). 둘째는 법률적 측면에서 사회의 성문화된 윤리를 따르는 것이다(obey the law). 셋째는 법적 책임 이상의 도덕적이며 윤리적인 행동에 참여하는 것이다(engage in ethical behavior). 넷째는 자선활동을 통해 기업이 속한 공동체에 수익을 환원하는 것이다(giving back through philanthropy). 결국 좋은 기업시민(*good corporate citizens*)이란 사적 시민에게 요구되는 것과 마찬가지로 경제적·법적·윤리적·자선적 책임이 기대된다.

---

5 주지하듯, 프리드먼은 CSR을 '근본적으로 전복적인 강령'(*fundamentally subversive doctrine*)이라고 불렀다. 그의 관점에서 CSR은 "시장메커니즘이 아닌 정치메커니즘이 희소자원의 할당을 결정하는 데 적절한 방식이라고 보는 사회주의적 관점의 수용을 포함"했기 때문이다(Friedman, 1970).

이처럼 CC는 기업이 시민으로서의 사회적 책임을 둘러싼 도덕적이고 목적론적인 이성의 양면을 정당화하기 위한 개념이라고 이해할 수 있다.6

그런데 이 지점에서 우리는 기업에 부여된 시민으로서의 사회적 책임을 시민사회론의 시각에서 재조명할 필요가 있다. 기업에게 요구되는 시민으로서의 자격(*qualification*)을 역사적·이론적 차원에서 반추하는 일은 CC를 이해하는 중요한 의미 틀을 제공하기 때문이다. 특히, 시민성이 시민사회의 공공성을 구성하는 핵심요소라는 점에서 CC와 시장공공성의 구조적 발현을 논의하는 데 유용한 논거를 제공한다.

주지하듯, 시민사회에 대한 고전적 관념은 국가를 넘어설 수 없었다. 고대 그리스의 아리스토텔레스 이래로 키케로를 거쳐 근대 계몽주의의 칸트에 이르기까지, 오로지 시민만이 국가의 구성원이 될 수 있었던 까닭에 '시민의 사회'는 곧 '국가'로 간주되었다. 이런 점에서 국가로부터 시민사회의 분리는 근대의 시민을 규정하는 사회구성적 조건의 변화를 수반한 거대한 사회변동을 대변했다.

그 전환의 시대에 국가와 시민사회의 분리를 가장 극명하게 파헤친 사상가가 바로 헤겔이다. 헤겔은 프랑스 혁명이라는 엄청난 격변이 가져온 법적 평등과 경제적 자유 혹은 정치와 사회의 공식적 분리가 탄생시킨 역사적 개체로서의 근대적 시민에 주목했다. 그렇게 출현

---

6 이런 점에서 폼브런(Fombrun, 1997)은 CC가 세 가지 핵심적 주장에 기초해 정당화된다고 강조했다. 그것은 CC가 윤리적이며, 사회적으로 유익하고, 기업의 장기지속을 위해 이롭다는 믿음이다.

한 '부르주아로서의 시민'은 국가의 절대성을 의식하고 공공의 일에 자신의 소유와 목숨마저 기꺼이 희생하는 '공민'(*citoyen*)과 구별되는, 즉 '자기 자신의 이익을 목적으로 하는 사적 인격체'(*privatperson*)를 의미했다(Hegel, 1820/2008: 362~365). 7 여기서 시민사회는 '욕구의 체계'로 나타난다. 그것은 근대 산업사회에서 출현한 기업의 시민사회적 원천이라고 해석할 수 있다.

그런데 시민성은 권리뿐만 아니라 의무와 책무의 의미를 내포하는 개념이다. 헤겔은 자기 자신의 이익이라는 "목적이 개인에게는 수단으로 나타나는 공공성에 의해 매개되어있기 때문에 목적이 달성될 수 있으려면 개개인이 스스로 그들의 지(知)와 의욕과 행위를 공동적인 양식에 맞추어나감으로써 그 자신을 공동적이며 전체 속의 연쇄적인 일환으로 자리 잡게 해야만 한다"(Hegel, 1820/2008: 362)고 강조했다.

이 지점에서 헤겔은 사적 이익에 매몰된 시민으로서의 부르주아와 자유(화)를 통해 새로운 규범적 질서를 지향하는 공적 시민을 구별하면서 후자를 중심으로 한 근대적 시민성의 변증법적 개념화를 시도했다. 이로써 시민사회의 공공성은 공적 시민을 중심으로 한 규범적 질서의 사회적 구성물로 나타난다.

한편, 헤겔은 '욕구의 체계'가 시민사회를 집어삼키려는 경향에 심

7 헤겔은 처음으로 시민사회를 '노동하는 개인에 기초한 욕구의 체계'로 파악하면서, 그러한 욕구의 체계로부터 '자유라는 보편적인 것의 현실성'이 사법기구에 의해 보호되는 법체계이며 동시에 특수한 이익을 공동의 이익으로 증진시키기 위해 힘쓰는 사회정책의 작동범위이자 직능단체를 성원으로 하는 영역이라고 규정했다(Hegel, 1820/2008: 365~440).

각한 우려를 표명했다. 소수의 수중에 부가 과잉 집중되고 다른 한편으로는 노동에 매인 계급의 예속과 궁핍이 시민사회에서 무산자(노동자)와 자본가의 '계급대립'을 촉발하기 때문이다(Hegel, 1820/2008: 427~478).

이 대목에서 헤겔은 시민사회를 구성하는 개인에게 사적인 욕구 추구 이외의 공적 활동, 즉 이타주의적 행동을 요구한다. 그리고 이때 시민사회에 필요한 인륜적 토대로서 개인의 사적 욕구와 공적 활동을 매개해주는 것이 바로 '사회적 인정의 기초로서의 직능단체'(*koporation*)였다.

직능단체의 목적은 "절대적인 공동의 목적과 이 목적의 절대적인 실현"에 있으며 국가는 직능단체의 그러한 목적을 실현하기 위해 '위로부터 감독'한다(Hegel, 1820/2008: 439). 이런 맥락에서 헤겔은 보편성과 개별성이 상호침투해 변증법적으로 일체성을 이루는 절대적인 국가이성의 구현을 주장했다. 따라서 절대적으로 이성적인 국가에서 '개인의 사명'은 국가의 성원으로서 공동의 생활을 영위하는 데 있다(Hegel, 1820/2008: 442).

결국 헤겔의 시민사회론은 국가론으로 귀속되고 말았다. 그럼에도 헤겔의 고전적인 문제의식은 오늘날 시장화가 가속화될수록 왜 기업이 시민성을 갖추어야 하는지를 설파하는 데 중요한 인식론적 토대를 제공한다. 헤겔의 시민사회론이 남긴 수많은 개념의 파편은 후속 이론가에 의해 재구성되고 재해석됨으로써 시민사회를 둘러싼 자본주의와 민주주의의 이론적 확장을 가져왔다(Cohen & Arato, 1992: 117-118). 특히, 마르크스와 엥겔스는 시민사회의 부정적 측면으로서 '적대적 분파로 분열하고 인간성을 말살하는'(*atomistic and dehumanizing*) 특징을 강조했다.

또한, 헤겔의 욕구체계 개념에 대한 경제적 차원의 분석을 심화했을 뿐만 아니라 더 나아가 자본주의적 발전의 암울한 사회적 결과를 분석했다. 그 과정에서 마르크스는 헤겔이 공민과 대비시켰던 근대적 시민으로서의 부르주아를 노동자 계급과 필연적으로 대립하는 체제변혁의 역사적 대상으로 재설정했다. 진정한 시민성이 시민사회의 공공성을 담보하는 가운데 발현된다는 점에서 마르크스와 엥겔스는 기존의 부르주아 시민사회를 노동자의 시민사회로 변혁시키고자 했다.

이러한 마르크스의 인식론은 오늘날 자본주의 체제에서 CC와 CSR을 자본가의 이데올로기로 규정짓게 하는 근간으로 작용하는 한편, 노동운동이 기업의 시민성을 길들이는 데 중요한 역할을 담당하도록 정당성을 실어준다.

한편, 토크빌(Tocqueville, 1835/1997)은 《미국의 민주주의》에서 시민사회와 민주주의의 양립성을 입증하고자 했다. 이는 민주주의를 믿지 않았던 헤겔의 관념이 결국 국가로 귀결된 것과 대조적인데 토크빌은 '다수의 횡포'와 더불어 국가권력의 과잉집중을 제어할 다원적 절차와 제도가 시민적 원천에 근거한 것임을 설득력 있게 보여주었다.

특히, 시민생활에서 공동의 목적을 바탕으로 한 시민사회의 다양한 '공공결사'는 민주주의의 요체가 된다(Tocqueville, 1835/1997: 676~680). 이런 점에서 토크빌은 국가와 시민사회의 분리가 가져올 부작용보다 두 영역을 매개하는 민주주의라는 제도의 유익함을 시민사회에 뿌리내리는 데 무게를 두었다. 그것은 시장과 민주주의의 양립 혹은 경제민주화의 가능성을 의미한다.

다시 말해, 토크빌의 비교역사적 통찰에 기대어 시장의 과잉권력을 분산시킬 민주주의의 제도적 장치와 시민사회의 공공성에 관한 문제의식을 발전시킬 여지를 남겼다. 핵심은 아마도 국가와 시장의 통제를 받지 않는 다원적이고 자율적인 시민결사체의 발달이 정치와 경제영역에서의 과잉권력화뿐만 아니라 그로 인한 불평등을 막는 안전판이라는 믿음에 기초한 것이다.

그런데 최근의 논의에서 시민사회는 국가 및 시장과 더욱 밀착된 형태의 상호작용 관계를 보여준다. 물론 현상적으로는 국가와 시민사회의 전통적 이분법을 넘어 국가-시장-시민사회의 분리가 가속화되는 것처럼 보인다. 그러나 내막은 정치의 확장 및 사회구조의 분화와 함께 분석단위의 경계가 허물어지면서 나타나는 관계의 복합적 재편을 수반하며 진행되었다(Offe, 1985; Cohen & Arato, 1992).

이런 점에서 하버마스(Habermas, 1962/2001)가 진단한 '공론장의 구조변동'은 구조의 분화와 관계의 복합성을 나타내는 대표적 현상일 것이다. 다시 말해 국가와 시민사회는 더 이상 공공영역 혹은 공론장이 매개하는 분리된 영역으로 인식되지 않는다. 국가와 사회가 분리된 곳에서는 경제에 대한 규제, 조직된 압력집단에 의한 공적 관할권의 사적 이양 등과 같은 "국가의 점진적인 사회화(*societalization*)와 동시에 사회의 국가화(*statefication*)라는 변증법"이 발생했기 때문이다(Habermas, 1962/2001: 246).

즉, 국가와 사적 조직의 계약이 늘어나고 사적 조직에 의해 국가 기능이 대체되는 현상이 확대되었다. 그리고 공론장은 국가-시장-시민사회의 영역을 가로질러 확산된 공공성의 질서 아래 재구축되었다. 이는 세 영역의 사회구성적 관계가 자본주의의 사사성과 민주주의의 공공성이 양립하는 발전모델에 기초했기 때문이다.

이런 점에 비추어, 우리는 시장과 시민사회의 접점이 시장공공성의 영역으로 재구성되는 변화의 맥락을 좀더 선명하게 읽어낼 수 있다. 그것은 공공성의 전략을 둘러싼 '시장의 사회화와 사회의 시장화라는 변증법'으로 재해석할 수도 있다.

전자는 시장영역에 배태된 기업의 기능이 경제적 차원에 한정되지 않고 생활세계의 환경에 스며드는 현상으로 나타났다. 예를 들어, 기업이 학교, 도서관, 병원, 보육시설 등과 같은 공공시설에 투자하거나 공공주택을 건립하고 공원을 조성하는 일 등이 그러하다.

또 다른 한 축은 시장의 사회화를 유인하는 경제적 합리성의 힘과 그 사회적 결과가 만들어낸 시민사회의 시장적 질서재편이다. 이는 하버마스(Habermas, 1981/2006)가 베버와 마르크스의 진단을 다시 고찰함으로써 도출한 명제, 즉 '생활세계의 합리화가 역설적으로 생활세계를 식민화하는' 구조적 모순에 해당한다.

또한 더욱 극적인 측면에서 폴라니(Polanyi, 2013/2015: 350~351)의 용법을 빌리자면, 사회 전체가 시장경제의 필요에 복속당해 시장이라는 '악마의 맷돌'이 사회를 순식간에 빻아 가루로 만드는 상황을 의미한다. 이런 점에서 하버마스와 폴라니는 생활세계 혹은 사회에 시장메커니즘이 제한적으로 작동해야 한다는 근본적인 논점을 제시했다. 다시 말해, 시장에 시민사회의 공공성을 내재화하는 전략이 바로 그것이다. 기업에게 요구되는 시민성의 요체는 시장질서 내부에 시민사회의 공공성 기능을 뿌리내리는 것이다.

요컨대, CC는 시장공공성의 사회구성적 진화를 추동하는 핵심적 요소이다. 이데올로기의 문제를 차치하고 기업이 시민성을 갖는다는 것은 궁극적으로 사회의 성원으로서 기본적 책임과 의무를 이행함을 의미한다. 여기서 시장공공성은 CC를 구조화하는 요소들의 사회구성적 특질에 따라 크게 세 가지의 차원으로 구분해 살펴볼 수 있다.

첫째는 윤리경영을 통해 구현되는 것으로서 시장에 내재된 사회의 공적 질서를 가리키는 '규범적 공공성'이다. 둘째는 신자유주의 이후 기업의 전략적 사회공헌활동에서 나타난 '제한적 수준의 실행적 공공성'이다. 마지막으로 시장영역에서 확산되는 사회적기업과 사회적경제의 새로운 질서를 지향하는 '적극적 수준의 실행적 공공성'이다.

규범적 공공성이 사회구성의 모든 영역에서 행위나 절차의 공적 정당성을 확보하기 위해 따르게 되는 일련의 규칙을 전제로 한다면, 실행적 공공성은 무엇보다도 각각의 행위주체나 사회구성 영역이 담당하는 공적 역할의 실천에 기초한다(조대엽, 2014: 151~152). 이런 점에서 실행적 공공성은 기본적으로 규범적 공공성에 기반을 두고 작동하는데 공적 역할의 실천적 수준에 따라 제한적 공공성과 적극적 공공성으로 구분할 수 있다.

3. 윤리경영과 규범적 공공성

사회질서에는 일정한 규범체계가 존재한다. 문화적 규범에서부터 성문화된 법률에 이르기까지 수많은 법적·제도적·문화적 규율이 사회질서를 유지하고 발전시키는 데 필요한 조정기제로 작동한다. 사회의 모든 개인과 조직은 사회질서의 제반 규칙을 따름으로써 사회 성원으로서의 기본적인 공적·사적 책임을 이행하게 된다. 아무리 개인과 개인 또는 가족이라는 사적 관계의 영역이라 할지라도 그 관계양식에는 일정한 사회적 규범의 회로가 흐른다.

이러한 규범체계는 사적 개인이 공적 질서를 초월해 존재할 수 없다는 의미를 함축한다. 사회를 구성하는 개인이나 조직은 독립적으로 존재할 수 없으며 오로지 규범체계를 바탕으로 상호작용하는 공적 질서 안에서 '사적 자율성'의 의미가 성립할 수 있기 때문이다. 여기서 국가는 사회질서를 제도적으로 관할하는 공적 조정자의 역할을 수행한다.

그런데 시장주의적 관점은 자유로운 시장거래를 '사적인 것'으로 오인하는 경향이 짙게 뱄다. 그래서 시장의 규제를 풀고 기업의 자유로운 활동을 보장함으로써 사적 권리의 향유와 자유의 증진을 극대화할 수 있다고 주장한다. 하지만 시장주의적 관점은 시장공공성의 논리를 적극적으로 수용할 필요가 있다. 시장은 그 자체로 완결성을 갖출 수 없으며 시장질서는 국가와 시민사회의 공적·자율적 구속력을 통해 적절히 관리되어야 하기 때문이다.

이런 점에서 시장영역에서의 공적 질서를 강조하는 시장공공성의 논리는 두 가지 측면에서 중요한 시사점을 제공한다. 하나는 기업이 시민사회와 공존하기 위한 기본적 원칙에 대한 문제이며 더 나아가 넓은 의미에서는 시장을 사회 안으로 되돌려놓기 위한 급진적 민주주의의 전략을 가리킨다. 후자가 자본주의 사회질서의 급진적 변형을 수반하는 일종의 정치적 기획을 의미한다면, 전자는 시장공공성의 제도적 기초 위에서 기업이 절차와 행위에 대한 공적 정당성을 확보하기 위해 따르게 되는 일련의 규칙의 문제로 정의된다.

그런데 무엇보다도 자본주의 체제에서 시장공공성의 토대는 바로 이 전자의 지점에서 도출된다. 그것은 기업이 공적 질서의 궤도에서 이탈하지 않도록 시장의 위기에 대한 법적·제도적 완충장치를 확보하는 일이다. 독과점, 담합, 부당해고, 파산, 배임, 탈세, 정치로비 등과 같이 기업이 공적 질서를 거부하거나 벗어날 경우 발생할 수 있는 사회적 충격을 완화하는 일이야말로 시장과 사회의 공존에 가장 중요한 선행조건이기 때문이다. 이런 점에서 기업에게 요구되는 가장 근본적인 규범은 '투명경영의 윤리'이다. 기업의 윤리경영을 둘러싼 문제는 시장영역에 '규범적 공공성'의 작동을 확인시켜주는 핵심논거라고 말할 수 있다.

시장에서 작동하는 규범적 공공성은 고용과 투자, 거래의 투명성과 책임성에 대한 법적·제도적 규제와 결부된다(조대엽, 2014: 178). 예컨대, 영리를 목적으로 하는 기업을 둘러싼 제반 법률관계를 규정하는 〈상법〉(1962년 제정)은 시장질서에 규범적 공공성의 제도적 기초를 이룬다. 기업의 시장지배적 지위의 남용과 과도한 경제력의 집중을 방지하고 부당한 공동행위 및 불공정거래행위를 규제하기 위해 마련된 〈독점규제 및 공정거래에 관한 법률〉(1980년 제정)도 규범적 공공성의 제도적 장치로서 중요한 기능을 갖는다.

또한 〈전자상거래 등에서의 소비자보호에 관한 법률〉(2002년 제정)은 새로운 시장환경에 대응하기 위한 일련의 제도적 장치 가운데 하나로서 시장에서의 규범적 공공성을 지탱하는 핵심적인 법적 규제로 작용한다. 정보통신기술이 발달하고 전 지구적 시장환경이 급속히 조성되면서 재화와 서비스의 생산, 유통, 소비 양식이 변화했기 때문이다.

한편, 기업조직의 안팎에서 일어나는 다양한 형태의 부당행위가 시장질서를 위태롭게 하는 가장 근본적 요인이라는 사실은 규범적 공공성의 법적·제도적 특징을 이해하는 데 중요한 대목이다. 그래서 시장의 규범적 공공성에 관한 법적·제도적 장치는 공통적으로 '벌칙' 조항을 둔다. 벌칙은 기업이 규율이나 법규를 위반할 경우 감수해야 하는 별도의 처벌규칙이다.

달리 말하자면, 질서정연한 시장을 구조화하고 유지하는 과정에서 발생할 수 있는 거래의 위험과 일탈에 대응 또는 방지하기 위한 제도적 장치인 것이다. 이러한 벌칙의 적용은 시장공공성의 규범적 기초를 다지는 데 필수적 요소로서 시장질서에서 공익과 사익의 보호를 관할하는 국가의 핵심적 기능 가운데 하나이다.

따라서 규범적 공공성의 법적·제도적 기초 위에서 기업은 최소한의 생존요건을 갖출 필요가 있다. 그것은 다름 아닌, 사회의 한 성원으로서 기업이 투명경영의 윤리, 즉 절차와 행위에 관한 '공적 정당성'을 기본적으로 확보하는 일이다. 이런 점에서 규범적 공공성의 제도적 토대 바깥에서 이루어지는 시장공공성의 확장과 심화는 불가능하다.

실제로 반기업의식을 불러온 기업조직의 윤리적 빈곤은 CC와

CSR의 질적 심화를 가로막는 핵심요인으로 작용했다. 특히, 대기업의 불투명한 지배구조와 동반성장을 억제하는 시장독점의 전략, 정치권력을 예속하는 자본권력의 오만함, 경영자의 부정부패와 특권의식 등이 기업에 대한 비판의식과 반대정서를 더욱 증폭시켰다.8

이는 최근 정치적 쟁점으로 부상했던 경제민주화의 프레임에 재벌개혁 이슈가 중요한 비중을 차지한 배경과도 결부된다. 특히, 시장영역과 시민사회 사이의 공공성이 재구성되는 사회변동의 기로에서, 재벌개혁을 주축으로 하는 경제민주화는 투명경영의 윤리적 문제를 정면으로 겨냥하는 것이기 때문에 '기업의 공적 정당성'을 둘러싼 논의는 더욱 강조될 전망이다.

우리는 이 지점에서 시장의 규범적 공공성이 현실적으로 어느 수준에 있는지를 살펴볼 필요가 있다. 앞서 강조했듯, 기업에게 요구되는 가장 근본적인 규범은 투명경영의 윤리이다. 윤리경영을 통해 기업은 공적 정당성을 확보하며 시장질서에 규범적 공공성을 안착시킬 수 있다. 이러한 조건을 반영해 시장의 규범적 공공성을 강화

8 고려대 한국사회연구소(2012)가 수행한 연구조사의 결과가 이를 잘 보여준다. 조사결과에 따르면, 대기업에 대해 부정적 반응을 보인 응답자에게서 나타난 반기업정서의 배경으로는 '중소기업 및 소자영업에 대한 생존위협'(38.4%), '대기업 총수의 비윤리성'(19.6%), '사회적 약자에 대한 무관심'(11.4%), '정경유착의 관행'(11.4%), '탈법적 관행'(10.5%) 등이 중요하게 작용했다. 그 밖에도 수익을 사회에 환원하지 않거나(5.5%) 노동조합을 탄압하는(3.2%) 경향도 반기업정서의 유발에 주요한 요인이 되었다. 결국, 반기업정서에 가장 큰 영향을 미친 요인은 기업에게 요구되는 가장 기본적 덕목으로서 '투명경영의 윤리'가 빈곤하다는 사실이다. 실제로 '한국의 대기업이 윤리적인가'라고 물었을 때, 결과는 '그렇다'(17.4%)고 답한 응답자보다 '그렇지 않다'(34.8%)는 응답자가 두 배나 많았다.

하기 위한 세 가지 차원의 조직화된 노력이 진행되었다.

첫째는 지구적 공공성(지구정의)의 확산을 추동하며 기업의 윤리경영을 자발적으로 유도하기 위한 지구적 차원의 노력이다. 한국에서 경제민주화가 지체되는 동안 이미 세계적 수준에서는 UN이나 국제투명성기구 등을 중심으로 기업의 윤리경영에 대한 요구가 광범한 지구적 네트워크 형태로 재현되었다.

대표적으로 2000년 7월에 창설된 UN 글로벌콤팩트(United Nations Global Compact)는 기업이 (지구) 시민으로서 지켜야 할 10가지 원칙을 인권, 노동, 환경, 반부패의 4개 부문으로 나누어 정의하는데 이는 기업시민이 준수해야 하는 기업윤리강령의 지구적 표준이 되었다. 9

그 내용은 1948년 UN의 '세계인권선언'(Universal Declaration of Human Rights), 1998년 ILO의 '일의 근본적 원칙과 권리에 관한 선언'(Declaration on Fundamental Principles and Rights at Work), 1992년 '환경과 개발에 관한 Rio선언'(Rio Declaration on Environment and Development), 2000년 UN의 '반부패협약'(Convention Against Cor-

9 UN 글로벌콤팩트의 시작은 1999년 1월 31일 스위스 다보스에서 개최된 세계경제포럼에서 UN 사무총장 코피 아난(Kofi Annan)이 10대 원칙을 발표한 데서 비롯되었다. 코피 아난은 비즈니스 리더에게 사회윤리와 국제환경 개선을 위해 UN기구와 기업이 협조해 UN 글로벌콤팩트에 동참할 것을 호소했다. 그리고 2000년 7월 뉴욕 UN본부에서 비즈니스 리더, 기업, UN기구, NGO가 참석한 가운데 글로벌콤팩트 창설회의가 개최되었다. 글로벌콤팩트는 창설 이후 활동영역을 넓혀 빠른 속도로 회원이 증가한다. 특히, 2000년 40개 기업회원에서 시작해 2002년 345개, 2004년 1,251개, 2006년 2,859개로 급속히 늘었고 2015년 9월 현재는 8,371개의 기업이 글로벌콤팩트의 회원으로 참여한다. 현재까지 글로벌콤팩트에 가입한 조직은 13,220개이다. 자세한 내용은 UN 글로벌콤팩트(https://www.unglobalcompact.org)에서 확인할 수 있다.

ruption)에서 각각 '인권', '노동', '환경', '반부패'의 원칙이 도출되었다. UN 글로벌콤팩트의 10대 원칙은 다음과 같다.[10]

- 인권(*human rights*)
  1. 기업은 국제적으로 선언된 인권의 보호를 지지하고 존중해야 한다.
  2. 인권침해에 연루되지 않도록 다짐한다.

- 노동(*labour*)
  3. 기업은 결사의 자유와 단체교섭권에 대한 실질적인 인정을 지지한다.
  4. 모든 형태의 강제노동(*forced and compulsory labour*)을 철폐한다.
  5. 아동노동을 실질적으로 폐지한다.
  6. 고용과 직업에 관한 차별을 철폐한다.

- 환경(*environment*)
  7. 기업은 환경문제에 대한 예방적 접근(*precautionary approach*)을 지지한다.
  8. 더 큰 환경적 책임(*environmental responsibility*)을 증진하는 조치를 수행한다.
  9. 환경친화적 기술의 개발과 확산을 촉진한다.

- 반부패(*anti-corruption*)
  10. 기업은 강탈과 뇌물수수 등을 포함한 모든 형태의 부패에 반대한다.

---

10 https://www.unglobalcompact.org/what-is-gc/mission/principles/

한국의 경우 2005년 8월 한국전력공사가 글로벌콤팩트에 처음으로 가입했다. 이후 2007년 국가적 차원에서 글로벌콤팩트 네트워크(Global Compact Network Korea)를 구축하며 기업뿐만 아니라 노동단체와 NGO, 학술단체 등의 참여를 활성화했다.

2015년 8월 현재 글로벌콤팩트에 가입한 한국의 조직은 총 277개에 이른다.[11] 기업조직은 167개로 전체 가입조직 가운데 60%를 차지한다. 다음으로 39개의 NGO가 14%, 공공부문조직이 10%를 구성하며 노동조직 중에서는 유일하게 한국노총이 글로벌콤팩트에 가입되었다.

그러나 이 가운데 기업부문의 23개 조직이 비소통적 상태(*non-communicating status*)에 있다. 글로벌콤팩트의 회원조직으로서 가장 중요한 의무 중 하나인 —'이행보고서'(*communication on Progress* · COP)와 '참여보고서'(*communication on engagement* · COE)로 이루어진 — 연례보고를 수행하지 않았기 때문이다. 이는 글로벌콤팩트가 인증도구 혹은 규제나 제재를 위한 수단으로 설계되지 않고 대신에 비관료주의적 방식으로 다양한 행위자 사이의 대화를 증진시킨다는 전략을 고수하는 데서 기인한다(Rasche, 2009).

한국의 기업이 지구적 차원의 보편적 규범 틀을 따른다는 것은 고무적인 일이라 할 수 있다. 그러나 다른 한편에서 진행된 UN 글로벌콤팩트의 기업 파트너십을 둘러싼 비판은 지구적 프로젝트로서 '기

---

11 한국은 아시아 지역네트워크에서, 318개의 조직이 글로벌콤팩트에 참여하는 인도 다음으로 많다. 한국 다음으로 일본에서는 225개의 조직이 글로벌콤팩트 회원으로 참여한다.

〈표 4-1〉 한국조직의 UN 글로벌콤팩트 가입현황

(2015년 8월 기준)

구분	대표조직(최초가입)		가입현황 (비소통 상태)
	조직명(가입일)	활동영역	
일반기업	한국전력공사(2005.8.11)	가스, 물, 전력	121(11)
중소기업	에코프론티어(2005.10.21)	지원서비스	46(12)
비정부조직(NGO)	한국투명성기구(2006.9.8)	반부패	39
공공부문조직	한국정보화진흥원(2008.12.26)	정보산업	28
학술 및 교육기관	국민대학교(2007.6.12)	교육, 연구	20
재단	한국과학문화재단(2007.3.18)	과학기술문화	13
도시	구미시(2008.4.8)	지방자치	5
기업협회	대한상공회의소(2007.8.13)	경제산업	4
노동조직	한국노동조합총연맹(2007.3.29)	노동	1
합계			277(23)

출처: UN 글로벌콤팩트(United Nations global compact, 2015)에서 재구성.

업시민 만들기'의 한계를 보여주기도 한다. 예를 들어, 파트너십을 명분으로 대기업이 UN을 포획할 수 있는 기회구조를 만들어주었다는 주장이다(Nolan, 2005).

또한 글로벌콤팩트의 원칙은 구체적인 지침이 없기 때문에 모호하며 원칙수행에 불성실한 기업이 언제든지 쉽게 빠져나갈 전략을 마련할 수 있다는 비판도 상존한다(Bigge, 2004; Deva, 2006). 특히, 독립적인 감시장치나 검증할 수 있는 메커니즘이 결여되어 글로벌콤팩트의 책임성이 부재할 수밖에 없다는 비판이 대표적이다(Williams, 2004; Rasche, 2009). 머피(Murphy, 2005: 425)가 지적했듯, 이런 이유에서 글로벌콤팩트는 단지 기업행위의 '최소주의적 규준'(*minimalist code*)일 뿐이라는 저평가에 직면할 수밖에 없었다.

둘째, 시장의 규범적 공공성을 강화하기 위한 또 다른 조직화된 노력은 경제정의실천시민연합(이하, 경실련)과 참여연대 등 시민단체가 주도한 시민사회 차원의 반부패운동으로 나타났다. 정도의 차이는 있지만, 1997년 IMF외환위기를 전후해 경실련과 참여연대를 비롯한 주요 시민단체는 대기업을 상대로 반부패활동을 전개했다.

특히, 재벌개혁의 이슈를 중심으로 기업경영의 투명성 제고와 책임성 강화를 요구하는 데 운동의 전략을 할당했다. 이 과정에서 시민단체는 기업총수와 경영진의 불법행위를 검찰에 고소하거나 입법청원 활동을 전개하는 등 재벌개혁을 위한 여론조성과 법의 동원에 적극적 행보를 보였다.

경실련은 경제정의의 관점에서 금융실명제 실시와 투기근절을 위한 토지세제 강화라는 운동성과를 토대로 재벌의 시장지배력과 그로 인한 정치사회적 문제를 적극적으로 제기했다. 특히, 대기업의 지배구조와 경영의 다각화 문제에 대한 해결방안에 집중했다. 이런 맥락에서 경실련은 재벌의 소유 및 경영구조 개선, 〈공정거래법〉 개정을 통한 경쟁체제 확립, 경쟁질서 확립의 감시자로서 공정거래위원회의 위상 강화 등을 정부와 재계에 강력히 요구했다.

하지만 김영삼 정부의 소극성과 외환위기로 인한 IMF 관리체제가 도래하면서 경실련의 운동은 실효성 있는 성과로 이어지지 않았다. 이후 김대중 정부 시기 경실련은 재벌개혁운동의 목표를 내적 형평성의 문제로 구체화하기 시작했다. 예를 들어, 경실련 10주년을 맞이한 1999년에는 금융부실 책임규명 특별조사위원회 설치, 출자총액제한제도 부활, 지주회사 설립금지 등을 주장하며 정부에게 적극적인 재벌개혁을 요구했다(경제정의실천시민연합, 2015).

그러나 칼럼대필사건과 지도부의 정계진출, 조직 내의 갈등과 같은 도덕성과 공신력에 타격을 입힌 각종 스캔들이 터져 경실련의 전반적인 침체 속에서 재벌개혁운동도 급속히 동력을 잃기 시작했다.

한편, 경실련의 쇠퇴기에 참여연대는 소액주주운동을 펼쳐 좀더 구체적인 이슈를 중심으로 대기업의 비윤리적 경영에 대한 책임을 추궁했다. 계열사 간 부당 내부거래와 문어발식 사업확장으로 시장의 혼란과 기업의 연쇄부실을 초래하게 한 재벌체제를 개혁하는 데 주력한 것이다.

특히, 경제민주화위원회를 주축으로 1997년 한보그룹 부실대출에 대한 제일은행 경영진의 법적 책임추궁을 시작으로 국내 최초의 주주대표소송을 제기해 승소했다. 1998년 들어, 참여연대는 신문광고 및 캠페인 등을 통해 삼성전자 소액주주를 규합해 본격적인 소액주주운동을 전개했다. 그 결과 1999년 삼성 이건희 회장을 비롯한 10여 명의 삼성전자 이사를 상대로 주주대표소송을 전개해 6년간의 소송 끝에 승소판결을 얻어냈다.

소액주주운동은 삼성전자뿐만 아니라 SK텔레콤, 대우, LG반도체, 현대중공업 등 5대 재벌기업을 대상으로 확대되었다. 이후 참여연대는 '증권 집단소송제 도입운동'(2000~2003), '삼성의 증여세 탈루 국세청 과세 촉구'(2000), 'LG 주주대표소송'(2006), '삼성 비자금사건 진상규명 운동'(2007), '론스타 시민소환 운동'(2012) 등을 통해 대기업과 재벌의 횡포를 적극적으로 감시하고 견제했다(참여연대, 2015).

마지막으로 시장의 규범적 공공성을 확립하기 위한 조직화된 노력은 정부와 정치권, 재계와 시민사회 공동으로 협치적 차원에서 추진되기도 했다. 그 대표적 사례가 2005년 3월 9일 체결된 〈투명사회협약〉(이하, 협약)이다.

이 협약은 2005년 1월 3일 민주화운동 기념사업회 함세웅 이사장, 반부패 국민연대 김상근 회장, 실천불교 승가회 효림 회장, 환경운동연합 최열 공동대표 등 시민사회 인사 146명이 동참한 '반부패 투명사회 협약을 촉구하는 시민사회 100인 선언'을 통해 공론화되었다. 그리고 정치권과 경제계가 이에 힘을 실어주면서 급물살을 타고 본격적인 논의가 시작되었다.

협약은 "우리 사회의 투명성을 높여 부패를 극복하고 공공부문, 정치부문, 경제부문, 시민사회 간의 사회적 신뢰를 형성해 사회 전반의 선진화 및 국가경쟁력을 높이는 것"을 목적으로 설정했다.[12]

특히, 경제부문과 관련해 기업의 투명한 경영을 위한 네 가지 기본적 노력을 다음과 같이 강조했다. ① 건전한 사업관행의 조성과 자발적인 윤리경영 및 투명성 제고, ② 회계투명성과 회계에 대한 책임 강화, ③ 기업지배구조의 투명성과 경영책임의 제고, ④ 일자리 창출 및 소외계층 지원 등을 통한 사회적 책임의 수행과 UN 글로벌콤팩트에 대한 적극적 동참이다.

이 협약은 공공부문과 정치사회뿐만 아니라 경제사회가 반부패에 관한 적극적인 협치의 필요성을 새롭게 인식하는 공론화의 계기를 마련했다는 점에서 강한 실천력이 기대되었다. 실제로 협약체결 당사자는 거버넌스 기구로서 투명사회협약 실천협의회(이하, 실천협)를 구성해 협약이행의 공동의지를 확인했다.

그 가운데 재계는 전경련을 중심으로 30대 대기업이 모두 참여하

12 〈투명사회협약〉에 관한 전문은 한국투명성기구(2015)의 인터넷 홈페이지에서 확인할 수 있다(http://ti.or.kr).

는 '투명경영협의회'를 발족키로 합의하는 등 협약에 명시된 투명경영 실천을 위해 발 빠르게 움직였다(〈연합뉴스〉, 2005. 3. 25). 경제 부문의 협약 당사자는 2005년 4월 25일 '투명사회협약 경제부문 실천협의회'를 공식발족하고 협약의 구체적 이행을 위해 윤리경영, 투명경영, 사회공헌의 3대 실천계획을 발표했다.

그러나 협약은 실천의 지속성에 한계를 보였다. 우선, 정부와 국회가 각각 25% 그리고 경제 5단체가 나머지 50%를 분담하는 실천협의 운영비용에 심각한 문제가 발생했다(〈한겨레〉, 2008. 12. 17). 2008년 이명박 정부가 출범하면서 시민단체와의 관계가 멀어진 데다, 정부와 국회가 분담금 지원중단을 통보한 것이다.

정부의 이런 움직임은 재계의 태도에 영향을 끼쳐 5개 경제단체 가운데 대한상공회의소와 무역협회, 중소기업중앙회 세 곳만 분담금을 냈다. 여기에 2008년 말 일부 단체가 탈퇴하면서 실천협은 사실상 유명무실해졌고 결국 2009년 1월 자체해산에 이르게 된다(〈시사저널〉, 2009. 2. 11). 이는 협약 자체가 전적으로 자발성에 기초했지만 정작 협약을 이끌어갈 핵심적 주체 사이의 신뢰성이 부재한 가운데 자율성과 독립성을 확보하지 못한 탓이 가장 큰 요인이라고 할 수 있다.

위의 논의는 기업시민의 원초적 조건이라 할 수 있는 투명경영의 윤리가 단순히 시장영역에 국한된 문제가 아닌 지구적·국가적·사회적 현안임을 시사한다. 동시에 규범적 공공성을 충분히 내재화하지 못한 시장의 현실을 반영한다. 특히, 투명경영의 윤리가 기업에게 요구되는 가장 기초적 규범의 문제라는 점에서 시장공공성의 토대가 취약한 현실을 가리킨다. 기업은 윤리경영을 통해 시장에 내재된 사회의 공적 질서, 즉 규범적 공공성을 안착시킬 수 있다. 이런 점에서 기업의 윤리경영은 시장공공성의 규범적 토대와 기업의 시민성 구조를 측정하는 중요한 지표로서 의미를 갖는다. 시장영역에서 나타나는 공공성의 모든 형태는 기업시민성의 근간을 이루는 규범적 공공성에 기초한다.

4. 전략적 사회공헌과 제한적 시장공공성

2013년 2월 전경련은 "기업경영헌장 7대 원칙"을 천명했다. CSR을 기업경영의 최우선 가치로 삼겠다는 것이 핵심적 메시지였다. 전경련은 그 원칙에 다음과 같은 주요사항을 담았다. ① 기업 본연의 역할, ② 기업윤리와 투명경영 및 준법경영을 통한 신뢰구축, ③ 동반성장을 위한 건강한 기업생태계 구현, ④ 소비자의 권익증진, ⑤ 상호신뢰의 노사관계 구축, ⑥ 환경문제 해결, 사회공헌 확대, 지역사회 발전에 적극 동참, ⑦ 현장에 대한 책임성 있는 실천이다.

한국의 기업조직을 대표하는 전경련의 이와 같은 행보가 CSR에 관한 전 지구적 흐름에 비해 늦은 감을 보이는 것은 사실이다. 그럼에도 기업조직이 사회 또는 공동체의 성원으로서 투명경영의 윤리와 더불어 '사회공헌' 중심의 CSR을 명시적으로 자각했다는 점에서 대단히 상징적이며 고무적인 일이라 평가할 수 있다. 이는 무엇보다도 기업 차원에서 사회적 책임으로서의 사회공헌에 대한 인식이 변했음을 반영하는 대목이다.

실제로 최근 들어 기업 스스로 시민이 되기 위한 사회적 조건을 전략적으로 인지하기 시작했다. 전경련은 2013년 기업의 사회공헌 담당자를 대상으로 '사회공헌 실태 및 의식조사'를 수행했다. 그 가운데 — 조사에 응한 총 126개사 중 80% 이상이 — '사회공헌에 대한 정의'를 묻는 질문에 사회공헌을 '자선에서 전략으로' 재인식함을 보여주었다.

예를 들어, '기업의 경제적 활동을 포함, 기업이 속한 사회가 당면한 문제해결을 위한 활동 일체'를 사회공헌이라고 정의한 응답자의 비율은 59.7%에 이르며 21.8%가 '산업적 연관효과를 고려한 사회가치 창출활동'이라고 답했다.

이에 비해 소수의 응답자가 사회공헌을 '사회복지적 자선활동'(9.7%)이나 '기업 활동과 무관한 사회발전을 위한 순수 공익사업'(6.5%)이라고 정의했다(전국경제인연합회, 2014: 21). 이는 기업의 차원에서도 사회공헌활동을 사회전략이든 시장전략이든 분명히 중요한 하나의 전략으로 받아들임을 시사한다. '전략적 사회공헌', 다시 말해 기업이 사회적 활동을 통해 지속가능한 경쟁력을 창출할 수 있다는 전략적 관점이 보편화된 것이다(McWilliams, Siegal, & Wright, 2006). 오늘날 사회공헌활동에 참여하는 많은 기업이 CSR과 시장전략을 연계하는 전략을 취한다.

주지하듯, 전략적 사회공헌은 기업의 이익과 공적 활동을 결부시킨다. 이를 공공성의 재구성 맥락에서 보자면, 공적 기능이 기업 내적으로 할당됨으로써 국가의 정당성 기능을 시장이 분점한 것이라고 말할 수 있다(조대엽, 2007: 55). 이때 시장이 분점하는 정당성 기능은 축적의 일방성에 대해 '사회적 정당성'을 확보하는 기능을 의미한다. 물론, 이러한 전략적 사회공헌의 배경에는 사회공헌 자체를 기업이나 경영자의 이익을 위한 정치상의 책략이나 홍정으로 여기는 일종의 '정략적 동기'의 요소도 내재한다.

이런 측면에서 전략적 사회공헌은 주로 대기업의 부도덕성을 포함한 기업비판과 반기업정서를 상쇄하기 위한 방법으로 활용되기도 한다.[13] 그럼에도 분명한 또 하나의 사실은 기업의 전략적 사회공헌에 대한 관심과 실제 활동이 크게 증가했다는 점이다. 여기서 우리는 '기업의 전략적 사회공헌'의 현주소를 보여주는 네 가지 주요특징을 살펴볼 필요가 있다. 이를 통해 양적·질적 측면에서 기업이 사회공헌에 얼마나 그리고 어떠한 '전략적 투자'(*strategic investment*)를 하는지 알 수 있다.[14]

첫째, 기업은 사회공헌활동의 '투자비용'을 지속적으로 늘렸다. 〈그림 4-1〉은 전경련이 매출액 상위 5백대 기업 및 회원사를 대상

---

13 대표적으로 2006년 에버랜드 전환사채 유죄판결과 'X파일' 수사로 삼성그룹 총수일가에 대한 비난이 최고조에 이르렀을 때, 이건희 회장은 8천억 원 사회헌납과 서민의 무료변론을 위한 무료법률봉사단과 그룹 차원의 사회봉사단을 공식 발족시켰다(〈경향신문〉, 2006. 4. 7). 같은 시기 현대자동차그룹의 정몽구 회장의 경우에도 비자금 조성 건으로 사법처리를 앞둔 시점에서 글로비스 주식 1조 원의 사회환원을 약속함으로써 여론의 거센 비난을 피하려 했다.

14 이 부분에서는 전경련이 발행하는 《사회공헌백서》의 자료를 중심으로 논의한다. 2003년부터 발행한 사회공헌백서는 전경련의 회원사에 포함된 일반기업과 기업재단을 대상으로 사회공헌활동의 현황과 사례를 조사해 종합적으로 수록한다. 《사회공헌백서》는 모든 기업을 대상으로 한 전수조사가 아니라는 점에서 현황과 자료의 정확도를 기대하기 어렵지만 규모와 영향력의 측면에서 대표적 기업을 조사대상으로 설정했다는 점에서는 사회공헌의 일반적 추세를 읽어내는 데 큰 무리 없는 대표성을 갖는다 하겠다.

〈그림 4-1〉 기업의 사회공헌활동 평균지출액 추이

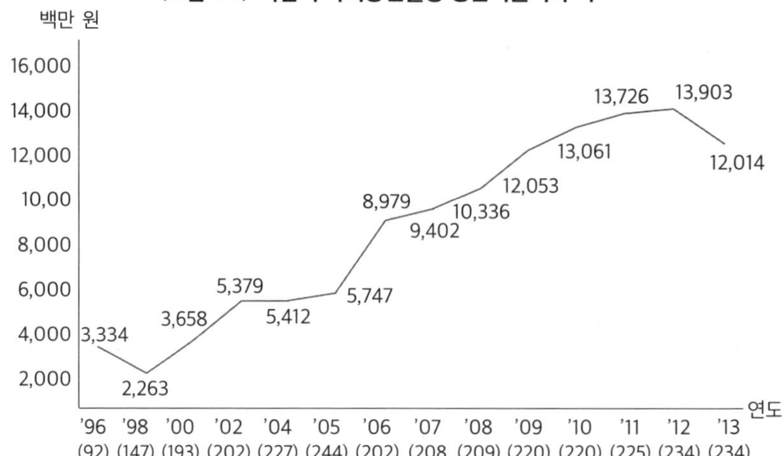

주 1: 연도별 사회공헌활동의 총 지출액 = 해당연도의 평균지출액 × 기업 수.
주 2: 연도 아래의 괄호 안은 참여기업 수.
자료: 전국경제인연합회(2014: 4)에서 추출.

으로 조사한 연도별 사회공헌 총 지출액 규모를 1개사 평균기준으로 산출한 것이다.

그림에서 알 수 있듯, 기업의 사회공헌 평균지출액은 IMF외환위기 직후인 1998년에 기업당 평균 약 22억 원(총 3,327억 원)에서 2008년에는 103억 원(총 2조 1,601억 원)으로 대략 5배 가까이, 총액으로는 6배 이상 크게 증가했다. 그리고 2012년에는 139억 원(총액 3조 2,534억 원)으로 사회공헌 지출규모가 정점에 이르렀다가 2013년에는 120억 원(총액 2조 8,114억 원)으로 전년도 대비 13.6% 감소했다. 이는 경영성과 부진과 재단출연금 감소, 특히 대형병원 건립 등 막대한 자본이 투자되는 사회간접자본 성격의 사업이 완료됨에 따른 요인이 크게 작용한 것으로 보인다.15 그러나 기업의 사회공헌 비용은 과거보다 비약적으로 증가했다.

둘째, 사회공헌활동의 지출구조가 '기부에서 직접운영'의 방식으로 크게 전환됐다. 기업이 사회공헌에 지출하는 비용을 직접운영 프로그램과 기부금 형식의 간접 프로그램으로 구분해 살펴볼 수 있다. 전자의 경우는 기업이 자율적으로 운영하는 공익사업에 투입된 비용과 NPO・NGO와 같은 외부의 비영리조직과 협업을 통해 진행하는 파트너십에 지출된 비용으로 구분할 수 있으며, 후자는 외부의 기존 프로그램에 대한 후원과 협찬, 일반적인 재해구호금을 포함한다.

2013년의 143개 기업을 조사한 결과 기업의 직접운영 프로그램(자율적 공익사업 49.7%, 파트너십 21.1%)에 약 70.8%의 비용이 지출되었고 나머지 29.2%가 외부의 기존 프로그램에 대한 일반기부의 형식으로 지출되었다(전국경제인연합회, 2014: 7). 이는 기존의 사회공헌에 대한 운영방식과 비교할 때 큰 차이를 보여준다.

〈그림 4-2〉에서 확인할 수 있듯, 초기 사회공헌에 대한 지출은 대체로 기부금 형식으로 운영되었다. 그러나 2002년부터 기업의 직접운영 프로그램에 대한 평균지출 비용이 꾸준히 증가하는 추세를 보였다. 이는 최근 적극적 사회공헌활동을 전개하는 기업이 늘

15 2013년 세전이익(경상이익) 대비 사회공헌 지출은 3.76%로, 2012년의 3.37%에 비해 소폭 증가했지만 매출액과 대비해서는 2012년 0.19%에서 2013년 0.17%로 줄었다. 특히, 2013년 기준으로 조사대상 기업의 32.9%에 해당하는 77개 기업이 매출액 대비 0.1~0.5%를 사회공헌에 지출한 것으로 조사되었다. 다음으로 55개 기업(23.5%)이 0.02% 미만, 43개 기업(18.4%)이 0.05~0.1% 사이에서 사회공헌에 비용을 지출했다. 총 234개 기업 가운데 13개 기업(5.6%)만이 매출액의 1%에 해당하는 비용을 사회공헌에 지출한 것으로 조사됐다(전국경제인연합회, 2014: 6).

〈그림 4-2〉 기업의 사회공헌 운영방식별 지출현황

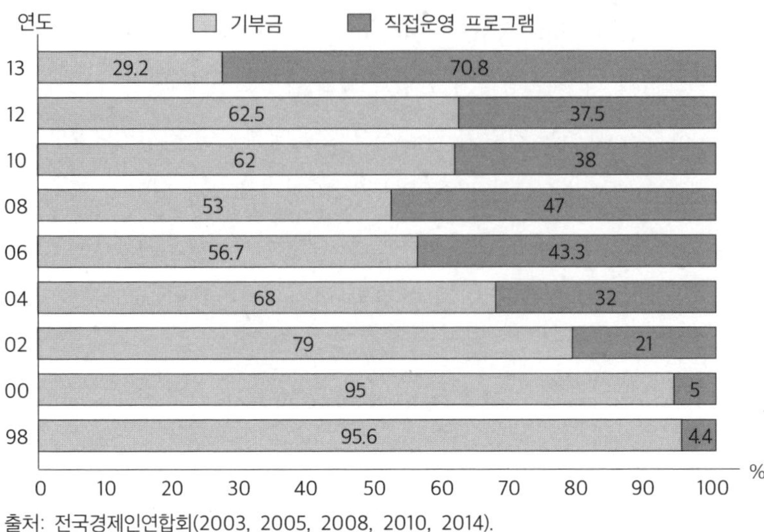

출처: 전국경제인연합회(2003, 2005, 2008, 2010, 2014).

어남에 따라 일회성 현금기부 방식이 줄어들고 기업의 특성에 맞는 사회공헌 프로그램을 직접 개발하는 경향이 강화되었기 때문이다.

기업은 경쟁적으로 사회공헌 전담부서를 신설하거나 기업재단을 설립하는 등 전문성을 확보하기 위한 노력을 기울였다. 이에 따라 직접운영 프로그램에 지출하는 비용이 크게 증가한 것이다. 특히, 비영리기구와 연계하는 파트너십에도 많은 자원을 투자했다. 현장 경험의 노하우와 인적 자원의 전문성을 갖춘 비영리기구와의 파트너십은 안정적이고 수준 높은 사회공헌활동을 추구할 수 있을 뿐만 아니라 기업의 대외적 이미지 혹은 신뢰성 확보에도 크게 이롭기 때문이다.16

16 실제로 2013년 126개사의 사회공헌 담당자 가운데 20.6%가 파트너십을 선호하

〈표 4-2〉 기업의 분야별 사회공헌 지출비율

(단위: %)

분야	2006	2008	2010	2012	2013	평균
취약계층지원	27	43.2	43.8	31.7	33.9	35.9
교육 및 학술	23.2	20.6	14.7	16.1	23.7	19.7
예술 및 체육	11.2	12.3	11.8	11.1	12.7	11.8
의료보건	6.6	4.3	5.1	5.7	0.8	4.5
해외지원	2.2	3.2	6.9	2.9	6.5	4.3
환경보전	2.2	1.7	1.6	2.4	1.4	1.9
기타	27.5	14.7	16	30.2	21	21.9
합계	100	100	100	100	100	100

출처: 전국경제인연합회(2014: 9).

그 밖에도 최근 들어 고용창출형 사회공헌모델로서 주목받는 사회적기업에 대한 투자와 민관 사회공헌 파트너십으로 지자체와의 공동사업에도 활발히 참여해 직접운영 프로그램의 비중이 크게 증가했다. 예를 들어, SK는 2006년부터 행복나눔재단을 운영하는데 SK텔레콤이 시설자금과 운영비를 제공하고 정부는 사회적 일자리 사업에 대한 인건비 지원, 지자체는 이들에게 결식아동급식을 위탁해 비용을 지급한다.

셋째, 기업의 사회공헌활동은 '취약계층지원'에 집중되었다. 〈표 4-2〉는 기업의 분야별 사회공헌 지출비율과 구성비의 변화를 보여

는 것으로 나타났다. 여기에는 비영리기구의 네트워크와 전문성(44.1%), 대외적 신뢰성 확보(28.5%), 기부금 처리의 용이(14.5%), 전담인력의 부족(12.9%) 등의 중요한 요인으로 작용했다. 이와 반대로 41.3%는 파트너십보다 자체사업을 선호하는 것으로 나타났는데, 여기에는 기업특성에 맞는 독자적 사업개발을 위함(46.6%)과 NPO와의 시각차이(28.2%)가 크게 작용한 것으로 조사되었다(전국경제인연합회, 2014: 23~24).

준다. 우선 기업의 사회공헌은 취약계층을 지원하는 사회복지 분야에 집중된 경향을 확인할 수 있는데 해당 분야에 지출된 비용은 연평균 35.9%에 이른다.

특히, 사회복지 분야는 지역사회와 수혜자에 대한 현장의 이해를 요구하기 때문에 복지관련 전문가단체와의 파트너십을 선호하는 경우가 많다. 가령, 다른 지원분야와 비교했을 때, 2013년 취약계층 지원을 위한 사회공헌활동의 53.2%가 비영리기구와의 파트너십으로 진행되었고 19%만이 자체사업의 형태를 띠었다(전국경제인연합회, 2014: 9). 그러나 파트너십의 운영방식에서 대부분이 기부금으로 처리하는 경우가 일반적이다.

다음으로 교육 및 학술연구 분야의 지출이 19.7%, 문화예술 및 체육 분야는 11.8%로 나타났다. 사회복지 분야와 달리 이들 분야는 자체사업의 비중이 상대적으로 높은 특징을 보인다. 교육 및 학술연구 분야의 자체사업은 파트너십의 20.5%보다 두 배 가량 높은 41.2%의 비율을 보였다. 또한, 문화예술 및 체육 분야에서는 파트너십이 3.3%에 머문 반면에 자체사업의 비율은 15%로 상대적으로 높은 비중을 차지했다. 여기에 최근 전통시장과 사회적기업, 청년창업지원 등에 대한 지원이 활발해지면서 기업의 사회공헌 분야가 점차 확장됨을 짐작할 수 있다.

넷째, 기업의 사회공헌활동은 과거보다 높은 수준의 제도화 단계에 이르렀다. 〈그림 4-3〉에서 확인할 수 있듯, 2005년 이후 공식적인 경영방침에 사회공헌을 명문화한 기업이 급속히 늘기 시작했다. 2002년 23.8% 수준에 머물던 사회공헌의 명문화 비율은 2005년 51%로 두 배 이상 급증했고 2012년에는 99% 수준에 도달했다.

〈그림 4-3〉 기업의 사회공헌 제도화 수준

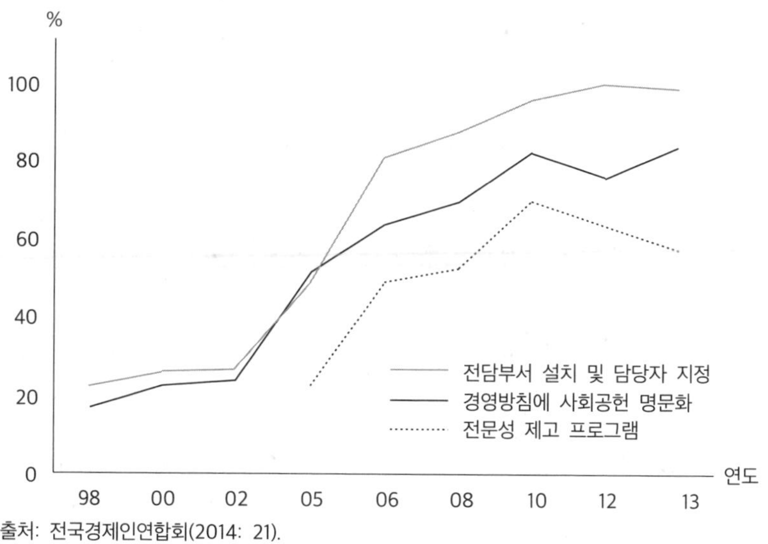

출처: 전국경제인연합회(2014: 21).

이와 함께 사회공헌활동을 위한 전담부서를 설치하고 담당자를 지정해 자원동원의 효율성을 증대시키려는 시도 역시 2005년 이후 비약적으로 늘었다. 특히, '사회공헌 예산제도'의 도입을 통해 자원동원의 안정성을 확보하기 시작했는데 그 비율은 2002년 29.2%에서 2005년 57.7%, 2008년에는 83.9%로 증가해 2010년 이후부터는 평균 90% 이상의 수준을 유지했다.

여기에 사회공헌활동의 전문성을 배양하기 위한 프로그램의 도입률도 크게 늘어 2005년 23.1%에서 2010년에는 응답기업의 69.3%가 전문성 제고 프로그램을 운영하는 것으로 나타났다. 또한 2013년 기준으로 기업의 88.7%가 전사 차원에서 봉사조직을 둠으로써 임직원의 봉사활동을 바탕으로 한 참여적 형태의 사회공헌활동을 촉진한다. 요컨대, 기업의 전략적 사회공헌활동은 제도화의 수준에서 비교적 안정화 단계에 이른 것으로 평가할 수 있다.

이상의 논의에서 가늠할 수 있듯, 최근 들어 시장공공성은 기업의 전략적 사회공헌을 중심으로 구조화되고 있는 추세이다. 기업은 사회적 정당성을 구축하고 동시에 기업의 가치를 높이기 위한 전략적 선택으로서 사회공헌활동에 적지 않은 시간과 비용을 투자했다.

그러나 반대로 기업이 전략적 사회공헌활동에 투자하는 비용만큼 사회적 정당성과 기업가치가 제고되었다는 명확하고도 실증적인 증거는 찾아보기 어려운 것이 현실이다. 즉, 사회공헌활동이 기업의 가치와 정당성을 제고하는 데 기대만큼 효과적인 전략으로 작동하지 않는다.[17] 이는 무엇보다도 기업의 사회공헌활동이 이윤추구를 목적으로 하는 시장체계로부터 벗어나지 못함을 반증하는 것이다. 다시 말해, 시장에 갇힌 공공성의 제한적 성격을 드러내는 대목이라고 말할 수 있다.

여기서 우리는 기업의 전략적 사회공헌을 억제하는 사회적 요인을 지적할 필요가 있다. 많은 기업이 사회공헌활동을 저해하는 가장 강력한 외부요인으로 줄곧 '사회적 인정의 부족'을 지목했다(전

17 이런 맥락에서 고려대 한국사회연구소(2012)의 연구결과를 다시 살펴보면, '대기업에 요구되는 가장 큰 사회적 책임이란 무엇인가'(1+2 순위)라는 질문에 전략적 사회공헌을 통한 '수익의 사회환원'(45.3%)이라는 CSR에 대한 일반론적 기대 이상으로, '고용'(40.2%)과 '윤리경영실천'(34.9%) 그리고 '협력업체와의 동반성장'(29.6%)과 같이 대단히 원초적 수준의 사회적 책임, 즉 규범적 시장공공성이 강조됨을 확인할 수 있다. 이는 한국사회의 CSR 수준을 상징적으로 보여주는 대목이다. 다시 말해, 반기업정서를 유발시키는 시장요인으로서 기업의 본원적 기능과 공적 정당성의 결핍을 극복해야 CSR의 다음 단계로 진화가 가능하다는 의미를 함축한다.

국경제인연합회, 2005: 59, 2012: 72, 2014: 23). 실제로 2005년에는 조사에 응답한 전체 208개사 가운데 22.1%가 '사회적 인정의 부족'을 사회공헌활동의 외부 저해요인 1순위로 파악했다.

그러나 2011년(전체 165개사)에는 같은 요인이 32.9%를 기록했고 '반기업정서'의 19.5%까지 포함해 사회공헌활동을 저해하는 사회적 요인은 52.4%로 높아졌다. 2013년(126개사)에도 '반기업정서'(21.3%), '기업의 자율성을 침해하는 외부의 압력과 요구'(20.9%), '나눔활동에 대한 무관심'(19.7%) 등을 포괄적으로 합산했을 때, 사회적 요인으로 인식된 61.9%가 기업의 사회공헌활동을 가로막는 가장 큰 외부요인으로 지적됨을 알 수 있다.

앞서 〈그림 4-1〉에서 살펴봤듯, 흥미롭게도 그사이 기업이 사회공헌활동에 지출한 비용은 비약적으로 증가했다. 이러한 경제적 투입과 사회적 효과의 산출 사이의 불균형은 기업으로 하여금 사회공헌활동의 전략적 후퇴를 유인하는 심각한 저해요소로 작용할 가능성이 크다.

그러나 기업이 주장하는 '사회공헌활동을 저해하는 사회적 요인'보다 더욱 중요한 문제는 윤리경영이라는 규범적 공공성의 토대가 부실한 조건에서 경쟁적으로 쌓아올린 전략적 사회공헌의 제한적 성격에 있다. 기업이 사회적 인정을 받지 못하는 근본적 요인은 사실상 기업 스스로 초래한 편법과 불법의 경영관행에 있기 때문이다.

결국, 기업 스스로가 윤리경영을 통해 취약한 규범적 공공성을 바로잡지 않고서는 어떠한 전략도 제한적 시장공공성 안에서 소모적으로 변질될 수밖에 없다.

5. 사회적기업과 적극적 시장공공성

우리는 기업의 전략적 사회공헌이 크게 세 가지 측면에서 제한적이라는 점을 다시 강조할 수 있다. 첫째, 기업의 사회적 정당성 구축을 위한 하나의 정치적 방편으로 활용되었다. 둘째, 기업의 사회적 가치보다 경제적 가치를 높이기 위한 전략적 선택이었다. 셋째, 투입 대비 산출의 측면에서 사회적 효과가 미미하게 나타났다.

이를 종합하자면, 기업의 전략적 사회공헌은 수단과 목적의 측면에서 기존의 이윤추구적 시장체계로부터 벗어나지 못한 제한적 시장공공성의 특성을 강하게 드러냈다. 이런 점에서 제한적 시장공공성은 기업이 이윤 또는 경제적 가치를 최우선으로 하는 경쟁적 시장질서로부터 자유롭지 않은 현실을 역설하는 것이다. 그러한 현실 안에서 기업의 사회적 정당성과 기업의 가치 그리고 사회공헌의 사회적 효과는 제한적 수준에 머물 수밖에 없다.

따라서 시장공공성은 시민사회의 공공성과 접점의 영역을 활성화하는 전략에 기초해 재구조화될 필요가 있다. 이를 위해서는 '시장에서 사회로', '사회에서 시장으로' 공공성을 투과시키는 새로운 메커니즘으로서 '적극적 시장공공성'의 확장이 기획되어야 한다.

이 대목에서 우리는 시장권력의 부정적 효과를 중화시키고 시민사회의 연대를 강화할 수 있는 실행적 공공성의 적극적 발현방식에 주목하게 된다. 예를 들어, 사회적기업, 협동조합, 자활기업, 마을기업 등을 통해 이미 우리 곁에서 다양한 형태로 자리하는 '사회적경제'(*social economy*)의 메커니즘이 그것이다. '사회적경제'(*économie sociale*)라는 용어는 1830년 프랑스의 자유주의 경제학자 샤를 뒤느와이에(Charles Dunoyer)가 경제학에 관한 도덕적 접근을 주창한 그의 저서 《사회적경제에 관한 논고》(*Treatise on social economy*)에서 처음 등장한 것으로 알려졌다. 이후 '사회적경제'는 19세기 후반 이후 유럽을 중심으로 시장경제 체제에 대한 대안적 제도로 인지되기 시작했다.

이러한 '사상에서 제도로의 변화'에서 프랑스의 경제사상가 샤를 지드(Charles Gide)는 더욱 사회적이고 공정한 시장경제로의 이행을 가능케 하는 제도로서의 사회적경제의 중요성을 강조했다. 이런 맥락에서 1980년대 후반 유럽으로 확산된 오늘날의 '사회적경제'라는 개념은 19세기 후반 프랑스에서 전개된 협동조합, 결사체, 공제조합, 재단의 사회경제적 활동에 기원을 둔다(European Economic and Social Committee, 2012: 13-20).

이러한 사회적경제는 적극적 시장공공성의 특성을 이해하는 데 많은 도움을 준다. 그런데 국가, 시장, 시민사회를 중심으로 분할·중첩된 사회구성적 공공성의 재구성이라는 맥락에서 적극적 시장공공성을 이해하기 위해서는 무엇보다도 '사회적기업'(*social enterprise*)의 시민성 구조를 파악하는 것이 중요하다. '사회적기업'은 유럽과 미국의 제 3섹터에서 각기 대조적 요소를 특징으로 한 '사회적경제'와 '비영리부문'의 개념을 연결하는 모델로 주목받았다(Defourny & Nyssens, 2006: 7-9).

하지만 미국의 사회적기업이 영리기업의 사회공헌에서 비영리조직의 도구적 영리활동에 이르는 폭넓은 스펙트럼에 놓인 반면, 유럽의 사회적기업은 취약계층의 일자리, 사회서비스, 지역발전 등을 위한 민간주도 사업에 초점이 맞춰져 통상적으로 사회적 목적으로서의 공익성, 조직운영의 자율성과 의사결정구조의 민주성, 수익배분의 공정성을 준거로 정의하는 경향이 있다.

이런 점에 비추어보면, 제도적 측면에서 한국의 사회적기업은 '사회적 책임활동'을 하는 영리기업을 포괄한다는 점에서 미국의 사회적기업 모델과 유사한 특징을 보인다. 그럼에도 사회적기업은 시민사회의 사회적 가치창출과 시장의 경제적 가치창출을 동시적으로 지향한다는 점에서 적극적 시장공공성의 중요한 의미를 담는다.

주지하듯, 사회적기업의 사회적경제는 영리기업의 시장경제와 대조적 특징을 보여준다. 사회적경제의 장(*field*)에서는 이윤 대신 '일하는 사람'과 '사회적 연대'가 경제활동의 중요한 목적으로 설정되기 때문이다(엄형식, 2007; 노대명, 2009; Lipietz, 2001; Biewener, 2006; Münkner & Kang, 2006).

전통적으로 사회적경제의 장에 참여하는 행위자들은 '민주적 의사결정구조'와 '공정한 수익배분'의 원칙에 따라 조직운영의 표준을 마련했다. 이는 의사결정과 수익배분의 권한을 소수가 독점하는 영리기업의 조직운영 방식과 큰 차이를 보인다. 여기에 최근 사회적기업의 제도화를 중심으로 '고용창출'과 '사회통합'의 가치가 부가되었다.[18] 외환위기 이후 노동의 유연화와 지역경제의 불안정성이 심화

18 2007년 1월 제정된 〈사회적기업 육성법〉은 "사회적기업을 지원해 우리 사회에서 충분하게 공급되지 못하는 사회서비스를 확충하고 새로운 일자리를 창출함으로써 사회통합과 국민의 삶의 질 향상에 기여하는 것을 목적으로 한다"고 명시한다. 또한 사회적기업을 "취약계층에게 사회서비스 또는 일자리를 제공하거나 지역사회에 공헌함으로써 지역주민의 삶의 질을 높이는 등의 사회적 목적을 추구

되면서 일반적으로 영리기업이 담당했던 고용창출과 지역사회의 경제적 통합효과를 사회적기업이 미약하게나마 분점하거나 대체하기 시작한 것이다.

또한 정부나 기업이 사회적경제의 장에 참여해 시민사회의 비영리단체와 협력하는 시장공공성의 네트워크가 과거보다 제도적으로 활성화되었다. 이러한 거버넌스를 통한 공공성의 재구조화는 독점적·경쟁적 시장경제에도 영향을 끼쳐 '수평적·개방적 경제구조'로의 변화에 중요한 계기로 작용했다.

2015년 9월 현재, 공식 인증을 거친 한국의 사회적기업은 총 1,544개이며 이 가운데 1,423개소가 활동 중인 것으로 집계된다.19 지역별로 사회적기업의 현황을 살펴보면, 서울이 246개(17%)로 가장 많고 다음으로 경기지역이 229개(16%), 나머지 6개 광역시에 총 380개(26.7%)가 분포되었다.

조직형태별로는 영리를 추구하는 — 상법상 회사(807개), 농(어)업 회사법인(39개), 협동조합(35개) 등의 — 영리형 사회적기업이 총 881개로, 비영리조직으로 분류되는 — 민법상 법인(247개), 비영리 민간단체(111개), 사회복지법인(88개), 영농(어)조합법인(63개), 사회적 협동조합(30개), 기타 법인 및 단체(3개) 등 — 총 542개의 사

하면서 재화 및 서비스의 생산·판매 등 영업활동을 하는 기업"으로서 정부로부터 인증을 받은 기관으로 정의한다.

19 2007년부터 2015년 9월 현재까지 사회적기업 인증을 신청한 2,850개 가운데 54%만이 인증심사에 통과해 사회적기업으로 활동한다(한국사회적 기업진흥원, 2015). 2014년 12월 기준으로 예비 사회적기업은 총 1,466개소로 1,251개의 인증 사회적기업보다 큰 규모를 보였다(한국사회적기업진흥원, 2014: 24).

회적기업보다 약 24% 정도가 더 많다.

다시 이들 사회적기업을 목적에 따라 유형을 분류해 보자면, 일자리 제공형이 총 1,005개(70.6%)로 가장 많고 사회서비스 제공형이 78개(5.5%), 지역사회 공헌형 35개(2.4%), 혼합형 153개(10.8%), 기타형이 152개(10.7%)로 고용창출에 주력하는 사회적기업이 대다수를 차지함을 알 수 있다. 2014년 12월 현재를 기준으로 인증 사회적기업의 취약계층 유급근로자 수는 15,815명, 일반근로자는 12,108명으로 전체 유급근로자는 총 27,923명에 이른다(한국사회적기업진흥원, 2014: 24).[20]

이처럼 한국의 사회적기업은 취약계층의 일자리 제공이라는 사회적 목적이 가장 두드러진 특징으로 부각된다. 그 밖에도 문화·예술, 환경, 교육, 사회복지, 보육, 보건, 청소, 가사지원을 포괄하는 사회서비스제공과 지역사회공헌 등의 활동을 통해 영리기업의 사회공헌과는 차별적인 시장과 시민사회를 넘나드는 적극적 공공성을 구현한다.

또한, 사회적기업을 매개로 한 경제구조의 작은 변화가 사회적경제의 장을 형성해 적극적 시장공공성을 작동시킨다. 그 대표적 사례가 영리기업과 사회적기업의 협력 모델을 구축하기 위한 '1사 1사회적기

20 사회적경제 영역의 고용규모는 2013년을 기준으로 임금근로자의 0.4%에 해당하는 것으로 파악되었다. 고용노동부는 2017년까지 유급근로자의 2% 수준, 즉 48만 8천여 명으로 늘리겠다고 밝혔다(〈머니투데이〉, 2013.6.4). 참고로 2009~2010년을 기준으로 사회적경제에 고용된 스웨덴의 임금노동자는 전체 임금노동자의 11.16%에 이른다. 다음으로 벨기에가 10.3%, 네덜란드 10.23%, 이탈리아 9.74%, 프랑스의 9.02%에 달하는 임금노동자가 사회적경제에 고용된 인구층을 형성한다(European Economic and Social Committee, 2012: 48).

업 캠페인'이다. 2011년부터 시작된 이 캠페인은 2014년 7월 기준으로 110개 기업이 참여해 기업-사회적기업의 시장공공성 네트워크를 형성한다.

기본적으로 기업과 사회적기업의 네트워크는 시장공공성을 매개로 한 사회적경제의 공생·발전모델이라고 이해할 수 있다. 예를 들어, 기업이 사회적기업의 제품을 구매하거나 판로개척을 지원하며, 전략적 사회공헌의 맥락에서 사회적기업에 투자하거나 자금을 지원한다. 그리고 기업의 핵심사업과 사회적기업의 전문적인 활동을 연계하고 협약을 체결함으로써 인적·물적 자원의 동원을 안정적으로 가져갈 수 있도록 상호 협력한다.

이러한 변화들은 영리기업이 직접 사회적기업을 설립해 운영하는 사례의 중요한 계기로 작용하기도 했다. 대표적으로 SK의 경우 2013년 사회적기업 인증을 취득한 '행복나래'를 운영하며 대기업의 자원과 네트워크를 활용해 '사회적기업을 돕는 사회적기업'이라는 기업정체성을 내세운다.[21] 또한 삼성은 2010년부터 '희망 네트워크', '글로벌 투게더' 등 공부방과 다문화를 사회적 목적으로 한 사회적기업을 설립해 확대 운영해온다.

이러한 사례들은 이윤을 목적으로 구조화된 고유한 시장체계와 질서 안에서 안주하던 영리기업을 더욱 확장된 시장공공성의 지평

---

21 SK는 파트너십의 다양성을 강조한 민관협력 모델과 자체역량을 활용한 SK역량활용 모델로 구분해 사회적기업을 설립해 운영한다. 민관협력 모델로는 행복한 학교재단, 행복한 뉴라이프재단, 대구행복한미래재단, 행복전통마을재단, 행복도시락사회적협동조합이 있으며 SK역량활용 모델로는 행복ICT재단, 행복한 농원재단, 행복한 녹색재생재단, 행복한 웹앤미디어재단, 행복한 에코폰재단이 있다.

위로 부른다. 이런 점에서 사회적기업의 사회적경제는 시민사회와 시장의 공공성을 적극적으로 재구조화하는 메커니즘을 내포한다. 적극적 시장공공성의 사례로서 사회적기업의 확산은 시장영역의 공적 기능을 강화시킴에 틀림없다.

그러나 사회적기업이 적극적 시장공공성을 효과적으로 확장하기 위해서는 사회적경제의 제도화를 재고할 필요가 있다. 사회적경제를 육성하기 위한 국가 차원의 노력은 최근 〈사회적경제 기본법〉과 〈사회적 가치 기본법〉 발의를 통해 확인할 수 있다. 이는 한국의 사회적경제가 당면한 물적 토대의 취약성을 해결하고 사회적 목표와 가치에 대한 원칙을 세우는 데 대단히 고무적인 일이라 볼 수 있다. 그럼에도 정부의 지원정책은 사회적기업의 정부의존도를 심화시켜 자율성을 침식할 수도 있다.

실제로 2011~2013년 사이 사회적기업의 수익에서 차지하는 정부지원금은 평균 79%에 이르는 것으로 파악된다(한국노동연구원, 2014: 6). 게다가 저임금의 일자리를 확산시켜 고용창출의 효과를 상쇄하는 실정이다. 2013년 12월 현재를 기준으로 사회적기업에 종사하는 전체 근로자의 평균임금은 1,278천 원으로 집계된다(한국노동연구원, 2014: 6). 더욱이 2012년 〈협동조합기본법〉 이후 설립된 사회적 협동조합은 복잡한 인증절차와 자립적 생태계 조성을 위한 사회경제적 기반이 구축되지 않아 난항을 겪는 실정이다.

그럼에도 분명한 사실은 적극적 시장공공성이 기업의 시민성 구조를 내실화시킬 중대한 가치와 실천을 내포한다는 점이다. 특히, 기업의 시민성 구조가 시민사회의 공공성과 시장공공성의 결합을 통해 고도화된다는 점에서 영리기업과 비영리단체의 사회적 협력을 이끄는 사회적경제의 메커니즘은 적극적 시장공공성에 중요한 활력을 불어넣는다.

다만, 이를 위해서는 이윤추구의 시장구조에서 발현되는 실행적 공공성을 제한적인 것에서 적극적인 것으로 변화시키는 기초작업이 선행되어야 한다. 그것은 기업의 윤리경영에 사회경제적 합리성을 부가함으로써 소극적 기업시민을 능동적 기업시민으로 유인할 규범적 공공성의 사회적 가치를 확대하는 일이다.

6. 결론:
좋은 시장과 시장공공성의 미래

최 부자의 역사적 선례에 비추어볼 때, 오늘날 대기업의 부정의한 행태는 기업조직 자체의 문제를 따져 묻게 만든다. 그중에서도 기업총수의 횡령과 배임, 탈세, 부정회계, 부당노동, 부당거래 등 불법으로 재산을 축적하거나 은닉하는 사례가 대표적이다.

또한, 노동조합 설립을 불허하거나 대화를 일방적으로 거부하는 행위, 소비자에게 크고 작은 피해를 입히고도 정관계 로비를 통해 탈출하려는 행위 등이 기업조직 자체의 문제를 성찰적으로 직시하게 만든다. 실제로 멀게는 1966년 박정희 정부의 비호 아래 진행된 삼성계열 한국비료의 사카린 밀수사건에서부터 최근 재벌기업과 협력업체 사이에서 불거진 '갑의 횡포' 그리고 대한항공과 롯데그룹 사태에 이르기까지 기업의 불법과 편법관행에 대한 책임을 따져 묻게 만드는 사건이 끊임없이 등장했다.

그러나 결국에 가서 우리는 더욱 근본적인 문제를 마주할 수밖에 없다. 그것은 기업조직이 부정의한 형질을 갖게 한 '나쁜 시장'의 발생학적 기원과 사회적 변형과정이다. 이런 점에서 우리는 기업의 시민성과 시장공공성의 새로운 질서에 주목했다. '나쁜 시장'을 '좋은 시장'으로 변화시키는 근본적인 동력은 기업시민성의 구조가 시장영역을 넘어 시민사회의 공공성과 합치되는 지점에서 탄력을 받을 수 있다.

기업은 적극적 시민으로서의 역할을 실행함으로써 생활세계에 시장공공성을 이식하는 전략에 기초해 기업의 생태계를 확장할 수 있다. 비록 시장과 사회는 분석적으로 구분되지만 실제적으로는 일원성을 바탕으로 하기 때문에, 사회적 합의에 근거한 정당성의 기능이 위기에 놓일 경우 시장에서 기업의 존립은 보장될 수 없다(조대엽, 2007 : 51). 이러한 조건에서 CSR을 통해 구현되는 시장공공성은 국가의 약화된 정당성의 기능을 시장이 성찰적으로 분점하는 과정이자, 사회의 시민적 욕구를 시장의 공적 기능과 결부시키는 것이다.

그러나 많은 기업이 사회공헌활동에 막대한 비용을 투자하면서도 그에 걸맞은 사회적 효과를 창출하지 못하는 실정이다. 비용과 이익을 가장 중요한 시장가치로 삼는 기업의 입장에서는 야속할 만도 하다. 그렇다고 사회적 책임의 가장 낮은 수준인 규범적 공공성에 충실하지 못한 기업을 두둔할 수도 없다. 게다가 '자의 반, 타의 반'으로 시장권력에 예속되는 국가의 최고 권력자와 관료에게 기업에 대한 철저한 정부규제를 요구하기도 더는 어려운 상황이다.

브라질의 룰라 정부 시기 전략기획장관을 지낸 미국의 법학자 로베르트 망가베이라 웅거가 냉철하게 지적했듯, 시장에 대한 정부의 통제를 강화하려는 시도는 경제적 결정의 효과적인 분권화를 저해하고 관료의 권한을 강화시킨다(Unger, 1997/2015: 554~555). 부의 불평등을 야기해 역설적으로 개인의 자유를 미시적 차원에서 약화시키는 시장권력과 이를 제도적으로 허용하면서도 다른 한편으로 불평등을 완화하려는 국가권력 사이에서 대안을 주장하는 사회권력의 전략은 분산될 수밖에 없다.

그럼에도 그나마 거대권력 사이의 헤게모니 구조가 팽팽함을 잃어 긴장의 균형이 허물어지기 전에 우리는 조금 더 현실적인 맥락에서 '좋은 시장'에 대한 상상을 지속할 수 있다. 여기서 '좋은 시장'에 대한 상상에 실재성을 부여하는 가장 현실적인 기획은 시장과 사회의 공진화(*coevolution*) 전략일 것이다.

그러나 시장과 사회의 공진화를 위해서는 무엇보다도 기업의 시민성 구조가 공적 기능을 강화할 수 있도록 재편되어야 한다. 이런 점에서 가장 시급한 문제는 기업시민의 원초적 조건이라 할 수 있는 규범적 공공성을 시장의 영역에 뿌리내림으로써 기업의 공적 정당성을 회복하는 것이다.

기업시민은 사회 성원으로서 마땅히 따라야 할 법과 윤리적 원칙을 준수함으로써 시장질서의 혼란을 방지할 가장 큰 책임이 있다. 혼란한 시장은 기업의 동요를 불러일으키고 시장의 혼란이 확산되는 순간을 틈타 생존을 위한 기업의 대대적인 일탈적 집합행동이 발생할 수 있다. 그 사태의 정치적 책임은 시장의 기능을 보존하지 못한 국가의 위기관리 능력으로 돌아가고 모든 사회경제적 부담은 시민사회가 떠안게 된다.

결국, 국가, 시장, 시민사회의 공존을 위한 최소한의 원칙으로서 규범적 공공성이 더욱 깊이 뿌리내려야 할 필요가 있다. 다만, 그 과정에서 국가는 시장권력과 사회권력의 도전을 관리하고 제도적으로 흡수하는 정치의 능력을 갖추어야 한다. 진정한 거버넌스는 힘의 균형과 이질성을 포용하는 권력의 제도화에서 비롯되며 그 안에서 민주주의와 공공성이 최적의 접합을 이룰 수 있다.

둘째, 기업이 사회적 책임을 능동적으로 받아들일 기반조성이 필요하다. 그동안 전략적 사회공헌은 기업의 이미지를 제고하기 위한 막연한 선량함(*goodness*)으로 치장되거나 기업가의 부정의에 대응하기 위한 효과적 방책으로 활용된 측면이 컸다.

그러나 그 전략은 이제 효력을 상실하고 도리어 반기업정서로 되돌아온다. 기업이 아무리 사회적 책임을 강조하며 기업시민을 자처하고 사회공헌활동에 막대한 비용을 투자한다 할지라도 반기업정서가 불러일으키는 소비자의 외면 혹은 선택으로부터 멀어지게 되면 악순환을 반복할 수밖에 없다.

이런 점에서 기업은 반기업정서의 핵심요인을 직시할 필요가 있다. 즉, 투명경영의 윤리적 빈곤을 극복하는 것이다. 그로부터 자연스럽게 기업의 사회적 신뢰를 회복하고 소비자 또는 시민과 소통의 채널을 열어두는 시장의 변화를 기대할 수 있다. 바로 그 지점에서 기업이 사회적 책임을 능동적으로 받아들일 사회경제적 기반이 조성될 가능성이 크다.

셋째, 기업조직을 구성하는 성원의 자율적 책임이 강화되어야 한다. '기업시민'의 첫 번째 전제조건은 기업조직 내부 성원의 자율적 합의와 책임이 뒷받침될 때 탄력을 받을 수 있다. 그런데 관료화되어 경직되고 세분화된 기업조직의 위계문화에서 '기업의 시민성'은 경영자의 과시적 은유와 수사법으로 소모되기 쉽다.

더구나 사회공헌 전담부서를 만들어 상대적으로 높은 수준의 사회적 책임을 수행하는 것처럼 보이지만 기업 내부에 제도화된 전담부서는 칸막이 넘어 다른 부서와의 소통이나 협력이 부족한 실정이다. 이런 점에서 기업조직 내부의 소통의 합리성을 주문해 볼 수 있다. 기업시민의 사회적 책임이 단발성을 넘어 지속성을 갖기 위해선 소통의 합리성을 중심으로 한 자율적 책임의 조직문화가 요구된다.

우리는 어느새 시장의 문제를 재벌기업의 문제로, 대기업의 문제를 모든 기업의 문제로, 다시 기업의 문제를 기업가 혹은 경영자의 문제로 소급시켜 환원하거나 일반화하는 논법에 익숙해졌다. 하지만 기업의 문제는 시장을 넘어 사회의 문제로, 더 나아가 지구적 문제로 재인식할 시점에 이르렀다. 이것이 바로 '기업의 시민성'이 지구적 어젠다로 확산된 근본적 이유이다.

좋은 시장을 구현하기 위한 적극적 시장공공성은 기업시민의 수준 높은 사회적 책임을 이끌어내기 위한 공동의 과제이다. 공정한 거래가 이루어지고, 좋은 일자리를 만들며, 독점경제의 장벽이 사회적경제의 상상력에 의해 허물어질 때 '좋은 시장'의 윤곽이 드러난다. 시장의 반격 이후 시장의 사막화가 일어나지 않도록 적극적 시장공공성에 기초한 시장과 사회의 공진화 전략을 구체화할 시점이다. 시장공공성의 미래는 '좋은 시장이란 무엇인가'에 관한 사회적 합의의 정치과정에 달렸다.

참고문헌

김윤태, 2003, "발전국가의 전환: 1980년대 이후 한국 국가의 변화", 김대환·조희연 (엮음), 《동아시아 경제변화와 국가의 역할 전환: '발전국가'의 성립, 진화, 위기, 재편에 대한 비교정치경제학적 분석》, 파주: 한울.

노대명, 2009, "사회적경제를 강화해야 할 세 가지 이유: '생활세계의 위기'를 넘어", 〈창작과 비평〉, 37(3): 73~93쪽.

엄형식, 2007, 〈한국의 사회적경제와 사회적기업: 유럽 경험과의 비교 및 시사점〉, 실업극복국민재단 주최 제1차 사회적기업 열린포럼 발표문, 서울: 함께 일하는 재단.

윤상철, 2007, "민주화와 기업-시민사회 관계의 변화", 조대엽 (엮음), 《21세기 한국의 기업과 시민사회》, 서울: 굿인포메이션.

전국경제인연합회, 2003, 《2003년 기업·기업재단 사회공헌백서》, 서울: 전국경제인연합회.

______, 2005, 《2005년 기업·기업재단 사회공헌백서》, 서울: 전국경제인연합회.

______, 2008, 《2008년 기업·기업재단 사회공헌백서》, 서울: 전국경제인연합회.

______, 2010, 《2010년 기업·기업재단 사회공헌백서》, 서울: 전국경제인연합회.

______, 2012, 《2012년 기업·기업재단 사회공헌백서》, 서울: 전국경제인연합회.

______, 2014, 《2014년 기업·기업재단 사회공헌백서》, 서울: 전국경제인연합회.

조대엽, 2007, "공공성의 재구성과 기업의 시민성: 기업의 사회공헌활동에 관한 거시구조변동의 시각", 조대엽 (엮음), 《21세기 한국의 기업과 시민사회》, 서울: 굿인포메이션.

______, 2014, 《갈등사회의 도전과 미시민주주의의 시대》, 파주: 나남.

조대엽·이명진·김원섭·김수한, 2012, 〈지구화시대 한국의 반기업문화와 시장공공성〉, 서울: 고려대 한국사회연구소.

한국노동연구원, 2014, 〈2013 사회적기업 성과분석(기초분석)〉, 한국사회적기업진흥원 보고서, 성남: 한국사회적기업진흥원.

한국사회적기업진흥원, 2014, 《2014 사회적기업 개요집 1094》, 성남: 한국사회적기업진흥원.

______, 2015, "2015년 9월 사회적기업 인증 현황", 한국사회적기업진흥원 발표문, 성남: 한국사회적기업진흥원.

Altman, B. W., & Vidaver-Cohen, D., 2000, "A framework for understanding corporate citizenship: Introduction to the special edition of business and society review 'Corporate citizenship for the new millennium'", *Business & Society Review*, 105(1): pp. 1-7.

Biewener, C., 2006, "France and québec: The progressive visions embodied in different social economy traditions", In Clary, B. J., Dolfsms, W., & Figart, D. M. (Eds.), *Ethics and the market: Insights from social economics* (pp. 126-139), New York: Routledge.

Bigge, D. M., 2004, "Bring on the bluewash: A social constructivist argument against using Nike v. Kasky to attack the UN global compact", *International Legal Perspectives*, 14: pp. 6-21.

Carroll, A. B., 1991, "The pyramid of corporate social responsibility: Toward the moral management of organizational stakeholders", *Business Horizons*, 34(4): pp. 39-48.

______, 1998, "The four faces of corporate citizenship", *Business & Society Review*, 100-101(1): pp. 1-7.

______, 1999, "Corporate social responsibility: Evolution of a definitional construct", *Business & Society*, 38(3): pp. 268-295.

Cohen, J. L., & Arato, A., 1992, *Civil society and political theory*, 박형신·이혜경 (옮김), 2013, 《시민사회와 정치이론 1, 2》, 파주: 한길사.

Crane, A., Matten, D., & Moon, J., 2008, "The emergence of corporate citizenship: Historical development and alternative perspectives", In Scherer, A. G., & Palazzo, G. (Eds.), *Handbook of research on global corporate citizenship* (pp. 25-49), Cheltenham:

Edward Elgar.

Defourny, J., & Nyssens, M., 2006, "Defining social enterprise", In Nyssens, M. (Ed.), *Social enterprise: At the crossroads of market, public polities and civil society* (pp. 3-26), London: Routledge.

Deva, S., 2006. "Global compact: A critique of the U. N. 's 'Public-Private' partnership for promoting corporate citizenship". *Syracuse Journal of International Law and Commerce*, 34(1): pp. 107-151.

European Economic and Social Committee, 2012, "The social economy in the european union", Brussel: European Union.

Fombrun, C. J., 1997, "Three pillars of corporate citizenship: Ethics, social benefit, profitability", In Tichy, N. M., McGill, A. R., & Clair, L. St. (Eds.), *Corporate global citizenship: Doing business in the public eye* (pp. 27-42), CA: The New Lexington Press.

Friedman, M., 1970, "A friedman doctrine: the social responsibility of business is to increase its profits", *The New York Times Magazine*, 13: p. SM17.

Habermas, J., 1962, *Strukturwandel der Öffentlichkeit: Untersuchungen zu einer Kategorie der bürgerlichen Gesellschaft*, 한승완 (옮김), 2004, 《공론장의 구조변동: 부르주아 사회의 한 범주에 관한 연구》, 파주: 나남.

______, 1981, *Theories des kommunikativen Handelns*. 장춘익 (옮김), 2006, 《의사소통행위이론 2: 기능주의적 이성 비판을 위하여》, 파주: 나남.

Hegel, G. W. F., 1820, *Grundlinien der Philosophie des Rechts*. 임석진 (옮김), 2008, 《법철학》, 파주: 한길사.

Hillard, F., 1999, *Consumers demand companies with a conscience*, London: Fleishman Hillard Europe.

Lipietz, A., 2001, *Pour le tiers secteur, L'economie sociale et solidaire pourquoi, comment*, Paris: La Découverte.

Matten, D., & Crane, A., 2005, "Corporate citizenship: Toward an extended theoretical conceptualization", *The Academy of Management Review*, 30(1): pp. 166-179.

Matten, D., Crane, A., & Chapple, W., 2003, "Behind the mask:

revealing the true face of corporate citizenship", *Journal of Business Ethnics*, 45(1-2): pp. 109-129.

McWilliams, A., Siegal, D. S., & Wright, P. M., 2006, "Corporate social responsibility: Strategic implications", *Journal of Management Studies*, 43(1): pp. 1-18.

Münkner, H. H., & Kang, I. S., 2006, "Social economy and promotion oriented economics: How do we define a common denominator for enterprises in social economies, co-operatives and non-profit organisations?", 〈한국협동조합연구〉, 24(1): 203~224쪽.

Murphy, S. D., 2005, "Taking multinational corporate codes of conduct to the next level", *Columbia Journal of Transnational Law*, 43(2): pp. 389-433.

Nolan, J., 2005, "The united nations' compact with business: Hindering or helping the protection of human rights?", *University of Queensland Law Journal*, 24(2): pp. 445-466.

Offe, C., 1985, "New social movements: Challenging the boundaries of institutional politics", *Social Research*, 52(4): pp. 817-868.

Polanyi, K., 2013, *For a new west: Essays*, 홍기빈 (옮김), 2015, 《칼 폴라니, 새로운 문명을 말하다》, 서울: 착한책가게.

Rasche, A., 2009, "A necessary supplement: What the united nations global compact is and is not", *Business & Society*, 48(4): pp. 511-537.

Scherer, A. G., & Palazzo, G., 2011, "The new political role of business in a globalized world: A review of a new perspective on CSR and its implications for the firm, governance, and democracy", *Journal of Management Studies*, 48(4): pp. 899-931.

Tocqueville, A., 1835, *De la démocratie en Amérique*. 임효선 · 박지동 (옮김), 1997, 《미국의 민주주의 Ⅰ, Ⅱ》, 파주: 한길사.

Tracey, P., Phillips, N., & Haugh, H., 2005, "Beyond philanthropy: Community enterprise as a basis for corporate citizenship", *Journal of Business Ethics*, 58(4): pp. 327-344.

Unger, R. M. 1997, *Politics the central texts: Theory against fate*. 추이 즈위

안 (엮음), 김정오 (옮김), 2015, 《정치: 운명을 거스르는 이론》, 서울: 창비.

Valor, C., 2005, "Corporate social responsibility and corporate citizenship: Towards corporate accountability", *Business & Society Review*, 110 (2): pp. 191-212.

Williams, O. F., 2004, "The UN global compact: The challenge and the promise", *Business Ethics Quarterly*, 14 (4): pp. 755-774.

World Economic Forum., 2002, "Global corporate citizenship: The leadership challenge of CEO's and boards", Geneva: World economic forum and the prince of wales business leaders forum.

Zadek, S., 2007, *The civil corporation* (2nd ed.), London: Sterling.

경제정의실천시민연합, 2015, https://ccej. or. kr/

전국경제인연합회, 2015, http://www. fki. or. kr/

참여연대, 2015, http://www. peoplepower21. org/

한국투명성기구, 2015, http://ti. or. kr/

UN Global Compact, 2015, http://www. unglobalcompact. org/

Transparency International, 2015, http://www. transparency. org/

5

한국인이 바라는 기업의 사회적 책임

김수한 · 박정민

1. 서 론

지난 30년간 한국사회에서 대기업의 영향력이 증대함에 따라 그에 상응하는 기업의 사회적 책임에 대한 기대도 높아진다. 한국 GDP에서 30대 재벌이 차지하는 비율은 1987년 50%에서 2012년 90%를 상회하는 수준으로 증대했다. 기업은 기업의 사회적 책임에 대한 요청을 수행하기 위해 자선활동, 기부, 재단설립, CSR 전담부서 설치 등의 다양한 방법을 시도했다.

사회공헌활동에 참여하는 기업의 수와 지출규모도 꾸준히 증가했다. 2000~2012년 사이에 전경련 회원기업의 사회적 책임 관련활동의 총 지출액은 7,060억 원(193개사)에서 3조 2,534억 원(234개사)으로 늘었고 개별기업의 연평균지출액은 36억 원에서 1,390억 원으로 38배가량 증가했다(전국경제인연합회, 2014).

이와 같은 기업의 대응에도 불구하고 한국인의 기업인식은 개선되지 않았다. 오히려 한국사회에서 기업에 대한 부정적 인식과 반감이 증대한다(정한울, 2013). 한국인의 기업호감도는 2003년 38점(100점 만점)에서 2006년 50점으로 상승했지만 2008년 금융위기 이후 정체와 하락을 반복하는 추세이다. 2014년 하반기 호감지수는 44점으로 2008년 이후 가장 낮은 수준이다(대한상공회의소, 2014).

국가 간 비교조사에서도 한국의 기업신뢰도는 최하위 수준이다. 2013년 26개 국가에서 실시된 대기업에 대한 신뢰도 조사에서 한국은 러시아(44%), 멕시코(43%), 그리스(38%)보다 낮은 36%로 최하위를 기록했다(정한울, 2013a). 그렇다면 연간 3조 원 이상의 사회적 책임활동에도 불구하고 기업에 대한 인식이 개선되지 않는 이유는 무엇인가?

지금까지 기업의 사회적 책임에 대한 많은 연구가 진행되었지만 일반시민이 기업에 대해 기대하는 사회적 책임의 구체적 내용이 무엇인가에 대해서는 거의 알려진 바가 없다. 특히, 사람들이 기업에 대해 가진 인식과 평가에 따라 기업에게 기대하는 사회적 책임이 어떻게 다른가, 그 이유는 무엇인가에 대한 연구는 거의 없었다.

선행연구자는 주로 기업의 사회적 책임과 관련된 활동의 유형과 그러한 활동이 강화되는 이유, CSR 전담부서의 설치, 기업의 사회적 책임 관련활동이 기업의 가치와 반기업정서에 미치는 영향에 초점을 두어왔을 뿐이다(문형구·박태규, 2005; 정진경, 2005; 김회성·박기태·이명진, 2009; 백경민, 2013).

이 연구의 목적은 한국인이 대기업에 기대하는 사회적 책임이 구체적으로 무엇인가를 밝히는 것이다. 특히, 사람들이 대기업에 대해 가진 인식과 평가에 따라 대기업이 담당하기를 바라는 사회적 책임의 유형과 활동이 어떻게 달라지는가를 분석한다.

더욱 구체적으로 대기업에 대한 신뢰, 윤리, 호감 평가 정도의 높고 낮음에 따라서 대기업이 담당해야 할 사회적 책임이 무엇이라고 생각하는지를 살펴볼 것이다. 이를 통해 기업이 사회적 책임을 다하기 위해 진행하는 일련의 활동이 일반인의 기대와 상응하는 것이었는가를 밝힐 수 있을 것이다. 이 연구의 결과는 향후 한국기업의 사회적 책임 관련활동의 효과를 높이는 데 도움을 줄 수 있는 실용적 함의를 제공할 것이다.

2. 이론적 논의 및 선행연구

1) 기업의 사회적 책임에 대한 논의

기업의 사회적 책임에 대한 학술적 논의는 1950년대로 거슬러 올라간다. 초기 기업의 사회적 책임과 역할에 대한 논의는 경제영역에 한정해 이루어졌다. 사회적 책임을 다하는 기업이 되기 위해서는 무엇보다 생필품을 값싸게 공급하거나, 국가기간산업에 참여하거나, 수출을 많이 해서 국가경제발전에 이바지할 수 있어야 했다(이상민 · 최인철, 2002).

이처럼 기업의 사회적 책임 중에서 경제적 측면을 강조하는 대표적인 이는 신 고전경제학자인 프리드먼(Friedman, 1970)이다. 프리드먼은 기업의 본업은 이익을 내는 것이며 기업의 사회적 책임도 경제적 성과의 영역에 한정된다고 주장한다. 만일 기업이 다른 사회문제 해결에 관여하게 된다면 그만큼 추가적 비용을 발생시켜서

〈그림 5-1〉 기업의 사회적 책임 피라미드

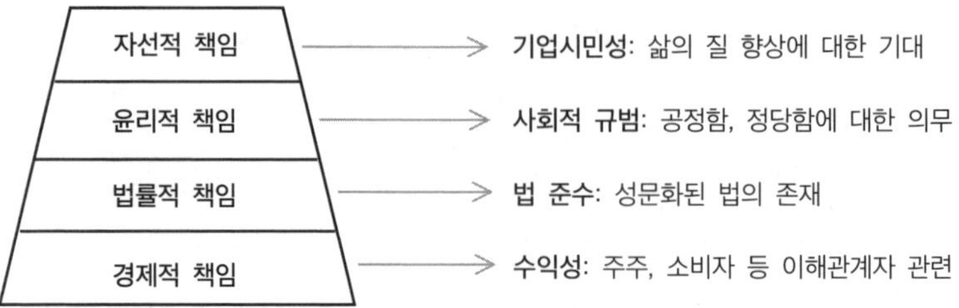

출처: 캐롤의 연구(Carrol, 1979, 1991)에서 재구성.

주주에게 돌아갈 이익을 감소시키기 때문에 기업은 본업에 충실해야 한다는 것이다. 다시 말해, 기업은 자신의 유일한 사회적 책임인 경제적 성과에 주력해야 하며 기업의 주인인 주주에 대한 책임에 집중해야 한다는 것이다.

최근 기업을 단지 경제적 역할만을 수행하는 조직으로 간주하는 전통적 시각은 약화된다(이택면 · 박길성, 2007). 경제적 범주를 넘어 사회적 역할의 측면에서 기업의 역할을 강조하는 이론적 시각을 제시한 대표적 학자는 캐롤(Carrol, 1979, 1991)이다. 캐롤은 기업의 사회적 책임을 경제적, 법률적, 윤리적, 자선적 책임으로 구분하고 이를 〈그림 5-1〉과 같이 피라미드 구조로 설명한다.

첫째, 기업의 사회적 책임 피라미드의 가장 하단에는 경제적 책임이 있다. 기업의 사회적 책임으로서 경제적 책임은 경제적 수익을 극대화하기 위한 방식으로 기업을 운영하고 타 기업과의 경쟁에서 우위를 유지하며 높은 수준의 효율성을 유지하는 것을 포함한다.

둘째, 피라미드의 두 번째 단에는 법률적 책임이 있다. 이는 법 준수와 관련된 기업의 사회적 책임으로서, 기업 활동은 성문화된 법의 테두리 안에서 경제활동을 해야 함을 강조한다.

셋째, 피라미드의 세 번째 단에는 윤리적 책임이 있다. 이는 기업을 운영하는 데 법과 규정을 따름을 넘어서 사회적 관습과 윤리적 규범을 모두 고려할 것을 요구한다. 기업의 이익을 달성하는 과정에서 윤리적 책임에 소홀하지 않도록 항상 경계해야 함을 강조한다.

넷째, 피라미드의 최상층에는 자선적 책임이 위치한다. 자선적 책임은 기업의 직접적 경제활동과 무관한 순수예술이나 공연예술을 지원하거나 지역사회의 삶의 질을 향상시키는 활동을 포함한다.

이처럼 다각도로 기업의 사회적 책임을 분석한 캐롤의 영향을 받아 기업의 사회적 책임에 대한 다양한 관점의 논의가 제기되었다. 기업의 관점에서 비용과 혜택을 분석해 결정할 수 있는 이상적 수준의 사회적 책임이 있다거나(McWilliams & Siegel, 2001) 마케팅이나 전략의 차원에서 사회적 책임을 논의하는 연구(Maignan & Ferrell, 2004) 등이 있다. 그리고 사회의 관점에서는 기업 시민성의 차원에서 기업의 사회적 책임을 다루는 논의(Matten & Crane, 2005), 사회와의 관계를 고려해 기업의 사회적 책임이 도구적, 정치적, 통합적, 윤리적 차원에서 발전할 수 있다는 논의(Garriga & Melé, 2013) 등이 있다. 그리고 기업 활동과 관련된 관리자, 노동자, 소비자 등 이해관계자의 관점에서 기업의 활동과 사회적 책임에 대해 논의한 연구도 있다(Hillman & Keim, 2001; Buysse & Verbeke, 2003).

2) 기업의 사회적 책임에 대한 국내 연구

한국에서 기업의 사회공헌활동이 주목받은 것은 1990년대 이후이다. 1980년대에도 소수의 국내 기업이 공익재단을 설립하거나 사회공헌활동을 시작했지만 기업의 사회적 책임에 대한 기업의 관심과 학계의 연구가 활발해진 것은 1990년대 후반이다. 지난 15년간 진행된 사회공헌활동에 대한 학술적 연구는 대략 세 가지로 정리할 수 있다.

첫째, 사회공헌활동의 현황에 대한 연구가 가장 활발히 이루어졌다. 사회공헌활동이 등장하게 된 거시적 배경, 기업의 사회공헌 참여요인, 전담부서 설치, 사회공헌활동의 경제적 효과 등에 관한 연구가 많이 진행되었다(이상민, 2002; 조대엽, 2007; 김회성 외, 2009; 백경민, 2013; 문형구·박태규, 2005).

특히, 기업이 사회공헌활동에 참여하는 이유를 분석한 연구가 많다. 초창기 한국기업이 사회공헌활동에 관심을 갖는 주요한 이유는 기업의 사회적 책임을 다함으로써 손상된 기업의 이미지를 회복하려는 전략적 성격이 강했다(김회성 외, 2009).

하지만 1990년대 후반 이후부터 기업의 사회공헌활동은 개별기업의 전략적 필요에 대한 기능적 역할의 수행을 넘어 기업의 정당성을 확보하는 보편적 수단으로 사용되기 시작한다. 사회공헌활동에 대한 기업 간의 모방과 학습이 이루어짐에 따라 기업의 사회공헌활동 방법, 전략, 전담부서 등이 유사한 형태로 나타나는 동형화(*isomorphism*) 경향이 최근 관찰된다(이상민, 2002; 정진경, 2005; 문형구·박태규, 2005; 백경민, 2013).

이러한 연구와는 달리 기업의 사회적 책임의 확장과 확산을 기업의 단순한 전략적 행위를 넘어 국가와 시민사회가 담당하던 공공적 기능이 기업의 영역으로 이전되는 사회변동으로 이해하는 설명도 존재한다(조대엽, 2007, 2014).

둘째, 기업의 사회적 책임과 사회공헌활동에 대한 국가 간 비교연구도 꾸준히 진행되었다. 동아시아연구원은 글로벌 CSR 인식 조사자료를 바탕으로 한국을 포함한 20개 국가의 기업의 사회적 책임과 사회공헌활동 현황 그리고 국가별 특성 등을 분석하는 일을 지속적으로 수행했다(정한울, 2013, 2013a; 조희진, 2013; 정원칠, 2014; 김보미, 2014).

이상민(2002, 2008, 2012)은 한국과 미국의 사회공헌활동 비교를 시작으로 독일, 중국, 일본 등 각국 기업의 사회공헌활동을 비교하고 분석했다. 이를 통해 각국에서 기업이 추진하는 사회공헌활동이 각 사회의 자본주의 체제나 기업의 지배구조, 문화 등에 영향을 받으며 서로 다른 형태와 목표를 가졌음을 밝힌다.

미국은 기업의 소유와 경영이 분리되었고 주주의 이익을 우선적으로 고려해야 하기 때문에 사회공헌활동이 일종의 투자의 개념으로 발전했다. 반면, 독일은 사회적 시장경제 체제 내에서 기업의 역할이 명확하게 정해졌기 때문에 미국식의 사회적 책임 개념이 발달하지는 않았지만 제도밀착적 사회공헌활동이 많이 이루어졌다(이상민, 2008).

일본은 기업이 자율적으로 사회공헌활동을 주도하지만 중국은 대규모 국영기업이 많고 정부가 강력한 권한을 가졌기 때문에 정부주도의 사회공헌활동이 발달한다(이상민, 2012). 한국의 경우에는 재벌 소유주의 개인적 철학이나 가치관에 따라 시혜적 또는 과시적 성격의 사회공헌활동이 나타난다.

셋째, 최근 반기업정서와 사회공헌활동에 관한 연구가 증가한다. 반기업정서는 학계에서뿐만 아니라 기업 관련 단체나 연구소에서도 관심을 갖는다(대한상공회의소, 2014; 전국경제인연합회, 2014; 한국개발연구원, 2008; 김수한·이명진, 2014). 2014년 전경련이 발행한 〈주요 기업·기업재단 사회공헌백서〉에 따르면, 반기업정서는 기업의 사회공헌활동에 가장 큰 장애요인으로 조사되었다.

이창우·이동명(2013)은 기업과 지역을 대상으로 기업에 대한 인식과 사회공헌활동의 관계를 연구했는데 기업에 대한 인식을 지역주민의 인식과 임직원의 인식으로 구분했다.

이 연구에서는 지역주민이 생각하는 기업에 대한 인식과 임직원의 인식에 차이가 있음을 밝히고 이에 따라 기업의 사회공헌활동에도 변화가 있어야 함을 지적한다. 지역주민은 기업의 환경경영에 관심이 많고 이와 관련된 사회공헌활동을 바라지만, 기업의 임원은 공익사업과 자원봉사를 중요하게 생각했다.

3) 기업에 대한 평가와 사회적 책임에 대한 기대

기업에 대한 사람들의 평가와 인식은 다차원적이다. 기업에 대한 평가는 긍정과 부정이 모순적으로 공존할 수 있다. 예를 들어, 2012년 동아시아연구원이 실시한 대기업 인식조사에 의하면 삼성, 현대자동차, SK는 정부의 각 조직이나 기관, 정당, 사회단체 등보다 더 높은 신뢰와 사회적 영향력을 인정받는 것으로 나타났다(정원칠, 2012).

대기업에 대한 긍정적 인식은 중소기업보다도 상당히 높은 편이다. 하지만 동시에 대기업에 대한 반감과 비호감도 강하다. 사람들은 대기업이 한국의 경제발전에 기여했다는 긍정적 측면을 인정하면서도 동시에 특혜와 정경유착을 통해 기업의 발전과 성장을 이루었다는 부정적인 인식을 가졌다(김수한·이명진, 2014).

또한 대기업은 한국사회에서 가장 큰 권력을 행사하는 행위자 가운데 하나이며 그들만의 이익을 우선시하지만 사회적 책임에 대해서는 소홀하다는 부정적 인식이 강하다. 이처럼 사람들이 기업에 대해 가지는 평가와 인식은 사회적 상황이나 역사적 맥락, 개인적 판단에 따라 다르게 나타나며 복합적이고 다층적으로 존재한다.

기업에 대한 평가는 사회적 책임 기대에 영향을 준다(Lodge, 1990; Maignan & Ferrell, 2003). 우선 각 사회의 지배적 이데올로기는 그 사회에서 활동하는 기업에 대한 인식형성에 영향을 미치고 이는 사람들이 기업에 대해 기대하는 사회적 책임의 유형에 영향을 끼친다.

로지(Lodge, 1990)는 사회의 이데올로기를 개인주의와 공동체주의로 구분했는데 개인주의적 성향이 강한 사회에서는 진보와 발전에 대한 기여와 관련된 사회적 책임이 강조되지만 공동체주의가 강한 사회에서는 복지와 공동체의 지속가능성과 관련된 활동이 중시된다. 이 이론을 적용해 매그넌과 페렐(Maignan & Ferrell, 2003)은 미국, 프랑스, 독일 국가의 소비자가 중시하는 기업의 사회적 책임에 대한 비교연구를 실시했다.

개인주의가 지배적인 미국에서는 소비자만족, 기업의 수익창출,

고용증대와 같은 경제적 책임을 가장 중요한 기업의 사회적 책임으로 기대한다. 이와 더불어 미국인은 법적 책임을 경제적 책임과 비슷한 수준으로 중시하고 그다음으로는 윤리적 책임과 자선적 책임 순으로 중요하게 생각한다.

반면, 공동체적 성격이 강한 프랑스와 독일에서 가장 중요한 기업의 사회적 책임은 법률적 책임이며 그다음으로는 윤리적 책임, 자선적 책임, 경제적 책임의 순으로 중시한다. 미국 소비자는 경제적 책임을 중요하게 생각하고 프랑스와 독일의 소비자는 자선적 책임을 더 중요하게 여긴다. 그러나 법률적 책임과 윤리적 책임에 대해서는 세 국가 간 차이가 거의 없었다.

최근 국내에도 기업인식이 사회적 책임에 대한 기대에 미치는 영향에 관한 관심이 생겨난다. 낮은 수준의 반기업정서를 가진 사람들은 기업의 경제적 책임을 중요하게 생각하지만 높은 수준의 반기업정서를 가진 사람들은 경제적 책임보다는 윤리적 책임과 자선적 책임을 더 중요하게 생각하는 경향이 있다(이한준·박종철, 2008, 2010).

또한 대기업 경영자를 신뢰하지 않는 사람들이 기업의 사회적 책임 요구에 대해 더 적극적이라는 연구도 최근 발표되었다(구정우·이수빈, 2015). 이와 같은 연구를 통해 기업인식에 따라 사람들이 기대하는 사회적 책임이 달라질 수 있다는 점을 확인할 수 있다.

3. 연구자료 및 방법

1) 연구자료

이 연구는 2012년 9월 서울 및 6대 광역시(인천, 대전, 대구, 부산, 광주, 울산)에 거주하는 만 19세 이상 성인남녀 1,319명을 대상으로 한 기업이미지 조사자료를 이용했다. 기업이미지 조사는 대기업에 대한 인식과 호감도, 신뢰도, 기업의 사회적 책임 등에 관한 연구를 위해 고려대 한국사회연구소가 기획하고 조사전문 회사인 한국리서치가 조사를 대행했다.

표본추출 틀은 2012년 6월 1일을 기준으로 한 주민등록 인구자료를 사용했고 표본추출은 지역의 성별, 연령별, 지역별 인구구성비에 따라 무작위 추출법을 이용했다.

조사는 2012년 9월 3일부터 24일까지의 기간 동안 대면면접 조사방법을 통해 이루어졌다. 응답자의 특성을 구체적으로 살펴보면, 남성이 651명(49.4%)이고 여성이 668명(50.6%)이다.

연령별로는 20대가 254명(19.3%), 30대가 277명(21%), 40대가 286명(21.7%), 50대가 253명(19.2%), 60대 이상이 249명(18.9%)이다. 거주 지역별로는 서울 595명(45.1%), 부산 201명(15.2%), 대구 139명(10.5%), 인천 163명(12.4%), 광주 79명(6%), 대전 82명(6.2%), 울산 60명(4.5%)이다.

2) 자료의 측정

(1) 대기업의 사회적 책임에 대한 기대

이 연구에서는 일반인이 대기업에 대해 기대하는 가장 중요한 기업의 사회적 책임을 측정했다. "한국사회에서 대기업들이 갖는 가장 큰 사회적 책임은 무엇이라고 생각하십니까?"라는 질문에 대해 "고용, 수익의 사회환원, 윤리경영 실천, 기술개발, 소비자만족, 근로자복지, 협력업체와의 동반성장" 중에서 중요하다고 생각하는 것을 두 가지 선택하게 했다.[1]

캐롤의 이론적 논의를 따라, 이 연구는 설문에서 제시된 일곱 가지 기업의 사회적 책임활동을 네 가지 유형으로 분류했다.

첫째, 고용, 기술개발, 소비자만족은 경제적 책임으로 분류했다. 기업의 경제적 책임은 이해관계자의 수익성이라는 기준으로 판단할 수 있다. 기업은 고용창출을 통해 일자리를 제공하고, 기술개발을 통해 혁신을 추구하며, 소비자만족을 제공하는 등의 경제적 책임이 있다.

둘째, 근로자복지는 법률적 책임으로 분류했다. 기업은 〈근로기준법〉, 〈노동조합법〉, 〈노동쟁의조정법〉 등 노동3법 그리고 〈고용보험법〉, 〈근로자복지기본법〉 등을 준수할 법적 의무가 있기 때문에 근로자복지는 기업의 법률적 책임에 해당한다.

---

1 고용, 수익의 사회환원, 윤리경영 실천, 기술개발, 소비자만족, 근로자복지, 협력업체와의 동반적 성장을 연구 및 분석의 편의에 따라 각각 고용, 수익환원, 윤리경영, 기술개발, 고객만족, 근로자복지, 동반성장으로 줄여서 사용했다.

셋째, 윤리경영 실천과 협력업체와의 동반성장은 윤리적 책임으로 분류했다. 기업의 윤리적 책임은 기업 활동이 올바르고 바람직한 행동을 추구하는 것이다. 윤리적 책임은 법으로 규정되지 않더라도 기업이 사회의 구성원으로서 지켜야 할 기본적 의무이자 책임에 해당한다.[2]

넷째, 수익의 사회환원은 자선적 책임으로 분류했다. 기업은 기업시민으로서 사회 전체의 삶의 질 향상을 위해 수익을 환원할 의무가 있다.

(2) 대기업에 대한 평가

대기업에 대한 평가를 신뢰, 윤리, 호감 등 세 가지 인식의 차원에서 측정했다.

첫째, 대기업에 대한 신뢰의 측면에서 인식을 측정했다. 응답자에게 한국의 대기업을 어느 정도 신뢰하는가를 매우 신뢰, 신뢰, 보통, 불신, 매우 불신 중에서 선택하도록 했다.

둘째, 윤리의 측면에서 인식을 측정했다. 기업에 대한 평가는 "우리나라 대기업들의 윤리성은 대체로 어느 정도라고 생각하십니까?"라는 질문에 대해 "매우 윤리적이다", "윤리적이다", "보통이다", "비윤리적이다", "매우 비윤리적이다" 등에서 하나를 선택하도록 했다.

셋째, 호감의 측면에서 인식을 살펴보았다. 대기업에 대한 호감

---

2 2014년 〈대·중소기업 상생협력 촉진에 관한 법률〉이 만들어졌지만 강제성이 없는 규정이라서 동반성장을 윤리적 책임으로 분류했다. 또한 이 연구에 사용되는 자료는 이 법령이 시행되기 전인 2012년에 수집되었다.

의 정도를 매우 좋음, 좋음, 보통, 나쁨, 매우 나쁨 중에서 어느 정도인가를 측정했다.

이렇게 각각에 대해 측정한 신뢰, 윤리, 호감의 점수는 최대 5점 만점(매우 긍정 = 1, 매우 부정 = 5)을 기준으로 신뢰 2.68점, 호감 2.72점, 윤리 3.19점으로 나타났다. 한국인은 대체로 대기업에 대해 부정적 인식을 가졌음을 알 수 있고, 특히 윤리성에 대해 가장 비판적 태도를 지녔다.

이와 더불어, 앞서 제시한 신뢰, 윤리, 호감 등 세 가지 인식의 차원을 종합해 '부정적 평판'이라는 지표를 구성했다. 부정적 평판은 비신뢰, 비윤리성, 비호감 등의 값을 합한 평균값으로 측정했다(Cronbach's α = 0.747). 부정적 평판을 구성하는 신뢰, 윤리, 호감 점수 배점이 "1 = 매우 긍정, 2 = 긍정, 3 = 보통, 4 = 부정, 5 = 매우 부정"이기 때문에, 값이 커질수록 기업에 대한 부정적 평판이 높음을 의미한다.

(3) 통제변수

교육수준은 응답자의 교육이 전문대학 혹은 대학교 이상의 학력을 가졌는가를 기준으로 나누어 측정했다. 응답자의 가계소득 수준은 전체 응답자의 가계소득 평균을 4분위로 나누고 각 등급에 따라 1에서 4의 값을 부여했다.

응답자의 현재 거주 지역, 대도시 성장여부, 고용의 상태에 있는지, 자영업 및 소규모 사업장을 운영하는가, 결혼 등에 대해서도 각각에 대해 이항변수로 측정했다. 〈표 5-1〉은 이 연구에 사용된 자료의 기술통계 값을 보여준다.

<표 5-1> 기술통계

변수		평균	표준편차	최소	최대
사회적 책임 기대	고용	0.402	0.490	0	1
	수익환원	0.453	0.498	0	1
	윤리경영	0.349	0.477	0	1
	동반성장	0.296	0.457	0	1
	기술개발	0.175	0.380	0	1
	근로자복지	0.153	0.360	0	1
	고객만족	0.169	0.375	0	1
기업 평가	비신뢰	2.677	0.816	1	5
	비호감	2.718	0.833	1	5
	비윤리	3.191	0.777	1	5
	부정적 평판(종합)	2.861	0.659	1	5
인구학적 특성	연령	45.274	14.377	20	88
	성(남성 = 1)	0.494	0.500	0	1
	성장지역(대도시)	0.684	0.465	0	1
	자영업/소규모 사업장	0.350	0.477	0	1
	가계소득 수준	2.614	1.121	1	4
	대졸여부	0.484	0.500	0	1
	결혼	0.733	0.442	0	1
	고용여부(고용 = 1)	0.676	0.468	0	1

3) 분석전략

이 연구에서는 기업에 대한 인식에 따라 대기업의 사회적 책임에 대한 기대가 어떻게 달라지는가를 기술적인 교차비교와 독립표본 t-test 그리고 회귀분석을 통해 살펴보았다. 우선 기업에 대한 인식을 신뢰, 윤리, 호감으로 나누어 사람들이 기대하는 사회적 책임을 비교했다. 대기업을 신뢰하는 응답자와 신뢰하지 않는 응답자가 기대하는 사회적 책임, 대기업에 호감을 가진 응답자와 그렇지 않은 응답자를 나누어 비교했다. 동일한 방법으로 대기업을 윤리적이라고 평가하는 집단과 비윤리적이라고 평가하는 집단이 기대하는 사회적 책임이 어떻게 다른지 살펴보았다.

그리고 대기업에 대해서 신뢰하는 집단, 호감을 가진 집단, 윤리적이라고 생각하는 집단과 그렇지 않다고 생각하는 집단 간의 차이를 확인하기 위해 독립표본 t-test를 실시했다. 집단 구분은 대기업에 대한 신뢰 정도를 평가하는 질문에 "매우 신뢰", "신뢰"로 응답한 사람들을 '신뢰 집단'으로, "불신", "매우 불신"으로 응답한 사람들을 '비신뢰 집단'으로 구분해 분류했다.

이와 같은 방법으로 호감과 윤리성에 대한 평가에서도 "보통"이라고 응답한 사람을 제외하고 각각 '호감 집단'과 '비호감 집단', '윤리 집단'과 '비윤리 집단'으로 구분해 분류했다.

마지막으로 로짓 회귀분석을 통해 대기업의 사회적 책임으로 기대하는 활동에 영향을 미치는 요인을 분석했다. 이 분석에 사용된 이항 로짓 모형(*binary logit model*)은 종속변수가 1 또는 0의 값을 가질 수 있는 경우에 사용되는 회귀분석방법이다. 이 분석에서 종속변수는 응답자가 특정한 유형의 활동에 대해 대기업의 가장 중요한 사회적 책임으로 생각하는가의 여부이다. 고용, 수익의 사회환원, 윤리경영 실천, 기술개발, 소비자만족, 근로자복지, 협력업체와의 동반성장 각각에 대해 대기업이 행해야 할 중요한 사회적 책임인가, 그렇지 않은가를 종속변수로 놓고 분석했다.

4. 연구결과

1) 대기업에 기대하는 사회적 책임의 순위

〈그림 5-2〉는 한국인이 대기업에게 가장 많이 기대하는 사회적 책임이 무엇인가를 보여준다. 한국의 20세 이상 성인은 수익환원, 고용, 윤리경영, 동반성장에 대한 높은 기대를 가지며 기술개발, 고객만족, 근로자복지에 대한 기대는 상대적으로 낮은 편이다. 수익환원을 가장 중요하다고 생각하는 사람이 45.3%로 가장 많았고 윤리경영은 34.9%, 동반성장은 29.6%라고 응답했다.

수익환원과 동반성장에 대한 높은 기대는 대기업의 시장지배와 영업이익이 일반인의 경제소득과 중소기업의 이익과 직결되지 않는

〈그림 5-2〉 대기업에 기대하는 사회적 책임의 유형

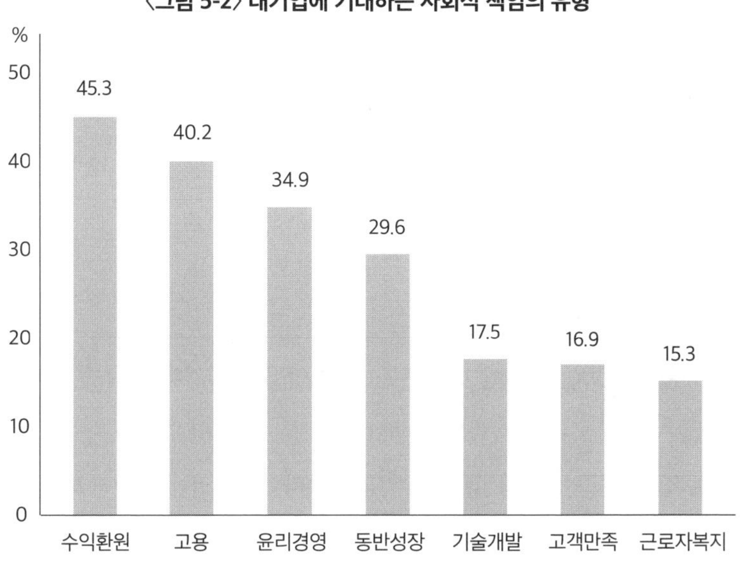

근래의 상황과 밀접한 관련이 있는 것으로 생각한다.

고용은 두 번째로 높은 기대를 받는 사회적 책임활동으로서 전체 응답자의 40.2%를 차지했다. 고용을 중요하게 생각하는 이유는 실업률이 증가함에도 불구하고 '고용 없는 성장'을 계속하는 한국기업의 상황을 반영하는 것으로 보인다.

전체 응답자 중에서 대기업의 중요한 사회적 책임을 기술개발이라고 응답한 사람은 17.5%, 고객만족은 16.9%, 근로자복지를 중요한 사회적 책임이라고 생각하는 사람은 15.3%를 차지했다.

2) 대기업 인식에 따른 사회적 책임의 기대 차이

대기업에 대해 가진 인식의 긍정 또는 부정 수준에 따라 중요하게 생각하는 사회적 책임의 유형이 다른 것으로 나타났다. 앞서 살펴보았듯이 한국 성인은 수익환원, 고용, 윤리경영, 동반성장, 기술개발, 고객만족, 근로자복지의 순으로 사회적 책임을 기대하지만 그들이 가지는 기업에 대한 평가(신뢰, 윤리, 호감)에 따라 중요하게 생각하는 사회적 책임의 내용이 달라졌다.

(1) 신뢰와 사회적 책임

다음의 〈그림 5-3〉이 보여주듯, 대기업을 신뢰하는 사람과 신뢰하지 않는 사람 모두 수익환원을 중요하게 생각하지만 다른 유형에 대해서는 신뢰 수준에 따라 상이한 기대를 한다. 대기업에 신뢰를 가진 사람의 23.4%는 수익환원을 중요한 사회적 책임이라 생각하고 고용

(21.3%), 윤리경영(17.1%), 동반성장(12.9%), 기술개발(9.9%), 고객만족(8.8%), 근로자복지(6.6%) 순으로 그 뒤를 이었다.

대기업에 대한 신뢰 정도가 낮은 사람들의 22.7%는 수익환원을 기대했고 윤리경영(20.4%), 고용(19.5%), 동반성장(17.5%), 근로자복지(8.2%), 고객만족(6.5%), 기술개발(5.2%)의 순으로 사

〈그림 5-3〉 기업신뢰와 기대하는 사회적 책임의 유형

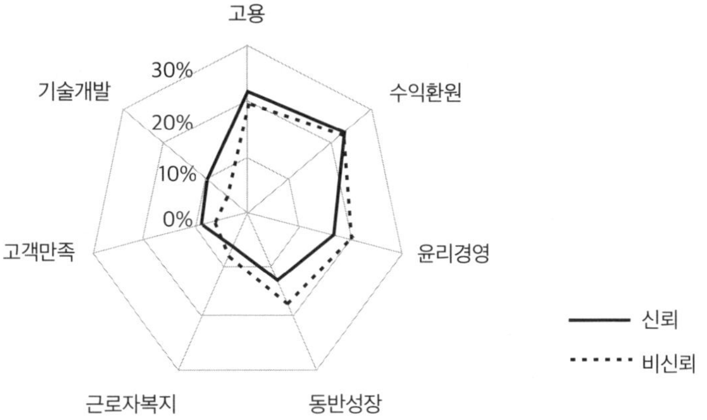

〈표 5-2〉 기업신뢰에 따른 사회적 책임 기대

[신뢰(N = 1,190), 비신뢰(N = 401)]

사회적 책임	구 분	평균		표준편차		t값	p값
		신뢰	비신뢰	신뢰	비신뢰		
자선적 책임	수익환원	.23	.23	.42	.42	.308	.758
윤리적 책임	윤리경영	.17	.20	.38	.40	-1.441	.150
	동반성장	.13	.17	.33	.38	-2.157	.031*
법률적 책임	근로자복지	.07	.08	.25	.28	-1.080	.280
경제적 책임	고객만족	.09	.06	.28	.25	1.580	.114
	기술개발	.10	.05	.30	.22	3.315	.001*
	고용	.21	.19	.41	.40	.772	.440

*p < 0.05.

회적 책임에 대해 기대했다. 대기업을 신뢰하는 사람들은 고용, 기술개발, 고객만족에 대한 기대가 상대적으로 높은 반면, 대기업을 신뢰하지 않는 사람들은 윤리경영, 동반성장, 근로자복지에 대한 기대를 더 많이 했다.

이처럼 대기업을 신뢰하는 집단과 신뢰하지 않는 집단 간 기대하는 사회적 책임의 차이를 통계적으로 확인하기 위해 t-test를 실시했다. 〈표 5-2〉를 보면, 사회적 책임 중 경제적 책임에 해당하는 기술개발(t값 = 3.315)과 윤리적 책임에 해당하는 동반성장(t값 = -2.157)에 대한 응답에서 집단 간 차이가 유의미함을 확인할 수 있다.

구체적으로 신뢰 집단, 비신뢰 집단에 대해 각 기술개발의 평균값이 0.10, 0.05의 수치를 보여, 기업에 대해서 신뢰하는 집단이 그렇지 않은 집단보다 기술개발을 중요한 사회적 책임활동이라고 생각했다. 반대로 동반성장의 평균값은 0.13, 0.17로 기업에 대해서 신뢰하지 않는 집단이 그렇지 않은 집단에 비해 동반성장을 중요한 사회적 책임활동이라고 생각하는 것으로 밝혀졌다.

(2) 윤리와 사회적 책임

〈그림 5-4〉가 보여주듯, 대기업의 윤리성을 높게 평가하는 사람들은 고용(21.4%)과 수익환원(20.5%)을 가장 중요한 사회적 책임이라고 생각한다. 그다음으로 윤리경영(15.9%), 고객만족(12.4%), 기술개발(10.9%), 동반성장(10.5%), 근로자복지(8.3%)의 순으로 사회적 책임활동을 기대했다. 반면, 대기업을 비윤리적이라고 생각하는 사람들은 수익환원(22.5%)과 윤리경영(19.9%)을 중요한 사회적 책임이라고 꼽았으며 고용(18.1%), 동반성장(18%), 근로자복

지(7.8%), 고객만족(7.4%), 기술개발(6.3%)이 뒤를 이었다.

근로자복지의 경우 에는 두 집단의 차이가 크지 않았지만 나머지 영역에서는 대기업을 윤리적이라고 생각하는 사람들과 비윤리적이라고 생각하는 사람들의 사회적 책임 기대의 차이가 두드러진다.

대기업이 윤리적이라고 인식하는 사람들은 고용, 기술개발, 고

〈그림 5-4〉 기업윤리 평가와 기대하는 사회적 책임의 유형

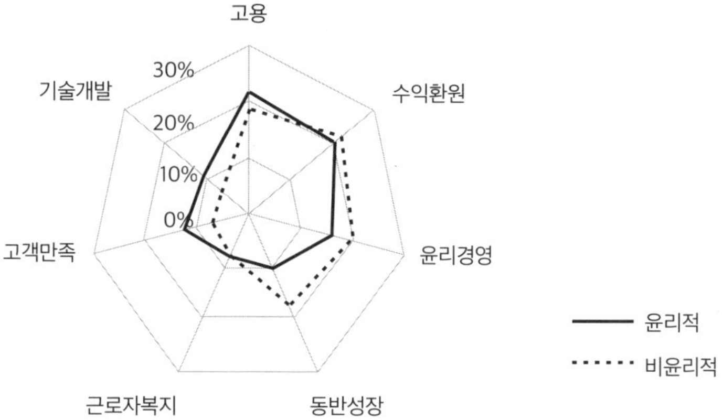

〈표 5-3〉 기업윤리 평가에 따른 사회적 책임 기대

[윤리(N = 458), 비윤리(N = 916)]

사회적 책임	구 분	평균		표준편차		t값	p값
		윤리	비윤리	윤리	비윤리		
자선적 책임	수익환원	.21	.22	.40	.42	-.831	.406
윤리적 책임	윤리경영	.16	.20	.37	.40	-1.818	.069
	동반성장	.10	.18	.31	.38	-3.934	.000*
법률적 책임	근로자복지	.08	.08	.28	.27	.353	.724
경제적 책임	고객만족	.12	.07	.33	.26	2.836	.005*
	기술개발	.11	.06	.31	.24	2.752	.006*
	고용	.21	.18	.41	.39	1.422	.155

*$p < 0.05$.

객만족을 상대적으로 강조하지만 비윤리적이라고 인식하는 사람들은 수익환원, 윤리경영, 동반성장을 중시한다.

기업에 대한 윤리성 평가 정도에 따라 중요하다고 생각하는 각 사회적 책임활동의 차이는 〈표 5-3〉과 같다. 경제적 책임에 해당하는 기술개발(t값 = 2. 742)과 고객만족(t값 = 2. 836), 윤리적 책임에 해당하는 동반성장(t값 = -3. 934)에서 집단 간 차이가 있는 것으로 확인할 수 있다.

기업에 대해서 윤리적이라고 생각하는 집단과 비윤리적이라고 생각하는 집단 별로 각각 동반성장 평균값은 0. 10, 0. 18이었고 고객만족은 0. 12, 0. 07, 기술개발은 0. 11, 0. 06으로 나타났다. 이는 기업을 윤리적이라고 생각하는 사람들은 그렇지 않는 사람들에 비해 고객만족과 기술개발을 더 중요한 사회적 책임으로 생각하며 그 반대의 경우에는 동반성장을 더 중요한 사회적 책임으로 지각함을 말해준다.

(3) 호감과 사회적 책임

〈그림 5-5〉가 보여주듯, 대기업에 대한 호감에 따라 중요하게 생각하는 사회적 책임의 유형이 다름을 알 수 있다. 대기업에 대해 호감적 태도를 가진 사람은 수익환원(21. 7%)과 고용(21. 3%)을 가장 중요한 사회적 책임이라고 생각하며 윤리경영(17%), 동반성장(12. 8%), 기술개발(10. 4%), 고객만족(10. 2%), 근로자복지(6. 6%) 순으로 응답했다.

대기업에 대해 비호감적 태도를 가진 사람은 수익환원(23. 1%)을 가장 중요한 사회적 책임이라고 응답했고 윤리경영(20. 5%), 동반성장(19. 2%), 고용(18%), 근로자복지(9. 8%), 고객만족(5. 3%),

기술개발(4.1%) 순으로 대기업이 사회적 책임활동을 수행하기를 기대했다.

두 집단 모두 수익환원을 대기업이 담당할 가장 중요한 사회적 책임이라고 생각하지만 다른 영역에서 차이를 보였다. 호감적 태도를 지닌 사람은 고용과 수익환원을 중시하지만 비호감적 태도를 지닌 사람

〈그림 5-5〉 기업호감과 기대하는 사회적 책임의 유형

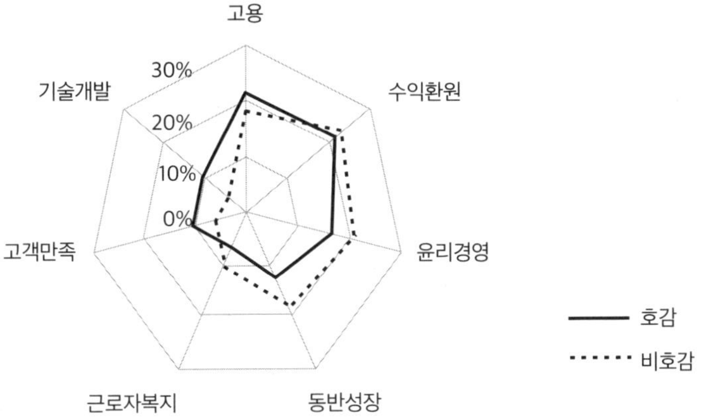

고용
30%
20%
10%
0%
수익환원
윤리경영
동반성장
근로자복지
고객만족
기술개발
호감
비호감

〈표 5-4〉 기업호감에 따른 사회적 책임 기대

[호감(N= 1,120), 비호감(N= 438)]

사회적 책임	구 분	평균		표준편차		t값	p값
		호감	비호감	호감	비호감		
자선적 책임	수익환원	.22	.23	.41	.42	-.583	.560
윤리적 책임	윤리경영	.17	.21	.38	.40	-1.604	.109
	동반성장	.13	.19	.33	.39	-3.008	.003*
법률적 책임	근로자복지	.07	.10	.25	.30	-2.000	.046*
경제적 책임	고객만족	.10	.05	.30	.22	3.524	.000*
	기술개발	.10	.04	.31	.20	4.807	.000*
	고용	.21	.18	.41	.38	1.495	.135

*$p < 0.05$.

은 윤리경영과 동반성장을 더 중요한 사회적 책임이라고 생각한다.

기업에 대한 호감 정도에 따라 중요하다고 생각하는 사회적 책임활동의 차이를 통계적으로 검증한 결과를 〈표 5-4〉를 통해서 확인할 수 있다. 경제적 책임에 해당하는 기술개발(t값 = 4.807)과 고객만족(t값 = 3.524), 윤리적 책임에 해당하는 동반성장(t값 = -3.008), 법률적 책임에 해당하는 근로자복지(t값 = -2.000) 등에서 통계적으로 유의미한 집단 간 차이를 보였다. 구체적으로 호감, 비호감 집단에 따른 동반성장의 평균값은 각각 0.13, 0.19였고 근로자복지는 0.07, 0.10, 고객만족은 0.10, 0.05, 기술개발은 0.10, 0.04였다.

즉, 기업에 대해 호감을 가진 사람은 그렇지 않는 사람보다 고객만족과 기술개발을 더 중요한 사회적 책임으로, 동반성장과 근로자복지는 덜 중요한 사회적 책임으로 생각한다. 이를 사회적 책임의 종류로 구분해 보면, 기업을 호감이라고 생각하는 집단은 경제적 책임을, 비호감이라고 생각하는 집단은 윤리적 책임과 법률적 책임을 중요한 사회적 책임으로 생각한다.

3) 대기업에 대한 평가와 사회적 책임

(1) 회귀분석 결과

지금까지의 분석을 통해 기업에 대한 평가의 수준에 따라서 사람들이 기대하는 사회적 책임활동의 유형이 다름을 밝혔다. 그렇다면 이러한 기업평가의 효과는 응답자의 성, 연령, 교육수준, 결혼, 고용지위, 지역적 특징과 같은 다양한 요인을 통제한 이후에도 여전히 유효할까?

〈표 5-5〉 기업평가가 기업의 사회적 책임활동 기대에 미치는 영향

	모형 1 고용	모형 2 수익환원	모형 3 윤리경영	모형 4 동반성장	모형 5 기술개발	모형 6 근로자복지	모형 7 고객만족
부정적 평판	-0.202* (0.090)	0.122 (0.088)	0.222* (0.092)	0.335*** (0.096)	-0.582*** (0.122)	0.151 (0.121)	-0.323** (0.122)
나이	0.007 (0.006)	-0.002 (0.006)	0.004 (0.006)	0.007 (0.006)	-0.004 (0.007)	-0.001 (0.008)	-0.020** (0.007)
남성	0.284* (0.129)	-0.256* (0.127)	0.126 (0.134)	0.099 (0.140)	0.215 (0.165)	-0.252 (0.175)	-0.379* (0.172)
가구 소득	-0.051 (0.056)	0.011 (0.055)	0.009 (0.058)	0.136* (0.060)	-0.041 (0.072)	-0.051 (0.076)	-0.064 (0.074)
대졸 이상	-0.149 (0.140)	0.251 (0.138)	0.213 (0.145)	0.354* (0.151)	-0.223 (0.178)	-0.493* (0.193)	-0.343 (0.182)
결혼	-0.292 (0.159)	0.344* (0.157)	0.007 (0.163)	0.055 (0.173)	-0.330 (0.200)	-0.202 (0.214)	0.291 (0.213)
고용	0.140 (0.158)	-0.322* (0.155)	-0.091 (0.162)	-0.031 (0.170)	0.198 (0.209)	0.376 (0.224)	0.030 (0.202)
부산	0.174 (0.171)	0.166 (0.169)	-0.282 (0.175)	0.437* (0.186)	-0.414 (0.239)	0.422 (0.239)	-0.834** (0.275)
대구	-0.308 (0.204)	-0.113 (0.193)	-0.556** (0.206)	0.485* (0.206)	-0.176 (0.261)	1.101*** (0.238)	-0.181 (0.264)
인천	0.268 (0.187)	-0.305 (0.190)	-0.803*** (0.208)	0.400* (0.202)	0.295 (0.224)	0.084 (0.284)	0.287 (0.230)
광주	0.267 (0.247)	0.029 (0.246)	-0.484 (0.264)	0.300 (0.273)	-0.650 (0.377)	0.658* (0.331)	-0.215 (0.330)
대전	-0.558* (0.271)	-0.107 (0.243)	-0.615* (0.264)	0.378 (0.260)	-0.249 (0.336)	1.181*** (0.286)	0.430 (0.291)
울산	0.606* (0.278)	0.179 (0.277)	-1.210*** (0.359)	0.747** (0.289)	-0.688 (0.421)	0.442 (0.377)	-0.569 (0.422)
대도시 성장	-0.096 (0.131)	0.094 (0.129)	0.149 (0.137)	-0.191 (0.141)	-0.256 (0.167)	0.129 (0.180)	0.141 (0.173)
자영업	-0.023 (0.143)	0.090 (0.141)	-0.156 (0.149)	-0.049 (0.154)	0.229 (0.182)	0.164 (0.193)	-0.243 (0.195)
상수	-0.001 (0.411)	-0.586 (0.403)	-1.310** (0.425)	-2.754*** (0.451)	0.615 (0.531)	-2.322*** (0.567)	0.472 (0.535)
관찰수	1,295	1,295	1,295	1,295	1,295	1,295	1,295
-2LL	1,701.79	1,756.77	1,630.12	1,528.60	1,154.61	1,058.35	1,125.72

주: 괄호안의 숫자는 표준편차(*s.e.*).
*$p < 0.05$, **$p < 0.01$, ***$p < 0.001$.

〈표 5-5〉는 사람들이 가장 중요하게 생각하는 대기업의 사회적 책임활동을 로짓 회귀모델을 통해 분석한 결과를 보여준다. 모형 1부터 모형 7은 대기업이 해야 하는 가장 중요한 사회적 책임을 각각 고용, 수익환원, 윤리경영, 동반성장, 기술개발, 근로자복지, 고객만족이라고 응답했는가를 분석한 것이다.

분석의 결과가 명확하게 보여주듯이 사회경제적 특징과 인구학적 요인을 통제한 이후에도 기업평가의 효과가 유지되었다. 즉, 기업의 평가에 따라 사람들이 기대하는 사회적 책임의 내용이 다르다는 것이 회귀분석을 통해 확인되었다.

대기업에 대해 부정적으로 인식할수록 윤리경영과 동반성장을 통해 사회적 책임을 실천할 것을 기대하는 경향이 높다. 그러나 기업에 대한 부정적 평판을 가진 사람들은 대기업이 고용, 기술개발, 고객만족 등의 방식을 통해 사회적 책임을 수행할 것을 기대할 가능성이 적다.

다시 말해, 대기업에 대한 평가가 전반적으로 부정적일수록 기업이 담당해야 할 우선적인 사회적 책임이 윤리경영이라고 기대할 가능성이 높아진다는 것이다. 마찬가지로 기업에 대한 부정적 평판이 높아질수록 동반성장을 우선적인 사회적 책임이라고 생각하는 경향이 있다.

반면, 부정적 평판이 높아질수록 기업의 직접적 성장과 관련되는 내용(고용, 기술개발, 고객만족 등)을 사회적 책임이라고 생각할 가능성이 줄어든다. 기업에 대해 부정적 평판이 증대할수록 수익의 사회적 환원을 기대하거나 근로자의 복지를 기대하는 경향이 있지만 통계적으로 유의미한 수준은 아니었다.

(2) 통제변수

대체로 응답자의 연령에 따라 대기업에 기대하는 사회적 책임의 차이가 크지 않다. 흥미로운 것은 연령이 높을수록 고객만족을 중요한 사회적 책임이라고 생각할 가능성이 낮아진다는 점이다. 성별에 따른 차이도 존재한다. 남성은 고용을 대기업이 담당할 중요한 사회적 책임이라고 생각하지만 수익환원과 고객만족을 핵심적인 사회적 책임이라고 생각할 가능성은 낮다. 가구소득이 높아질수록 동반성장을 중요하게 생각한다.

학력에 따른 차이도 존재했다. 대졸 이상의 학력을 가진 사람은 동반성장이 가장 중요한 대기업의 사회적 책임이라고 인식하지만 근로자복지가 중요한 사회적 책임이라고 생각하지 않았다. 결혼한 사람은 대기업이 수익을 사회적으로 환원하는 것을 더 많이 기대하는 경향을 보인다. 반면, 현재 직장생활을 하는 응답자는 수익환원을 중요한 사회적 책임이라고 생각할 가능성이 낮다. 자영업종사 여부, 성장기의 배경 등은 통계적으로 유의미한 결과를 보이지 않았다. 응답자가 거주하는 지역에 따라 차이가 보인다. 서울 이외의 광역도시 거주자는 윤리경영에 대한 기대가 낮은 것으로 나타났다. 반면 동반성장 및 근로자복지에 대해서는 서울 거주자보다 더 높은 기대를 했다. 부산 거주자는 고객만족을 강조하는 경향이 낮다. 대전 거주자는 고용을 덜 강조하지만 울산 거주자는 고용을 중요한 사회적 책임이라고 생각한다.

5. 결론 및 정책적 함의

최근 기업의 사회적 책임은 기업 활동의 핵심적 영역이 되었다. 한국기업도 다양한 유형의 사회적 책임활동에 적극적으로 참여하며 사회적 책임에 대한 정부, 학계, 기업평가 기관의 관심도 꾸준히 증가했다. 이러한 관심에도 불구하고 일반시민이 기업에 대해 어떤 유형의 사회적 책임활동을 가장 많이 기대하며 그 이유는 무엇인가에 대한 체계적 연구는 부족한 실정이다. 특히, 기업에 대한 평가와 인식이 긍정적이고 부정적인 정도에 따라 기업에 대해 구체적으로 어떠한 기대를 달리하는가에 대한 연구는 이루어지지 않았다.

이 연구의 목적은 사람들이 가지는 기업에 대한 평가와 인식에 따라 기업에게 기대하는 사회적 책임이 어떻게 다른지 살펴보는 것이다. 2012년 1,319명을 대상으로 실시한 전국단위 조사자료를 분석을 통해 한국인이 기대하는 사회적 책임은 기업에 대한 평판과 밀접한 관련이 있다는 것을 발견했다. 대기업을 부정적으로 인식할수록 윤리경영과 동반성장에 대한 기대가 높지만 긍정적으로 인식할수록 고용, 기술개발, 고객만족에 대한 기대가 증대했다.

다시 말해, 대기업의 윤리성, 신뢰, 호감의 측면에서 부정적 평가를 많이 하는 사람일수록 대기업이 담당할 가장 중요한 사회적 책임은 윤리적 책임인 협력업체와의 동반성장과 윤리경영이라고 생각했다. 반면, 긍정적 인식을 가지는 사람은 고용, 기술개발, 소비자만족 등이 핵심적인 사회적 책임이라고 생각하는 경향이 있다.

좀더 구체적으로, 대기업을 신뢰하는 사람들은 대기업이 담당할 가장 중요한 사회적 책임은 기술개발이라고 생각하지만 낮은 신뢰를 가지는 사람들은 동반성장을 중요하게 생각했다. 대기업의 윤리성을 긍정적으로 평가하는 사람들은 고객만족과 기술개발을 기대하지만 대기업의 윤리성을 부정적으로 평가하는 사람들은 동반성장을 중요한 사회적 책임이라고 생각했다. 대기업에 대한 높은 호감을 가진 사람들은 고객만족과 기술개발에 대한 기대가 높았고 낮은 호감을 가진 사람들은 동반성장과 근로자복지에 대한 기대가 높았다.

이 연구는 몇 가지 학술적, 정책적 함의를 제시한다. 첫째, 학술적인 측면에서 이 연구의 결과는 그동안 주장되었던 기업의 사회적 책임 단계론이 재검토될 필요성을 제기한다. 즉, 기업의 사회적 책임에 상이한 층위가 존재하며 사회적 책임은 하위 영역에서 시작되어 보다 상위 영역으로 발전된다는 종래의 이론에 대한 새로운 논의와 재검토가 필요한 것으로 생각된다. 이 연구의 결과는 단계론적 접근보다는 사람들의 기업인식과 평판에 따라 상이한 사회적 책임 활동이 필요함을 제시한다.

둘째, 이 연구는 한국기업의 사회적 책임 관련활동의 효과를 높일 수 있는 실용적 함의를 제공한다. 특히, 이 연구결과는 기업에 대한 인식과 평판에 따라 사회공헌활동 전략을 세우는 것이 필요함을 말해준다. 기업에 대해 긍정적 인식을 가진 사람과 부정적으로 생각하는 사람이 기대하는 사회적 책임의 유형이 다르기 때문에 사람들의 인식에 상응하는 선별적 전략이 중요하다. 가령, 대기업에 대해 부정적 평판을 가진 사람들의 기업인식을 바꾸기 위해서는 협력업체와의 동반성장과 근로자복지에 주력하는 사회공헌활동이 효과적이다.

셋째, 이 연구는 기업의 사회적 책임에 대한 새로운 접근이 필요함을 말해준다. 지금까지 기업의 사회공헌활동은 자선활동, 기부, 봉사활동의 방식에서 크게 벗어나지 못했다. 하지만 이 연구는 한국사회에서 기업의 경제적 책임과 법률적 책임에 대한 기대가 매우 크다는 것을 보여주었다. 특히, 기업에 대한 긍정적 인식을 높이기 위해서는 경제적 책임과 법률적 책임의 영역에서 기업의 사회적 책임활동이 더욱 강화되어야 한다.

참고문헌

구정우·이수빈, 2015, "기업시민성과 세계시민성: 누가 기업의 사회적 책임 추궁에 적극적인가?", 〈한국사회학〉, 49(4): 165~198쪽.

김보미, 2014, "한국 기업의 사회적 책임활동 평가와 사회적기업화 전략", 〈CSR Monitor〉, 5: 6~18쪽.

김수한·이명진, 2014, "한국사회의 반기업정서", 〈한국사회학〉, 48(1): 39~70쪽.

김용열, 2004, "반기업정서와 기업 경쟁력", 〈산업경제정보〉, 191: 1~12쪽.

_____, 2009, "한중일 기업인식의 국제비교와 영향요인", 〈무역학회지〉, 34(4): 25~46쪽.

김중인·박범순, 2014, "CSR 유형들이 기업평판에 미치는 영향력 차이: 개인주의-집단주의 성향의 조절효과", 〈광고학연구〉, 25(7): 53~80쪽.

김회성·박기태·이명진, 2009, "기업 사회공헌 결정요인의 시기별 변화에 관한 연구: 1990년대 초반 이후 기업의 기부금 규모를 중심으로", 〈한국사회학〉, 43(4): 1~36쪽.

대한상공회의소, 2003, 〈우리나라 반기업정서의 현황과 과제〉, 서울: 대한상공회의소.

_____, 2014a, 〈2013년 하반기 기업호감지수(CFI) 조사〉, 서울: 대한상공회의소.

______, 2014b, 〈2014년 상반기 기업호감지수(CFI) 조사〉, 서울: 대한상공회의소.

문형구 · 박태규, 2005, “기업의 사회공헌활동 현황과 성과와의 관계”, 〈한국비영리연구〉, 4(2) : 183~224쪽.

백경민, 2013, “한국 기업 내 사회적 책임 전담 부서의 설치”, 〈조사연구〉, 14(3) : 191~211쪽.

이상민, 2002, “기업의 사회적 책임: 미국과 한국 기업의 사회공헌활동 비교”, 〈한국사회학〉, 36(2) : 77~111쪽.

______, 2008, “이중적 CSR 체제의 기원: 미국, 독일, 일본, 한국의 국제비교 연구”, 〈한국사회학〉, 42(7) : 215~253쪽.

______, 2012, “동아시아 CSR의 사회적 구성: 글로벌 경제위기를 중심으로”, 〈한국사회학〉, 46(5) : 141~176쪽.

이상민 · 최인철, 2002, 〈재인식되는 기업의 사회적 책임〉, 서울: 삼성경제연구소.

이선미, 2005, “기업시민정신의 관점에서 본 임직원 자원봉사: 삼성과 SK 사례 연구”, 〈한국비영리연구〉, 4(2) : 39~76쪽.

이창우 · 이동명, 2013, “기업의 사회공헌활동에 대한 지역주민과 임직원간 인식차이 연구”, 〈사회적기업연구〉, 6(1) : 3~25쪽.

이택면 · 박길성, 2007, “시장에서 책임으로: 세계화 시대의 기업-시민사회 관계에 관한 조직이론적 독해”, 〈경제와 사회〉, 74: 227~254쪽.

이한준 · 박종철, 2008, “반기업정서와 자유 시장경제에 대한 인식이 기업의 사회적 책임활동 차원의 중요도 평가에 미치는 영향”, 〈한국비영리연구〉, 7(2) : 247~278쪽.

______, 2010, “경제적 책임과 자선적 책임에 대한 인식이 반기업정서에 미치는 영향”, 〈한국마케팅저널〉, 12(3) : 63~79쪽.

전국경제인연합회, 2014, 〈2014년 주요 기업 · 기업재단 사회공헌백서〉, 서울: 전국경제인연합회.

정원칠, 2012, “대기업을 바라보는 국민인식의 복합성”, 〈EAI Opinion Memo〉, 1: 1~3쪽.

______, 2014, “국민들의 대기업 불신에서 나타나는 세 가지 특징”, 〈CSR Monitor〉, 4: 6~15쪽.

정진경, 2005, “기업의 사회공헌활동 현황과 주요사례 분석”, 〈한국비영리연구〉, 4(2): 177~207쪽.

정한울, 2013, “국민여론으로 본 한국 CSR 4대 딜레마”, 〈CSR Monitor〉, 1: 8~20쪽.

_____, 2013a, “반기업정서와 CSR 인식의 국제비교: 다양성과 유형별 특성”, 〈CSR Monitor〉, 2: 8~25쪽.

조대엽, 2007, “공공성의 재구성과 기업의 시민성”, 〈한국사회학〉, 41(2): 1~26쪽.

조대엽, 2014, 《갈등사회의 도전과 미시민주주의의 시대》, 파주: 나남.

조희진, 2013, “기업 신뢰도의 영향 요인: 공유가치창출(CSV)을 중심으로”, 〈CSR Monitor〉, 3: 6~19쪽.

차희원, 2004, “기업명성에 대한 쟁점 논의”, 〈사회과학연구논총〉, 12: 475~494쪽.

최준혁, 2011, “기업의 사회적 책임 활동이 공중관계성과 반기업정서에 미치는 영향”, 〈홍보학연구〉, 15(3): 102~143쪽.

한국개발연구원, 2007, 〈‘반기업정서’의 실체 파악을 위한 조사 연구〉, 서울: KDI 경제정보센터.

한동우, 2006, “우리나라 기업 사회공헌활동의 현황과 과제”, 〈월간복지동향〉, 92: 4~7쪽.

홍성준, 2012, “기업의 사회적 책임 활동이 소비자의 기업 평가에 미치는 영향: 신뢰와 반기업 의식의 매개효과”, 〈상품학연구〉, 30(2): 147~155쪽.

황인학 · 송용주, 2013, 《우리나라 국민의 기업 및 경제 현안에 대한 인식 조사 보고서》, 서울: 한국경제연구원.

_____, 2014, 《기업 및 경제 현안에 대한 국민 인식 조사 보고서》, 서울: 한국경제연구원.

Buysse, K., & Verbeke, A., 2003, “Proactive environmental strategies: a stakeholder management perspective”, *Strategic Management Journal*, 24(5): pp. 453-470.

Carroll, A. B., 1979, “A three-dimensional conceptual model of corporate performance”, *Academy of Management Review*, 4(4): pp. 497-505.

______, 1991, "The pyramid of corporate social responsibility: Toward the moral management of organizational stakeholders", *Business Horizons*, 34(4): pp. 39-48.

Friedman, M., 1970, "The social responsibility of business is to increase its profits", *New York Times Magazine*, (1970. 9. 13).

Garriga, E., & Melé, D., 2013, "Corporate social responsibility theories: Mapping the territory", In Michalos, A. C., & Poff, D. C. (Eds.), *Citation classics from the journal of business ethics* (pp. 69-96), Dordrecht: Springer.

Hass, P. F., 1979, "The conflict between private and social responsibility", *Akron Business and Economic Review*, 10(2): pp. 33-36.

Hillman, A. J., & Gerald, D. K., 2001, "Shareholder value, stakeholder management, and social issues: What's the bottom line?", *Strategic Management Journal*, 22(2): pp. 125-139.

Maignan, I., 2001, "Consumers' perceptions of corporate social responsibilities: A cross-cultural comparison", *Journal of Business Ethics*, 30: pp. 57-72.

Maignan, I., & Ferrell, O. C., 2003, "Nature of corporate responsibilities perspectives from american, french, and german consumers", *Journal of Business Research*, 56: pp. 55-67.

______, 2004, "Corporate social responsibility and marketing: An integrative framework", *Journal of the Academy of Marketing Science*, 32(1): pp. 3-19.

Matten, D., & Crane, A., 2005, "Corporate citizenship: Toward an extended theoretical conceptualization", *Academy of Management Review*, 30(1): pp. 166-179.

McWilliams, A., & Siegel, D., 2001, "Corporate social responsibility: A theory of the firm perspective", *Academy of Management Review*, 26(1): pp. 117-127.

6

시민단체 활동가의 반기업정서

이명진 · 최지영

1. 문제제기

한국의 반기업정서 수준은 높은 것으로 알려졌다. 2014년 기업호감도 지수[1]는 100점 만점에 47.1점으로 보통인 50점보다 낮은 수준이다(대한상공회의소, 2014). 또한 GlobeScan RADAR 2013 국제인식조사에서도 한국은 23개국 중 국민들의 대기업에 대한 불신이 가장 높게 나타났다(사회적기업연구소·동아시아연구원, 2013).

한국인이 기업을 부정적으로 인식하는 것은 어제오늘의 일이 아니다. 여러 보고서와 연구를 살펴보면 지난 10여 년간 기업을 부정적으로 인식하는 반기업정서가 지속되었고 한국사회의 반기업정서에 관

1 기업호감도 지수(*corporate favorite index*·CFI)란 "국민이 기업에 대해 호의적으로 느끼는 정도를 지수화한 것"으로 국가경제 기여, 윤리경영, 생산성, 국제경쟁력, 사회공헌을 포함하는 5대 요소와 전반적 호감도를 합산해 산출한 점수이다. 100점에 가까울수록 호감도가 높고 0점에 가까울수록 호감도가 낮은 것을 의미한다(대한상공회의소, 2014).

한 논의 역시 지속적으로 관심을 끌었다(김수한 · 이명진, 2014).

반기업정서는 기업인의 사기를 저하시키고 기업경영과 신규투자, 고용창출 등에 지장을 주어 장기적으로 기업 활동에 악영향을 끼칠 수 있다(전국경제인연합회, 2004). 실제로 기업경영자는 한국사회의 반기업정서가 경영활동에 장애요소로 작용한다고 주장하기도 한다(전국경제인연합회, 2007).

이러한 부정적 영향은 한국경제의 침체로 이어질 수도 있어 반기업정서가 기업만의 문제는 아니다. 따라서 반기업정서의 완화는 기업이 경쟁력을 갖추어 글로벌 기업으로 성장하고 나아가 사회 내 경제 활성화를 조성하기 위해 무엇보다 중요한 과제가 될 것이다.

한편, 이러한 반기업정서의 원인은 기업 내부에서 비롯되었다고 할 수 있다. 한국개발연구원 및 대한상공회의소에서 실시한 조사에 따르면 국민이 기업을 부정적으로 생각하는 주된 이유로 분식회계, 부당거래 등 기업의 불법적이고 부도덕한 경영과 부패를 꼽는다(한국개발연구원, 2007; 대한상공회의소, 2009).

김용열(2009)은 한국의 경우 족벌경영이나 정경유착 등 재벌의 비윤리적 경영으로 인해 부정적 기업인식이 강하다고 지적했다. 또한 국민만이 아니라 기업인 역시 반기업정서의 원인을 기업외부가 아닌 기업 자체에서 찾아야 한다고 인식한다(한국개발연구원, 2007).

이러한 부정적 인식을 완화하기 위해 기업은 사회적으로 긍정적인 활동을 진행해왔다. 기업이 사회적 책임의 일환으로 수행하는 사회공헌활동이 그 대표적 예일 것이다. 한국의 기업은 2002년 1조 원이 넘는 액수를 사회공헌활동으로 지출한 이래, 매년 꾸준한 증가세를 보여 왔다. 2012년에는 234개의 회사가 3조 3,534억 원을, 2013년에는 기업들의 경영실적 부진으로 다소 줄어들기는 했으나 사회공헌활동을 위해 2조 8,114억 원을 지출했다(전국경제인연합회, 2014). 이렇게 기업이 사회적 책임의 일환으로 사회공헌활동을 늘림에도 불구하고 기업에 대한 부정적 인식이 전환되지 않는 이유는 무엇인가?

지금까지 기업의 사회공헌활동은 사람들로부터 대체로 긍정적 평가를 받았으나 반기업정서 완화에는 큰 영향을 미치지 못했다. 반기업정서 완화에 실질적으로 영향을 미치는 요소는 따로 존재한다고 생각할 수 있는 것이다. 그렇다면 기업의 어떠한 사회적 책임이 반기업정서 완화에 영향을 미치는지 연구되어야 한다.

그러나 반기업정서와 관련한 사회적 책임의 중요성에도 불구하고 이를 직접적으로 분석한 연구는 그렇게 많지 않다. 아울러 이를 분석한 연구에서도 사회적 책임이 부분적으로 다루어진다. 따라서 기업의 다양한 사회적 책임 중 어떠한 요소가 반기업정서에 구체적으로 얼마만큼 영향을 주는가라는 질문에 답하기가 어려웠다.

이러한 연구주제를 다루기 위해 이 연구에서는 사회적 책임의 하부영역을 포함해 사회적 책임과 반기업정서의 관계에 대한 분석을 진행하고자 한다. 특히, 기업의 사회적 책임에 대해 학자마다 다양한 정의와 내용을 포함하는데 이를 종합해 체계적으로 정리한 캐롤(Carroll, 1979, 1991)의 모델을 사용하고자 한다.

아울러 이 연구에서는 일반시민이 아닌 시민단체 활동가를 중심으로 살펴보고자 하는데 기업의 사회적 책임에 대해 일반시민과 시민사회단체 간 강도의 차이는 있으나 시민사회에서 바라보는 기업에 대한 기대라는 측면에서 기업의 사회적 책임에 관한 일반론인 캐롤의 모델이 적용 가능할 것이다.

반기업정서가 시장에 대한 시민사회의 반응이라는 점에서 일반 시민을 전반적으로 다루는 것도 의미가 있다. 하지만 기업경영자가 반기업정서를 체감하는 요인으로 노사관계, 비판적 언론보도 등과 함께 시민사회단체의 활동을 꼽는 만큼 시민사회단체는 반기업정서에 영향을 미친다(전국경제인연합회, 2005).

또한 고려대 한국사회연구소에서 기획한 기업이미지 조사자료(2012, 2014) 및 한국개발연구원(2007), 전국경제인연합회(2004)의 조사를 살펴보면 반기업정서라는 측면에서 일반인과 시민단체 활동가 사이에는 간격이 크다는 것을 알 수 있다. 다시 말해, 일반시민보다 시민단체 활동가의 반기업정서가 강하고 이들이 반기업정서를 이끄는 것이다.

그동안 한국사회에서 시민단체가 여론형성 과정에서 갖는 영향력이나 대기업과 관련한 시민사회단체 활동의 질적, 양적 의미를 생각한다면, 시민단체 활동가의 반기업정서 현황을 살펴보는 것이 의미 있을 것이다. 어쩌면 이들의 태도를 살펴보는 것이 한국사회에서 반기업정서의 실체를 파악하는 데 더욱 적절할 수 있을 것이다.

2. 선행연구 검토

1) 반기업정서

반기업정서란 무엇인가? 일반적으로 기업 전반에 대한 부정적 인식을 말하지만 학자마다 반기업정서를 정의함에 다소 차이가 있다. 김승욱(2005)은 "반기업정서란 여론이 기업의 긍정적 측면보다 부정적 측면을 더 강조하는 것으로, 고용을 창출하고 국부를 증대시키며 경제발전의 원동력으로 기업을 인식하는 것이 아니라 근로자를 착취하며 세금을 포탈하고 빈부격차를 유발시키는 존재로 인식하는 것"이라 했다. 이신모(2005)는 "기업정서를 개인이나 집단이 기업전체에 대해 갖게 되는 심리적 반응과 자세, 포괄적 인상으로 정의하며 이러한 기업정서가 부정적인 것"을 반기업정서라 지칭했다.

이와 같이 반기업정서의 대상을 전체 기업으로 인식하기도 하지만 좀더 좁은 범위의 대기업 및 재벌로 인식해 정의하기도 한다. 한국개발연구원(2007)은 "반기업정서를 막연하게 기업 및 기업인을 대상으로 하지 않고 재벌, 재벌총수, 공기업 및 부자에 대한 반감"으로 규정했다. 윤영민 · 최윤정(2009) 역시 "반기업정서를 반대기업정서로 명명하며 사실은 반기업정서가 모든 기업에 대한 부정적 정서라기보다는 재벌과 같은 대기업에 대한 부정적 시각"을 의미한다고 주장했다. 최준혁(2011)은 반기업정서가 단일 차원이 아닌 복수의 차원으로서 개인이 대기업에 대해 갖는 부정적 인식, 감정, 행동경향성의 정도로 정의했다.

반기업정서에 대한 이러한 정의를 종합해 볼 때, 특정 대기업이나 그들의 구체적 행위에 대한 평가라기보다는 전체 대기업에 대해 사람들이 갖는 막연하고 종합적 인식이 반기업정서를 의미한다고 할 수 있다(김수한·이명진, 2014). 이에 이 연구에서는 반기업정서의 대상을 전체 모든 기업이 아닌 대기업으로 구체화시키고 이들에 대한 부정적 시각을 반기업정서라 정의하고자 한다.

한편, 한국사회의 반기업정서에 대한 연구는 개념적 정의 및 척도 개발, 실체와 원인 파악, 국가 간 비교연구 등 다양하게 이루어졌다(대한상공회의소, 2003; 권영준, 2004; 김승욱, 2005; 이신모, 2005; 한국개발연구원, 2007; 김용열, 2009; 윤영민·최윤정, 2009; 최준혁, 2011; 동아시아연구원, 2013; 김수한·이명진, 2014).

특히, 2001년 다국적 종합컨설팅회사인 액센추어 사(社)에서 실시한 조사는 한국에서 반기업정서의 심각성을 일깨워주는 동시에 반기업정서에 대해 본격적인 관심을 촉발시킨 계기가 되었다. 액센추어 사는 22개국 880명의 CEO를 대상으로 국민이 "기업인에 대해 부정적 인식이 있다고 보는가"라고 질문했는데 한국의 경우 조사대상국 중 가장 높은 수치인 70%가 기업인에 대해 부정적 이미지가 있다고 응답해 1위를 차지했다(대한상공회의소, 2003). 이와 비슷한 결과로 GlobeScan RADAR 2013 국제 인식조사에서도 23개국 중 한국 국민의 대기업에 대한 불신이 가장 높게 나타나 반기업정서의 심각성을 보여주었다(동아시아연구원, 2013).

또한 한국, 미국, 중국 및 한국, 일본, 중국 각각 세 나라를 비교해 나라마다 기업인식에 어떠한 차이가 있는지 국가 간 비교분석한 연구도 있다(이신모, 2005; 김용열, 2009). 먼저 한국, 미국, 중국의 대학생이 CEO와 대기업에 대해 갖는 정서 상태를 살펴본 연구에서 반대기업정서는 중국이 제일 높고 다음으로 한국, 미국 순으로 나타났다.

한국의 대학생은 특히 정경유착의 결과로 대기업이 성공했다는 인식이 가장 강하고 기업을 후손에게 승계하는 것에 대해 가장 비판적으로 인식하며 부자가 부의 분배에 소극적이라는 인식이 높게 나타났다. 한편, 중국의 경우 부정적 대중인식이 대기업정서에 크게 영향을 미치지만 한국과 미국의 경우에는 대기업행태에 대한 불만이 대기업정서에 영향을 미치는 것으로 나타났다(이신모, 2005).

동아시아 3국인 한국, 일본, 중국을 대상으로 기업인식을 비교한 연구에서, 한국은 일본과 중국보다 기업을 부정적으로 인식하는 비율이 훨씬 높은 것으로 드러났다. 전체 기업을 대기업과 중소기업으로 나누어 살펴보면 한국의 경우 대기업에 대한 인식이 가장 부정적인 반면 중소기업에 대한 인식은 긍정적임을 알 수 있다. 이처럼 한국은 일본이나 중국보다 기업인식, 특히 대기업, 재벌 및 오너에 대해 부정적 측면이 강한데 재벌의 경영폐해, 즉 족벌경영, 정경유착 등이 이러한 부정적 인식을 형성하는 원인으로 작용한다고 볼 수 있다. 한국, 일본, 중국을 비교분석한 결과를 종합해 보면 한국은 대기업에 대한 반기업정서가 여전히 강하며 가장 사회주의적 특성을 보이는 반면 중국은 친기업적인 성향이 강하고 가장 자본주의적인 특성을 나타낸다(김용열, 2009).

좀더 구체적으로 한국사회에서의 반기업정서 실체와 원인을 파악한 조사로는 한국개발연구원의 조사가 대표적이다(2007). 한국개발연구원은 이 조사를 통해 일반국민을 비롯해 경제전문가, NGO 간부, 공무원, 기업인, 언론인 등 다양한 계층을 대상으로 반기업정서의 실체를 파악하고 해소방안을 모색했다.

응답자 중 대부분이 기업 전반에 대해서는 호감을 나타내지만 재벌이나 재벌총수, 공기업에 대해서는 반감을 드러냈다. 특히, NGO 간부는 재벌, 재벌총수, 부자에 대해 상대적으로 강한 반감을 가지는 것으로 나타났고 반감의 이유로 분식회계, 편법상속, 탈세, 정경유착 등 비도덕적 경영이 가장 높게 지적되었다. 전체 응답자의 다수가 반기업정서의 원인으로 독과점 또는 문어발식 확장, 분식회계, 편법상속 등 불법·탈법적 행태와 부도덕한 경영을 우선순위로 꼽는 것이다. 또한 기업인 역시 반기업정서의 원인이 기업 외부가 아닌 기업 내부 자체에 있음에 공감했다.

뿐만 아니라 전국경제인연합회(2004)가 일반국민, 오피니언리더(교수, 기자, NGO), 기업인을 대상으로 실시한 "기업 및 기업인에 대한 국민의식 조사"를 살펴보면, 오피니언리더는 일반국민보다 대기업, 기업오너, 부자에 대해 부정적인 인식이 더 심한 것으로 나타났다. 오피니언리더 중 특히 NGO 종사자의 반기업정서가 가장 심각하며 기업에 대한 부정적 인식에서 일반인과 뚜렷한 차이를 보였다.

그러나 이러한 반기업정서가 사회에 부정적 영향만 미치는 것은 아니다. 한 나라의 기업 활동에 대한 규제는 그 나라 국민이 기업집단을 어떻게 인식하느냐에 영향을 받는데 그간 한국기업의 탈선적 기업행위에 대한 국민의 인식으로 기업 활동을 규제하고 통제하는 여러 법규가 채택된 것이다. 부당노동행위에 관한 규제나 불공정거래에 관한 규제가 바로 그 예로서, 반기업정서가 바람직하지 못한 기업 행위를 통제하도록 해 사회에 긍정적 영향을 미친다(이승훈, 2008).

2) 기업의 사회적 책임과 반기업정서

선행연구를 정리해 보면 한국의 경우 기업을 부정적으로 인식하는 반기업정서가 강하게 자리 잡았다. 기업은 이러한 반기업정서를 완화하고 긍정적 효과를 얻기 위해 그동안 사회공헌활동에 많은 노력을 기울였다. 그럼에도 불구하고 여전히 기업에 대한 부정적 인식은 완화되지 않는 실정이다. 그렇다면 기업의 어떠한 활동이 반기업정서에 실질적 영향을 미칠까?

각종 조사에 따르면, 국민이 반기업정서의 원인으로 꼽는 문제는 기업의 사회적 책임과 관련이 있는데, 특히 기업의 법적 책임이나 윤리적 책임과 밀접한 관련이 있는 것으로 보인다(한국개발연구원, 2007; 김용열, 2009; 대한상공회의소, 2009). 따라서 기존에 기업의 사회적 책임이 사회공헌활동과 같은 자선적 책임을 중심으로 인식되었다면 기업의 사회적 책임을 좀더 구체화하고 세분화해 반기업정서와의 관계를 분석할 필요가 있다. 이러한 분석을 통해 기업의 어떠한 사회적 책임활동이 반기업정서에 실질적 영향을 미치는지 살펴봄으로써, 반기업정서의 완화를 위한 시사점을 제공해줄 것이다.

최초로 기업의 사회적 책임에 관해 학문적 정의를 내린 학자는 보웬(Bowen, 1953)이다. 보웬은 그의 저서 《기업인의 사회적 책임》(*Social responsibilities of the businessman*)에서 "사회적 책임은 우리 사회가 추구하는 목표나 가치의 관점에서 바람직한 정책을 추구하고 그러한 의사결정과 행동을 따라야 하는 기업인의 의무"라 정의 내렸다.

보웬을 시작으로 기업의 사회적 책임에 관해 다양한 논의가 이루어졌는데, 특히 캐롤은 기업의 사회적 책임에 관한 다양한 관점을 통합하고 모델로 구체화시킨 대표적 학자이다.

캐롤은 기업의 사회적 책임을 네 가지 형태로 분류했다. 먼저, 경제적 책임(*economic responsibilities*)은 가장 첫 번째로 중요한 기업의 사회적 책임이다. 기업은 사회의 기본적인 경제 단위로서, 사회구성원이 필요로 하는 재화와 서비스를 제공하고 이윤을 창출하는 기업 본연의 역할에 대한 책임이라 할 수 있다.

법적 책임(*legal responsibilities*)은 기업이 사회의 법적인 요구사항을 충족시키는 범위 내에서 경제활동을 수행해야 한다는 것이다.

윤리적 책임(*ethical responsibilities*)은 법으로 규정되지는 않았지만 사회구성원에 의해 기업이 수행하기를 기대하는 도덕적이고 바람직한 행위로, 법적 요구사항 그 이상의 책임을 말한다.

마지막으로 자선적 책임(*philanthropic responsibilities*)은 의무가 아닌 오로지 자발적이고 선택적인 것으로 사회공헌활동 등이 여기에 속한다.

기업은 이러한 네 가지 사회적 책임을 동시에 충족해야 하지만 기업의 역사(*the history of business*)를 살펴보면 초기에는 경제적 책임을 강조하고, 그다음 법적 책임을, 이후에 윤리적 책임과 자선적 책임을 강조했다. 다시 말해, 피라미드식 구조를 가지는 기업의 사회적 책임은 1단계인 경제적 책임을 완수하지 않고서는 다음 단계인 법적 책임과 윤리적 책임 그리고 자선적 책임이 제대로 수행될 수 없다는 것이다.

또한 캐롤은 하위단계인 경제적 책임, 법적 책임, 그리고 윤리적 책임이 충분히 수행되지 않으면 상위단계인 자선적 책임을 아무리 수행하더라도 그로 인한 긍정적 효과를 얻을 수 없게 된다고 주장했다.

서구에서는 1950~1960년대 기업의 사회적 책임의 개념 정의에 관한 연구에서부터 1970~1980년대 기업의 사회적 성과모형(*corporate social performance model*), 1990년대 이해관계자 모형(*stakeholder model*), 전략적 사회적 책임론(*strategic corporate social responsibility*) 등 기업의 사회적 책임에 관한 다양한 연구가 활발하게 진행되었다(김회성·박기태·이명진, 2009).

그러나 서구 사회와는 달리 한국사회에서는 기업의 사회적 책임에 관한 논의가 2000년대 이후부터 본격적으로 이루어졌다. 기업의 사회적 책임 관련활동이 기업이미지, 제품 및 기업평가, 기업에 대한 태도, 기업성과, 반기업정서 등 기업과 관련된 여러 가지 요인에 어떠한 영향을 미치는지 캐롤의 모델에 근거해 분석한 연구가 다소 진행되었다(배현미·이준일·우소영, 2007; 이한준·박종철, 2009; 김성진·김종근, 2010; 이한준·박종철, 2010; 최준혁, 2011; 박상준·장화영·이영란, 2012).

기존연구를 살펴보면, 기업의 사회적 책임은 기업이미지, 호감도, 신뢰성, 기업성과 등과 관련이 있는데 기업이 사회적 책임을 적극적으로 수행하면 이러한 요인에 긍정적 영향을 미치게 된다는 것이다(배현미 외, 2007; 김성진·김종근, 2010; 박상준 외, 2012). 또한 기업의 사회적 책임 관련활동은 신뢰를 매개로 제품 및 기업평가에 긍정적 영향을 주는 것으로 나타났다(이한준·박종철, 2009).

지금까지 기업의 사회적 책임의 효과에 관한 연구가 일부 진행되었음에도 불구하고 기업의 사회적 책임과 반기업정서 간 관계에 관한 연구는 거의 없는 실정이다. 또한 선행연구는 기업의 사회적 책임 중 경제적 책임과 자선적 책임에 초점을 맞추어 반기업정서에 미치는 영향을 살펴보았다.

이한준·박종철(2010)은 기업의 경제적 책임활동과 자선적 책임활동이 반기업정서에 미치는 영향을 분석했는데 기업의 자선적 책임활동이 높게 지각될수록 반기업정서는 줄어드는 반면, 경제적 책임활동은 높게 지각될수록 반기업정서가 오히려 심화되는 결과가 나타났다. 이는 사람들이 우리나라 대기업이 불법적이고 비윤리적인 방법을 통해 성장하고 경제발전에 참여했다고 인식하기 때문이라 추측해 볼 수 있다.

기업의 사회적 책임 관련활동 중 자선적 책임의 효과를 중심으로 살펴본 최준혁(2011)의 연구에서는 자선적 책임활동이 반기업정서를 완화하는 데 효과가 있는 것으로 나타났다.

이러한 기존의 연구에서는 기업의 사회적 책임이 반기업정서에 미치는 영향을 여러 차원에서 동시에 살펴볼 수 없었다. 따라서 어떠한 사회적 책임이 반기업정서를 완화하는 데 상대적으로 중요한 역할을 하는지 파악할 수 없는 한계가 있다.

이에 이 연구에서는 캐롤이 주장한 기업의 사회적 책임모델을 이론적 근거로 삼아, 기업의 사회적 책임, 즉 경제적 책임, 법적·윤리적 책임, 자선적 책임이 반기업정서에 미치는 영향을 살펴보고, 한국사회의 반기업정서 완화를 위해 기업의 어떠한 사회적 책임이 강조되어야 하는지 제시하고자 한다.

(1) 경제적 책임

'경제적 책임'은 기업이 사회의 기본적인 경제주체로서 수행해야 하는 가장 중요한 임무라 할 수 있다. 기업의 사회적 책임 중 경제적 책임은 일반 국민과 NGO 종사자로부터 지금까지 한국사회에서 기업이 가장 잘 수행해온 책임영역이라 평가받는다(한국PR전략연구소, 2004). 따라서 대기업 역시 경제적 책임 측면에서는 대체로 긍정적 평가가 주를 이룬다(전국경제인연합회, 2004).

기업이 경제주체로서 제품개발 및 서비스 향상 등 기업의 능력을 향상시키기 위해 노력할수록 소비자는 자신의 편익이 증대할 것으로 기대하며 해당기업에 대해 호혜성을 지각한다고 할 수 있다(Morales, 2005). 실제로 여러 실증연구에서 기업의 경제적 책임이 기업이미지, 제품 및 기업평가 등에 긍정적 영향을 미친다는 결과를 제시했다.

이한준·박종철(2009)은 기업이 경제적 책임을 수행할수록 '전문성에 기초한 신뢰'와 '호의성에 기초한 신뢰'를 매개로 해 제품 및 기업평가에 긍정적 영향을 미친다고 결론지었다. 또한 기업의 경제적 책임이 기업이미지에 긍정적 영향을 미치고(김성진·김종근, 2010; 성현선·서대교, 2010; 박상준 외, 2012) 해당 기업에 대해 높은 선호도와 신뢰성을 갖게 하는 것으로 나타났다(배현미 외, 2007).

한편, 경제적 책임에 대한 인식이 반기업정서에 미치는 영향을 분석한 이한준·박종철(2010)의 연구에서는 경제적 책임이 높게 인식될수록 반기업정서가 감소하는 것이 아니라 오히려 증가하는 것으로 나타났다.

이러한 기존의 논의를 종합해 보면 국가경제발전에 기여, 일자리 창출, 우수한 제품개발, 서비스 향상 등 기업의 경제적 책임이 사람들로 하여금 기업에 대해 호의적 태도를 형성하게 한다고 볼 수 있다(이한준·박종철, 2010). 따라서 기업이 경제적 책임을 다할수록 사람들은 기업을 긍정적으로 평가하는 경향이 있어 대기업을 부정적으로 인식하는 반기업정서가 감소할 것이다.

- 가설 1: 기업이 경제적 책임을 다할수록 반기업정서는 감소할 것이다.

(2) 법적 · 윤리적 책임

법적 책임은 기업이 사회를 구성하는 하나의 조직체로서 사회가 요구하는 법적 요구사항을 준수하며 경제활동을 수행해야 함을 의미한다면 윤리적 책임은 법으로 규정되지는 않았으나 사회구성원에 의해 기업이 수행하기를 기대하는 도덕적이고 바람직한 행위를 의미한다. 이 연구에서는 이러한 법적 책임과 윤리적 책임을 분리하지 않고 하나로 결합해 분석하고자 한다. 선행연구를 살펴보면 법적 책임과 윤리적 책임의 효과가 비슷하게 나타나는 것을 확인할 수 있다.

또한 이 연구에 사용된 기업이미지 조사결과를 살펴보면, 법적 책임과 윤리적 책임 간 상관성이 강하고 법적 측면을 윤리적 측면에 포함시켜 생각하는 경향이 있어 사람들의 인식 속에 법적 책임과 윤리적 책임이 상당 부분 혼재되었다는 것을 알 수 있다. 따라서 법적 책임과 윤리적 책임을 결합해 하나의 변수로 취급하더라도 분석에는 큰 무리가 없을 것으로 판단했다.

기업의 법적 책임과 윤리적 책임의 효과에 관한 기존연구를 살펴보면, 이한준 · 박종철(2009)은 기업의 법적 책임과 윤리적 책임이 해당 기업에 대한 호의성 신뢰를 매개로 제품 및 기업평가에 긍정적 영향을 미친다고 밝혔다. 한편, 김성진 · 김종근(2010)은 기업의 사회적 책임 차원별 긍정적 메시지와 부정적 메시지의 파급효과와 기업이미지에 미치는 영향을 살펴보았다.

분석결과, 법적 책임과 윤리적 책임에 관련된 긍정적 메시지는 파급효과가 있는 것으로 나타났다. 즉, 기업이 법적 책임을 수행하면 당연히 윤리적 책임도 수행할 것이라 생각하고 윤리적 책임을 수행하면 법적 책임 역시 수행할 것이라고 판단하는 것이다. 뿐만 아니라 법적 책임과 윤리적 책임에 대한 부정적 메시지는 경제적 책임에 대한 부정적 메시지보다 파급효과가 더 커져 기업이미지에 더욱 부정적 영향을 미치는 것으로 나타났다.

또한 박상준·장화영·이영란(2012)의 연구에서는 기업의 사회적 책임 관련활동이 기업이미지에 미치는 영향을 대기업과 중소기업으로 나누어 분석했다. 그 결과 법적 책임과 윤리적 책임이 중소기업보다는 대기업의 기업이미지에 미치는 영향이 더 큰 것으로 나타났다.

특히, 선행연구에서 NGO 종사자는 재벌 및 대기업에 대한 반감의 이유로 비도덕적 경영을 우선적으로 지적하고 기업의 사회적 책임 영역별 중요도에서 법적 책임과 윤리적 책임을 강조하는 만큼 기업의 법적·윤리적 책임이 반기업정서에 영향을 미칠 것으로 유추해 볼 수 있다(한국개발연구원, 2007; 한국PR전략연구소, 2004).

이상의 논의를 종합해 보면 대기업들이 법적·윤리적 책임을 다할수록 긍정적 평가가 늘어나게 되어 대기업에 대한 반감이 줄어들 것이라 예상할 수 있다.

- 가설 2: 기업이 법적·윤리적 책임을 다할수록 반기업정서는 감소할 것이다.

(3) 자선적 책임

기업의 자선적 책임은 법으로 규정하거나 반드시 실행해야 하는 의무가 아니라 오직 기업의 선택과 의지에 따라 자발적으로 이루어지는 책임을 말한다. 이러한 의미에서 자선적 책임은 기업의 사회적 책임 중 가장 적극적 의미의 책임이라 할 수 있다.

자선적 책임이 기업에 미치는 긍정적 영향에 관한 논의는 활발히 이루어졌다. 기업이 자선적 책임을 수행할수록 사람들은 해당 기업을 긍정적으로 인식하는 것이다. 즉, 기업의 자선적 책임이 기업이미지, 신뢰형성, 기업평가 등에 긍정적 영향을 미치고(Hess, Rogovsky, & Dunfee, 2002; Brammer & Millington, 2005; Pivato, Misani, & Tencati, 2008; 한동우 · 하연찬 · 문순영 · 조선주, 2003; 이한준 · 박종철, 2009; 박상준 외, 2012; 고정용 · 박현숙, 2014) 반기업정서를 완화하는데 효과가 있는 것으로 나타났다(이한준 · 박종철, 2010; 최준혁, 2011).

이한준 · 박종철(2009)은 기업의 자선적 책임에 대한 노력이 사람들로 하여금 호의성에 기초한 신뢰를 형성하고 이를 매개로 해당 기업과 제품을 긍정적으로 평가하게 된다는 것이다. 특히, 한동우 · 하연찬 · 문순영 · 조선주의 연구(2003)에서는 기업의 사회공헌활동이 기업이미지에 긍정적 영향을 미칠 뿐 아니라 기업의 이미지가 좋지 않은 경우 소비자의 사회공헌활동에 대한 평가가 이미지에 더 큰 영향을 미친다는 결과를 제시했다. 또한 일부 연구에서는 기업의 자선적 책임이 반기업정서를 완화하는 것으로 나타났다(이한준 · 박종철, 2010; 최준혁, 2011).

한편 일반 국민뿐 아니라 시민단체 역시 기업의 자선적 책임을 긍정적으로 평가한다. 한국개발연구원(2007)의 조사에 따르면, 시민단체는 자선적 책임의 일환인 사회기부에 동의하며 이러한 활동을 긍정적으로 평가한다는 것을 알 수 있다. 따라서 기업이 자선적 책임을 충실히 수행한다면 대기업에 대해 호의적인 평가를 하게 되고 반기업정서가 줄어들 것이라 예측해 볼 수 있다.

- 가설 3: 기업이 자선적 책임을 다할수록 반기업정서는 감소할 것이다.

(4) 기업의 사회적 책임 차원별 영향력 차이

마지막으로 경제적 책임, 법적·윤리적 책임, 자선적 책임이 반기업정서에 미치는 영향이 서로 다를 수 있음을 생각해 볼 수 있다. 그동안 우리나라 기업은 경제적 측면과 자선적 측면에서 사람들로부터 긍정적인 평가를 받았다. 특히, 사람들은 대기업이 중소기업보다 경제적 책임과 자선적 책임을 더 잘 수행한다고 인식한다(박상준 외, 2012). 그러나 분식회계, 불투명한 경영, 경영권 세습, 정경유착 등으로 인해 법적 측면과 윤리적 측면에서는 매우 부정적인 평가를 받았다(이한준·박종철, 2010).

김성진·김종근(2010)의 연구에 따르면, 사람들이 경제적 책임에 대한 긍정적 메시지를 접할 경우 경제적 책임만 높게 평가하는 반면, 법적 책임과 윤리적 책임에 대한 긍정적 메시지는 파급효과가 있어 다른 부분에 대한 평가도 높게 나타난다는 것이다. 그러나 긍정적 메시지의 파급효과는 기업이미지에는 영향을 미치지 않았다.

한편 부정적 메시지를 접할 경우, 역시나 경제적 책임에 대한 부정적 메시지는 경제적 책임만 나쁘게 평가하고 파급효과는 없었다.

법적 책임과 윤리적 책임의 부정적 메시지는 파급효과뿐만 아니라 파급효과와 부정성 효과가 동시에 발생해 긍정적 메시지와는 달리 기업이미지를 더욱 훼손시킨다는 것이다. 즉, 경제적 책임에 대한 부정적 메시지보다 법적 책임과 윤리적 책임에 대한 부정적 메시지가 기업이미지에 더 크게 영향을 미치는 것이다.

따라서 지금까지 기업의 경제적 책임, 법적·윤리적 책임, 자선적 책임에 대한 사람들의 인식과 평가를 고려해 볼 때, 각각의 사회적 책임이 우리 사회의 반기업정서에 미치는 영향이 서로 다를 수 있음을 예상해 볼 수 있다.

- 가설 4: 기업의 경제적 책임, 법적·윤리적 책임, 자선적 책임이 반기업정서에 미치는 영향은 다를 것이다.

3. 연구대상과 연구방법

1) 연구자료 및 연구대상

이 연구는 2014년 6월 정치, 경제, 사회 분야를 비롯해 다양한 분야에 종사하는 시민사회 활동가 74명을 대상으로 한 기업이미지 조사자료를 사용했다. 고려대 한국사회연구소가 기획한 기업이미지 조사는 2012년 일반인을 대상으로 한 기업 인식조사에 이어, 2014년에는 시민사회 활동가들이 기업 및 기업인에 대해 어떠한 시각을 가지는지 파악하기 위해 실시되었다. 응답한 시민사회 활동가의 특성은 〈표 6-1〉과 같다.

〈표 6-1〉 응답한 시민사회 활동가의 특성

항목		사례 수(명)	백분율(%)
성별 (N= 71)	남성	22	31
	여성	49	69
연령 (N= 71)	20대	7	9.9
	30대	31	43.7
	40대	20	28.2
	50대	13	18.3
혼인상태 (N= 70)	미혼	27	38.6
	기혼	43	61.4
교육수준 (N= 70)	고등학교	8	11.4
	전문대학(2년제)	3	4.3
	대학교(4년제)	43	61.4
	대학원 이상	16	22.9
지역규모 (N= 71)	대도시(서울/광역시)	54	76.1
	중소도시(시, 읍)	13	18.3
	면 이하	4	5.6
시민단체 활동분야 (N= 71)	정치	15	21.1
	경제	15	21.1
	사회	15	21.1
	문화	5	7
	노동	9	12.7
	환경	8	11.3
	언론	4	5.6
시민단체 활동기간 (N= 71)	1년 미만	3	4.2
	1년 이상~5년 미만	21	29.6
	5년 이상~10년 미만	10	16.9
	10년 이상	35	49.3

2) 주요 변수 및 분석 방법

이 연구에서는 연구범위를 전체 모든 기업이 아닌 대기업으로 구체화시키고 이들에 대한 부정적 시각을 반기업정서라 정의했다. 따라서 반기업정서를 대기업에 대한 전반적인 호감도와 신뢰도, 두 가지 차원으로 나누어 살펴보고자 한다. 반기업정서의 주요대상이라 할 수 있는 대기업에 초점을 두어, 호감 정도와 신뢰 정도를 각각 5점 척도로 구성했다. 대기업에 대한 전반적인 호감 정도에 따라 "매우 좋음", "좋음", "보통", "나쁨", "매우 나쁨"을, 대기업을 어느 정도 신뢰하는지에 따라 "매우 신뢰", "신뢰", "보통", "불신", "매우 불신"을 선택하도록 했다.

반기업정서에 영향을 미치는 독립변수로는 캐롤이 주장한 기업의 사회적 책임, 즉 경제적 책임, 법적 책임, 윤리적 책임, 자선적 책임에 바탕을 두되, 앞서 선행연구 검토에서 언급한 대로 법적 책임과 윤리적 책임은 결합해 하나의 변수로 구성했다. 기존연구와 이 연구에 사용된 기업이미지 조사자료를 살펴보면, 법적 책임과 윤리적 책임 간 상관성이 강하고 사람들의 인식 속에서 법적 측면과 윤리적 측면이 상당 부분 혼재되어 나타남을 알 수 있다. 따라서 법적 책임과 윤리적 책임을 하나의 변수로 구성해 분석에 포함하고자 한다.

먼저, 기업에 대한 경제적 책임은 "지금까지 우리나라의 대기업들이 우리나라의 경제성장에 어떠한 영향을 주었다고 생각하십니까?"라고 질문하고 "매우 긍정적인 영향을 주었다"를 1, "매우 부정적인 영향을 주었다"를 5로 측정했다. 법적·윤리적 책임은 "우리나라 대기업들의 윤리성은 대체로 어느 정도라고 생각하십니까?"라고 물은 뒤, 역시 5점 척도로 "매우 윤리적이다", "윤리적이다", "보통이다", "비윤리적이다", "매우 비윤리적이다" 중 선택하도록 했다. 마지막으로 기업의 자선적 책임은 "대기업들의 사회공헌활동 수준은 어떠해야 한다고 생각하십니까?"라고 질문했다.

응답은 "더욱 확대해야 한다"를 1, "사회공헌활동을 전혀 할 필요가

〈표 6-2〉 주요 변수 설명

변수		설문 내용
종속변수 (반기업정서)	대기업에 대한 호감도	대기업에 대한 전반적인 호감 정도
	대기업에 대한 신뢰도	대기업에 대해 어느 정도 신뢰하는지
독립변수 (기업의 사회적 책임)	경제적 책임	지금까지 우리나라의 대기업들이 경제성장에 어떠한 영향을 주었다고 생각하십니까?
	법적 · 윤리적 책임	우리나라 대기업들의 윤리성(족벌, 파벌, 탈법경영 등)은 대체로 어느 정도라고 생각하십니까?
	자선적 책임	대기업들의 사회공헌활동 수준은 어떠해야 한다고 생각하십니까?
통제변수	성별	남성, 여성
	연령	출생연도
	혼인상태	미혼, 기혼
	교육수준	무학, 초등, 중등, 고등, 전문대, 4년제, 대학원 이상
	지역규모	가장 오래 거주한 지역의 지역규모
	시민단체 활동분야	정치, 경제, 사회, 문화, 노동, 환경, 언론분야
	시민단체 활동기간	시민운동단체에서 활동한 경력 기간

〈표 6-3〉 주요 변수 기술통계 결과

변수	평균	표준편차	최대	최소
반기업정서_대기업에 대한 호감도	3.957	0.992	5	2
반기업정서_대기업에 대한 신뢰도	3.857	0.997	5	2
기업의 경제적 책임	2.873	1.041	5	1
기업의 법적 · 윤리적 책임	4.131	0.846	5	2
기업의 자선적 책임	3.871	0.337	4	3

없다"를 4로 해 측정했다. 기업의 사회적 책임을 묻는 각 문항의 응답은 역코딩해 분석에 사용했다.

또한 통제변수로 성별, 연령, 혼인상태, 교육수준, 지역규모, 시민운동단체 활동분야 및 활동한 기간을 분석에 포함시켰다. 분석에 사용한 주요 변수를 정리하면 〈표 6-2〉와 같다.

이 연구에서는 기업의 사회적 책임이 반기업정서에 미치는 영향을 살펴보기 위해 상관관계분석과 다중회귀분석을 실시했다. 이러한 내용분석을 위한 도구로 SPSS Statistics 20을 사용했다.

4. 분석결과

이 연구에서는 기업의 사회적 책임이 반기업정서에 미치는 영향을 살펴보기 위해 기업의 사회적 책임을 경제적 책임, 법적·윤리적 책임, 자선적 책임으로 나눈 후, 각각의 사회적 책임과 반기업정서 간의 관계를 분석했다. 반기업정서는 대기업에 대한 전반적인 호감도와 신뢰도 두 가지 차원으로 나누어 살펴보았다.

먼저, 기업의 사회적 책임과 반기업정서 간 상관성이 있는지 확인하기 위해 상관관계분석을 실시했다. 분석결과, 기업의 사회적 책임은 대체적으로 반기업정서와 상관관계가 있음을 확인할 수 있었다. 〈표 6-4〉의 상관계수 값을 살펴보면 기업의 사회적 책임과 기업에 대한 전반적인 호감도 및 신뢰도는 정(+)의 관계가 있음을 알 수 있다. 이는 기업이 사회적 책임을 다할수록 기업에 대한 호감도와 신뢰도가 높아지고 기업이 사회적 책임을 수행하지 않을수록 기업에 대한 호감도와 신뢰도는 낮아지는 것을 의미한다.

좀더 구체적으로 살펴보면, 경제적 책임과 법적·윤리적 책임은 대기업에 대한 호감도와 높은 상관관계 있다. 그러나 자선적 책임과 호감도 사이에는 유의미한 상관관계가 없는 것으로 나타났다.

한편, 경제적 책임과 법적·윤리적 책임은 대기업에 대한 신뢰도와 상관관계가 있으나 역시 자선적 책임과 신뢰도 사이에는 상관관계가 없음을 알 수 있다. 종합해 보면 기업의 경제적 책임 및 법적·윤리적 책임은 반기업정서와 높은 상관관계가 있고 자선적 책임은 반기업정서와 대체로 상관관계가 없는 것으로 나타났다.

다음으로 기업의 사회적 책임이 반기업정서에 미치는 영향을 살펴보기 위해 다중회귀분석을 실시했다. 분석결과는 〈표 6-5〉와 같으며 다중공선성(*multicollinearity*)을 확인한 결과, 이 연구에 사용된 독립변수 간 다중공선성 문제는 없는 것으로 확인되었다.

〈표 6-5〉는 비표준화 계수 값과 표준오차를 보여준다. 모형 1과 모형 3은 시민사회 활동가의 특성이 대기업에 대한 호감도와 신뢰도에 미치는 영향을 살펴본 것이다.

시민사회 활동가의 특성은 기본적인 인구사회학적 요인과 시민단체의 활동분야, 시민단체 활동기간으로 구성했다. 여기서 성별, 혼인상태, 지역규모, 시민단체 활동분야는 더미변수로 처리해 분석에 포함했으며 각각 여성, 기혼, 면 이하, 언론분야를 준거집단으로 선택했다.

분석결과, 모형 1에서 시민사회 활동가의 인구사회학적 특성 중 연령만 대기업에 대한 호감도에 영향을 미치는 것으로 나타났다. 반면, 모형 3을 살펴보면 연령, 경제분야, 시민단체 활동기간이 대

〈표 6-4〉 기업의 사회적 책임과 반기업정서 간 상관관계

	대기업에 대한 호감도	대기업에 대한 신뢰도
경제적 책임	.502***	.556***
법적 · 윤리적 책임	.749***	.747***
자선적 책임	-.071	.006

*p < .05, **p < .01, ***p < .001.

〈표 6-5〉 반기업정서에 대한 회귀분석

항목			대기업에 대한 호감도		대기업에 대한 신뢰도	
			모형1	모형2	모형3	모형4
시민사회활동가 특성	남성		.035(.290)	.213(.290)	.008(.249)	.121(.271)
	연령		.426(.200)*	-.014(.182)	.419(.174)*	.148(.170)
	미혼		.489(.280)	.251(.249)	.078(.247)	-.007(.233)
	교육수준		-.146(.160)	.009(.129)	.020(.140)	.158(.121)
	지역규모	서울/광역시	.567(.669)	-.018(.539)	.140(.585)	-.611(.527)
		시, 읍 지역	.382(.693)	-.225(.568)	.279(.600)	-.399(.543)
	시민단체 활동분야	정치	.344(.502)	-.411(.497)	.303(.441)	-.097(.464)
		경제	1.003(.536)	-.221(.480)	1.349(.471)**	.612(.448)
		사회	.633(.512)	-.319(.467)	.489(.449)	.058(.436)
		문화	.121(.620)	.414(.558)	-.460(.545)	-.038(.522)
		노동	.350(.644)	-.229(.540)	-.368(.566)	-.658(.518)
		환경	.183(.594)	-.352(.492)	.096(.521)	-.104(.459)
	시민단체 활동기간		-.004(.002)	.001(.002)	-.004(.002)*	-.001(.002)
기업의 사회적 책임	경제적 책임			.315(.110)**		.321(.103)**
	법적 · 윤리적 책임			.847(.157)***		.628(.147)***
	자선적 책임			.090(.303)		.210(.283)
R^2			.365	.685	.511	.740
Adjusted R^2			.212	.565	.394	.639
F			2.389*	5.702***	4.347***	7.300***

주: 괄호 안의 값은 표준오차.
*p < .05, **p < .01, ***p < .001.

기업에 대한 신뢰도에 영향을 미치는 것으로 나타났다. 즉, 연령이 높을수록, 시민단체 활동기간이 짧을수록 그리고 경제분야의 시민단체가 언론분야 시민단체보다 대기업에 대한 신뢰도가 높아짐을 확인할 수 있다.

모형 1과 모형 3에 각각 기업의 사회적 책임에 대한 변수를 추가해 모형 2와 모형 4를 구성했다. 모형 2는 기업의 사회적 책임이 대기업에 대한 호감도에 미치는 영향력을, 모형 4는 기업의 사회적 책임이 대기업에 대한 신뢰도에 미치는 영향력을 분석한 것이다.

구체적으로 살펴보면, 우선 모형 2에서 기업의 사회적 책임 중 경제적 책임과 법적·윤리적 책임은 대기업에 대한 호감도에 영향을 미치는 반면 자선적 책임은 영향을 미치지 않는 것으로 나타났다. 다시 말해, 기업이 경제적 책임을 수행할수록 그리고 법적·윤리적 책임을 수행할수록 대기업에 대한 호감도가 높아짐을 알 수 있다.

경제적 책임과 법적·윤리적 책임의 수행은 반기업정서 완화에 효과가 있다고 해석할 수 있다. 특히, 법적·윤리적 책임은 표준화계수가 .720으로 유의수준 $\alpha = 0.001$수준에서 통계적으로 유의미하게 나타났다. 법적·윤리적 책임은 다른 형태의 사회적 책임보다 기업에 대한 호감도에 미치는 영향이 크다고 할 수 있다.

그러나 기업의 자선적 책임은 대기업에 대한 호감도에 아무런 영향을 미치지 않았다. 즉, 자선적 책임은 반기업정서 완화에 효과가 없는 것이다. 모형 2는 유의수준 $\alpha = 0.001$수준에서 통계적으로 유의미하며, R^2값에 따라 전체 설명력은 68.5%로 모형 1보다 32% 증가한 높은 설명력을 보여준다.

다음으로 모형 4를 살펴보면, 모형 2와 마찬가지로 기업의 경제적 책임과 법적 · 윤리적 책임만 대기업에 대한 신뢰도에 여전히 통계적으로 유의미한 영향을 미친다. 경제적 책임은 유의수준 α = 0.01 수준에서 그리고 법적 · 윤리적 책임은 유의수준 α = 0.001 수준에서 통계적으로 모두 유의미한 영향을 미침을 확인할 수 있다. 즉, 기업이 경제적 책임을 수행할수록 법적 · 윤리적 책임을 수행할수록 대기업에 대한 신뢰도가 높아지는 것이다. 따라서 기업의 경제적, 법적 · 윤리적 책임의 수행은 반기업정서를 완화한다고 해석할 수 있다.

특히, 기업에 대한 신뢰도에 무엇보다 법적 · 윤리적 책임이 미치는 영향력이 상대적으로 크다는 것을 알 수 있다. 그러나 모형 4에서도 역시 자선적 책임은 대기업에 대한 신뢰도에 영향을 미치지 않았다. 모형 4의 전체 설명력은 74%로, 모형 2와 모형 3보다 높은 설명력을 보여준다. 모형 4의 전체 모형은 유의수준 α = 0.001 수준에서 통계적으로 유의미하다.

시민사회 활동가를 대상으로 분석한 이 연구의 결과를 종합해 보면, 기업의 경제적 책임과 법적 · 윤리적 책임은 반기업정서에 영향을 미치지만 자선적 책임은 반기업정서에 영향을 미치지 않는 것으로 확인되었다. 기업에 대한 호감도와 신뢰도 모두 법적 · 윤리적 책임의 영향력이 가장 크고 다음으로 경제적 책임의 영향력이 큰 것으로 나타났다. 그러나 자선적 책임과 통제변수로 포함된 성별, 연령, 혼인상태, 교육수준, 지역규모, 시민단체 활동분야와 활동기간은 모형 2와 모형 4에서 모두 통계적으로 유의미하지 않음을 알 수 있다.

5. 결 론

그동안 한국사회에서 반기업정서가 상당 기간 지속되었음에도 불구하고 반기업정서에 관한 체계적 실증연구가 부족한 실정이다. 이에 이 연구는 반기업정서와 최근 주목받는 기업의 사회적 책임을 접목시켜 기업의 경제적 책임, 법적·윤리적 책임, 자선적 책임이 반기업정서에 미치는 영향을 실증분석했다.

특히, 기존의 연구가 일반시민을 대상으로 분석했다면 이 연구는 시민사회 활동가의 반기업정서 현황을 중심으로 살펴보았다. 한국사회에서 시민단체가 여론형성 과정에 갖는 영향력이나 그동안 대기업과 관련한 시민사회단체 활동의 질적, 양적 의미를 생각해 본다면, 이들의 태도를 살펴보는 것이 한국사회에서 반기업정서의 실체를 파악하는 데 더욱 적절할 수 있을 것이다.

연구결과를 정리해 보면 다음과 같다. 첫째, 기업의 경제적 책임은 반기업정서에 영향을 미친다는 사실이다. 기업이 경제적 책임을 다할수록 기업에 대한 호감도와 신뢰도가 높아지는 것으로 나타났다.

둘째, 기업의 법적·윤리적 책임 역시 반기업정서에 영향을 미친다. 기업이 법적·윤리적 책임을 수행할수록 기업에 대한 호감도와 신뢰도가 모두 높아짐을 알 수 있다. 지금까지 한국사회에서 반기업정서의 원인으로 정경유착, 비윤리적 경영, 불법·탈법적 행위 등 기업 자체의 문제가 지적되었다. 기업의 이러한 비윤리적이고 불법적 행태로 인해 사람들로부터 부정적 평가를 받았다. 따라서 기업이 법적·윤리적 책임 수행을 위해 노력한다면 반기업정서가 완화될 것이다.

셋째, 기업의 자선적 책임은 반기업정서에 영향을 미치지 않는 것으로 확인되었다. 기업의 자선적 책임은 기업에 대한 호감도에 영향을 미치지 않았고 기업에 대한 신뢰도에 역시 아무런 영향을 미치지 않았다. 기업의 자선적 책임이 반기업정서 완화에 효과가 있다는 일부 기존연구와 다른 결과가 도출되었다.

이 연구는 기업이 사회공헌활동과 같은 자선적 책임을 수행함에도 불구하고 반기업정서가 크게 완화되지 않는다는 점과 일반인과 달리 시민사회 활동가는 반기업정서를 어떻게 인식할 것인가 하는 문제의식에서 출발해 반기업정서에 실질적 영향을 미치는 기업의 사회적 책임 관련활동을 파악하고자 실시되었다. 그 결과, 시민사회 활동가는 반기업정서에 영향을 미치는 요인이 자선적 책임이 아닌 경제적 책임과 법적·윤리적 책임이라고 인식한다는 결과를 도출했다.

지금까지 반기업정서에 관한 기존연구는 대체로 규범적 차원의 연구에 머물러 실증적 연구가 미흡한 실정이다. 또한 기업의 사회적 책임을 전체적으로 다루지 못하고 경제적 책임이나 자선적 책임과 같은 특정 책임활동만을 부분적으로 다루어 기업의 사회적 책임 관련활동과 반기업정서 간 관계를 설명하는 데 한계가 있었다.

그러나 이 연구에서 기업의 사회적 책임을 더욱 다차원적으로 경제적 책임, 법적·윤리적 책임, 자선적 책임으로 나누고 각각의 사회적 책임과 반기업정서와의 관계를 전체적으로 살펴보았다는 점에서 기존연구의 한계를 보완했다고 생각한다. 특히, 반기업정서에 실질적 영향을 미치는 요인을 일반인이 아닌 시민사회 활동가를 통해 확인했다는 점에서 이 연구의 의의가 있다.

그리고 이와 같은 분석을 통해 어떠한 사회적 책임활동이 반기업정서에 실질적인 영향을 미치는지 확인함으로써 앞으로 한국사회의 대기업이 반기업정서의 완화를 위해서는 어떠한 노력을 해야 하는지 시사점을 제공해준다.

그러나 이 연구는 각각의 사회적 책임을 하나의 문항으로 측정해 분석했기 때문에 향후 연구에서는 더욱 다양한 측정문항으로 각각의 사회적 책임을 평가할 필요가 있을 것이다. 이 연구에서는 이와 같은 한계를 남기며 향후에는 이를 보완한 실증적인 연구가 지속적으로 이루어져야 할 것이다.

참고문헌

고정용 · 박현숙, 2014, "한국 기업의 사회공헌활동이 기업평판 및 고객충성도에 미치는 영향", 〈무역연구〉, 10(4): 871~895쪽.

권영준, 2004, "반기업정서의 핵: 반재벌정서의 문제점과 대책", 〈사회과학논총〉, 22: 21~64쪽.

김성진 · 김종근, 2010, "기업의 사회적 책임이 기업 이미지에 미치는 영향: 차원별 파급효과와 메시지 유형을 중심으로", 〈한국마케팅저널〉, 11(4): 49~67쪽.

김수한 · 이명진, 2014, "한국사회의 반기업정서", 〈한국사회학〉, 48(1): 39~70쪽.

김승욱, 2005, "한국 사회 반기업정서의 뿌리와 경제교육", 〈경영계〉, 320: 10~13쪽.

김용열, 2009, "한중일 기업인식의 국제비교와 영향요인", 〈무역학회지〉, 34(4): 25~46쪽.

김해룡 · 김나민 · 유광희 · 이문규, 2005, "기업의 사회적 책임에 대한 척도 개발", 〈마케팅연구〉, 20(2): 67~87쪽.

김회성 · 박기태 · 이명진, 2009, “기업 사회공헌 결정요인의 시기별 변화에 관한 연구: 1990년대 초반 이후 기업의 기부금 규모를 중심으로”, 〈한국사회학〉, 43(4): 1~36쪽.

대한상공회의소, 2003, 〈우리나라 반기업정서의 현황과 과제〉, 서울: 대한상공회의소.

______, 2009, 〈2008년 하반기 기업 호감도(CFI) 조사〉, 서울: 대한상공회의소.

______, 2014, 〈2014년 상반기 기업호감도(CFI) 조사〉, 서울: 대한상공회의소.

박상준 · 장화영 · 이영란, 2012, “기업의 사회적 책임활동이 기업이미지에 미치는 영향: 대기업과 중소기업의 비교”, 〈경영과학〉, 29(1): 15~32쪽.

배현미 · 이준일 · 우소영, 2007, “기업의 경제적 사회책임활동과 기업이미지에 관한 연구”, 〈국제지역연구〉, 11(3): 867~890쪽.

성현선 · 서대교, 2010, “기업의 사회적 책임활동이 기업이미지 및 성과에 미치는 영향”, 〈서비스경영학회지〉, 11(2): 25~47쪽.

윤영민 · 최윤정, 2009, “반대기업정서, 위기책임성, 그리고 사과수용 간 관련성: 삼성그룹 비자금 관련 위기와 농심새우깡 이물질 위기를 중심으로”, 〈한국언론학보〉, 53(1): 288~304쪽.

______, 2014, “기업과 개인의 잘못에 대한 공중의 반응 차이”, 〈홍보학연구〉, 18(2): 247~287쪽.

이승훈, 2008, 〈반기업정서 무엇이 문제인가?〉, 서울: 한국경제연구원.

이신모, 2005, “반 대기업 및 반 대기업가 정서와 생산성 지향적 해소방안”, 〈생산성논집〉, 19(2): 17~41쪽.

이한준 · 박종철, 2009, “기업의 사회적 책임활동이 제품 및 기업평가에 미치는 영향: 신뢰의 매개역할을 중심으로”, 〈마케팅연구〉, 24(1): 231~250쪽.

______, 2010, “경제적 책임과 자선적 책임에 대한 인식이 반기업정서에 미치는 영향”, 〈한국마케팅저널〉, 12(3): 63~79쪽.

전국경제인연합회, 2004, 〈선진국의 반기업정서 현황 및 시사점〉, 서울: 전국경제인연합회.

______, 2005, 〈기업 및 기업인에 대한 국민의식 조사 보고서〉, 서울: 전국경제인연합회.

______, 2007, 〈윤리경영 추진실태와 과제〉, 서울: 전국경제인연합회.
______, 2014, 〈2013년 기업 사회공헌 실태조사결과〉, 서울: 전국경제인연합회.
정한울, 2013, "반기업정서와 CSR 인식의 국제비교: 다양성과 유형별 특성", 〈CSR Monitor〉, 2: 8~25쪽.
최준혁, 2011, "기업의 사회적 책임 활동이 공중관계성과 반기업정서에 미치는 영향", 〈홍보학연구〉, 15(3): 102~143쪽.
______, 2011, "반기업정서 척도 개발과 타당도 연구", 〈기업경영연구〉, 18(3): 133~145쪽.
한국개발연구원, 2007, 〈'반기업정서'의 실체 파악을 위한 조사 연구〉, 서울: KDI 경제정보센터.
한국PR전략연구소, 2004, 〈기업의 사회적 책임성과 NGO의 액티비즘에 대한 공중·기업·NGO의 인식 비교조사〉, 서울: 한국PR전략연구소.
한동우·하연찬·문순영·조선주, 2003, "사회공헌활동이 기업에 미치는 영향 분석: 소비자 분석을 중심으로", 〈한국비영리연구〉, 2(2): 125~160호.
한은경, 2003, "기업의 사회적 책임의 지수화에 관한 연구", 〈한국방송학보〉, 17(3): 274~303호.

Bowen, H., 1953, *Social responsibilities of the businessman*, New York: Harper.
Brammer, S., & Millington, A., 2005, "Corporate reputation and philanthropy: An empirical analysis", *Journal of Business Ethics*, 61(1): pp. 29-44.
Carroll, A. B., 1979, "A three-dimensional conceptual model of corporate performance", *Academy of Management Review*, 4(4): pp. 497-505.
______, 1991, "The pyramid of corporate social responsibility: Toward the moral management of organizational stakeholders", *Business Horizons*, 34(4): pp. 39-48.
Hess, D., Rogovsky, N., & Dunfee, T. W., 2002, "The next wave of corporate community involvement: Corporate social initiatives", *California Management Review*, 44(2): pp. 110-125.

Morales, A. C., 2005, "Giving firms an 'E' for effort: Consumer responses to high-effort firms", *Journal of Consumer Research*, 31(4): pp. 806-812.

Pivato, S., Misani, N., & Tencati, A., 2008, "The impact of corporate social responsibility on consumer trust: The case of organic food", *Business Ethics: A European Review*, 17(1): pp. 3-12.

7

반기업정서의 성별 차이

김혜영 · 이재경

1. 서 론

기업의 성장과 발전은 사회적 측면에서는 한 사회의 경제수준을 가늠케 할 뿐만 아니라 개인적 차원에서는 양질의 일자리 창출과 연관되었다는 점에서 기업에게 거는 사회 성원의 기대는 적지 않다. 그러나 동시에 기업은 시장에서의 이윤추구를 목적으로 한다는 점에서 비영리적인 목적을 추구하는 조직이나 집단에 비해 경쟁적이고 물질주의적 특성을 가질 수밖에 없다. 따라서 이러한 특성이 과도한 시장주의나 물신주의적 행태로 나타나는 경우, 그로 인한 사회적 폐해 또한 적지 않다. 이러한 점에서 기업에 대한 부정적 인식이나 평가는 대다수 산업사회에서 어느 정도 편재된 현상으로 볼 수 있다.

우리 사회도 예외는 아니다. 급속한 경제성장 과정에서 한국의 기업은 산업화를 견인해온 핵심세력 가운데 하나이지만 강력한 국가주도의 경제발전 과정에서 정부의 비호 아래 노동자의 인권을 억

압하며 독점적인 권력과 부를 축적해왔다는 점에서 기업에 대한 세간의 인식은 대단히 부정적이거나 비판적인 것이 사실이다.

최근까지도 이어지는 대기업의 무법적 행위나 기업가 정신을 의심케 하는 일련의 사건은 기업에 대한 부정적 여론을 확산시키는 데 일조했다. 예컨대, 2013년 남양유업의 대리점에 대한 갑질 논란, 대한항공의 '땅콩회항' 사건과 롯데그룹의 '형제의 난', 그리고 월급의 일부를 우유나 유제품으로 지급한 서울우유 사건은 모든 이의 공분을 사기에 충분했다.

실제로 한국의 경우, 특히 재벌기업을 중심으로 확인되는 기업 및 기업가의 과도한 비윤리적 행동은 기업에 대한 불신을 지속적으로 심화시켜 '한국만의 특유한 현상'(송호근, 2005)이 되고 있음에 주목할 필요가 있다. 실제로 2013년 한국경제연구원에서 실시한 〈우리나라 국민의 기업 및 정책 현안에 대한 인식조사 보고서〉를 구체적으로 살펴보면 2005년부터 2013년까지 국민의 반기업정서 수위는 지속적으로 60% 이상[1]을 유지하는 것으로 나타났다(황인학·송용주, 2013).

또한 반기업정서를 조사한 2011년 연구에 의하면 일곱 가지 기준, 즉 우리나라 기업이 윤리적이라고 생각하는지, 법을 잘 지킨다고 생각하는지, 도덕적 가치를 중요하게 여긴다고 생각하는지, 올바른 경영철학을 가졌다고 생각하는지, 정당한 방법으로 사업을 한다고 생각하는지를 7점 척도로 측정한 결과 반기업정서 평균값은 5.06점으로 그 수준이 높게 나타남을 확인할 수 있다(윤영민·최윤정, 2011).

1 반기업정서 수위는 2007년 70.7%, 2008년 73.5%, 2012년 75.6%으로 매우 높은 것으로 조사되었다.

이러한 반기업정서는 곧 경제성장을 주도한 한국기업에 대한 국민적 평가가 부정적임을 의미하는 것이며 이는 정치권에 유착해 상당한 특혜를 받으며 성장한 기업의 역사와 무관하지 않다. 오랜 시간 군부 권위주의 정권과의 긴밀한 유착을 통해 상당한 특혜를 받으며 성장한 기업들이 근대적 기업으로 성장한 이후에도 여전한 정치권과의 유착이나 문어발식 기업확장, 세습경영과 같은 불투명하고 전근대적 경영행태를 보여줌으로써 자주 여론의 비판이나 세간의 따가운 시선을 받았음은 주지의 사실이다(조대엽, 2007; 윤영민·최윤정, 2009; 김수한·이명진, 2014). 그리고 기업의 이러한 오랜 관행이 변화하지 않는 한, 한국인의 반기업정서는 쉽게 해소되지 않을 수 있다는 점에 주목해 볼 필요가 있다.

반기업정서의 역사성과 더불어 이에 대한 연구 역시 적지 않다. 주로 이들 연구는 반기업정서에 대한 개념정의로부터 반기업정서가 기업의 생산성에 미치는 영향이나 기업의 사회적 책임과 반기업정서의 관계에 대한 분석으로 분류할 수 있다. 그러나 반기업정서에 영향을 미치는 요인을 분석하거나 반기업정서를 해소할 만한 구체적인 대안을 제시하는 연구는 소수에 불과하다. 따라서 누가 기업에 대해 부정적 감정이나 인식을 얼마나 그리고 어떻게 표출하는가에 대한 논의는 매우 제한적이며, 특히 반기업정서를 둘러싼 성별 차이에 대한 연구는 전무하다. 기업에 대한 여성의 평가에 관한 연구는 주로 소비자로서 특정상품이나 브랜드에 대한 이미지 연구에 국한되어있을 뿐, 한국기업의 다양한 특성과 행태에 대한 여성의 인식과 반응에는 별다른 관심을 기울이지 않았던 것이다. 이는 통상 여성을 공적 영역의 주체로 인식하지 못하는 성차별적 관념과 함께 반기업정서에 대한 연구가 더욱 구체적인 부분으로까지 확장되지 못한 것과 연관된다.

실제로 앞서 언급한 조사자료에 의하면, 반기업정서는 성별에 따라 차이를 보인다. 2013년의 조사결과에 따르면 우리 사회에 반기업정서가 심각하다고 응답한 여성은 56%, 남성은 71%로 여성이 남성보다 반기업정서가 낮게 나타나고 있음을 보여준다(황인학·송용주, 2013). 물론 이러한 결과가 다양한 연구에서 지속적으로 지적된 것은 아니지만 적어도 성별 차이의 정도와 그 요인을 좀더 구체적으로 고민해 볼 필요가 있음은 분명하다.

통상 개인은 성별에 따라 상이한 사회화 과정을 경험하게 된다. 최근 들어 남녀 모두 직장경력이 중요해지면서 유사한 생애주기를 보이고 있으나 그럼에도 불구하고 여성은 여전히 보살핌 노동을 전담해야 함은 물론 노동시장에서 남성보다 열악한 위치에 놓여있는 것이 사실이다. 따라서 여성은 사적 영역, 남성은 공적 영역의 담당주체라는 인식과 이로 인한 사회적 지위의 차이가 변화하지 않는 한, 성별은 사회문제에 관한 인식이나 제도와 관행에 대한 평가에 태도의 차이를 낳는 중요한 요인으로 간주될 수 있다.

이에 이 연구에서는 반기업정서를 둘러싼 성별 차이를 살펴보고자 한다. 반기업정서에 대한 요인을 규명하는 연구가 다양하지 않을 뿐만 아니라 기업에 관한 태도 연구에서도 성별 차이에 관심을 기울이지 않아 여성의 기업에 대한 태도나 인식을 살펴볼 수 있는 자료는 거의 없다. 제한적이기는 하나 2012년 고려대 한국사회연구소의 반기업정서에 대한 조사자료를 활용해 반기업정서에서 각 성별집단 간의 차이가 있는지, 있다면 어떠한 특징이 있는지 등을 살펴보고자 했다. 특히, 사회제도에 대한 신뢰와 기업의 사회적 책임에 대한 인식이 반기업정서와 어떠한 관계가 있는지를 살펴보고 이러한 인식과 태도에서의 성별 차이를 살펴볼 필요가 있다.

요컨대 이 연구는 성별에 따른 반기업정서의 특징을 살펴보고 그러한 인식에 영향을 미치는 요인으로서 사회제도에 대한 신뢰와 사회적 책임에 대한 견해, 연령이나 교육수준, 직업형태, 월평균 가구소득, 배우자 유무 등과 같은 개인적 특성을 살펴봄으로써 반기업정서에 미치는 다양한 요인 규명은 물론 반기업정서에 대한 성별 차이와 그 차이의 영향요인을 규명하고자 한다.

2. 이론적 논의

1) 선행연구의 검토

(1) 반기업정서의 개념과 그 영향요인

'반기업정서'에 관한 논의는 2000년대 초반 이후 활발하게 전개되었는데 주로 반기업정서에 대한 개념정의와 그에 관한 요인 및 결과 등을 살펴보는 실증연구가 중심이었다. 예컨대, 이신모(2005)는 "개인이나 집단이 특정 기업에 대한 정보에 노출하게 됨으로써 기업 전체에 대해 가지게 되는 심리적 반응과 자세"를 기업정서(*corporate sentiment*)로 규정한다. 이러한 정의에 비춰본다면, 개인이 기업 전체에 가지게 되는 부정적인 심리적 반응이 곧 '반기업정서'를 의미하는 것으로 볼 수 있다.

그러나 이 개념이 기업 전체를 포괄하기에는 무리가 있다고 본 윤영민 · 최윤정(2009)은 반기업정서를 대기업으로 한정하여 "개인이 대기업에 대해 전반적으로 가지는 부정적 인식"이라고 정의했고 그런 의미에서 반기업정서보다는 '반대기업정서'가 더 맞는 표현이라고 주장하기도 한다. 그러나 이들은 이후의 연구에서 반기업정서를 대기업으로 한정하지 않고 기업 전체로 재확장하는 변화를 보여준다(윤영민 · 최윤정, 2011). 요컨대 반기업정서를 "개인이 기업 전반에 대해 광범위하게 가지는 부정적 지각으로 규정하고 특정 기업이나 이들의 구체적 활동에 대한 평가가 아니라 기업 전체에 가지는 막연하고 종합적이며 비호의적 지각"으로 정의한 것이다.

한편 최준혁(2010)은 반기업정서를 "개인이 대기업에 대해 갖는 부정적 인식과 감정, 행동성향성"으로 규정함으로써 '반기업정서'를 '정서'의 개념이 아닌 '인식'으로 볼 것을 주장한다. 이러한 주장을 수용한다면, 반기업정서는 '개인'이 '기업'(또는 대기업)에 대해 가지는 '부정적인 정서나 인식'으로 정의할 수 있다. 그러나 이러한 방식의 개념규정에는 일정한 한계가 발견되는데 이는 반기업정서를 '개인 차원에서 느끼는 감정' 정도로 폄하할 수 있다는 것이다.

이러한 점에서 김수한 · 이명진(2014)은 '반기업정서'를 정당성의 관점에서 "기업 활동에 대한 부정적 인식과 평가"를 의미하는 것으로 재정의한다. 이는 반기업정서를 개인이 기업에 가지는 감정적 문제로 접근하는 것이 아니라 하나의 사회적 사실로서 간주하고 실재하는 사회현상이라는 점에서 그러한 인식과 평가의 결정요인 등에 대한 과학적 규명의 필요성을 제기한다(김수한 · 이명진, 2014).

반기업정서와 관련된 실증연구에는 기업 위기상황 시 반기업정서가 어떤 영향력을 발휘하는지를 살펴보거나(윤영민 · 최윤정, 2009) 기업의 사회적 책임이 반기업정서에 미치는 영향(최준혁, 2010; 이한준 · 박종철, 2010; 박은영 · 윤창훈 · 박종원, 2012)과 반기업정서가 갖는 결과에 주목하고(이신모, 2005) 기업인식에 영향을 미치는 요인의 국가별 비교연구(김용열, 2009)와 전반적으로 반기업정서에 영향요인에 규명에 관한 연구(김수한 · 이명진, 2014) 등으로 다양하게 나타난 바 있다. 최근 들어서는 반기업정서의 영향요인에 초점을 맞추는 연구가 활발해졌으며 이를 구체적으로 살펴보면 다음과 같다.

반기업정서의 영향요인으로는 크게 기업의 사회적 책임과 사회경제적 요인 두 가지로 구분할 수 있다. 먼저 사회적 책임과 반기업정서에 관한 연구를 살펴본 최준혁(2010)에 의하면 기업의 사회적 책임활동은 반기업정서가 강한 집단에서 효과적인 것으로 나타났다. 대기업에 대해 부정적 정서를 지닌 고객이 많은 경우, 해당 기업의 사회적 책임이 반기업정서에 긍정적 영향을 미친다는 것이다. 박은영 · 윤창훈 · 박종원의 연구(2012)는 부정적 사건이 일어난 직후 기업의 사회적 책임활동이 기업평판에 긍정적 영향을 주었음을 밝히면서 기업의 사회적 활동 그 자체보다는 어느 시기에 그 행위가 이루어졌는지가 더 중요함을 보여준다.

뿐만 아니라 이한준 · 박종철(2010)은 일반인과 대학생을 대상으로 한 조사결과를 통해 이들이 기업의 경제적 책임활동을 높게 지각할수록 반기업정서가 높고 자선적 책임을 높게 지각할수록 반기업정서가 감소함을 보여주었다. 이 연구는 기업의 사회적 책임을 경제적 책임과 자선적 책임으로 구분해 이것이 반기업정서에 미치는 영향을 파악하고자 했다는 점에서 의미를 찾을 수 있다.

한편, 반기업정서에 관한 사회경제적 요인 및 인구학적 요인을 살펴본 김수한・이명진(2014)의 연구결과에 의하면, 기업에 대해 부정적인 평가는 사회제도에 대한 신뢰수준이 낮고 젊은 세대와 교육수준이 높은 집단에서 주로 나타나는 것으로 확인되었다. 이것은 사회적 요인과 함께 인구학적 요인이 반기업정서에 영향을 미침을 보여주는 것이다.

그러나 기존연구를 살펴보면 몇 가지 특징과 함께 논의 전개에 한계가 있음을 알 수 있다. 무엇보다 대다수의 논의는 주로 기업의 사회적 책임에만 초점을 맞추고 있어 기업의 다양한 사회적 책임 유형이 반기업정서에 어떤 영향을 주는지에 관한 면밀한 분석과 이에 대한 논의가 시도되지 않고 있다.

1990년대 민주화 과정을 거치면서 그동안 대립관계였던 시장-국가, 시장-시민사회의 관계는 과거에 비해 완화되거나 협조적 관계로 변화하고 있다. 실제로 세계화 및 신자유주의 체제 도입으로 국가는 시장규제 완화를 비롯한 다양한 시장친화적 정책을 펼치게 되었고 이로 인한 기업의 사회적 영향력은 급속하게 확대되고 있다.

이러한 변화는 기업에 대한 사회의 견제필요성을 증가시켰으며 기업의 책임의식에 대한 시민적 요구와 함께 이에 대한 논의를 본격화했다. 따라서 향후 기업이 전략적으로 보여주는 다양한 사회적 활동에 대한 모니터링 작업과 함께 이러한 활동의 유형과 특성에 따른 반기업정서의 변화 여부도 살펴볼 필요가 있다.

(2) 기업의 사회적 책임과 반기업정서

기업의 사회적 책임활동은 반기업정서를 감소시키는 데 매우 중요하다. 기업의 사회적 책임은 "'사회적 기대'를 바탕으로 기업에 대한 긍정적 연상이 유발되는 일련의 과정"(김해룡 · 김나민 · 유광희 · 이문규, 2005)으로 이해되며 기업의 사회적 책임에 대한 논의의 확대는 결과적으로 기업의 사회공헌 규모의 증가로 이어졌다.

연도별 기업의 사회공헌활동 지출규모는 〈표 7-1〉에 따르면 1996년 3,067억여 원을 시작으로 해마다 증가해 2012년 지출규모는 1996년 대비 10배 가까이 증가했으며2 이들이 중점적으로 지원한 사회공헌부문은 취약계층지원과 같은 복지분야와 교육, 학술분야의 순으로 나타났다(〈표 7-2〉 참고).

그러나 기업의 사회공헌활동 재정규모가 빠르게 증가했음에도 불구하고 기업에 대한 부정적 인식과 평가는 크게 개선되지 않고 있다. 이것은 기업의 사회공헌활동 자체만으로 기업에 대한 평가가 변화하기보다는 사회구성원이 이러한 활동을 어떻게 바라보고 평가하는지가 더욱 중요하다는 것을 다시 한 번 확인시켜준다.

이처럼 기업의 사회공헌활동이 급속하게 증가했음에도 불구하고 반기업정서가 완화되지 않는 이유와 이에 대한 기업 및 사회구성원의 인식과 태도에 대한 심층적 논의가 필요하다. 따라서 기업의 사회적 책임을 보다 다양한 하위차원으로 구성하고 이에 대한 사회 성원의

2 2013년에는 전년도보다 지출 규모가 감소했으나, 기업의 사회공헌 지출규모는 이제까지 지속적인 증가세가 이어졌다는 점에서 이러한 감소세가 지속될 것인지는 향후 관심 있게 지켜볼 사항이다.

〈표 7-1〉 연도별 사회공헌 지출규모 추이

(단위: 백만 원)

연도(회사 수)	사회공헌 지출비용	연도(회사 수)	사회공헌 지출비용
2004년(227개사)	1,228,432	2009년(220개사)	2,651,756
2005년(244개사)	1,402,510	2010년(220개사)	2,873,505
2006년(202개사)	1,804,816	2011년(225개사)	3,088,382
2007년(208개사)	1,955,642	2012년(234개사)	3,253,478
2008년(209개사)	2,160,141	2013년(234개사)	2,811,483

출처: 전국경제인연합회(2014).

〈표 7-2〉 2013년 분야별 사회공헌 지출비율

(단위: %)

	취약계층 지원	교육, 학교, 학술	문화예술 및 체육	해외 지원	환경 보전	의료 보건	기타
지출 비율	33.9	23.7	12.7	6.5	1.4	0.8	21

출처: 전국경제인연합회(2014).

평가와 요구들을 살펴봄은 물론 이러한 사회적 책임 유형과 반기업정서의 상호관련성을 살펴볼 필요가 있다.

다음으로 사회적 책임에 관한 일면적 접근 이외에도 반기업정서를 가지는 집단에 대한 규명이 필요하다. 반기업정서를 완화하기 위해서는 기업행동을 외부에서, 즉 소비자나 일반 사회 성원이 어떻게 인식하는지가 매우 중요하기 때문이다. 따라서 향후에는 어떠한 집단이나 인구학적 범주의 사람들이 반기업정서를 표출하며 이에 대한 국민의 인식은 어떠한지를 연구할 필요가 있다.

성별 차이는 인구학적 특성 가운데 가장 우선적으로 고려해 볼 필요가 있다. 이는 우리 사회가 남녀를 '성별화된 사회질서'에 순응토록 사회화시키기 때문이다(최선영 · 장경섭, 2004; 한상린 · 이명성 · 이종원, 2014). 통상 개인들은 그들의 사회적 위치와 가족 내 배경 등에 의해 경험이 상이하며 경험에 대한 해석 역시 상이하다. 따라서 성별과 교육수준, 나아가 사회경제적 지위변인이 갖는 설명력은 거의 모든 연구에서 중요한 인구학적 변인으로 다루어지는 만큼 1차적인 확인을 필요로 한다. 그러나 아쉽게도 이와 관련된 선행연구는 전무하다.

따라서 이 연구는 남녀의 반기업정서의 차이를 살펴보고 그러한 반기업정서의 차이를 설명하는 요인을 탐색적으로 규명해 봄으로써 반기업정서 완화의 주요한 기제를 도출하는 데 기여할 수 있을 것이다.

2) 반기업정서와 젠더

오랜 논쟁에도 불구하고 성별에 따라 본질적으로 차이가 있는가 그렇지 않은가의 문제는 간단치 않다. 그럼에도 불구하고 사회과학 분야에서 대다수의 경험연구는 성별에 따른 차이에 주목한 것이 사실이다. 성차(*sex difference*)는 근본적으로 생물학적 차이를 나타내지만 이로 인한 특별한 경험이나 차이는 사회문화적으로 구성되는 것이기도 하다. 따라서 성별이 가지는 의미가 그 자체로서 의미를 가지기보다는 사회적으로 각인됨으로써 의미를 가지는 것이며 동시에 사회변화에 따라 언제라도 그 의미가 변화할 수 있음을 암시한다(조현순, 1999).

그러나 적어도 아직까지 여성과 남성은 동일한 시기에 동일한 사건을 경험함에도 불구하고 사회구조적 원인으로 정체성에 '차이'가 발생한다고 보는 것이 유효하다. 성별에 따라 경험세계의 차이가 존재하고 이것은 성별에 따라 세상을 바라보는 시각과 평가방식에

차이를 가지기 때문이다(조형 · 이재경 · 곽진영, 2000). 3

그러나 이러한 논의가 남녀의 차이와 분리를 정당화시키기 위함은 아니다. 여성과 남성의 분리는 의도했든 그렇지 않든 간에 또 다른 억압의 근거로 사용될 수 있기 때문이다. 개인의 태도나 인식, 평가, 감정 등을 연구함에, 개인의 사회인구학적 특성은 동일현상에 대한 같음과 다름을 설명하는 주요한 요인으로 다루어졌다. 여기서 고려하고자 하는 남녀의 차이 역시 이와 마찬가지로 차이가 발생하는 맥락을 규명하기 위함이다. 이러한 점에서 기업에 대한 인식과 평가 혹은 특별한 감정의 성별 차이는 전제되어야 하는 것이 아니라 반드시 검토되어야 하는 부분이다.

실제로 최근 반기업정서에 영향을 미치는 기업의 사회적 책임과 관련해 여성이 맥락화되는 경우가 자주 발생한다. 무엇보다 기업의 사회공헌활동 가운데 취약계층지원의 비중이 적지 않으며 그 결과 여성이 기업의 공헌활동의 주된 대상으로 부각되고 있다. 여성의 교육수준과 사회적 진출이 과거보다 증가했음에도 불구하고 성차별적 사회구조는 여전하며 빈곤의 여성화나 비정규직의 여성화 현상은 같은 근로자 중에서도 여성이 남성보다 빈곤해질 확률이 높음을 보여준다.

여성이 남성보다 시장소득 빈곤율이 높은 것은 어제오늘 일이 아니다. 통계청의 가계금융복지조사에 따르면, 2015년 남성의 시장소득 빈곤율은 16.9%인 데 반해 여성의 경우는 21.1%로 여성의

---

3 물론, 여성 내부에서도 다양한 정체성을 가질 수 있다. 이것을 교차성 이론을 통해 설명할 수 있지만 여기서는 성별에 따른 차이에 초점을 맞추어 설명하고자 한다.

빈곤율이 남성보다 더 높게 나타난다는 점에서 이를 확인할 수 있다.4 그 결과 여성은 남성집단보다 사회적으로 취약할 가능성이 높으며 상대적으로 기업의 사회공헌활동의 주된 대상이 될 것으로 예상할 수 있다.

다음으로는 여성이 소비자로 호명되거나 그 역할을 수행하는 경우가 남성보다 상대적으로 더 많다는 점이다. 여성의 사회진출이 증가함에 따라 이들은 위임받은 소비자의 역할에 더해 스스로 구매력을 가진 주요 소비계층으로 부각되고 있다. 특히, 정보통신기술의 발달로 여성의 소비력은 온오프라인 모두에서 그 위력을 발휘하고 있다(조선주·김영옥, 2007). 따라서 여성은 상품구매 시 구매요인의 하나로 기업의 사회공헌도와 그 특징을 중요하게 고려하거나 구매욕을 자극하기 위한 광고에의 포섭 가능성을 동시에 지니게 된다.

여기에 더해 경제활동참여 증가로 기업에 대한 새로운 인식의 계기가 주어지기 시작하면서 여성은 과거보다 복잡·다양하게 기업을 체험하고 평가할 수 있게 되었다. 지난 5년간 여성의 경제활동참가율 및 고용률은 지속적으로 증가했다. 이는 여성의 소비 여력이 점차 증가함을 보여주는 간접적 증거이다.

뿐만 아니라 여성의 기업에 대한 경험은 성별에 의한 기회구조의 차별기제가 작동된다는 점에서 남성과는 다르게 나타날 가능성이 높다. 실제로 한국여성은 고도경쟁 자본주의 사회로의 이행에도 불구

4 국가통계포털 홈페이지 참조(http://kosis.kr/statHtml/statHtml.do?orgId=101&tblIdDT_DLE02vw_cd=MT_ZTITLE&list_id=C2_5_4&seqNo=&lang_mode=ko&language=kor&obj_var_id=&itm_id=&conn_path=E1) (검색일: 2015. 12. 21)

하고 성별분업 이데올로기에서 자유롭지 못하다. 그 결과 신자유주의 시장질서로의 편입으로 맞벌이 가구가 증가한다고는 하나 여전히 여성의 경제참여율은 OECD 국가 가운데 하위수준을 벗어나지 못하고 있다. 또한 저출산·고령화 대책의 하나로 자녀양육지원을 위한 보육예산의 급격한 증가에도 불구하고 대부분의 여성은 여전히 자녀돌봄에 긴박되어있다.

그러나 다른 한편에서는 과거보다 급격히 향상된 여성의 교육수준과 경제활동의 참여증가 그리고 이로 인한 여성정체성의 변화가 감

〈그림 7-1〉 성별에 따른 경제활동참가율과 고용률

(단위: %)

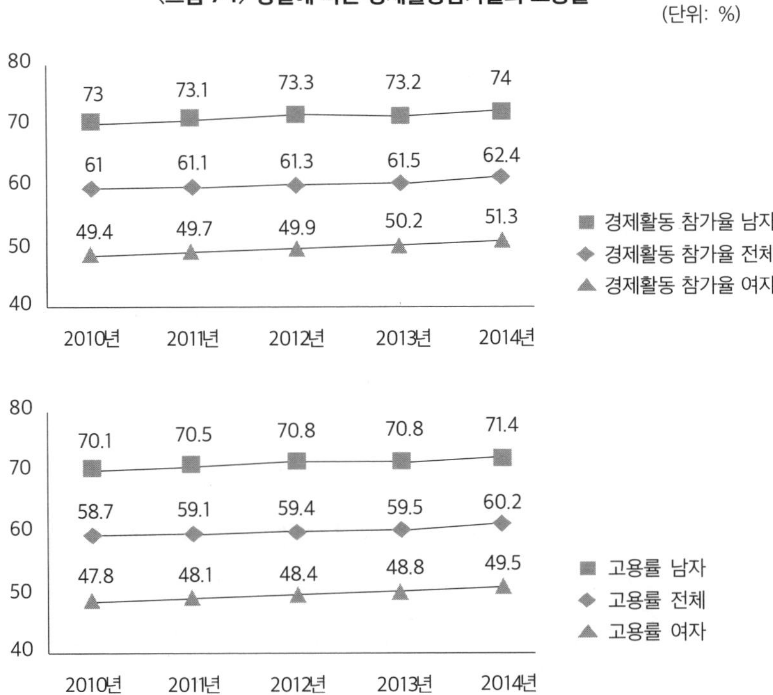

출처: KOSIS 국가통계포털, 경제활동인구조사(2010~2014년)(http://kosis.kr/statisticsList/statisticsList_01List.jsp?vwcd=MT_ZTITLE&parentId=A#SubCont).

지되고 있는 것도 사실이다. 따라서 오늘날의 여성은 단순한 소비자의 역할에서 벗어나 취업자 혹은 취업희망자로서 기업에 대한 관심이 과거보다 증가해 기업에 관한 여성의 인식이 더욱 복합적이고 중층적인 것으로 나타날 수 있다.

예컨대, 기업은 여성에게 유리천장의 압박을 가하거나 일·가정 양립을 불가능하게 하는 주요 구조로 체감된다는 점에서 여성의 기업에 대한 인식은 비판적이거나 부정적일 수 있다. 하지만 과거보다 여성차별적 관행이 줄어든 개혁적 조직문화나 여성에 대한 개방적 태도는 기업에 대한 호감을 증폭시키기도 하고 후기 소비사회적 특성상 개인의 기호와 취향을 자극하는 광고의 위력이 증가하면서 청년세대나 여성의 기업에 대한 비판적 의식이 둔감해질 가능성 역시 확장된다. 이런 점에서 여성의 기업에 대한 평가나 인식, 감정, 태도 등은 과거보다 학문적으로나 정책적으로 주요한 관심의 영역에 포함되어야 함은 너무나 분명해지고 있다.

3) 반기업정서의 영향요인과 성별 차이

(1) 사회제도에 대한 신뢰: 정부, 시민운동단체

기본적으로 정부와 시민사회는 시장을 견제하는 역할을 한다. 시장은 약육강식과 이윤추구의 논리가 관철되는 영역임에 비해 국가와 시민사회는 공공선의 논리를 추구한다는 점에서 이와 같은 관계를 가질 수밖에 없는 것이다. 따라서 국가와 시민사회가 고유한 공공선의 논리를 얼마나 잘 유지하고 작동시키는가에 따라 시장에 대한 건전한 견제가 가능해진다.

한국은 1990년대 이후 신자유주의적 시장질서가 전 영역으로 확산되었다. 시장을 비롯해 정부, 교육, 언론, 종교, 시민운동단체 등에서 경쟁과 효율이라는 시장가치가 강조되었으며(조대엽, 2008) 이것은 정치적인 것을 경제적인 것으로 종속시키는 결과로 나타났다(佐藤嘉幸, 2009/2014). 뿐만 아니라 사회를 바라보는 관점도 장기적 전략보다 단기적 전략이 더욱 중요해지는 사회로 변모되면서 점차 전반적인 사회신뢰가 낮아지게 되었다(Sennett, 2000/2001). 즉, 전 영역의 시장화 경향은 국가 및 시민운동단체의 공공성을 약화시키고 신뢰를 떨어뜨려 사회전체 질서의 위협을 초래하게 된 것이다.

이처럼 사회제도에 대한 신뢰 하락은 시장불신을 심화시키고 시장영역의 대표적인 행위자인 기업에 대한 반감을 심화시키게 된다. 이러한 점에서 사회에 대한 신뢰는 반기업정서와 밀접한 관련이 있으며 반기업정서는 기업을 포함한 사회 전반의 낮은 신뢰를 반영하는 것일 수 있다(조대엽·김원동·박길성·송호근·신광영·양종회·이재경·임혁백·장하성·전상인, 2005; 김수한·이명진, 2014).

그렇다면 성별에 따른 정부 및 시민운동단체에 대한 신뢰의 차이와 신뢰에서의 성별 차이는 곧 반기업정서의 차이로 이어지는가를 확인해 볼 필요가 있다. 이를 위해 성별에 따른 정부 신뢰부터 살펴보면 다음과 같다.

정부 신뢰란 “정부에 대해 국민이 갖는 긍정적 태도”를 의미한다(이승종, 2010; 이수인, 2013). 선행연구를 통해 성별과 정부 신뢰의 관계를 살펴보면, 한국의 경우 일관된 결과가 나타나지 않음을 알 수 있다. 남성보다 여성이 정부를 신뢰한다는 연구(박희봉·이희창·조연상, 2003)가 있는가 하면 여성보다 남성이 정부 신뢰가 높다는 연구(이수인, 2010)는 물론 성별에 따른 차이가 없음을 확인한 논의도 확인되기 때문이다(박종민 · 김왕식, 2006; 이수인, 2013).

그러나 예로부터 공적 영역은 남성의 영역, 사적 영역은 여성의 영역으로 대변되었으며 이러한 구분은 오늘날까지 이어져 정치영역은 여전히 특정한 성별을 명시하지 않았음에도 불구하고 '공적'인 '남성'의 영역으로 간주되고 있다(김경희, 2004). 구조화된 성역할 구분으로 인해 남성의 경우 정치적 문제나 사회문제에 민감한 반면, 여성의 경우 상대적으로 정치 · 사회 영역에 대한 관심이 남성보다 낮다는 특성을 가진다는 주장이 지배적이다(이수인, 2010). 이것은 가정, 학교 등에서 성차별적 사회화 과정으로 인해 여성은 남성보다 정치적 관심과 흥미가 낮게 나타나기 때문이다(조형 외, 2000).

이러한 점을 고려한다면 남성이 여성보다 사회를 좀더 비판적으로 바라볼 가능성이 높으며 따라서 사회에 대한 비판의식이나 정부 신뢰가 여성보다 낮을 것으로 예측할 수 있다. 이는 다시 남성집단에서 정부 신뢰가 높게 나타난다면, 사회 전반에 대한 신뢰가 높아 결과적으로 한국의 반기업정서가 심각하지 않다고 인지할 가능성이 높을 수 있음을 함축한다.

한편 시민운동단체는 신자유주의 세계화의 확산으로 인한 대기업 및 다국적기업의 영향력 확대에 대응해 기업의 사회적 책임을 주장하고 기업의 부당한 행동을 감시 · 견제하는 역할을 해왔다. 즉, 시민운동단체는 기업에 압력을 가할 힘을 가지는 대안적 세력으로 작동했던 것이다(조대엽, 2007). 특히, 한국의 시민운동단체는 1990년대 이후 정치, 경제, 문화의 다양한 이슈에 관심을 보였고 이러한 이슈 제기와 함께 시민운동단체의 수는 점차 증가했다.

그리고 이들은 다양한 자원 및 행위양식을 사용해 이들의 영향력을 점차 확대시켰다.

시민운동단체에 참여하는 사람은 대부분 기존 제도나 질서, 관행, 권위를 의문시하는 '인지적 해방' 과정을 겪는다. 그 결과, 시민운동단체에 대한 신뢰가 높다는 것은 기본적으로 기존의 제도나 관행에 의문을 느끼는 과정을 동반한다(최종숙, 2015). 이는 기존 제도에 비판의식을 갖게 되었음을 의미한다. 그러나 시민운동단체에 참여하는 사람은 성별문제에 관해서는 사회적 약자를 대변하려고 노력하는 것에 비해 그 경계 자체를 인식하지 못하거나 당연하다는 편향적인 자세를 보여주고 있다(정혜숙, 2008). 뿐만 아니라 여성은 시민운동단체 참여에 소극적이며 남성중심적인 현재의 시민운동단체 문화 속에서 배제될 가능성이 매우 높은데 이 역시 경험의 차이를 반영한 결과로 해석된다(조형 외, 2000; 정혜숙, 2008).

이러한 점에서 남성집단이 여성집단보다 시민운동단체에 대한 접근성이 높고, 접촉빈도의 증가는 이들에 대한 신뢰를 높여줄 가능성이 매우 크다고 볼 수 있다. 따라서 여성집단에서 시민운동단체에 대한 신뢰가 높을 경우, 기존 제도에 대해 남성보다 더욱 비판적인 시각을 보유함을 의미하고 이는 곧 기존 제도 가운데 기업에 대한 반감이 심각한 상태라고 인지할 가능성이 높다고 예측할 수 있다.

(2) 기업의 사회적 책임과 반기업정서

기업의 사회적 책임[5]이란 "기업 활동으로 인해 발생하는 사회·경제적 문제를 해결함으로써 기업의 이해관계자와 사회일반의 요구나 기대를 충족시켜야 하는 기업행동의 규범적 체계"로 정의된다(최준혁, 2011). 특히, 사회적 책임은 반기업정서를 해소할 수 있다는 점에서 매우 중요하고 최근 지속적으로 강조되어왔다.

기업의 사회적 책임에 내포된 함의는 상당히 포괄적일 수 있는데 이러한 책임은 크게 경제적, 법률적, 윤리적 그리고 자선적 책임으로 구분할 수 있다.6 기업에게 경제적 책임은 처음이자 우선시되는 특성으로 사회에 좋은 상품 및 서비스를 제공하고 그로 인한 이윤을 추구하는 것과 관련된다. 즉, 기업은 사회를 구성하는 경제주체로서 사회의 소비욕구를 충족시킬 책임이 있다는 것이다. 기업이 경제적 책임을 추구함으로써 사람들은 해당 기업의 제품 혹은 서비스로부터 혜택을 받을 수 있을 것으로 기대한다. 기대가 높아질수록 그 기업에 대해 호의적으로 평가할 가능성이 높아진다(이한준·박종철, 2010)는 것이다.

이에 비해 법률적 책임은 기업의 경제활동이 법과 규정이라는 테두리 내에서 이루어져야 한다는 사회적 기대를 말한다. 대표적인 것으로 기업의 복지제도 등을 들 수 있다. 반면, 윤리적 책임은 최근 들어 점차 강조되는 것으로 비록 법적으로 규정되지는 않았으나 사회구성 일원으로 기업에게 기대하는 행동을 의미한다.

마지막으로 자선적 책임은 앞의 세 가지 책임과는 달리 기업에게 명시적으로 요구되는 책임은 아니다. 오히려 기업의 개별적 판단과

5 사회적 책임과 관련한 기본적 설명은 캐롤의 논문(Carroll, 1979)을 바탕으로 한다.
6 사회적 책임간의 네 가지 범주는 상호 배타적이지 않으며, 특히 윤리 규범의 경우 사회적 책임의 유형을 막론하고 그 안에 내재하고 있기 때문에 윤리적 책임의 경우 개념적으로 정의하는 데 있어서 어려운 점이 있으나, 그럼에도 불구하고 소비자들은 네 가지 유형의 사회적 책임을 구별할 수 있다(Carroll, 1979: 499-500).

자발적 선택에 기반을 둔 것이기 때문에 엄밀하게는 '책임'이라고 보기 어렵다. 뿐만 아니라 자선적 책임은 기업의 전적인 재량에 의해 이루어지고 법에 의해 반드시 지켜야 한다고 명시되지 않으며 기업에게 일반적으로 요구되는 윤리적 감성도 아니다. 그렇기 때문에 기업이 자선적 책임을 지지 않는다고 해 비윤리적이라고 비난받지 않는다. 자선적 책임의 주요 내용은 자선기부, 약물 남용자에 대한 사내 프로그램 실시, 만성 실업자를 위한 교육훈련, 일하는 엄마를 위한 보육센터 제공 등이다.

기업의 사회적 책임에서도 성별요인은 매우 중요하다. 성별에 따라 사회적 책임 유형에 따른 인식의 차이를 비롯해 기업에 기대하는 사회적 책임에도 차이가 있기 때문이다. 그러나 현재 기업의 사회적 책임과 성별에 관한 연구는 거의 부재한 상황이다. 현재 한국 기업의 사회공헌활동에 대한 성별 인식의 차이를 주제로 이루어진 연구는 단 두 건뿐이다. 조선주·김영옥(2007)은 인터뷰를 통해 성별에 따라 기업 사회공헌활동에 대한 인식차이가 있음을 언급했다. 한상린·이명성·이종원(2014)은 여성이 사회적 책임활동을 수행하는 기업을 긍정적으로 평가할 가능성이 높음을 지적했으며 불특정 다수가 아닌 특정한 수혜자를 대상으로 한 사회적 책임활동이 더욱 효과적임을 밝힌다.

통상 사회화 이론은 성별에 따른 차별적인 사회화 과정이 사람들과의 관계 맺기부터 사물에 대한 인식이나 사회현상에 이르기까지 가치판단의 차이를 가져옴을 강조했다. 특히, 남녀의 성격 차이를 강조하는 성심리학자에 의해 여성은 남성보다 타인에게 더 호의적인 반응을 보이는 경향이 있음이 지적되었으며 이러한 타인과의 관계의 차이는 사회에서 여성에게 '돌봄'의 역할을 강조하기 때문인 것으로 풀이된다(한상린 외, 2014; Gilligan, 1993/1997).

뿐만 아니라 정보를 처리하는 데 여성과 남성은 차이를 보인다. 남성이 객관적 지표, 즉 법률이나 경제적 측면을 더욱 중요시하는 반면, 여성은 다른 사람들과의 관계 속에서 어울림이나 배려와 같은 상호관계적 맥락을 강조하는 경향이 더 높다는 점에서 기업에 대한 평가 역시 상이할 수 있다. 이러한 특성을 고려한다면, 기업의 사회적 책임의 네 가지 유형에 대한 평가 역시 성별에 따라 다르게 나타날 수 있다.

현재 한국기업은 경제적 측면에서는 우수한 성적을 거두나 법률적 또는 윤리적 측면에서는 여전히 불투명한 모습을 보이고 있다. 따라서 최근 급격하게 증가하는 기업의 사회공헌활동 역시 사회 성원에게는 순수하게 수용되지 않을 수도 있는데 이는 현재의 반기업정서가 높게 유지되는 현실을 통해 부분적으로 확인할 수 있다.

그러므로 기업의 사회적 책임과 그 유형, 그 책임을 실천으로 보여주는 일련의 활동에 대한 상호 연관성을 살펴보고 이에 대한 국민의 인식과 태도를 살펴보는 일은 대단히 중요하다. 특히, 성별에 따라 기업의 사회적 책임의 유형에 따른 인식의 차이가 있는지, 있다면 이러한 차이가 발생하는 이유는 무엇인지를 규명하기 위한 노력이 필요하다.

그러나 기존의 연구에서는 성별에 따라 사회적 책임이 기업이미지에 미치는 영향을 중심으로 살펴보고 있어 이에 대한 구체적인 답을 제시하지 못한다. 이제까지 여성은 기업에게 중요한 소비자로만 평가받아온 경향이 농후하다는 점에서 기업의 여성에 대한 고려는 대단히 1차원적이었다고 볼 수 있다.

하지만 여성들은 과거에 비해 다양한 사회활동에 참여하고 있으며 사회참여로 인한 지위 향상과 경제력 향상으로 능동적 참여자로서의 지위 상승과 함께 소비자로서의 위력 또한 더욱 커지고 있다. 따라서 기업의 사회적 책임활동에 대한 인식 역시 성별이 가지는 성향에 따라 그 양상이 달라질 것임을 예측할 수 있다(한상린 외, 2014).

(3) 개인적 요인

연령, 소득수준 등과 같은 개인의 사회인구학적 요인 역시 정치 이데올로기에 영향을 미치며 이러한 차이는 사회화 과정과 사회적 배경에 의해 형성되며 개인의 정체성으로 확립되는 경향을 가진다(박희봉 · 이희창, 2006). 그러므로 이러한 개인적 특성과 반기업정서는 어떤 관계를 가지는가를 살펴볼 필요가 있다.

먼저 연령구조에 의한 세대효과를 고려해 볼 수 있다. 세대는 단순히 연령에 따른 구분이 아니라 역사적이고 사회적인 발전의 동력이다(송호근, 2005). 특히, 정치, 경제, 문화적 측면에서 세대의 차별성은 한국사회 발전과정에서 중요한 역할을 한다(이재혁, 2006). 이러한 측면에서 카를 만하임(K. Mannheim)은 세대를 역사적 사건을 공유하는 연령집단으로 규정한다(송호근, 2005). 동일한 세대의 사람은 그 시대의 문화적 가치에 영향을 받으며 세대 간 차이는 경험하는 사회적 환경의 차이를 통해 확인할 수 있다. 연령이 낮을수록 탈물질주의적 성향을 보여주며 탈물질주의자는 대체로 사회 전반에 대한 낮은 신뢰 경향을 보인다. 따라서 이들은 다른 연령집단보다 기업, 특히 대기업에 대한 신뢰가 낮게 나타날 가능성이 많다(어수영, 1992).

교육수준 역시 개인이 인지하는 사회적 가치에 영향을 주는 요인 중 하나이다. 기존연구에 따르면 교육수준이 높을수록 탈물질주의적 가치를 추구하는 경향이 높게 나타남을 확인할 수 있다(어수영, 1992; 김두식, 2005; 박재홍·강수택, 2012). 즉, 교육수준이 높을수록 사회제도에 대한 불만이 높으며 이것은 반기업정서의 정도를 심각하게 인지할 가능성이 높다는 것을 예상케 한다.

또한 개인의 직장 유무와 소득수준 역시 반기업정서의 차이를 가져올 수 있는 주요한 변인의 하나이며 실제로 기존연구에 따르면 소득수준이 반기업정서에 영향을 미침을 보여준다(최준혁, 2011). 그렇다면 이러한 직업 및 소득요인에 의한 성별 차이는 반기업정서와 어떠한 관련성을 가질 것인가를 질문해 볼 수 있다.

크리스텐슨과 라그리드의 연구(Christensen & Laegreid, 2005)에 따르면, 여성은 경쟁적이고 성차별적인 기업부문보다는 제도적으로 기회평등이 확보된 공적 영역에 대한 선호가 높고 실제 취업현황도 이와 다르지 않음을 보였다. 이러한 경향은 결과적으로 여성의 공적 영역으로의 편중을 낳게 되며, 이는 여성으로 하여금 공적 영역을 더 우월한 것으로 인식하거나 적어도 공적 영역에 대한 신뢰를 발생시킨다.

특히, 한국의 경우 여성의 노동참여율이 증가했다고는 하지만 여전히 남성보다 차별받는 구조를 유지하는 상황이라는 점에서 여성은 그들에게 상대적으로 개방적인 공간으로서 그리고 취업 후에는 일·가정양립의 제도화가 구축된 영역으로서 공적 부문을 선호하고 신뢰하게 될 수밖에 없다는 것이다. 이처럼 공적 영역에서 여성의 안정적인 소득창출경험은 결과적으로 반기업정서마저 낮추는 연쇄동기로 작용할 수 있다.

반면, 남성의 경우 기본적인 경제활동을 하는 집단으로 여성보다 기업에 대한 의존도가 크고 실제로 다양한 규모와 업종에서 사기업 취업 비중이 높은 것이 사실이다. 이러한 기업 의존도는 결과적으로 기업의 내부 사정에 상대적으로 밝을 수밖에 없다는 점에서 남성의 반기업정서 정도는 여성보다 높다고 예측할 수 있다.

이에 이 연구에서는 전체 기업과 기업의 특정 종류, 예컨대 대기업 및 다국적기업에 대한 반기업정서의 성별 차이를 살펴보고 반기업정서가 심각하다고 생각하는 남성집단과 여성집단이 가지는 사회경제적 특징을 살펴보고자 한다. 그리고 집단 간 사회경제적 인식과 태도의 특징을 사회 전반적 신뢰(정부, 시민운동단체), 사회적 책임 유형(경제적 책임, 법률적 책임, 윤리적 책임, 자선적 책임), 개인적 요인(연령, 월평균 가구소득, 직업형태, 배우자 유무 등)으로 구분하고 이러한 요인이 기업에 대한 부정적 인식과 평가에 어떠한 관련성을 보이는가를 살펴보고자 한다.

3. 연구자료 및 분석방법

1) 연구자료

이 연구는 2012년 고려대 한국사회연구소에서 기업에 대한 인상과 호감도, 대기업의 정부특혜 및 영향력, 대기업의 사회공헌에 대한 인식 등을 살펴보기 위해 실시한 설문조사자료를 사용했다.

이 연구의 모집단은 서울 및 6대 광역시(인천, 대전, 대구, 부산, 광주, 울산)에 거주하는 만 19세 이상의 성인남녀로, 2012년 6월 1일 주민등록 인구현황에 따라 성별, 연령별, 지역별 인구구성비에 맞게 표본을 할당한 후 무작위 추출했다. 조사기간은 2012년 9월 3일부터 9월 24일로 총 22일이며 전문 조사기관인 한국리서치에 의해 대면면접 조사방법으로 진행되었다.

응답자의 기본적 특성은 다음과 같다. 성별분포는 남성이 651명(49.4%), 여성이 668명(50.6%)이며, 연령별로는 만 19~29세는 254명(19.3%), 30대는 277명(21%), 40대는 286명(21.7%), 50대는 253명(19.2%), 만 60세 이상은 249명(18.9%)의 분포를 보인다.

2) 분석방법

(1) 변수의 측정

종속변수는 조사대상자의 여성집단과 남성집단이 인식하는 반기업정서 수준을 확인하기 위해 전체 모든 기업, 대기업, 다국적기업으로 기업유형을 구분하여 5점 척도로 응답하도록 했다. 이를 〈표

〈표 7-3〉 종속변수의 측정

항목	측정방법
전체 기업, 대기업, 다국적기업	• 문항: "아래 기업유형에 따른 우리나라 사람들의 반기업정서가 어느 정도 수준이라고 생각하십니까?" -0 = 보통, 심각하지 않은 편이다, 매우 심각하지 않은 편이다. -1 = 심각하다, 매우 심각하다.

〈표 7-4〉 독립변수의 측정

항목	측정방법
정부 신뢰	• 중앙정부부처 및 지방자치정부에 대한 신뢰도 조사 -1 = 매우 신뢰, 2 = 신뢰, 3 = 보통, 4 = 불신, 5 = 매우 불신
시민운동단체 신뢰	• 시민운동단체에 대한 신뢰도 조사 -1 = 매우 신뢰, 2 = 신뢰, 3 = 보통, 4 = 불신, 5 = 매우 불신
사회적 책임	• 문항: "한국사회에서 대기업들이 갖는 가장 큰 사회적 책임은 무엇이라고 생각하십니까?" - 경제적 책임 = 고용, 기술개발, 소비자만족 - 법률적 책임 = 근로자복지 - 윤리적 책임 = 윤리 경영실천, 협력업체와의 동반성장 - 자선적 책임 = 수익의 사회환원

〈표 7-5〉 통제변수의 측정

항목	측정방법
연령	• 조사 당시 연령 확인 -19~34세 = 청년층, 35~54세 = 장년층, 55세 이상 = 노년층
월평균 가구소득	• 문항: "선생님을 포함해 같이 사는 가족 전체의 월 평균 소득(수입)은 모두 어느 정도 입니까?"
배우자 유무	• 문항: "선생님의 현재 혼인상태는 다음 중 어디에 해당됩니까?" -0 = 미혼, 이혼, 별거, 사별(배우자 없음), 1 = 기혼(배우자 있음)
교육수준	• 문항: "선생님께서는 학교를 어디까지 다니셨습니까?" -0 = 대학교 미만, 1 = 대학교 이상
직업형태	• 문항: "현재 선생님께서 일하시는 곳은 다음 중 어디에 해당됩니까?" -0 = 자영업, 1 = 중소기업, 2 = 대기업 및 다국적기업, 3 = 국가기관 및 공기업

7-3>과 같이 '심각하지 않다'(= 0)와 '심각하다'(= 1)로 구분해 이항 변수(0/1)로 재구성했다.

독립변수는 반기업정서에 영향을 미치는 요인 중 사회적 요인으로, 정부와 시민운동단체 신뢰 정도 및 기업의 사회적 책임에 대한 인식의 차이로 구분해 살펴보았다. 구체적인 측정방법은 〈표 7-4〉와 같다.

마지막으로 통제변수는 반기업정서에 영향을 미치는 개인적인 요인은 연령, 월평균 가구소득, 배우자 유무, 교육수준, 그리고 직업형태 등이다. 이에 대한 측정방법은 〈표 7-5〉의 표와 같다.

(2) 기술통계

각 변수의 기술통계는 〈표 7-6〉과 같다. 분석에 포함된 대상자의 평균 연령은 44.275세이며, 월평균 가구소득은 559만 2천 원인 것으로 나타났다. 이것은 2012년 통계청의 가구동향조사에 비해 약 150만 원 정도 높은 것이다. 이러한 점에서 조사대상자는 소득이나 계층적으로 상향표집된 것으로 이해된다.[7]

이를 성별에 따라 구체적으로 살펴보면 〈표 7-7〉과 같다. 조사집단에서 남성 평균연령은 43.893세, 여성 평균연령은 44.647세로 여성집단이 남성집단보다 연령이 높은 것으로 나타났다.

---

7 설문조사 당시와 유사한 시기의 통계청 가계동향조사 결과를 살펴보면, 당시 월평균 가구소득의 경우 4,076,876원인 것으로 나타났다(국가통계포털 홈페이지 참고: http://kosis.kr/statHtml/statHtml.do?orgId=101&tblId=DT_1L9H002&vw_cd=MT_ZTITLE&list_id=G_A_4_1_1&seqNo=&lang_mode=ko&language=kor&obj_var_id=&itm_id=&conn_path=E1#) (검색일: 2015. 12. 22).

〈표 7-6〉 기술통계

(관찰 수 = 1,319)

변수	평균	표준편차
전체 모든 기업에 대한 반기업정서 수준	3.158	0.699
대기업에 대한 반기업정서 수준	3.469	0.862
다국적기업에 대한 반기업정서 수준	3.147	0.800
정부 신뢰 정도	2.787	0.738
시민운동단체 신뢰 정도	3.183	0.859
경제적 책임	0.416	0.493
법률적 책임	0.045	0.207
윤리적 책임	0.326	0.469
자선적 책임	0.214	0.410
연령	44.275	14.377
월평균 가구소득(단위: 만 원)	559.200	1274.899

〈표 7-7〉 성별에 따른 기술통계

(남성 = 651, 여성 = 668)

변수	남성		여성	
	평균	표준편차	평균	표준편차
전체 모든 기업에 대한 반기업정서 수준	3.161	0.709	3.154	0.690
대기업에 대한 반기업정서 수준	3.541	0.875	3.400	0.843
다국적기업에 대한 반기업정서 수준	3.176	0.837	3.112	0.762
정부 신뢰 정도	2.700	0.764	2.873	0.701
시민운동단체 신뢰 정도	3.104	0.926	3.259	0.782
경제적 책임	0.424	0.495	0.407	0.492
법률적 책임	0.042	0.200	0.048	0.214
윤리적 책임	0.347	0.476	0.305	0.461
자선적 책임	0.187	0.391	0.240	0.427
연령	43.893	14.236	44.647	14.514
월평균 가구소득(단위, 만 원)	511.950	1080.772	605.240	1438.454

또한 월평균 가구소득의 경우에도 남성집단은 511만 9,500원, 여성집단은 605만 2,400원으로 여성집단이 남성집단보다 월평균 가구소득이 100만 원 정도 높음을 확인할 수 있다.

또한 전반적으로 배우자가 있는 경우, 즉 기혼자의 비중이 73.3%이며 대졸 이상(전문대학 포함)인 경우는 48.4%, 직업이 있는 경우도 67.6%인 것으로 나타났다. 성별에 따라 보다 구체적으로 살펴보면 여성의 경우 배우자가 있다고 응답한 비율은 76.5%, 남성은 70%로 여성의 경우 '배우자가 있다'고 응답한 비율이 남성보다 높게 나타났다.

교육수준은 대졸 이상이라고 응답한 남성이 56.4%로 과반수인

〈표 7-8〉 성별에 따른 배우자 유무, 학력, 직업 유무

[단위: 명(%)]

	남성	여성	전체
배우자 있음	456(70)	511(76.5)	967(73.3)
대졸 이상	357(56.4)	272(40.7)	639(48.4)
직업 있음	556(86.4)	336(50.3)	892(67.6)
전체	651(100)	668(100)	1,319(100)

〈표 7-9〉 성별에 따른 직업 종류

[단위: 명(%)]

	남성	여성	전체
자영업	180(32.4)	127(37.8)	307(34.4)
5인 미만 사업장	88(15.8)	67(19.9)	155(17.4)
5인 이상 사업장	204(36.7)	84(25)	288(32.2)
대기업	35(6.3)	22(6.5)	57(6.4)
다국적기업	4(0.7)	3(0.9)	7(0.8)
국가기관 및 공기업	43(7.7)	33(9.8)	76(8.5)
기타	2(0.4)	0(0)	2(0.2)
전체	556(100)	336(100)	892(100)

데 반해, 여성은 40.7%로 과반수의 학력수준이 고졸 이하임을 확인할 수 있다.

마지막으로 직업유무와 관련해 직업이 있다고 응답한 남성은 86.4%인 데 반해 직업이 있다고 응답한 여성은 50.3%인 것으로 조사되었다. 이처럼 교육수준에서는 대졸 이상자가 남성집단이 여성집단보다 많았으며 직업 유무에서도 남성이 여성보다 직업이 있다고 응답한 비율이 높음을 확인할 수 있다.

또한 직업이 있는 남녀의 직업유형 및 규모를 상세히 살펴본 결과, 자영업, 5인 미만 사업장, 국가기관 및 공기업에 취업한 비율이 남성보다 여성이 높게 나타난다(〈표 7-9〉 참고).

(3) 분석방법

이 연구는 사회제도에 대한 신뢰와 기업의 사회적 책임에 대한 유형 그리고 개인적 요인이 반기업정서에 미치는 효과를 분석하기 위해 이항 로지스틱 회귀분석 방법을 사용했다. 이 연구의 목적이 한국사회의 반기업정서의 수준이 성별집단에 따라 어떤 특성을 가지는지 파악하는 것임을 고려할 때, 각 범주의 특성을 파악하는 데 로지스틱 회귀분석을 사용하는 것이 연구진행에 용이할 것으로 판단했다(김태근, 2006). 분석의 기초자료는 2012년 고려대 한국사회연구소에서 조사한 기업이미지 설문자료를 사용했으며 분석에 사용된 통계프로그램은 SPSS Statistics 21이다.

4. 연구결과

1) 각 변수별 성별 차이 분석

(1) 종속변수

〈그림 7-2〉은 성별에 따라 전체 기업 그리고 대기업 및 다국적기업의 반기업정서 수준을 살펴본 것이다. 전체 기업의 반기업정서가 심각하다고 응답한 남성은 30%, 여성은 28.6%인 것으로 나타났으며 대기업의 반기업정서가 심각하다고 본 남성은 56.2%, 여성

〈그림 7-2〉 성별에 따른 반기업정서 수준

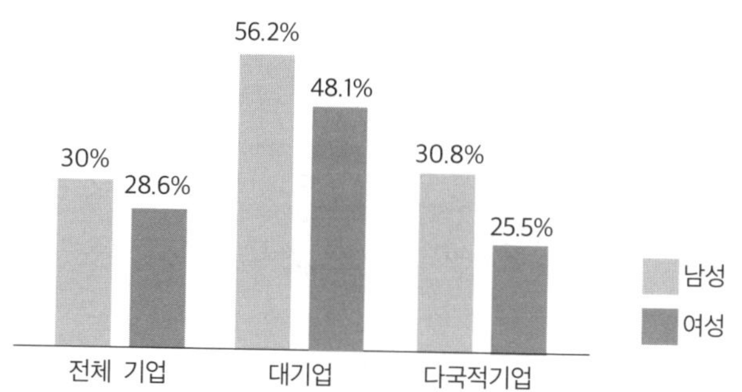

〈표 7-10〉 전체 기업과 대기업 및 다국적기업에 대한 반기업정서의 남녀 평균값 차이

		사례 수	평균	표준편차	자유도	t값
전체 기업	남성	650	0.30	0.46	1,316	0.561
	여성	668	0.29	0.45		
대기업	남성	650	0.56	0.50	1,315.448	2.951**
	여성	668	0.48	0.50		
다국적기업	남성	649	0.31	0.46	1,304.549	2.150***
	여성	667	0.25	0.44		

은 48.1%로 나타났다. 또한 다국적기업의 반기업정서에 대해서는 30.8%의 남성과 25.5%의 여성이 심각하다고 답해 전반적으로 반기업정서에 대한 성별에 따른 인식의 차이를 확인할 수 있다. 이를 통해 모든 기업규모별로 성별 인식의 차이가 있으나, 특히 대기업에 대한 반기업정서의 남녀 간 격차가 가장 큰 것으로 조사되었다.

이처럼 반기업정서에 대한 성별 차이가 확인됨에 따라, 남녀의 집단 차이가 통계적으로 유의한가를 살펴보기 위해 독립표본 t 검정을 실시했으며 결과는 〈표 7-10〉과 같다. 이에 따르면 전체 기업에 대한 반기업정서의 성별 차이는 통계적으로 유의하지 않으며 대기업 및 다국적기업에 대한 반기업정서의 남녀 차이는 통계적으로도 유의미한 것임을 알 수 있다.

(2) 독립변수

성별에 따라 정부 및 시민운동단체에 대한 신뢰 정도에 차이가 있는지를 살펴보았다. 이에 따르면 전반적으로 여성이 남성보다 정부와 시민운동단체에 대해 신뢰가 높음을 확인할 수 있다. 또한 성별에 상관없이 한국사회에서는 정부보다 시민운동단체를 더 신뢰하는 것으로 나타났다. 이를 그림으로 살펴보면 〈그림 7-3〉과 같다.

성별에 따른 정부 신뢰의 정도를 구체적으로 살펴보면, 남성이 여성보다 정부 신뢰가 낮게 나타난다. 이러한 차이를 발생시키는 요인이 무엇인가에 대해 설명하는 것은 간단치 않으나 적어도 남녀의 가치관 차이와 이들의 사회적 진출 및 소득의 차이 등 다양한 요인과 연관된다고 추론할 수 있다. 상대적으로 남성보다 여성의 공공 영역에 대한 신뢰 정도가 높게 나타남을 설명할 수 있는 자원은 많지 않으나 남성은 여성보다 소득이 높은 직업에 종사할 가능성이 높으며 정부의 복지이념의 채택 및 확장 등으로 공공지출의 증가가 세금부담으로 귀결되어 공공 영역에 대한 부정적 태도를 가지게 된다는 주장을 고려해 볼 수 있다(Christensen & Laegreid, 2005; 이수인, 2013). 그러나 이러한 해석과 상세한 논의는 향후 더욱 면밀한 분석과 검증을 필요로 할 것이다.

한편 사회적 책임과 관련해서는 경제적 책임, 법률적 책임, 윤리적 책임, 자선적 책임의 총 네 가지 유형으로 분류했다. 이와 관련한 성별에 따른 교차분석 결과는 〈표 7-11〉에서 확인할 수 있다. 이에 따르면 기업의 사회적 책임에 대한 인식은 남녀가 모두 유사하게 나타났으나 남성보다 여성의 경우 기업의 자선적 책임을 좀더

〈그림 7-3〉 성별에 따른 정부 및 시민운동단체 신뢰

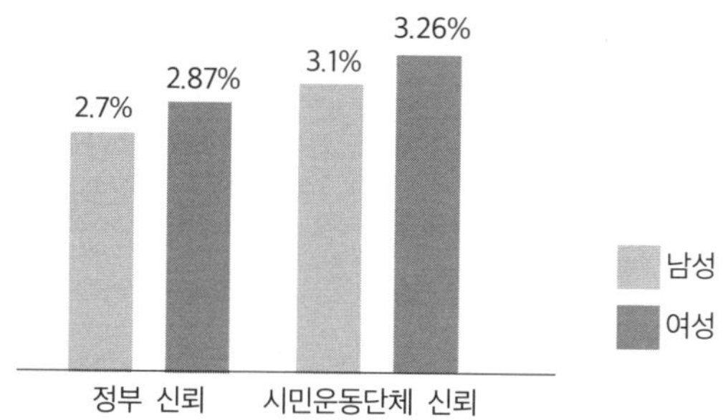

〈표 7-11〉 성별에 따른 대기업의 사회적 책임 유형 인식

[단위: 명(%)]

	경제적 책임	법률적 책임	윤리적 책임	자선적 책임	전체
남성	276(42.4)	27(4.1)	226(34.7)	122(18.7)	651(100)
여성	272(40.7)	32(4.8)	204(30.5)	160(24)	668(100)
전체	548(41.5)	59(4.5)	430(32.6)	282(21.4)	1,319(100)

높은 비중으로 중요시하고 있음을 확인할 수 있다. 즉, 한국에서 대기업이 갖는 가장 큰 사회적 책임은 성별에 상관없이 경제적 책임, 윤리적 책임, 자선적 책임, 법률적 책임 순으로 나타나지만 자선적 책임을 인식하는 비율은 여성이 남성보다 좀더 높게 나타난다.

2) 로지스틱 회귀분석 결과

반기업정서에 대한 성별 인식의 차이가 있는가를 살펴본 결과는 〈표 7-12〉와 같다.

전체 기업과 다국적기업의 반기업정서에 대한 인식의 차이에서 성별의 영향력은 나타나지 않으나 대기업에 대한 반기업정서 인식의 차이에서는 성별 차이가 있음이 확인된다. 즉, 기업일반에 대한 반기업정서보다는 대기업에 대한 부정적 인식에서 성별 차이가 더욱 분명하게 나타나는 것이다. 이는 '대기업'에 대한 세간의 평가가 언론에 자주 등장함으로써 다른 기업규모보다 대기업에 대한 일반 사회 성원의 관심이 더욱 높을 뿐만 아니라 이들 기업의 사회적 영향력 역시 크다는 사실과 무관하지 않다.

이 연구결과에 따르면 남성이 여성보다 대기업에 대한 반기업정서가 심각하다고 생각하는 경향이 더 높음을 확인할 수 있다. 성별 이외에 반기업정서에 미치는 요인을 살펴보면 다음과 같다.

먼저 전체 기업의 반기업정서에 영향을 미치는 요인으로는 시민운동단체에 대한 신뢰 정도, 사회적 책임 중 경제적 책임과 자선적 책임, 그리고 중소기업 종사자로 나타난다. 시민운동단체에 대한 신뢰가 높을 경우 전체 기업에 대한 반기업정서가 심각하다고 인식할 가능성이 높으며, 사회적 책임 중 법률적 책임보다 경제적 책임과 자선적 책임이 중요하다고 생각하는 집단일수록 전체 기업에 대한 반기업정서가 심각하다고 인식할 가능성이 높다고 볼 수 있다. 반면 중소기업에 종사하는 사람은 자영업에 종사하는 사람보다 전체 기업에 대한 반기업정서가 심각하지 않다고 인식할 가능성이 높

〈표 7-12〉 반기업정서에 관한 로지스틱 회귀분석 결과

	반기업정서의 대상		
	전체 기업	대기업	다국적기업
성별(남성 = 0)	-0.185(0.161)	-0.368(0.148)*	-0.287(0.163)
사회제도에 대한 신뢰수준			
정부	-0.179(0.225)	-0.275(0.100)**	0.033(0.106)
시민운동단체	0.272(0.091)**	0.167(0.084)*	0.148(0.089)
사회적 책임(법률적 책임 = 0)			
경제적 책임	1.031(0.435)*	0.685(0.356)	1.102(0.495)*
윤리적 책임	0.734(0.442)	1.067(0.356)**	1.402(0.497)**
자선적 책임	1.261(0.450)**	0.901(0.368)*	1.024(0.511)*
개인적 수준(청년층 = 0, 배우자 없음 = 0, 대졸 미만 = 0, 자영업 = 0)			
장년층	-0.179(0.225)	0.280(0.211)	0.470(0.237)*
노년층	-0.396(0.276)	0.362(0.257)	0.567(0.286)*
월평균 가구소득	0.026(0.135)	0.216(0.150)	0.158(0.161)
배우자 있음	0.163(0.215)	-0.045(0.200)	-0.042(0.219)
대졸 이상	0.020(0.169)	0.276(0.156)	0.167(0.170)
중소기업 종사자	-0.505(0.171)**	0.097(0.159)	-0.217(0.171)
대기업 및 다국적기업 종사자	-0.499(0.315)	0.081(0.289)	-0.258(0.319)
국가기관 및 공기업 종사자	-0.123(0.298)	0.847(0.297)**	0.045(0.301)
상수항	-1.660(0.615)**	-1.098(0.538)*	-3.004(0.668)***
-2LL	1,058.466	1,181.848	1,047.090
X^2	32.240 (df = 14, p < 0.01)	49.575 (df = 14, p < .001)	31.981 (df = 14, p < .001)
Nagelkerke R^2	0.050	0.072	0.050

*p < .05, **p < .01, ***p < .001.

음을 알 수 있다.

대기업의 반기업정서에 영향을 미치는 요인으로는 성별 이외에 정부 및 시민운동단체의 신뢰 정도, 윤리적 책임 및 자선적 책임 그리고 국가기관 및 공기업 종사자로 나타났다. 우선 사회제도의 신뢰 여부와 관련해 정부 신뢰도가 높을수록 한국사회의 대기업에 대한 반기업정서의 심각성을 인식하지 않는 것으로 나타났다. 이는 앞서 한국사회에서 정부 신뢰와 대기업에 대한 신뢰가 긴밀하게 연계됨과 맥을 같이한다. 또한 전체 기업의 경우와 마찬가지로 시민운동단체에 대한 신뢰가 높을수록 대기업의 반기업정서에 대한 심각성을 인식할 가능성이 높게 나타났다. 사회적 책임과 관련해서는 법률적 책임보다 윤리적 책임과 자선적 책임이 중요하다고 응답한 사람의 경우, 그렇지 않은 집단보다 한국의 반대기업정서의 심각성을 인지할 가능성이 높은 것으로 나타났다. 뿐만 아니라 자영업에 종사하는 사람보다 국가기관 및 공기업에 조사하는 사람의 경우 한국의 반대기업정서가 심각한 수준이라고 인지할 가능성이 높은 것으로 확인되었다.

반다국적 기업정서에 영향을 미치는 요인으로는 경제적 책임, 윤리적 책임, 자선적 책임, 장년층, 노년층인 것으로 확인되었다. 사회적 책임 중 법률적 책임에 비해 그 밖의 사회적 책임을 중요시하는 집단에서 한국의 반다국적 기업정서의 심각성을 인지하는 것으로 나타났다. 또한 청년층에 비해 장년층 및 노년층 집단에서 한국의 다국적기업에 대한 반기업정서가 심각한 수준이라고 인식하는 것으로 나타났다.

앞서 언급한 바와 같이, 성별에 따른 반기업정서에 대한 인식의 차이는 '대기업'의 경우에서만 한정적으로 의미 있게 나타났다. 이와 같은 결과를 바탕으로 성별 집단에 따라 한국사회에서 반대기업정서의 차이가 어떻게 나타나는지 살펴보았다. 유의한 영향을 주는 요인을 살펴보면 〈표 7-13〉과 같다.

남성집단의 경우에는 정부 신뢰도, 여성집단은 윤리적 책임에

〈표 7-13〉 성별에 따른 대기업에 대한 반기업정서의 로지스틱 회귀분석 결과

	대기업에 대한 반기업정서	
	남성	여성
사회제도에 대한 신뢰수준		
정부	-0.297(0.125)*	-0.215(0.174)
시민운동단체	0.192(0.101)	0.162(0.160)
사회적 책임(법률적 책임 = 0)		
경제적 책임	0.548(0.470)	0.878(0.565)
윤리적 책임	0.657(0.473)	1.821(0.582)**
자선적 책임	0.818(0.496)	1.041(0.589)
개인적 수준(청년층 = 0, 배우자 없음 = 0, 대졸 미만 = 0, 자영업 = 0)		
장년층	0.129(0.270)	0.670(0.365)
노년층	0.282(0.330)	0.666(0.448)
월평균 가구소득	0.295(0.193)	0.078(0.250)
배우자 있음	-0.204(0.263)	0.215(0.328)
대졸 이상	0.225(0.193)	0.452(0.281)
중소기업 종사자	0.068(0.199)	0.086(0.281)
대기업 및 다국적기업 종사자	0.048(0.376)	-0.110(0.490)
국가기관 및 공기업 종사자	0.879(0.397)*	1.005(0.484)*
상수항	-0.743(0.689)	-2.293(0.954)*
-2LL	736.608	431.944
χ^2	21.485 (df = 13, $p > 0.01$)	31.515 (df = 13, $p < 0.01$)
Nagelkerke R^2	0.051	0.120

$^*p < .05$, $^{**}p < .01$, $^{***}p < .001$.

대한 인식의 차이가 반대기업정서를 설명하는 주요 요인인 것으로 나타났다. 즉, 남성의 경우에는 정부에 대한 신뢰도가 낮을수록 한국사회의 반대기업정서 정도가 높아짐에 반해, 여성의 경우에는 정부에 대한 신뢰도가 특별한 설명력을 갖지 않는 것으로 확인됐다.

이러한 차이가 어디에서 기인하는 것인지는 분명하지 않으나 앞서 살펴본 바와 같이 남녀의 경험 차이, 즉 성별분업의 이데올로기가 작동되는 현실에서 여성은 남성보다 여전히 가족생활 영역에서 '자녀양육'과 '돌봄'에 묶여 정부에 대한 관심이나 평가를 유보하거나 정부에 대한 부정적 인식을 구체화하지 않은 것으로 추론할 수 있다.

또한 사회적 책임 유형이 대기업의 반기업정서와 어떤 관계를 가지는지를 살펴본 결과, 여성집단에서만 윤리적 책임이 유의한 영향력을 보여주는 결과가 확인된다. 즉, 대기업의 반기업정서와 관련해 여성의 경우에만 법률적 책임보다 윤리적 책임이 더욱 중요하다고 인지하는 집단이 그렇지 않은 집단보다 반대기업정서의 심각성을 인식할 가능성이 높다는 것이다.

앞서 여성의 경우 남성과 도덕적 가치를 다르게 인지할 여지가 있음을 확인한 바 있다. 남성은 도덕적 판단을 내리기 위해 권리와 정의라는 객관적 측면을 강조하는 반면, 여성은 관계성 및 책임성 등과 같은 주관적 특성을 중요하다고 생각한다는 것이다(이미식·최용성, 1999). 이를 통해 여성의 경우 기업의 사회적 책임 중 윤리경영이나 다른 기업과의 상생 등 '공존'을 표방하거나 시민에 대한 기업의 적극적 관여나 취약계층에 대한 배려와 보살핌 등의 윤리적 책임을 강조할 가능성이 높을 것으로 예상할 수 있다.

따라서 향후 기업은 여성의 반기업정서 완화를 위한 방안으로서 윤리경영을 보여주거나 기업의 윤리적 책임을 이행하기 위한 구체적 활동을 보여줄 필요가 있다. 그 외에 경제적 책임, 자선적 책임과 관련해서는 성별에 따라 유의미한 효과가 없는 것으로 나타나 기업의 사회적 책임에 대한 유형이 갖는 설명력은 기대보다 낮게 나타남을 확인했다.

끝으로 개인적 요인 가운데 반기업정서에 영향을 미치는 요인은 응답자의 직업유형으로, 자영업에 종사하는 사람보다 국가기관 및 공기업 종사자들의 반대기업정서가 높은 것으로 나타난다. 이는 남녀 구별 없이 동일한데, 즉 남녀 모두 자영업자에 비해 국가기관 및 공기업에 종사하는 집단이 대기업에 대한 반기업정서의 심각성을 인지할 가능성이 높게 나타난 것이다.

크리스텐슨과 라그리드의 연구에 따르면 여성이 남성보다 공적 영역에 더 많이 취업해 공적 영역에 대한 신뢰도를 높이게 되고 이것이 반기업정서를 낮추는 역할을 한다고 주장하나(Christensen & Laegreid, 2005) 이번 연구 결과는 이와 반대라는 점에서 주목해 볼 필요가 있다.

또한 유의미한 효과를 보이지는 않았으나 남녀 모두 배우자의 유무에 따라 한국사회의 반기업정서의 차이를 반대로 인지하고 있음을 주의 깊게 살펴볼 필요가 있다. 남성의 경우 배우자가 있다고 응답한 집단이 그렇지 않은 집단보다 한국의 반기업정서가 심각하지 않다고 인지할 가능성이 높게 나타난 반면, 여성의 경우에는 배우자가 없는 경우보다 있는 경우 반기업정서가 심각하다고 인지할 가능성이 높은 것으로 나타났다.

이는 한국사회에서 기혼 여성의 경우 기혼 남성은 말할 것도 없거니와 미혼 여성보다 노동시장에서 차별받는다는 사실과 함께 결혼생활을 통해 남편과의 정치사회적 관점의 공유나 경험의 재해석이 이루어지는 것은 아닌가하는 조심스러운 추론을 가능케 하는 것이다. 이에 비해 남성은 결혼지위에 연령효과가 반영된 것으로 해석된다. 즉, 연령이 증가할수록 보수화되면서 정부에 대한 신뢰가 증가하는 경향성 등과 연관된 것으로 볼 수 있다.

5. 결론 및 함의

최근 한국사회는 대기업을 중심으로 한 반기업정서가 심화되며 단순히 일시적 현상으로 치부하기에는 지속 정도가 심각한 수준에 직면했다. 한국사회의 경제발전에 대기업의 기여가 적지 않았음에도 불구하고 이들에 대한 불신은 완화되지 않고 있는 것이다. 이것은 기업의 이미지뿐만 아니라 근로자의 생산성에도 의미 있는 영향을 미친다는 점에서 이를 완화하기 위한 다양한 노력을 기울일 필요가 있다. 이를 위해서는 무엇보다 반기업정서의 영향요인과 반기업정서를 함유한 인구집단에 대한 관심을 높일 필요가 있다.

이 연구는 성별에 따른 반기업정서의 인식 차이를 살펴보고, 인식에 어떤 요인이 영향을 미치는지 살펴보았다. 그 결과 반기업정서를 설명함에 성별에 따른 차이가 나타난 것은 전체 기업, 대기업, 다국적기업 가운데 대기업의 경우인 것으로 확인되었다. 즉, 한국사회에 전체 기업이나 다국적기업에 비해 대기업의 경우 부정적 인식에서 성별 차이가 뚜렷하게 나타남을 보여주는 것이다.

그러나 반기업정서와 관련된 자료에서 남성보다 여성의 경우 반기업정서가 낮게 나타난다는 점으로 미루어볼 때 기업이 여성을 더욱 배제할 가능성 또한 없지 않다. 하지만 사회변화 속에서 여성의 지위와 영향력이 증가함을 고려해 남성보다 낮은 반기업정서를 유지하는 전략과 함께 반기업정서가 높아지는 요인에 대한 주의를 기울일 필요가 있다.

실제로 본 연구 결과에 따르면, 성별에 따라서는 남성의 경우 사회제도에 대한 신뢰가, 여성의 경우에는 사회적 책임의 유형별 차이가 반기업정서에 영향을 미침을 알 수 있다. 구체적으로는 남성 집단의 경우 사회제도 중 정부 신뢰도가 낮을수록, 여성의 경우에는 사회적 책임 중 법률적 책임보다 윤리적 책임이 중요하다고 인식할수록 한국사회의 반기업정서가 심각한 수준이라고 인식할 가능성이 높은 것으로 나타났다.

이러한 결과는 곧 한국사회의 반기업정서 정도를 완화하기 위해서는 단순히 기업의 사회공헌활동을 늘리는 것이 중요한 것이 아니라 기업의 다양한 사회적 책임에 걸맞은 내용과 방식을 구비하는 것이 중요함을 말해준다. 또한 기업을 바라보는 인식과 평가에서의 성별 차이를 어떻게 기업이 수용할 것이며 여성이 강조하는 기업의 윤리적 책임을 어떻게 이행할 것인가에 대한 진지한 고민이 필요함을 보여주는 것이다.

마지막으로 이 연구가 갖는 한계를 밝히고자 한다. 첫째, 무엇보다 관련주제에 대한 선행연구가 전무하다는 점에서 반기업정서와 성별 차이에 대한 다양한 논의를 전개하기에는 상당한 한계가 따른다는 점이다. 이후 보다 축적된 연구를 통해 기업에 대한 젠더적 함의와 분석이 풍성해지길 기대해야 할 것이다.

둘째, 자료의 제약으로 인해 여성의 경험, 예컨대 여성의 다양한 노동의 조건이나 돌봄노동, 일·가정양립 갈등 경험 여부가 반기업정서에 어떤 영향을 미치는지 밝히기 어렵다는 점이다. 이 연구에서 사용한 자료에는 응답자의 종사상 지위, 비정규직 여부나 일·가정양립 갈등경험 등 젠더 차이를 고려한 설문문항이 부재했다. 현재 많은 기업이 이미지를 쇄신하기 위해 가정친화적 정책을 적극적으로 펼치는 추세이고 여성의 노동시장 참여가 증가함에 따라 이들이 경험하는 기업 및 노동환경의 조건 역시 다양하지만 이 연구의 자료를 통해서는 이를 확인할 수 없었던 것이다. 따라서 향후 일·가정양립 등 가족친화적 기업의 행태가 반기업정서에 미치는 영향이 어떠한지 살펴본다면 도육 심도 있는 연구로 발전할 수 있을 것으로 기대한다.

셋째, 위에서 언급한 것과 같은 요인에 의해 반대기업정서를 둘러싼 성별 차이의 원인을 철저하게 규명하지 못한다는 점이다. 이 연구에서 사용된 자료는 기본적으로 기업에 대한 인상과 호감 정도, 대기업의 정부특혜 및 영향력, 대기업의 사회공헌활동에 대한 인식 등을 살펴보기 위한 조사결과이다. 따라서 기업에 대한 이미지와 호감도의 성별 차이를 확인하는 데는 용이했으나 원인을 설명하기에는 한계가 있을 수밖에 없다. 이러한 점에서 성별 차이의 근원과 양상에 대한 심도 있는 논의는 향후 후속연구를 필요로 함을 밝힌다.

참고문헌

김경희, 2004, “젠더와 시민사회론”, 〈한국사회학대회논문집〉, (2): 819~822쪽.

김두식, 2005, “환경주의와 탈물질주의적 가치에 대한 태도 연구”, 〈한국사회학연구〉, 9: 135~181쪽.

김수한 · 이명진, 2014, “한국사회의 반기업정서”, 〈한국사회학〉, 48(1): 39~70쪽.

김용열, 2009, “한중일 기업 의식의 국제비교와 영향요인”, 〈무역학회지〉, 34(4): 25~46쪽.

김태근, 2006, 《u-Can 회귀분석》, 서울: 인간과복지.

김해룡 · 김나민 · 유광희 · 이문규, 2005, “기업의 사회적 책임에 대한 척도 개발”, 〈마케팅연구〉, 20(2): 67~87쪽.

박은영 · 윤창훈 · 박종원, 2012, “부정적 사건 이후 기업 평가 회복을 위한 CSR 활동의 효과”, 〈소비자학연구〉, 23(4): 175~191쪽.

박재홍 · 강수택, 2012, “한국의 세대 변화와 탈물질주의: 코호트 분석”, 〈한국사회학〉, 46(4): 69~95쪽.

박종민 · 김왕식, 2006, “한국에서 사회 신뢰의 생성”, 〈한국정치학회보〉, 40(2): 149~169쪽.

박희봉 · 이희창, 2006, “세대별 정치 이데올로기 차이: 한 · 중 · 일 3국의 시민의식 비교”, 〈한국정책과학학회보〉, 10(1): 125~150쪽.

박희봉 · 이희창 · 조연상, 2003, “우리나라 정부 신뢰 특성 및 영향 요인 분석”, 〈한국행정학보〉, 37(3): 45~66쪽.

송호근, 2005, 〈한국, 무슨 일이 일어나고 있나: 세대, 그 갈등과 조화의 미학〉, 서울: 삼성경제연구소.

어수영, 1992, “한국인의 가치변화와 민주화”, 〈한국정치학회보〉, 25(2): 137~169쪽.

윤영민 · 최윤정, 2009, “반대기업정서, 위기책임성, 그리고 사과수용간 관련성: 삼성그룹 비자금 관련 위기와 농심새우깡 이물질 위기를 중심으로”, 〈한국언론학보〉, 53(1): 288~304쪽.

______, 2011, “한국 공중의 도의적 · 실제적 위기 책임성 지각과 사과 수용에 영향을 미치는 요인들은 무엇인가?”, 〈한국언론학보〉, 55(5): 158~184쪽.
이미식 · 최용성, 1999, “정의(Justice)와 배려(Caring)의 윤리의 통합을 위한 연구: 역할수용(role taking), 공감(empathy)의 개념을 中心으로”, 〈한국시민윤리학회보〉, 12: 39~68쪽.
이수인, 2010, “일반신뢰와 정부신뢰의 관계와 성별 차이에 대한 탐색적 연구: 민주화를 향한 기대와 사회적 관심 및 정보의 매개작용을 중심으로”, 〈한국사회학〉, 44(4): 162~203쪽.
______, 2013, “정부신뢰에 대한 정치적 성과와 경제적 성과의 효과 비교와 관계성의 탐색: 성별 차이를 중심으로”, 〈정부학연구〉, 19(2): 195~239쪽.
이승종, 2010, “정부신뢰에 대한 종교의 영향”, 〈한국행정학보〉, 44(1): 99~119쪽.
이신모, 2005, “반대기업 및 반대기업가 정서와 생산성 지향적 해소 방안”, 〈생산성논집〉, 19(2): 17~41쪽.
이재혁, 2006, “신뢰와 시민사회”, 〈한국사회학〉, 40(5): 61~98쪽.
이한준 · 박종철, 2010, “경제적 책임과 자선적 책임에 대한 인식이 반기업정서에 미치는 영향”, 〈Asia Marketing Journal〉, 12(3): 63~79쪽.
전국경제인연합회, 2014, 〈2014년 주요 기업 · 재단 사회공헌백서〉, 서울: 전국경제인연합회.
정혜숙, 2008, “대구지역 시민운동단체의 조직 내 젠더 관계: 여성 상근활동가들을 중심으로”, 〈지역사회연구〉, 16(2): 29~46쪽.
조대엽, 2007, “공공성의 재구성과 기업의 시민성”, 〈한국사회학〉, 41(2): 1~26쪽.
______, 2008, “‘시장 실용주의’와 공공성의 위기”, 〈환경과 생명〉, 55: 50~62쪽.
조대엽 · 박길성 외, 2005, 《한국사회 어디로 가나?: 권위주의 이후의 권위구조, 그 대안의 모색》, 서울: 굿인포메이션.
조선주 · 김영옥, 2007, “기업의 사회공헌활동과 여성: 주요 사례분석을 중심으로”, 〈여성연구〉, 73: 53~84쪽.
조현순, 1999, “여성의 주제적 욕망과 근대성”, 〈여성과 사회〉, 10: 271~278쪽.
조 형 · 이재경 · 곽진영, 2000, “정치 관련 정보가 여성의 정치의식에 미치는 효과: 집중적 집단 토론 방법을 중심으로”, 〈한국여성학〉, 16(2): 105~143쪽.

최선영 · 장경섭, 2004, “성분업의 근대적 재구성: 한국 여성의 ‘가족형성기 탈취업’ 경향의 변화를 중심으로”, 〈사회연구〉, 2: 173~203쪽.

최종숙, 2015, “시민운동 단체활동가 형성과정의 변화와 오늘날의 재생산 위기”, 〈민주주의와 인권〉, 15(2): 39~73쪽.

최준혁, 2010, “기업의 사회적 책임 활동이 공중관계성, 브랜드자산, 반기업정서에 미치는 영향”, 〈한국언론학회 학술대회 발표논문집〉, (10): 200쪽.

_____, 2011, “기업의 사회적 책임활동이 공중관계성과 반기업정서에 미치는 영향”, 〈홍보학연구〉, 15(3): 102~143쪽.

한상린 · 이명성 · 이종원, 2014, “기업의 사회적 책임 활동에서 인식 가능성 효과가 기업 이미지에 미치는 영향: 적합성과 성별의 상호작용을 중심으로”, 〈소비자학연구〉, 25(4): 103~120쪽.

황인학 · 송용주, 2013, 《우리나라 국민의 기업 및 경제 현안에 대한 인식 조사 보고서》, 서울: 한국경제연구원.

佐藤嘉幸, 2009, 《新自由主義と權力: フーコーから現在性の哲學へ》. 김상운 (옮김), 2014, 《신자유주의와 권력: 자기 경영적 주체의 탄생과 소수자되기》, 서울: 후마니타스.

Carroll, A. B., 1979, “A three-dimensional conceptual model of corporate performance”, *Academy of Management Review*, 4(4): pp. 497-505.

Christensen, T., & Per, L., 2005, “Trust in government: The relative importance of service satisfaction, political factors, and demography”, *Public Performance & Management Review*, 28(4): pp. 487-511.

Gilligan, C., 1993, *In a different voice*. 허란주 (옮김), 1997, 《다른 목소리로》, 서울: 동녘.

Sennett, R., 2000, *The corrosion of character: The personal consequences of work in the new capitalism* (1st ed.). 조 용 (옮김), 2001, 《신자유주의와 인간성의 파괴》, 서울: 문예출판사.

국가통계포털 홈페이지, http://kosis.kr/

3

반기업담론의 정치

Anti-Corporate Sentiment in Korea

8

한국 시민정치의 전개와 반기업주의

조대엽

1. 서론 : 시민사회와 기업

2015년 중반 이후 현재까지 언론과 방송은 롯데그룹의 경영권 분쟁에 대해 지속적이고도 상세하게 다루고 있다. 롯데그룹 신격호 총괄회장의 차남으로 이미 한국롯데의 회장직을 맡는 신동빈 회장에 대해 형인 신동주 전 부회장의 반격이 시작되었고 신격호 총회장이 신동빈 회장을 인정하지 않는다는 육성을 언론에 흘리면서 롯데그룹의 경영권 문제가 진흙탕 싸움으로 전개된 것이다.

이미 삼성의 변칙증여, 현대의 형제간 싸움, 금호그룹의 후계 싸움 등이 기업에 대한 시민의 부정적 인식을 자극한 바 있었지만 현재의 롯데그룹 갈등은 시대착오적 재벌경영과 지배구조의 문제, 나아가 롯데그룹의 국적논란까지 부르면서 시민의 반기업정서를 확대시키고 있다.

다른 한편, 최근 국가적 재난상태를 가져온 세월호 사태와 메르스 사태에도 사기업이나 거대 재벌기업이 관련됨으로써 국민적 공분을 사기도 했다. 물론 정부가 재난의 책임을 회피하는 차원에서 사기업에게 책임을 묻는 모순도 있었지만 2014년 세월호 사태에서 드러난 청해진 해운회사의 문제와 2015년 메르스 사태에서 드러난 삼성병원의 문제 등은 기업과 자본의 심각한 운영상의 문제점을 노출시켰다.

기업과 자본의 왜곡되고 굴절된 운영방식이 전 국민을 공황상태로 몰아넣는 재앙을 만들었다는 사실은 최근 반기업주의의 확산에 영향을 미칠 수밖에 없었다. 특히, 세월호 사태에 관련된 해운회사와 메르스 확산의 핵심거점이 된 삼성병원에 대해 시민단체의 강력한 문제제기는 당연한 일이다.

최근 들어 한국의 시민운동은 주로 시민의 삶의 영역이나 서민의 경제활동을 위축시키거나 침해하는 대기업의 횡포에 주목하는 경향이 있다. 대기업이 대형마트를 운영하며 재래시장과 동네 슈퍼마켓을 죽이고 프랜차이즈 커피숍과 제과점까지 손대면서 동네 빵집과 커피숍을 죽이는 일이 아무런 제약도 가책도 없이 일어난다. 이것은 골목상권까지 잠식하는 기업과 자본의 집중화와 무차별적 권력화현상이 아닐 수 없는 것이다. 참여연대 민생희망본부, 골목상권 살리기 소비자연대 등 생활정치운동을 지향하는 시민단체는 기업의 이 같은 정글식 시장주의에 대항하는 다양한 활동을 벌였다.

해방 이후 한국사회는 이승만, 박정희, 전두환 정권 등 민간에서 군부로 이어지는 오랜 권위주의 정치를 경험했다. 1980년대 말 정치적 전환기 이후 민주주의가 안정화되는 과정에서 IMF외환위기를 겪었고 한국사회는 신자유주의 질서가 팽창하는 냉혹한 시장의 시대를 맞았다. 이 같은 과정에서 한국의 기업은 정치 종속적 위치에서 기업우위의 현실을 맞게 되었다. 정치와 자본의 관계, 국가권력과 기업의 관계가 뒤바뀌거나 변화된 것이다. 민주화와 시장화라는 거대한 전환의 과정에서 대체로 우리는 국가권력의 성격변화에 민감했다. 적어도 이 같은 거대전환은 국가권력뿐만 아니라 시장권력, 즉 기업권력 또한 변화시킨다는 점에서 국가를 보는 눈만큼이나 기업을 보는 눈이 중요하다.

실제적인 정치경제적 조건에서 국가를 보는 눈과 기업을 보는 눈이 위치하는 현실적 지점은 다른 무엇보다도 '시민사회'에 있다. 사회구성체의 질서에서 시민사회는 정치와 경제, 국가와 시장영역을 매개하는 영역이면서 동시에 국가와 시장을 담는 그릇과 같은 범주이기도 하다. 시민사회는 실제적으로 국가와 기업에 대해 평가하고 행동하는 소통의 영역이다. 시민사회는 정치민주화를 주도하고 이를 위해 투쟁하는 저항의 거점이자 정치민주화의 결과로 얻어진 열린 공간이기도 하다. 따라서 시민사회의 공론과 저항행동은 시민의 욕구와 평가를 반영한다. 이제 이 같은 시민사회가 '기업을 보는 눈'에 주목한다면 그간 우리 사회에 누적된 시민사회의 반기업의식을 떠올릴 수 있다.

식민과 독재를 경험한 대부분의 사회에서 반기업의식의 뿌리는 친식민적이고 독재유착적 기업행태에 대한 부정적 인식에 있다. 반기업의식이 지속적으로 재생산됨으로써 체계적 가치나 이념으로 작동하는 경우를 '반기업주의'라고 한다면 한국에서 반기업주의는 민족해방운동이나 민주화운동과 동일한 기원을 갖는다고 말할 수 있다. 그리고 해방 후 한국의 민주화운동은 민족해방과 민중주의를 바탕으로 한 급진적 민주화운동을 포함하는 시민운동의 흐름을 이루었다.

오랜 권위주의 통치를 경험한 한국사회에서 기업은 독재권력과 유착되어 발전했기 때문에 기업과 시장질서에 대한 부정적 의식의 성장은 정치발전 및 민주화과정과 분리될 수 없다. 특히, 한국의 민주화과정은 민주화운동을 포함하는 시민운동의 성과라는 점에서 반기업주의의 진원은 시민사회와 시민운동이라고 말할 수 있다.

이 글은 민주화운동을 포함하는 시민사회의 운동정치를 '시민정치'로 규정하고 해방 후 전개된 시민정치의 역사적 주기 변화에 따른 반기업주의의 프레임 변화를 분석하는 데 목적이 있다. 해방 후 한국의 시민정치는 민족민주운동의 주기와 시민사회운동의 주기로 구별할 수 있다.

민족민주운동의 역사적 주기에 발생한 주요 시민정치의 유형은 4·19 혁명(1960), 6·3 한일회담반대운동(1964), 1970년대 반유신 민주화운동, 부마항쟁(1979), 5·18민주화운동(1980), 6월 민주항쟁(1987) 등이 있고 1990년대 이후 시민사회운동의 주기에는 낙천낙선 운동과 같은 정치경제 개혁운동과 2008년 촛불집회와 같은 다양한 생활정치운동들이 있다.

이 같은 주요 시민정치의 흐름에서 반기업주의 프레임의 변화를 포착하고자 하는 것은 다른 무엇보다도 시민정치영역이 시민사회에서 나타나는 반기업주의의 변화를 가장 첨예하고도 체계적으로 관찰할 수 있는 지점이기 때문이다.

2. 시민정치와 역사주기

시민정치는 시민사회에서 출현하는 다양한 정치양식을 포괄한다. 시민사회에는 정당 또는 제도정치를 지지하거나 직접적으로 개입하는 정치행동에서부터 다양한 이익집단의 활동, 공공적 이슈의 시민운동, 자족적 생태공동체에 이르기까지 다양한 방식의 정치행동이 있다. 이 가운데 높은 수준의 공적 가치를 지향하는 시민운동은 시민정치의 가장 뚜렷한 양상이라고 할 수 있다. 시민운동에 초점을 맞춰보면, 해방 후 한국의 시민정치는 대체로 민주화운동과 민주화 이후 시민사회운동을 포괄한다. 더욱 구체적으로 민주화운동은 4·19 혁명 이후 1980년대 말까지의 반독재 민주화운동을 포함하며 민주화 이후 시민사회운동은 1990년대 이후 시민사회의 정치경제 개혁운동과 다양한 생활정치운동을 포함한다.

시민운동을 포함하는 사회운동은 무엇보다도 개별 사회의 역사적 특수성을 반영한다. 역사적으로 특수한 시기에, 역사적으로 특수한 조건 속에서 사회운동은 출현하고 성장하고 소멸하기 마련이다. 사회운동이론은 사회적 사실로서의 운동을 설명하는 도구이다. 모든 현재적 사실은 역사에 뿌리 내리지만 사회과학의 이론은 역사적 사실로서의 현상을 분석하는 데 취약하다. 역사는 원칙적으로 특수한 데 이론은 특수한 것보다는 보편적인 것을 설명해내는 데서 힘을 갖기 때문이다. 사회가 역사성의 문제에 주목하는 것은 사회의 설명방식에 해당 사회의 역사적 특수성을 반영하려는 의식이 담겼다.

하나의 역사국면은 수백 년에 걸친 장기지속의 역사 속에서 수십

년 단위의 리듬으로 형성되는 특수한 역사적 시기를 의미한다.[1] 역사국면은 단순히 물질적 삶과 경제적 주기로만 구성되는 것이 아니다. 당대의 세계질서와 국내질서에 응축된 정치경제적 조건 속에서 전개되는 정치권력과 경제체제, 계급질서와 계급투쟁, 문화적 욕구 등의 요소가 복합적으로 구성된다. 역사국면을 구성하는 이러한 요소는 복합적으로 작용함으로써 해당 역사국면에 광범하게 형성된 독특한 집합적 의미의 틀로서의 '역사적 프레임'을 구축한다.[2]

역사국면을 포괄하는 보편프레임으로서의[3] 역사적 프레임은 지배적 프레임과 저항적 프레임으로 구분될 수 있다. 지배프레임은 하나의 역사국면에 전일화된 지배적 질서를 구성한다. 동일한 프레

---

1 페르낭 브로델(Fernand Braudel)은 역사를 서로 다른 층위로 봤다. 표층에는 단기적 시간 속에서 나타나는 '사건사'가 있고 중간층에는 광범한 리듬을 따라 전개되며 주로 물질생활이나 경제주기 차원에서 연구되는 '국면사'(*histoire conjoncturelle*)가 있다. 국면을 넘어서면 전 세기를 문제 삼는 '구조사' 혹은 '장기지속사'가 있다고 한다. 브로델은 사건에 관해서는 지칠 줄 모르는 사회학적 상상력이 작동하지만 국면은 간과된다고 지적했다(Braudel, 1958/1982: 131~132). 이제 사건사를 넘어 브로델이 강조하는 국면사에 사회학적 상상력을 주입해 하나의 '역사국면'(*historical conjuncture*)을 사회의 '주기'라는 측면에서 재구성해 볼 수 있다.

2 '프레임'(*frame*)은 개인이 삶의 공간과 세계에서 일어나는 일을 지각하고 위치 지으며 구별하고 이름 붙이는 것을 가능하게 해주는 해석의 틀(*schemata of interpretation*)을 의미한다(Goffman, 1974). 따라서 프레임은 사건이나 현상에 의미를 부여함으로써 개인으로 하여금 자신의 경험을 조직하게 하고 개인적 행동이나 집합적 행동을 인도하는 기능을 수행한다. 스노 등의 사회운동연구자들은 이 같은 프레임 논리를 사회운동에 적용해 참여와 동원의 과정을 프레임 정렬(*frame alignment*)의 논리로 설명한다(Snow, Rochford, Worden, & Benford, 1986).

3 스노와 벤포드는 특정의 운동에 국한된 운동특수적 프레임(*movement-specific frames*)과 보편프레임(*mater frames*)을 구분하고 후자는 사회운동 부문에 속하는 다양한 사회운동이 공유하는 기본 패러다임으로 본다(Snow & Benford, 1992).

임을 공유하는 역사적 국면에는 해당 시기의 역사적 프레임과 결부된 저항운동의 프레임이 형성될 수 있다. 저항적 역사프레임은 해당 사회와 시대의 가장 핵심적인 모순구조를 반영하고 이러한 모순구조를 바꾸기 위해 시도하는 사회운동이나 혁명의 프레임이다. 특정 역사적 국면이 공유하는 저항의 프레임은 사회운동의 특수한 '주기'(*cycle*)를 형성한다.4

하나의 역사국면이 공유하는 특수한 역사프레임으로 이루어지는 이러한 운동주기를 사회운동의 '역사적 주기'(*historical cycle*)라고 말할 수 있다(조대엽, 2010: 6~7). 역사국면을 관통하는 사회운동의 역사적 주기는 해당 사회의 역사적 조건에 따라 다르지만 수십 년에 걸친 시간대인 경우가 많다. 수십 년에 걸친 사회운동의 역사적 주기 내에는 해당시기의 사회경제적 조건과 국제정세, 정치권력의 운용방식과 정책의 선택 등에 따라 순환적으로 나타나는 소주기가 만들어질 수 있다. 이 같은 사회운동의 순환적 소주기는 국면적 역사주기 안에서 등장하는 다양하고도 특수한 하위의 운동프레임을 생성한다. 사회운동의 순환적 소주기는 역사국면 내에서 발생하는 사건사적 연속으로 구성된다.

시민정치의 동학을 역사주기의 시각에서 볼 때, 역사의 심층에는

---

4 '운동주기'는 동일한 사회운동의 프레임이 반복적으로 순환하는 것을 말한다. 따라서 운동주기는 일정한 규칙성을 갖는 것을 의미한다(Brand, 1990). 그러나 사회운동의 이슈나 프레임이 규칙적이기보다는 특수하고 드물게 나타나지만 저항행동이 순환적으로 나타난다는 점에서 저항주기 혹은 동원주기를 강조할 수도 있다. 일종의 특수주기론이라고 할 수 있는데 특수주기론은 서로 다른 프레임이 나타나더라도 저항적 집합행위가 역사적으로 되풀이된다는 점에서 광의의 주기론이라고 할 수 있다.

수백 년을 주기로 하는 장기지속의 구조사가 있고 표층에는 단기간에 발생하는 사건사가 있으며 수십 년을 주기로 하는 국면사는 중간층을 이룬다. 이 글에서는 해방 이후 정부수립에서부터 1980년대 말까지를 하나의 국면사로 보고자 한다. 이는 세계적으로 제 2차 세계대전 이후 시작된 냉전의 시대가 동구 사회주의의 붕괴와 함께 마감되는 약 40년의 시기에 해당한다.

특히, 이 시기는 자유진영과 공산진영이 이념적 대결을 통해 국가주의를 강화하는 극단적 정치의 시대였다. 이때의 한국은 냉전의 효과가 가장 직접적으로 작용해서 분단의 질서가 고착되고 남한과 북한의 이념대결이 치열하게 나타났던 '분단'과 '국가주의'의 시대였다. 따라서 이 시기는 민족분단이 고착화되고 외세의 규정력이 극대화된 '분단 상황'과 민간에서 군부로 이어지는 권위주의 정치권력의 억압적 '국가주의'가 결합된, 반공이데올로기와 국가주의 이념이 지배하는 '분단·국가주의 역사국면'이라고 말할 수 있다(조대엽, 2010: 7).

구한말의 정치변동과 일제강점기, 해방 후의 미군정과 정부수립 그리고 6·25전쟁(1950)을 겪으면서도 남한의 지배질서는 근본적으로 바뀌지 않았다. 그러나 제 2차 세계대전의 종전과 함께 냉전질서가 시작되었으며, 특히 한국의 1948년 정부수립은 비록 불완전한 수준이기는 하지만 근대국민국가의 제도적 틀을 중심으로 사회변동과 정치변동의 쟁점이 제기되는 새로운 역사국면이 시작된 것으로 해석할 수 있다(조대엽, 2010: 8). 구한말의 정치적 혼란 이후 약 40년 이상 지속된 일제강점기는 무력을 통한 제국주의 지배가 전개된 '식민·군국주의 역사국면'이라고 말할 수 있다. 무엇보다도 냉전의 세계질서와 함께 도래한 분단·국가주의 역사프레임은 식민·군국주의 역사프레임을 넘어 새로운 역사국면의 개막을 알렸다.

분단·국가주의 프레임은 해방 이후 새로운 역사국면을 구성하는 지배프레임이라고 할 수 있다. 하나의 역사국면을 거대주기로 볼 때, 분단·국가주의 역사국면에서 나타나는 사회운동의 저항주기는 '민족민주운동의 주기'라고 말할 수 있다. 분단과 국가주의의 지배프레임에 저항하는 사회운동의 거대프레임은 민족주의와 민주주의가 결합되어 나타났다. 이러한 민족주의와 민주주의의 프레임은 약 40년에 걸친 시기 동안 반복적으로 나타나는 순환주기를 만들어냄으로써 하나의 긴 역사주기를 이루었다. 이제 분단·국가주의 역사국면 내에서 전개되는 저항운동의 순환주기 전체를 '민족민주운동의 역사주기'라고 말한다면, 그 이전의 식민·군국주의 역사국면은 '민족해방운동의 주기'라고 할 수 있다.

1990년대 들어 한국의 시민운동은 새로운 모습으로 변했다. 분단·국가주의 역사국면의 오랜 기간 동안 지속되었던 민족주의와 민주주의의 운동프레임은 1990년대 이후 빠른 속도로 쇠퇴한 반면, 새로운 시민운동의 프레임이 등장했던 것이다. 1989년 경실련의 출범 이후 환경운동연합, 참여연대, 녹색연합, 여성운동단체 등 새롭고 다양하게 설립된 시민단체는 경제정의, 권력감시, 환경, 여성, 평화, 인권 등의 이슈를 주도했다. 이 같은 새로운 이슈를 추구하는 시민단체들은 시민운동의 시대를 열었고 새로운 시민운동은 새로운 역사국면의 새로운 역사프레임을 만들었다.

새로운 역사국면의 전환은 1990년대 들어 본격적으로 확산된 이른바 지구화, 정보화, 민주화 등 지구적 수준의 거대 사회변동과

〈표 8-1〉 역사국면과 운동주기

구분	내용		
역사국면	식민 · 군국주의	분단 · 국가주의	탈냉전 · 시장주의
운동주기	민족해방운동	민족민주운동	시민사회운동
저항프레임	민족해방/독립	민족주의/민주주의	시민민주주의/ 참여민주주의/ 생활민주주의
순환주기	-	4 · 19 혁명 — 통일운동 — 6 · 3 한일회담반대 운동 — 반유신운동 — 부마항쟁 — 5 · 18민주화운동 — 6월 민주항쟁	정치경제 개혁운동 — 생활정치운동
연도	←1945	←1960 ———— 1987→	1990→

맞물려있다. 동구 사회주의의 해체, 신자유주의 시장화의 지구적 확산, 전자정보 네트워크 사회의 도래 등의 현실적 요인이 역사국면의 전환을 추동했다. 한국의 경우 냉전의 유산이 응결된 분단구조, 대외의존적 경제구조와 선진화된 IT산업의 조건에서 전자정보화의 거대변동을 수반하는 탈냉전과 시장주의 프레임이 훨씬 더 직접적으로 작동했다.

특히, 1997년 IMF외환위기 이후 한국사회는 세계적 신자유주의 질서로 급속하게 편입됨으로써 역사국면의 전환을 더욱 뚜렷하게 맞이했다. 이러한 변화의 경향으로 1990년대 이후 한국의 사회변동은 해방 이후 정부수립부터 1980년대 말까지 약 40년의 기간을 규정했던 '분단 · 국가주의'의 역사적 프레임을 '탈냉전 · 시장주의'의 새로운 프레임으로 전환시켰다고 말할 수 있다.

1990년대 이래의 탈냉전 · 시장주의 역사국면은 민족민주운동의 주기를 '시민사회운동의 역사적 주기'로 전환시켰고 민족주의와 민주주의의 프레임을 '시민민주주의'의 프레임으로 전환시켰다. 시민민주주의는 국가주의의 역사국면이 규정하는 민족주의와 민주주의의 프레임이 해체됨으로써 나타난 시민적 삶의 민주주의 프레임이라고 할 수 있다. 그것은 경제적 삶, 시민의 구체적 일상에 결부된 정책, 삶의 방식의 변화 등과 맞물린 경제민주주의, 참여민주주의, 생활민주주의 등을 내용으로 한다.

이제 1990년대 이래 탈냉전·시장주의 역사국면에서 전개된 시민사회운동의 주기 내에서, 1990년대는 새로운 시민단체가 주도한 정치경제 개혁의 프레임이 운동의 주류를 이루었다. 이 프레임은 1990년대 시민운동의 순환구조를 거쳐 2000년의 낙천낙선 운동에서 정점을 이루었다.

시민사회운동의 주기 내에서 2000년대 시민운동은 다시 새로운 프레임을 갖는데 주로 일상의 삶과 관련된 이슈가 다양하게 제기됨으로써 '생활정치'의 프레임을 갖게 되었다. 2000년대 생활정치운동의 프레임은 2008년 촛불집회에서 가장 광범한 시민행동을 표출했다. 말하자면 시민사회운동의 주기 내에서 1990년대는 민주화운동의 연속성을 일정하게 반영한 '정치경제 개혁운동의 주기'라고 할 수 있고 2000년대 이후를 삶의 이슈가 주류화되는 '생활정치운동의 주기'라고 부를 수 있다(조대엽, 2012: 426~430; 2014: 26~42).

3. 민족민주운동의 주기와 반기업주의의 기원

한국사회의 반기업의식의 기원은 전통적 유교윤리와 봉건적 직업관에서 상업에 종사하는 사람의 지위를 가장 낮게 보는 사농공상의 신분질서와도 결부될 수 있다. 그러나 근대 민족국가와 자본주의 질서의 중심축이라고 할 수 있는 사기업에 대한 일종의 자본주의적 반기업의식은 일제식민의 경험과 해방 후의 독재 정치권력의 성격과 밀접하게 결부된다. 적어도 자본주의 시장질서의 확립 이후 반기업의식이 체계적으로 등장한 것은 해방 후 민족주의와 민주주의를 지향하는 시민정치의 주기, 말하자면 민족민주운동의 주기에 가장 뚜렷하게 반기업주의로 확대되었다.

시민정치의 흐름에서 민족민주운동의 주기는 1960년 4월 혁명기를 기점으로 6·3 항쟁기, 1970년대 반유신운동기와 부마항쟁기, 1980년대 광주 항쟁기와 6월 대항쟁기 등의 순환주기로 구성된다. 민족민주운동의 주기는 일반적으로 '민주화운동의 시기'라고 할 수 있다. 이승만 독재로부터 신군부 권위주의로 이어지는 오랜 독재정치에 저항했던 민주화운동은 적어도 이 시기 국가권력의 반민족성과 반민주성에 대해 격렬한 저항을 보였다. 이 시기의 반기업주의는 반민족적이고 반민주적인 정치권력과 유착된 기업에 대한 강렬한 거부감을 드러낸 것이다. 그렇기 때문에 반기업주의의 본질은 주로 반민족적 기업행태, 정치권력과의 유착적 기업행태, 불법적이고 부패한 기업행태에 대한 부정적 인식이었다.

민족민주운동에 반영된 반기업주의는 다른 무엇보다도 민족민주운동이 내재한 반외세 민족주의와 민중주의, 민주주의 이념을 내재화하고 있다. 즉, 외세 종속적이고 반민중적이며 독재적 국가권력의 질서 속에서 생존하는 가운데 어느덧 독재적 국가권력의 질서와 닮아버린 자본 혹은 기업의 질서에 대한 부정이 반기업주의의 근간이 된 것이다. 따라서 이 시기 반기업주의는 민족문제, 정치유착, 부패문제 등 비시장적 요인으로 구성된 반기업주의라고 말할 수 있다. 민족민주운동주기의 저항운동이 드러내는 '비시장적 반기업주의'는 자본과 기업의 매판성, 자본과 기업의 정치성, 자본과 기업의 부패성 등에 대한 부정적 인식이 핵심을 이루고 있다.

1960년대의 급진적 학생운동은 4·19 혁명의 핵심가치가 반외압, 반매판, 반봉건에 있다는 점을 강조했다. 1950년대 말 이후 4월 혁명기에 급속하게 증가한 노동운동은 대체로 노사관계의 민주화에 초점이 맞추어졌지만(김영수, 2010), 1960년대 민족민주운동이 자본과 기업에 접근하는 기준은 반외세와 반매판 등 국가권력에 대응하는 방식을 벗어나지 않았다.

4·19 혁명 이후 주목할 만한 시민저항은 1961년의 한미경제협정 반대투쟁이었다. 미국의 대한원조 집행 및 운용을 총괄적으로 규정하는 한미경제협정은 한국의 주권을 제약하는 조항이 포함되어 논란이 됐다(민주화운동기념사업회연구소, 2008: 205~206). 이 저항운동은 진보적 학생단체, 사회단체, 혁신계 정당 등이 주도했지만 보수적 시민사회에도 한국의 항구적인 대미예속화에 대한 우려가 배어있다.

이 같은 국민적 우려는 대미종속적 원조경제를 통해 일어선 기업의 정치권력 유착에 대한 부정적 의식을 동반하는 것으로 볼 수 있다. 원조경제를 통한 기업의 성장과 아울러 해방 후에 귀속재산의 불하과정에서 크게 성장한 기업들 또한 반기업의식의 기원이 되었다. 특히, 해방 후 일본인 소유은행의 미군정 편입과 한국정부로의 이양은 1956년부터 본격적인 은행 민영화로 이어졌는데 대부분이 정권과 밀접한 관련이 있는 자본가에게 불하되었다. 이승만 정권 시기에 이 같은 시중은행들은 관권과 결탁했고 정치자금의 조달창구 역할을 했다. 1970년 결성된 '전국은행노동조합연합회'는 관치금융 타파와 금융민주화를 위한 노력이었고 이러한 운동들은 기업의 정치유착에 대한 저항을 반영하고 있다.

1964년의 한일회담반대투쟁은 박정희 정권에 정면 도전하는 첫 저항운동이었다. 각 대학에서는 일본자본이 민족자본을 침식하고 예속시켜 매판자본화할 것이라고 경고하고 "악덕재벌 타도하고 민족자본 이룩하자", "민족자본은 궐기하여 매판자본을 내쫓아라" 등의 구호를 외쳤다. 한일회담반대투쟁이 6·3 한일회담반대운동으로 확산되는 과정에서 거의 모든 선언문에는 독점·매판자본에 대한 비판이 포함되었다.

6·3 항쟁기에는 박정희 정권의 부정부패 스캔들 및 일본정치자금 유입설과 함께 가중되는 민생고가 모든 저항의 초점을 박정희 정권으로 향하게 만들었다. 부패의 온상으로 간주되는 박정희 정권에 대한 비난은 당연히 정권과 결탁한 부패자본을 향했다.

1965년까지 이어진 대규모 시위에서 "전체 국민의 피눈물 위에 소수 반민족적 매판성 악덕재벌과 벼락감투의 배를 불렸다"고 비판하는가 하면 박정희 정권이 "단군 이래 최고의 물가고와 기아임금을 농민, 노동자, 소시민에게 강요하면서 소수의 매판성 악덕재벌을 살찌게 했다"고 강조했다(박찬승, 2008: 78~79). 이처럼 6·3 항쟁기의 민주화운동은 민생고와 독점자본에 대한 비판을 박정희 정권 반대와 반매판성의 문제에 연결시켜 전개한 것이다.

1966년 삼성의 사카린 밀수사건은 1960년대 자본과 기업의 부패화에 따른 반기업주의를 극대화시켰다. 삼성재벌이 울산에 한국비료를 건설하면서 대량의 사카린을 건설자재로 위장해서 밀수하다 적발됨으로써 정치권과 시민사회가 밀수재벌에 대한 규탄시위를 광범하게 확산시켰다. 박정희 정권의 관련 의혹과 함께 정부 내 책임자 처벌과 정부 내 비호세력 척결이 주장되기도 했다.

학생들은 반외세 반매판을 구호로 재벌규탄에 나섰다. 서울대생들은 "대표적 매판자본이 국민적 선의를 배반하고 경제건설과는 동떨어진 금융특혜 등 정치권력과의 결탁, 폭리행상에 혈안이 되어있다"고 규탄하는가 하면, 이병철의 즉각 구속과 재벌의 재산몰수, 일본상사 추방 등을 요구했다. 연세대생들은 이병철 엄단, 삼성 산하 기업체의 국유화, 밀수집단과 결탁한 정상배 추방, 반국가적 재벌과 유대단절 등을 요구했고 고려대들생은 이병철 구속, 한국비료 국유화, 삼성 밀수의 주구노릇을 한 일부 지식인 단죄, 밀수사건의 전면 재수사, 재벌의 각성, 일본의 경제식민지화 경계, 대일자세 전면 재검토 등을 촉구했다(민주화운동기념사업회연구소, 2008: 487~491).

1970년 전태일의 분신자살 사건은 한국 자본주의의 가혹한 노동착취의 현실을 백일하에 드러냈다. 이어지는 박정희의 유신체제 아래 전개된 반유신투쟁의 시기에도 민주화운동은 '경제적으로는 자립경제와 국민복지를 외면한 정권이 소수 독점자본에 영합하여 대일 경제예속을 가속화한다는 인식'이 여전히 주류를 이루었다.

1974년 민청학련의 '민중 · 민족 · 민주선언'은 한국사회의 지배체제를 "부패특권체제이며, 권력배와 소수의 부정특권 족벌이 기아수출입국, GNP신앙을 교리로 내걸고 민족자본의 압살과 매판화를 종용하여 수십억 달러의 부채를 국민에게 전가시키고 기간산업을 포함한 주요 경제부문의 족벌 사유화를 획책했으니 이들이야말로 물가고와 경제파탄을 초래한 주범"이라고 주장했다(민주화운동기념사업회연구소, 2009: 140~142).

1970년대 후반의 유신체제 반대운동에서도 재벌경제에 대한 비판, 국민의 기본권과 생존권을 위협하는 경제개발정책 비판, 매판세력 비판, 경제위기, 부정부패, 정경유착, 불평등 심화 등에 대한 비판이 꾸준히 제기되었다. 1970년대 말 부마항쟁기에도 이 같은 반기업 관련 경제이슈들은 지속되었다. 매판기업가와 관료세력에 의한 한국경제의 종속화와 병든 근대화의 표상인 노동자 탄압 등을 비판하고 고도성장의 그늘에 가려진 비리와 부조리, 특혜로 얼룩진 권력층과 재벌의 결탁 문제를 드러냈다(민주화운동기념사업회연구소, 2009: 320~325).

전두환 신군부의 권위주의에 대한 전국적 저항으로 한국 민주화의 분수령이 된 1987년 6월 대항쟁기에는 경제 및 기업관련 이슈가 노동영역에 확산된 생존권 문제와 맞물려 전개되는 양상을 보였다. 특히, 3저 호황의 경기에도 불구하고 임금억제정책을 천명한 전두환 정권은 노동과 자본 관계의 모순을 심화시키는 병풍의 역할을 했다.

특히, 대외종속의 심화와 독점이 강화되는 1980년대 한국 자본주의 조건에서 부의 편재와 경제잉여의 해외유출이 확대되고 노동계급의 빈곤은 심화되었다. 노동자의 저임금 장시간 노동, 산업재해의 대형화와 심각화, 상대적 과잉인구의 존재와 고용형태의 불안정, 노동복지 빈곤의 고착화, 국가권력 매개의 노동통제 강화는 1987년 노동자 대투쟁이라는 사상 최대의 대중투쟁을 만들었다.

6월 대항쟁기의 반기업주의는 민족민주운동주기에 누적된 반기업주의가 응집적으로 표출된 것이라고 할 수 있다. 1960, 1970년대의 산업화를 거치면서 경제의 대외의존성과 부의 편중이 심화되는 한편, 노동계급은 급속히 확대됨으로써 거대 노조운동이 가능해졌다. 이런 조건에서 한국 자본주의의 모순은 노동계급에게 응결되었고 거대 세력화된 노동계급은 시민정치의 또 다른 수준에서 계급정치를 시도할 수 있게 되었다. 1980년대 말 민족민주운동의 종료 시점에서 반기업주의는 한국사회의 정치경제적 모순이 응집된 노동계급의 거대한 저항운동에 반영된 것으로 볼 수 있다.

민족민주운동주기의 반기업주의는 첫째, 일제식민 종속경제와 해방 이후 대미종속경제, 대일종속경제에 기생하는 매판적이고 특혜적 자본을 문제 삼는 '기업과 자본의 매판성 비판'을 들 수 있다. 둘째, 해방 후 미군정과 이승만 독재, 박정희 군사독재, 전두환 신군부독재를 거치며 보호주의적이고 정치유착적 재벌 성장과정에서 특혜금융으로 큰 기업을 문제 삼는 '기업과 자본의 정치성 비판'이 강조될 수 있다. 셋째로는 매판성과 정치성의 결과로서의 '기업과 자본의 부패성 비판'이다.

이 같은 매판성과 정치성, 부패성에 대한 비판은 기업이 본래 위치해야 할 시장의 질서에서 작동하는 것이 아니라 시장의 외적 질서와의 관계를 문제 삼는 것이다. 매판성은 민족문제가 기업에 대한 인식의 기준이 되고, 정치성은 정치권력이나 관과의 관계가 기준이 되며, 부패성은 법과 관행상의 정의를 기준으로 판별하는 기업의식이라는 점에서 민족민주운동주기의 반기업주의를 '비시장적 반기업주의'라고 말할 수 있다.

4. 시민사회운동의 주기와 반기업주의의 변화

1) 정치경제 개혁운동과 반기업주의

1980년대까지의 민족민주운동은 1980년대 말 한국사회의 민주적 전환을 가능하게 했다. 1990년대는 세계적으로 탈냉전과 신자유주의 시장화 경향의 지구적 확산기였으며 한국사회는 민주주의가 공고화되는 과정이자 분단·국가주의 역사국면이 탈냉전·시장주의 역사국면으로 전환되는 시기였다. 1990년대 역사국면의 전환은 시민정치의 새로운 주기를 등장시켰는데 민족민주운동의 주기 이후 '시민사회운동의 주기'를 맞은 것이다. 1990년대 시민사회운동주기는 1980년대까지의 민주화운동의 흐름을 잔여적으로 반영했다.

시민정치의 주요 이슈는 환경, 여성, 평화, 인권 등 새로운 시민운동의 이슈로 바뀌었지만 실제적인 운동의 방식은 정치, 경제권력과 제도에 대한 감시에 집중되었다. 경실련, 참여연대, 환경운동연합, 녹색연합, 여성단체연합 등이 새롭게 출범하고 역동적인 활동을 보였으며 대부분의 운동은 미완의 민주화과제를 실천하고자 하는 정치경제 개혁운동에 치중했다. 따라서 1990년대 시민사회운동의 주기를 '정치경제 개혁운동의 주기'로 구분할 수 있다.

1990년대 정치경제 개혁운동의 주기에 정부의 경제정책과 기업과 자본에 대한 직접적인 도전은 1989년에 설립된 '경제정의실천시민운동연합'의 다양한 시민운동으로 시작되었다. 경실련은 "부동산 투기, 정경유착, 농촌과 중소기업의 피폐 및 이 모든 것의 결과인 부와 소득의 불공정한 분배, 재벌로의 경제적 집중 등 범람하는 경제적 불의를 척결하고 경제정의를 실천함은 이 시대 우리 사회의 역사적 과제"라는 선언으로 출범했다(민주화운동기념사업회연구소, 2009: 481).

경실련이 추진한 반기업주의적 시민운동은 출범 초기부터 전개한 금융실명제 운동과 토지공개념 입법운동이 있다. 이러한 운동은 1990년대 들어 부동산 투기 근절과 공평과세 확립을 위한 세제개혁과 함께 음성적이고 투기적인 불로소득을 차단하기 위한 운동의 출발이었다. 무엇보다도 금융실명제는 1990년 4월 정부가 금융실명제의 무기한 실시유보를 밝히면서 경실련의 전면투쟁이 전개되었다.

경실련은 "금융실명제를 경기침체와 부동산투기 그리고 증권시장 침체의 주범으로 호도하고 있다"고 주장하면서 금융실명제의 유보가 반복적인 재벌중심 지원대책의 연장에 불과하다고 규정했다. 경실련은 정책공청회와 시국성명서를 발표하는 등 대정부 압박을 확산했는데 이 운동에는 한국노총과 전노협을 비롯해서 평민당, 민주당 등의 야당과 전민련 등의 재야단체가 광범하게 참여했다.

경실련은 재벌개혁을 위한 다양한 운동을 전개했다. 재벌기업의 부동산 투기로 인한 불로소득과 자산형성, 불법적 재산의 세습, 반시민적 기업 활동으로 인한 사회적 비용의 전가, 정경유착에 의한 외형성장 중심의 정책 등에 대한 시민운동을 전개했다.

경실련이 전개하는 경제개혁 시민운동의 핵심적 내용은 재벌의 경제력 집중에 대한 문제제기와 재벌의 편법 증여와 상속에 의한 부의 세습을 문제 삼는 것이었다. 좀더 구체적으로 재벌그룹이 시도하는 부의 세습유형을 발표하기도 했는데 가격이전과 자회사 설립 후 특혜거래, 결손회사에 위장증여, 세금회피를 위한 가차명금융저축 및 채권, 문화재단 설립과 간접지배, 절세차원의 상속단계 단축 등이 알려졌다(〈시민의신문〉, 2004: 93).

나아가 경실련은 1992년 14대 총선거와 12월 대선을 앞두고 그간의 개혁과제를 정리하고 발굴해서 정책으로 반영시키는데 1차적 목표를 둔 운동을 전개했다. 여기에 금융실명제의 조속한 실시, 한국은행의 독립, 재벌가문 주식의 매각유도, 출자총액제한제도의 강화와 그룹 집중 경영체제의 폐지 등이 포함되었다.

경실련의 재벌개혁운동과 함께 참여연대의 소액주주운동과 주주대표소송운동은 기업지배구조 개선 및 재벌개혁을 위한 대표적 시민운동이라고 할 수 있다. 소액주주운동은 IMF외환위기를 겪으며 한국의 기업, 특히 재벌의 불투명한 기업경영 및 계열사 부당지원, 대주주 및 경영진의 전횡 등에 대한 개혁이 절실한 상황에서 시민의 힘을 통해 재벌을 개혁하자는 취지에서 시작되었다.

1997년 제일은행의 한보그룹 부실대출과 관련해 제일은행 경영진에 대한 책임추궁을 시작으로 참여연대는 기업과 금융기관에서 벌어지는 구체적 사안을 파헤치고 개선을 요구하는 활동을 벌였다. 1998년에는 '국민 10주 갖기 운동'을 제안하고 소액주주운동 대상으로 5대 재벌기업을 선정해서 개별기업에 대한 활동을 체계적이고 집중적으로 벌일 것을 선언했다.

우선 참여연대는 위법 행위로 회사에 손실을 끼친 임원을 상대로 주주대표소송을 제기했는데 제일은행 주주대표소송, 삼성전자 주주대표소송, LG 주주대표소송 등이 실제로 제기되었다. 이와 아울러 참여연대는 주주총회에 참여해서 회사경영의 문제점을 공개적으로 질의하고 추궁함으로써 주총에 대한 사회적 관심을 높였고 나아가 정관개정안과 이사선임 안건의 통과나 저지를 위한 의결권 대결을 벌이기도 했다. 1997년 제일은행 정기주총, 1998년 삼성전자 정기주총, 1999년 SK텔레콤 정기주총에 참여했으며 주총을 앞두고 회사 측에 지배구조개선을 위한 요구사항을 제시하는 활동도 벌여 많은 내용이 수용되는 성과도 얻었다(참여연대 10년사 편집위원회, 2004: 158~160).

참여연대는 기업의 경영권 또는 지배권을 지배주주의 자식들에게 승계하기 위해 편법 또는 불법적인 방법을 동원하는 사례를 폭로하고 원상회복을 요구하기도 했다. 1997년 삼성전자가 이재용 씨에게 발행한 전환사채와 관련해서 '전환사채발행 무효소송'을 제기했고 1999년 6월에는 삼성 SDS가 이재용 씨 등에게 발행한 신주인수권부사채(BW)와 관련해서 'BW발행 무효소송'을 제기하고 삼성 SDS 이사들을 배임혐의로 고발했다. 2002년에는 두산, 2003년에는 현대산업개발, 효성, 동양메이저 등에서 발행한 BW 문제를 지적하기도 했다.

참여연대는 재벌과 금융관련 제도개선 및 정부정책의 모니터링을 위한 활동도 꾸준히 전개했다. 제도개선 운동은 대주주의 횡포로부터 기업을 지켜내고 자본시장의 건전성을 위한 견제수단의 확보를 위해 소수 주주권 강화를 요구하는 데 모아졌다. 상법과 증권거래법상의 주주대표소송 제기요건 완화, 사외이사 비율확대 및 이사선임 방식으로서의 집중투표제 채택 등을 요구했고 증권시장개선을 위해 증권 집단소송제도 도입 운동을 벌여 2003년 12월 증권 집단소송법이 제정되기도 했다(참여연대 10년사 편집위원회, 2004: 160~163).

시민사회운동의 주기에서 1990년대 정치경제 개혁운동주기에 전개된 기업관련 시민운동, 즉 반기업주의 시민운동은 먼저, 재벌의 경제력 집중을 완화하기 위한 기업과 자본의 집중화 경향을 비판했다. 둘째, 기업지배구조 개선을 위한 소액주주운동 등 기업과 자본의 권력화에 대한 개혁을 강조했다. 셋째는 재벌기업의 주식을 편법으로 자식에게 승계하는 기업과 자본의 세습화 경향에 대한 개혁을 요구했다.

이 같은 기업과 자본의 집중화, 권력화, 세습화 경향은 시장에 대한 통제가 사라진 과잉시장화의 효과라고도 할 수 있다. 무엇보다도 신자유주의 시장질서에서 과도한 시장자유는 자본과 부의 집중을 가져올 수밖에 없고 과도한 부의 집중은 기업의 지배구조나 재산상속에서 권력화와 세습화 경향을 드러낸다. 이러한 점에서 정치경제 개혁운동주기의 반기업주의는 과도한 시장주의를 원인으로 보고 건강한 시장적 질서의 회복을 지향한다는 점에서 '시장적 반기업주의'라고 말할 수 있다.

2) 생활정치운동과 반기업주의

2000년대 이후 시민사회운동은 정치경제 개혁운동주기를 넘어 생활정치운동의 주기로 전환되었다. 정치경제 개혁운동의 주기는 9백 개 이상의 시민단체가 결집한 2000년 총선시민연대의 '낙천낙선 운동'을 분수령으로 생활정치운동의 새로운 주기를 맞았다. 무엇보다도 김대중 정부에 이어 노무현 정부가 집권함으로써 두 번의 민주정부가 시민사회에 앞서 정치경제 개혁을 주도하면서 시민사회와 기업의 자율성이 크게 확대되었다.

이제 시민정치의 흐름은 완전히 새로운 주기를 맞았다. 민족과 민주의 거시적 가치를 추구하던 민족민주운동의 주기 이후 시민사회운동의 주기에서도 민주화운동의 남은 과제를 위해 여전히 정치개혁과 경제개혁 과제를 실천하던 1990년대의 과도기를 거쳐 한국의 시민정치는 2000년대 이후 복지, 노동, 환경생태, 인권, 여성, 평화 등 삶의 문제와 정체성의 문제에 주목하는 생활정치운동의 시대를 맞은 것이다.

생활정치운동은 1997년 IMF외환위기 이후 신자유주의 질서를 전면적으로 수용함으로써 효율과 경쟁의 무한궤도에서 해체되는 시민의 삶을 지키기 위한 도전이기도 했다. 외환위기 이후 부실기업이 대폭 정리되는 한편 살아남은 기업은 아웃소싱과 다운사이징으로 기업의 규모를 줄이는 데 몰두했다.

2000년대 시민정치와 반기업주의의 특징은 민주주의의 진전과 신자유주의 시장질서의 확장, 시민단체 및 기업의 확대된 자율성 등을 기초로 기업과 시민단체 간에 형성된 새로운 관계와 결부되어 있다. 무엇보다도 2000년대 이후 시민정치의 반기업주의는 기업과 시민단체 간에 형성된 '구조적 의존'과 '행위적 갈등' 사이에 위치한다.

우선 신자유주의 시장질서의 확장은 시민사회와 시민정치의 영역에도 영향을 미쳐 시민운동의 시장화 경향을 확대시켰다. 수많은 시민단체가 생겨나고 수많은 이슈 경쟁이 생기는 가운데 2000년대 시민단체들은 회비와 기금경쟁의 시대를 맞게 되었다.

1990년대만 해도 시민단체는 기업으로부터의 후원에 조심스러운 입장이었다. 비교적 건전하고 우량한 기업의 후원만 허락하는 수준이었다. 2000년대 이후 민주화와 기업의 자율성 확장, 시장주의의 전 사회적 확장 등의 거대변동은 기업이 시민단체를 적극적으로 폭넓게 후원하게 했다. 다양한 방식의 기업후원이 있었고 활동가는 경쟁적으로 기업후원을 유치하기도 했다. 주요 단체의 명망 있는 활동가가 주요 기업의 사외이사로 선임되는 사례가 늘었다.

포스코의 경우 2000년대 후반부터 청암재단을 통해 시민단체 활동가의 해외연수 프로그램을 지원하기도 했다. 시민운동단체는 공익을 위해 출연하는 정부나 기업의 기금 및 후원으로 운영되는 것이 상식이다. 그러나 민족민주운동의 주기에서 정치경제 개혁운동의 주기 동안 팽배했던 반정부, 반기업의 프레임에서 시민단체와 기업은 구조적으로 결합되기 어려웠다. 하지만 2000년대 이후에 시민단체는 후원을 확보하고 기업은 이윤을 공익사업으로 환원한다는 의의를 확보하며 시민단체와 기업은 일종의 윈-윈 할 수 있는 구조적 의존의 관계에 돌입했다.

이 같은 구조적 의존관계 속에서도 시민단체의 반기업주의는 시민의 삶을 위협하는 다양한 기업행태에 대한 비판과 저항운동으로 나타나는 경향을 보였다. 구조적 의존 속에서도 행위의 수준에서는 갈등적 관계를 표출했던 것이다. 이미 1991년 구미 두산전자의 낙동강 페놀 오염사건에서 국민적 공분을 일으킨 바 있지만 2000년대 생활정치운동의 시대에 기업의 환경 파괴적 행태는 반기업주의를 구성하는 핵심 요소가 되었다.

2007년 12월 태안반도 일대를 기름으로 뒤덮은 허베이스피리트호 기름 유출사고는 기업관련 초대형 생태 사고였다. 충남 태안 앞바다에서 삼성중공업 소속 크레인과 유조선 허베이스피리트호가 충돌하면서 1만 2천kℓ로 추정되는 원유가 유출되어 충청도 해안 전역뿐 아니라 전라남도와 제주도까지 기름이 흘러들어 생태계와 지역경제에 심각한 타격을 입혔다. 삼성중공업의 배·보상과 관련해서 오랜 기간 여러 시민단체 및 지역주민단체의 항의와 요구가 있었다. 기업의 반생태주의적 행태는 중소기업은 말할 것도 없고 2013년 강릉 옥계의 포스코 마그네슘 제련공장이 유출한 페놀 오염사건에서도 재현되었듯, 거대기업에서도 끊임없이 반복됨으로써 시민사회의 반기업주의를 자극하는 요인이 되었다.

정치경제 개혁운동의 주기에 참여연대와 경실련의 경제민주화운동은 기업의 부정적 요소를 드러내는 적극적 효과를 가져왔다. 생활정치운동의 주기에 들어서도 이른바 '삼성공화국' 문제가 불거짐으로써 삼성재벌의 불법행태가 다시 주목받았다. 2007년 10월 전 삼성법무팀장 김용철 변호사는 삼성의 불법 비자금과 경영권 승계, 정관계 로비 의혹을 폭로했다. 참여연대와 민주사회를 위한 변호사 모임은 삼성 의혹을 검찰에 고발했으며 마침내 삼성 비자금 특검법이 국회 본회의를 통과했다(〈한국일보〉, 2007. 12. 3).

2008년 삼성 특별 검사팀이 이건희 회장 등 관련자 10명을 불구속 기소한다는 조사결과를 발표했다. 참여연대와 민주사회를 위한 변호사 모임은 짜 맞추기 수사와 재벌 봐주기 수사라고 강력하게 비판했다(〈한국경제〉, 2008. 4. 18). 2008년 4월 22일 삼성공화국 논란에 대해 삼성 측은 이건희 전 회장의 퇴진, 그룹 경영구조혁신, 금융업 투명성 강화, 순환출자 해소, 독립경영 체제구축 등을 골자로 하는 경영쇄신안을 국민에게 발표했다(〈서울경제〉, 2008. 4. 22).

그러나 2009년 이건희 전 삼성 회장의 외아들 이재용 씨가 삼성전자 부사장으로 승진하고 삼성생명이 상장을 준비하면서 3세 경영 준비가 가시화됨에 따라 삼성의 경영승계 논란이 다시 확대되었다. 경제개혁연대와 참여연대 등의 시민단체는 토론회와 보고서 발표를 통해 비판했다.

생활정치운동주기를 특징짓는 가장 상징적인 사건은 이명박 정부 초에 발생한 2008년 미국산 소고기 수입반대 촛불집회라고 할 수 있다. 먹거리 이슈가 거대한 광장의 집합적 시위를 만들었고 정치경제 개혁운동주기를 주도했던 조직적 시민단체가 아니라 탈조직적 시민행동이 새로운 시민행동을 가능하게 했다는 점에서 특별한 시민운동이었다. 이명박 정부의 친기업 정책이 불러온 국민적 반감으로 미국산 소고기 수입반대 촛불집회는 이명박 정부의 정책 전반에 대한 거부운동으로 전환되었는데, 특히 한반도 대운하 반대와 함께 공기업 민영화 반대운동이 확산되었다.

2008년 촛불집회의 연장에서 전개된 한반도 대운하 반대운동과 공기업 민영화 반대운동에는 이명박 정부의 친기업 정책, 나아가 친건설업체 정책 등에 대한 불만이 내재되었고 이러한 불만은 사기업에 대한 불신과 결부된 것으로 볼 수 있다.

2000년대 이후 생활정치운동주기의 반기업주의는 정치경제 개혁운동주기의 반기업주의를 구성한 기업과 자본의 집중화 경향 비판, 권력화 경향 비판, 세습화 경향 비판 등의 요소를 더욱 심화된 형태로 드러냈다. 모든 사회구성 요소 중 시장영역이 팽창되는 가운데 시민정치영역과 시장영역의 구조적 의존이 확대되는 한편, 이른바 삼성공화국 비판이 확대되면서 재벌기업의 집중화, 권력화, 나아가 세습화에 대한 비판이 반기업주의의 흐름을 이루었다.

생활정치운동주기의 반기업주의를 구성하는 또 하나의 조류는 기업의 반생태주의적 행태가 불러온 환경위기에 대한 불안과 분노이다. 기업과 자본의 반생태주의 행태는 집중화, 권력화, 세습화 경향으로 구성되는 반기업주의에 새롭게 추가되는 요소라고 할 수 있다.

5. 시민정치의 현재와 반기업주의의 현실

2010년 이후 생활정치운동의 주기에서 시민정치의 반기업주의를 확대시킨 요인에는 기업의 이른바 '갑질' 효과가 크다. 야당인 더불어민주당의 전신인 새정치민주연합에서는 '을'을 살리기를 위한 '을지로위원회'까지 만들었으니 기업의 갑질이 반기업주의를 확산하는 데 공이 컸다.

시민사회의 반기업주의를 자극한 강력한 사건은 '남양유업' 사건이었다. 2013년 5월 남양유업의 30대 영업관리소장이 아버지뻘인

하청 대리점주에게 욕설을 퍼붓는 전화통화 음성파일이 동영상 공유 사이트인 유튜브에 공개되면서 사태가 커졌다. 남양유업은 하루 만에 공식사과문을 냈으나 5월 6일 남양유업 대리점주의 항의집회가 열렸고 온라인에서는 남양유업 제품 불매운동이 확산되었다.

'갑의 횡포'와 '을의 눈물'이라는 화두를 던진 이 사건은 약 두 달 동안 대리점주와 사측의 협상이 결렬과 난항을 거듭하다가 상생위원회 발족과 남양유업 정상화를 위한 공동선언문이 채택되면서 마무리되었다(〈일요시사〉, 2013. 5. 13; 2013. 7. 29). 이 과정에서 골목상권 살리기 소비자연맹, 유권자시민행동, 한국시민사회연합회 등 150개 시민사회, 직능, 자영업 단체가 모여 피해자에게 완벽한 보상을 요구했으며 경제개혁연대, 참여연대, 민주사회를 위한 변호사 모임 등의 시민단체는 반남양연대 움직임을 확대하기도 했다.

대한항공의 이른바 '땅콩 회항사건'은 대기업 사주에 대한 국민적 공분을 일으킨 또 하나의 갑질 사건이다. 2014년 12월 5일, 뉴욕을 출발하는 대한항공 1등석에서 이 항공사의 조현아 부사장이 승무원의 땅콩 서비스 태도를 문제 삼아 이미 게이트를 떠나 이륙 준비 중인 항공기를 되돌려 사무장을 내리게 한 사건이 발생했다.

회항사건이 국내 언론보도를 통해 알려지면서 비난여론이 거세졌다. 국토부가 항공기 회항에 대한 조사를 결정하고 비난여론이 급증하자 조현아 부사장은 모든 보직에서 물러나겠다고 발표했지만 실제로 부사장, 등기이사, 계열사 대표 자리는 유지한다는 사실이 알려지면서 비난여론은 더욱 거세졌다.

참여연대는 조 전 부사장을 〈항공법〉 위반과 업무방해 혐의 등으로 서울 서부지검에 고발했다. 참여연대는 "이번사건은 총수일가의 일원인 조 부사장과 힘없는 승무원의 관계에서 발생한 '갑을' 문제라며 승객 수백 명이 탑승한 항공기의 안전이 무력화된 이 사건에 대해 사회적 규탄을 넘어 형사처분이 필요하다"고 고발 취지를 설명했다.

조 부사장은 결국 사퇴했으며 검찰의 수사가 시작되고 사태가 악화되자 조 부사장의 아버지 조양호 한진그룹 회장은 대국민 사과를 발표했다. 12월 12일 국토부에 출두한 조현아 전 부사장은 폭행 사실을 부인했으나, 이날 박창진 사무장이 폭언과 폭행을 폭로하면서 사건은 걷잡을 수 없이 확대됐다. 국토부는 조 전 부사장을 〈항공법〉 위반 혐의 등으로 검찰에 고발했고 검찰은 조 전 부사장에 대해 항공기 항로변경 등 네 가지 혐의로 사전구속영장을 청구했다. 조현아 전 부사장은 구속되었으며 재판부는 이 사건을 "돈과 지위로 인간의 존엄과 가치, 인간의 자존감을 무릎 꿇린 사건"이라고 규정하고 징역 1년의 실형을 선고했다(〈경향신문〉, 2015. 2. 12).

2000년대 이후 생활정치운동주기의 반기업주의는 기업과 자본의 집중화, 권력화, 세습화 경향과 아울러 기업과 자본의 반생태적 행태에 대한 비판이 핵심요소를 구성한다. 2010년 이후 현시점의 시민정치는 생활정치운동이 강화되고 풀뿌리 수준에서 확산되는 전망을 보인다. 특히, 연속적인 보수정권 시기 동안 정치는 국민을 분열시키고 규제개혁의 이름으로 친기업적 경제정책이 더욱 강화됨으로써 사회의 양극화 경향이 심각해졌다. 사회는 분열되고 해체되었으며 시민은 고단한 삶으로 지쳐간다.

이 같은 현실에서 시민정치의 반기업주의는 직접적으로 시민의 삶과 힘겹게 살아가는 서민의 날카로운 정서와 맞닿는 부분에서 작동한다. 시민의 눈앞에서 적나라하게 펼쳐지는 롯데그룹의 후계 갈

등, 세월호와 메르스 사태에서 나타난 시민의 생명에 무관심한 행태, 서민의 삶을 죽이는 동네상권 죽이기, 남양유업 사건이나 대한항공 사건 등 갑질로 인한 시민정서의 훼손 등이 반기업주의를 재생산하는 요인이 된다.

이 같은 반기업주의는 기업과 자본의 집중화, 권력화, 세습화, 반생태 비판의 요소를 포함함으로써 과잉시장화 경향 속에서 누적된 부조리한 권력화와 세습화 효과에 주목한다. 민족민주운동주기의 반기업주의에 비해 시장영역 내에서 작동하는 기업행태에 대한 반기업주의라는 측면에서 시장적 반기업주의라고 할 수 있다. 나아가 정치경제 개혁운동주기의 시장적 반기업주의에 비해 강화된 시장의 내적 권력화 경향은 최근의 반기업주의를 특징짓는다.

2014년 고려대 한국사회연구소가 정치, 경제, 사회, 문화, 노동, 환경, 언론 분야의 시민사회단체 활동가 74명을 대상으로 실시한 한국사회의 반기업문화에 대한 연구 보고서는 시민정치를 주도하는 활동가들의 반기업정서가 심각하다는 사실을 보여준다(조대엽 · 이명진 · 김원섭 · 김수한, 2014). 이 보고서에 따르면 청와대, 국회, 군대에서부터 노동조합, 시민단체에 이르는 16개 주요 기관 가운데 대기업은 청와대, 국회, 군대, 정부부처와 더불어 여섯 번째로 신뢰가 낮은 집단이다. 신뢰하는 비율(10.8%)보다 불신의 비율(62.1%)이 매우 높고 기업 유형별 호감도에서 대기업(8.1%)은 중소기업(16.2%)과 큰 차이가 난다.

대기업에 대한 호감도 역시 뚜렷한 차이를 보인다. 〈표 8-2〉를 보면 대기업에 대한 부정적 인식(62.1%)이 긍정적 인식(8.1%)보다 매우 높고 성별로 보면 남성이 부정적이라고 응답한 비율(81.8%)은

〈표 8-2〉 대기업에 대한 호감도

(*n* = 74, 단위: %)

		긍정적	보통	부정적	무응답
성별	남 자	4.5	13.6	81.8	0
	여 자	10.2	28.6	57.1	4.1
연령	만19~29세	14.3	28.6	57.2	0
	만30~39세	6.5	19.4	74.2	0
	만40~49세	0	35	60	5
	만50~59세	23.1	15.4	53.9	7.7
전체		8.1	23	62.1	6.8

여성(57.1%)보다 높다.

대기업에 대해 부정적 인식을 가진 응답자의 경우 그 이유를 구체적으로 보면 총수의 비윤리성이 24%로 가장 높고, 중소기업과 소자영업의 생존 위협(22%), 대기업의 법규 위반(15%), 정경유착(13%), 노동조합 탄압(11%), 사회적 약자 무배려(9%), 수익의 사회 비환원(6%) 순이다(〈그림 8-1〉 참고). 아울러 대기업의 윤리성을 묻는 질문에 대해서는 윤리적이라고 답변한 시민운동 활동가는 단 한 명도 없었다.

반면에 비윤리적이라고 응답한 활동가는 59%이고 그저 그렇다는 인식이 41%였다(조대엽·이명진·김원섭·김수한, 2014: 186). 대체로 시민운동 활동가들은 윤리적 기업에 대해 정직한 이윤을 창출하고, 소비자의 안전과 건강을 우선하며, 근로자의 권리를 인정해주고, 임직원의 도덕 수준이 높으며, 사회공헌활동을 하고 법규를 준수하며 고용을 창출하는 기업으로 인식한다. 적어도 한국의 대기업이 비윤리적이라는 인식은 이 같은 윤리적 기업의 요건이 크게 미흡하다는 점을 말해준다.

〈그림 8-1〉 대기업에 대한 부정적 인식의 이유

(n = 46, 단위: %)

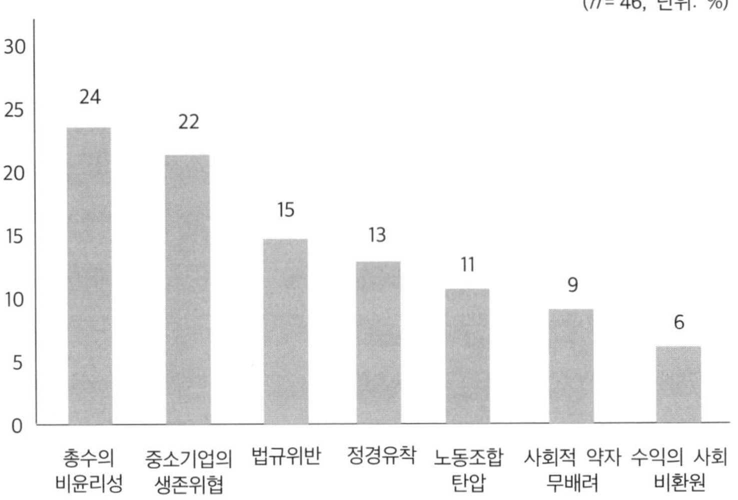

〈그림 8-2〉 국내 5대 재벌기업에 대한 호감도

(n = 74, 단위: %)

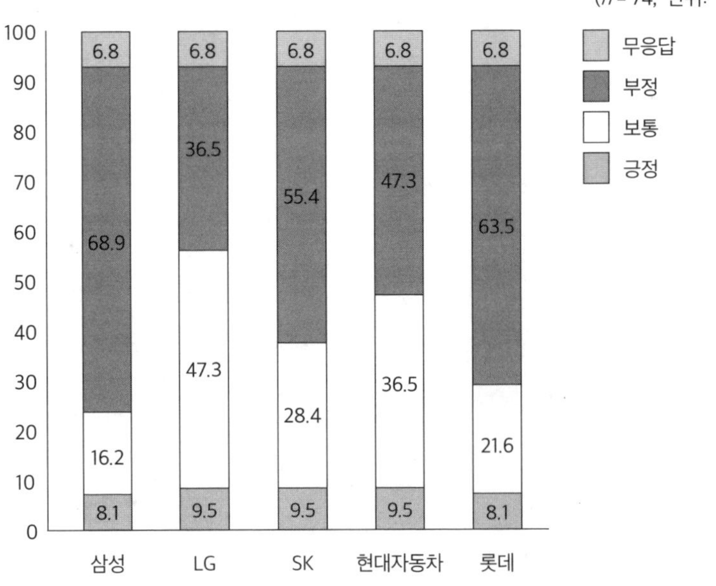

〈표 8-3〉 5대 재벌기업 총수에 대한 호감도

(*n* = 74, 단위: %)

	삼성 이건희 회장	LG 구본무 회장	SK 최태원 회장	현대자동차 정몽구 회장	롯데 신동빈 회장
매우 좋음	1.4	0	0	0	0
좋음	5.4	4.1	0	2.7	2.7
보통	12.2	36.5	8.1	21.6	14.9
나쁨	14.9	23	27	28.4	28.4
매우 나쁨	59.5	20.3	55.4	39.2	32.4
모름	1.4	10.8	4.1	2.7	16.2
무응답	5.4	5.4	5.4	5.4	5.4

시민단체 활동가는 국내 5대 재벌기업(삼성, LG, SK, 현대자동차, 롯데)에 대해서 대기업 전체에 대한 부정적 인식보다 좀더 높은 부정적 인식을 보였다. 5대 재벌기업의 호감도는 삼성과 롯데(각 8.1%)가 가장 낮고 LG, SK, 현대자동차(각 9.5%)가 동일한 호감도를 보였다. 〈그림 8-2〉를 보면 5대 재벌기업에 대한 호감도는 '긍정'보다 '부정'이 압도적으로 높고 삼성(68.9%)과 롯데(63.5%)의 경우 부정적인 인식이 대기업 전체에 대한 부정적 인식보다 높게 나왔다.

5대 재벌기업의 총수에 대한 호감도 조사(〈표 8-3〉 참고)는 "각 기업 총수에 대한 호감 정도"를 묻는 질문으로 삼성의 이건희 회장, LG의 구본무 회장, SK의 최태원 회장, 현대자동차의 정몽구 회장, 롯데 신동빈 회장에 대한 활동가의 개별적 호감도를 측정했다. 5대 재벌기업 총수에 대한 평가에서 긍정적 평가는 3%이고 부정적 인식은 65% 그리고 '보통'이라는 의견이 19%였다. 재벌기업 총수에 대한 부정적 인식이 압도적인 것을 알 수 있다.

주요 시민단체 활동가의 5대 재벌기업 총수에 대한 개별적 호감도를 보면, 삼성 이건희 회장에 대한 호감도가 6.8%로 가장 높았고 LG 구본무 회장이 4.1%, 현대자동차 정몽구 회장과 롯데 신동빈 회장이 2.7%의 호감도를 얻었다. SK 최태원 회장에 대해서는 긍정적 호감도가 없는 것으로 나타났다. 재벌기업 총수에 대한 비호감도의 경우 호감도보다 매우 높은 비율을 보였다. LG 구본무 회장에 대한 비호감도가 전체 응답자의 43.3%로 가장 낮게 나왔고 SK 최태원 회장에 대한 비호감도가 82.4%로 가장 높게 나타났다. 삼성 이건희 회장이 74.4%, 현대자동차 정몽구 회장이 67.7%, 롯데 신동빈 회장이 60.8%의 비호감도를 보였다.

주요 시민단체 활동가의 경우 5대 재벌기업의 성장과 발전에 정부특혜가 중요했다고 보는 견해가 압도적으로 높다. 정부특혜의 중요성을 시기별로 1960~1980년대와 2000년대 이후로 구분할 때 역시 시기에 관계없이 정부특혜의 중요성에 대한 인식은 압도적으로 높다. 1960~1980년대에 정부특혜를 받아 성장과 발전을 한 것으로 보이는 기업에 대한 설문조사에서 삼성이 89.2%로 가장 높게 나왔고 SK가 73%로 가장 낮게 나왔다. 2000년대 이후에도 여전히 기업발전에 정부의 특혜가 중요했다는 의견이 지배적이다.

주요 시민단체 활동가들은 정부의 특혜를 받아 발전한 것으로 보이는 기업을 삼성(85.1%), SK(81.1%), 현대자동차(79.7%), LG와 롯데(각 71.6%)의 순서로 꼽았다(조대엽 외, 2014: 200~201). 1960년대 이래 모든 시기에 걸쳐 정부의 지원과 특혜가 기업발전에 영향을 미쳤다면, 특히 2000년대 이후에도 변함없이 정부특혜가 기업발전에 중요한 요소라면 정부의 특혜가 반기업주의의 요인으로 작동했는가를 분석해야 한다.

적어도 1990년대 정치경제 개혁운동의 주기 이후 시민정치영역의 반기업주의를 기업 자체의 문제 혹은 시장 내적 반기업주의로 규정했다는 점에서 시장 외부에 있는 정부의 특혜는 반기업주의의 요인으로 크게 작용하지 않았다고 볼 수 있다. 특혜는 인정하더라도 민족민주운동주기의 정부특혜는 반민주적이고 종속적인 국가권력으로부터 나왔던 것이기 때문에 부도덕했으므로 강력한 반기업주의 요소로써 작동했으나 민주화 이후의 정부특혜는 경제성장을 위한 후원으로 이해했을 수도 있다. 또한 실제로 기업이 경제성장에 기여했다는 인식이 높다는 점에서 반기업주의적 요소로 보지 않았다고 해석할 수 있다(조대엽 외, 2014: 202).

시민단체 활동가가 보는 한국사회의 반기업주의의 심각성은 대체로 대기업의 문제라는 점을 알 수 있다. 전체 기업에 대한 반기업정서 설문조사에서는 '심각하다'는 응답이 27%, '심각하지 않다'는 응답이 14.9%에 머물지만 대기업에 대한 반기업정서는 '심각하다'가 58.1%로 중소기업(16.2%)보다 매우 높다. 시민운동 활동가를 분야별로 나누어 보면 반기업정서가 심각하다는 응답은 주로 경제, 사회, 노동, 환경 분야의 활동가가 많이 했고, 정치, 문화, 언론 분야의 활동가들은 반기업정서의 심각성에 대해 상대적으로 낮게 평가했다(조대엽 외, 2014: 221).

이상과 같은 시민단체 활동가의 반기업인식에서 뚜렷이 나타나는 사실은 우선 응답자의 86.5%가 반기업정서의 형성에 영향을 주는 가장 중요한 요소로 대기업을 든다는 점이다. 이와 아울러 응답자의 91.9%가 반기업정서는 기업 자체의 문제에 원인이 있다고 인식한다는 것을 알 수 있다. 또한 앞에서 살펴본 바와 같이 대기업에 대한 부정적 인식의 이유로 대기업 총수의 비윤리성, 대기업의 탈법성, 정경유착, 중소기업과 자영업의 생존권 위협, 노조에 대한 탄압, 사회적 약자에 대한 무배려, 수익의 사회적 비환원 등이 강조되었다. 이러한 점은 현시점의 시민정치의 반기업주의가 지속적으로 기업과 자본의 집중화, 권력화, 세습화 등 기업요인의 반기업주의 혹은 시장 내적 반기업주의를 보여준다고 말할 수 있다.

6. 결론: 시민정치와 반기업주의의 미래

한국에서 반기업정서의 뿌리는 깊다. 기업의 존재 자체에 대한 부정적 인식에서부터 왜곡되고 굴절된 기업행태에 대한 불만을 포괄하는 반기업주의는 일시적 정서라기보다 오랜 기간 체계적으로 생산된 가치나 신념체계라고 할 수 있다. 따라서 반기업주의는 정치영역과 시장영역을 감시하고 저항하는 시민정치의 영역에서 가장 체계적으로 드러날 수 있다. 이런 점에서 이 글은 한국의 시민사회 영역에서 전개되는 정치형태 가운데 시민운동의 영역에서 부각되는 반기업주의의 변화를 설명하고 전망하는 데 초점을 뒀다.

해방 후 사회운동 혹은 시민운동의 전개과정은 일반적으로는 민주화운동과 민주화운동 이후의 시민운동으로 크게 구분해 볼 수 있다. 이 글에서는 현대한국 시민운동의 변화를 역사주기론의 시각에서 구분한 후 각 주기별로 나타나는 반기업주의의 변화에 주목했다. 해방 후 현대한국의 사회변동은 1980년대 말까지의 '분단 · 국가주의' 역사국면에서 1990년대 이후의 '탈냉전 · 시장주의' 역사국면으로의 전환이라고 요약할 수 있다.

서로 다른 역사국면에서 민주화운동을 포함하는 시민운동의 서로 다른 주기가 형성되었다. 말하자면 1960년의 4월 혁명에서 1987년의 6월 민주항쟁까지를 분단·국가주의 역사국면에서 전개된 '민족민주운동주기'라고 할 수 있다면, 1990년대 이후 시민운동의 흐름을 '시민사회운동의 주기'라고 말할 수 있다. 1990년대 이후의 시민사회운동주기는 다시 민주화운동의 미완의 과제를 추구하는 한편 새로운 시민운동이 출발한 1990년대 '정치경제 개혁운동의 주기'와 2000년대 이후 '생활정치운동의 주기'로 구분할 수 있다.

먼저 민족민주운동주기의 반기업주의는 4월 혁명 이후 전개된 주요 운동의 순환주기에 가시화되었다. 주로 국가권력의 반민족성과 반민주성과 결탁한 기업행태에 대한 비판이 주종을 이루었다. 특히, 4월 혁명 이후의 급진적 학생운동은 반외압, 반매판, 반봉건을 기치로 대외의존적 경제와 기업행태를 격렬하게 비판하는 경향을 보였다.

이러한 반기업주의의 경향은 한미경제협정, 한일회담 및 협정, 삼성의 사카린 밀수사건, 전태일의 분신자살, 반유신운동, 부마항쟁, 1987년의 노동자대투쟁 등을 계기로 확대되었다. 민족민주운동주기의 반기업주의는 다른 무엇보다도 기업과 자본의 매판성, 정치성, 부패성 등에 초점이 맞추어졌다. 이 같은 반기업주의는 시장 내적 기업 활동의 문제라기보다는 시장 외적 기업문제, 시장의 밖에서 작동하는 왜곡된 기업구조를 문제 삼는다는 점에서 '비시장적 반기업주의'라고 할 수 있다.

1990년대 이후 역사국면의 전환은 새로운 시민사회운동의 주기를 개막했다. 시민사회운동의 주기는 1990년대의 정치경제 개혁운동주기와 2000년대 이후 생활정치운동주기로 구분할 수 있다. 우선 정치경제 개혁운동의 주기에는 경실련과 참여연대를 비롯한 주요 시민단체의 경제개혁 운동이 주목된다. 금융실명제 운동과 토지공개념 입법운동, 부의 세습문제, 소액주주운동과 주주대표소송운동, 삼성의 변칙증여 규탄, 증권 집단소송제 도입 등을 계기로 반기업주의를 확산시키는 효과를 가졌다.

2000년대 이후 생활정치운동의 주기에는 시민의 삶을 위협하는 기업행태에 대한 저항과 규탄이 운동의 흐름을 이루었다. 특히, 주요 기업이 개입된 대형 해난사고가 만든 생태파괴적 현실은 반기업주의를 자극했다. 태안반도를 원유로 뒤덮은 허베이스피리트호 기름 유출사건, 강릉 옥계의 포스코 페놀 오염사건, 삼성공화국 문제와 삼성의 불법비자금, 경영권 승계의 문제, 2008년 촛불집회 등이 2000년대 시민정치의 반기업주의를 확대시키는 요인이 되었다.

2010년 이후 최근의 반기업주의 확대에는 국민적 공황상태를 가져왔던 세월호 사태, 메르스 사태의 효과, 롯데그룹 경영권 분쟁, 대기업의 동네상권 죽이기, 남양유업 사건이나 대한항공 땅콩 회항 사건으로 불거진 대기업의 '갑질' 현상 등의 요인이 크다.

정치경제 개혁운동의 주기와 생활정치운동의 주기를 관통하는 반기업주의는 다른 무엇보다도 기업과 자본의 집중화, 권력화, 세습화, 반생태화 등의 요인을 중심으로 누적되었다. 이 같은 반기업주의의 요소는 비시장영역의 기업 활동이 문제되었던 민족민주운동주기와 비교하면 시장 내에서 왜곡된 기업행태를 보였다는 점에서 '시장적 반기업주의'라고 말할 수 있다.

이 글에서는 마지막으로 최근 주요 시민단체 활동가를 대상으로 한 기업의식 조사 결과를 통해 시민단체 활동가의 반기업주의 현황을 살폈다. 대기업에 대한 호감도는 대단히 부정적이며 대기업의 비윤리성에 대한 부정적 인식이 높은 수준이고 이에 따라 대기업 총수에 대한 호감도도 매우 낮은 수준에 있다는 결과가 나왔다.

오늘날 한국사회의 반기업주의는 일시적으로 나타나는 기업에 대한 호불호의 문제가 아니라 오랫동안 재생산됨으로써 집합적으로 누적된 가치라고 할 수 있다. 이러한 반기업주의는 민족민주운동의 주기에서 시민사회운동의 주기에 이르기까지 다양한 방식으로 재현되었는데 크게 본다면 왜곡된 국가권력과 결합된 '비시장적 반기업주의'에서 기업과 자본이 자체의 문제로부터 시장질서를 왜곡시키는 '시장적 반기업주의'로 변화되었다는 점을 강조할 수 있다. 정치적이고 국가권력 유착적일 뿐만 아니라 이러한 유착이 부도덕한 정치권력과 함께한 것에 대한 부정적 인식으로서의 반기업주의는 민족문제나 정치권력과 같은 비시장적 요소와 기업이 왜곡되게 결합된 데에 대한 부정적 시민정서라고 할 수 있다. 민주화 이후 반기업주의는 시장과 자본의 질서가 보다 자율적이고 독립적으로 성장함으로써 시장 내적으로 만들어지는 자율적 부조리에 대한 부정적 인식으로 바뀌었던 것이다.

다시 말하자면 한국사회의 반기업주의는 자본주의적 기업의 출현과정이라고 할 수 있는, 이른바 본원적 축적의 단계에서 정치, 문화, 국제관계 등의 비시장영역과 구조적이고 근본적으로 결합된 '반기업 근본주의'로 시작되어 점차 시장 내에서의 기업행태를 문제 삼는 '반기업 행태주의'로 전환되었다고 말할 수 있다.

민족민주운동주기의 '비시장적 반기업주의'는 한국기업의 생래적 원천에 대한 비판이기 때문에 기업의 태생이나 존재 자체를 문제 삼았다면, 민주화 이후의 시민사회운동주기에서 나타난 '시장적 반기업주의'는 기업의 존재는 당연시하면서도 왜곡된 시장행태와 이미지를 문제 삼는 경향이 크다는 점에서 '반기업 행태주의'로 전환되었다고 말할 수 있다.

앞에서 살펴본 시민단체 활동가의 기업의식 조사를 보면 향후 한국경제의 성장에 대한 대기업의 역할에 대해서는 부정적 미래전망이 월등하게 높다. 응답자의 55%가 부정적 미래를 전망하고 긍정적 전망은 15%에 그쳤다(조대엽 외, 2014: 203). 이러한 전망은 한국사회에서 반기업주의가 지속될 것이라는 점을 예측하게 한다. 물론 시민단체 활동가의 의식이라는 점에서 제한적일 수 있지만 시민단체 활동가들이 시민사회의 여론을 주도하는 층이라고 본다면 시민사회의 반기업주의는 지속적으로 의미 있는 요소가 될 수 있다.

시민사회 영역과 시장영역은 최근 들어 교호성이 높으며 상호적으로 기능한다. 특히, 시민단체와 기업은 공공적 가치를 추구하는 사업에서 협력적이다. 그럼에도 불구하고 시민단체는 기업행태에 대한 지속적인 감시와 비판의 기능을 할 수밖에 없다. 이런 점에서 향후 시민정치의 반기업주의는 시민단체와 기업의 구조적 연계 속에서 행태적 긴장관계를 특징으로 한다고 전망할 수 있다.

참고문헌

김영수, 2010, "4·19혁명기 노동운동의 민주주의 이행전략", 〈민주주의와 인권〉, 10(1): 5~37쪽.

민주화운동기념사업회연구소 (엮음), 2008, 《한국 민주화운동사 1》, 파주: 돌베개.

______ (엮음), 2009, 《한국 민주화운동사 2》, 파주: 돌베개.

박찬승, 2008, "6·3학생 운동의 이념", 〈한국민족운동사연구〉, 57: 337~368쪽.

〈시민의신문〉, 1999, 《한국민간단체총람 2000》, 서울: 시민의신문.

______, 2003, 《한국민간단체총람 2003》, 서울: 시민의신문.

______, 2004, 《한국시민사회운동15년사: 1987~2002》, 서울: 시민의신문.

조대엽, 2010, "4월 혁명의 순환구조와 6·3 항쟁: 역사주기론의 시각", 〈한국과 국제정치〉, 26(2): 1~36쪽.

______, 2012, "시민사회와 시민운동의 성장", 박인휘, 강원택, 김호기, 장훈 (엮음), 《탈냉전사의 인식: 세계화 시대 한국사회의 문제의식》, 파주: 한길사.

______, 2014, "현대 사회운동의 세계사적 맥락과 참여연대의 시대", 조대엽·박영선 (엮음), 《감시자를 감시한다: 고장 난 나라의 감시자 참여연대를 말하다》, 서울: 이매진.

조대엽·이명진·김원섭·김수한, 2014, 〈지구화시대 한국의 반기업문화와 시장공공성〉, 서울: 고려대 한국사회연구소.

참여연대 희망과비전위원회 (엮음), 2004, 《참여연대 10년의 기록 1994~2004: 세상을 바꾸는 시민의 힘》, 참여연대 희망과비전위원회.

〈경향신문〉, 2015. 2. 12, "'땅콩 회항' 유죄 배경 '돈과 지위로 인간의 존엄 해쳐'… 갑질에 단죄", URL: http://news.khan.co.kr/kh_news/khan_art_view.html?artid=201502122306595&code=940301

〈서울경제〉, 2008. 4. 22, "〔삼성 '제 3의 창업' 출발선〕 쇄신안 세부내용", URL: http://news.naver.com/main/read.nhn?mode=LSD&mid=shm&sid1=101&oid=011&aid=0001949703

〈일요시사〉, 2013. 5. 13, "'일파만파' 남양유업 사태 총정리", URL: http://www.ilyosisa.co.kr/news/articleView.html?idxno=36431
〈일요시사〉, 2013. 7. 29, "'상처만 남긴' 남양유업 사태 총정리", URL: http:// www.ilyosisa.co.kr/news/articleView.html?idxno=40766
〈한국경제〉, 2008. 4. 18, "〔삼성특검 수사결과 발표〕(시민단체 반응) '전형적인 봐주기' '경제살리기 우선' 의견 분분", URL: http://www.hankyung.com/news/app/newsview.php?aid=2008041725821
〈한국일보〉, 2007. 12. 3, "삼성 전·현직 임원 계좌 리스트 발견", URL: http://news.naver.com/main/read.nhn?mode=LSD&mid=shm&sid1=101&oid=038&aid=0000411034

Brand, K. W., 1990, "Cyclical aspects of new social movements: Waves of cultural criticism and mobilization cycles of new middle-class radicalism", In Dalton, R. J., & Kuechler, M. (Eds.), *Challenging the political order: New social and political movement in western democracies*, Cambridge: Polity Press.
Braudel, F., 1958, *Histoire et sociologie*. 김영범, 1982, "역사학과 사회학", 신용하 (엮음), 《사회사와 사회학》, 서울: 창작과비평사.
Goffman, E., 1974, *Frame analysis*, Cambridge, MA: Harvard University Press.
Snow, D. A., & Benford, R. D., 1992, "Master frames and cycle of protest", In Morris, A., & Mueller, C. M. (Eds.), *Frontiers in social movement theory*, New Haven: Yale Univerity Press.
Snow, D. A., Rochford, E. B., Worden, S. K., & Benford, R. D., 1986, "Frame alignment process, micromobilization, and movement participation", *American Sociological Review*, 51(4): pp. 464-481.

9

정치권력의 변화와 반기업담론

김수한

1. 서 론

한국사회는 대기업 및 재벌에 대한 높은 반감과 부정적 인식을 가졌다. 더욱이 한국의 반기업문화는 상당한 지속성을 가졌으며 쉽게 사라지지 않을 것으로 생각한다. 이러한 전망은 다양한 조사와 연구에서 계속 확인된다(대한상공회의소, 2003, 2012; 한국경제연구원, 2008; 이재열 · 장진호 · 정원칠 · 정한울 · 한준, 2006; 한국개발연구원, 2007; 김수한 · 이명진, 2014). 2003년부터 2014년까지 6개월 간격으로 진행된 기업호감도 조사에서 한국인의 기업호감도는 낮은 수준을 벗어나지 못한다. 또한 국가 간 비교연구에서도 한국의 기업평가는 전체 조사국가 가운데 최하위 수준에 머물렀다(대한상공회의소, 2003; 정한울, 2013).

그렇다면 한국사회에 반기업문화가 강하게 뿌리 내린 이유는 무엇이며 기업 및 기업인에 대한 부정적 인식을 확산시키고 이를 공식화하는 데 기여한 핵심적 행위자는 누구인가?

반기업정서의 원인에 대한 설명은 두 가지로 나뉜다. 그중 지배적 입장은 반기업정서가 특정 재벌기업과 오너의 부정적 행동에 의해 촉발되었다는 것이다(조기준, 1982; 조동성, 1990; 김기원, 2002; 박길성·장하성, 2005; 윤영민·최윤정, 2009). 또 다른 입장은 기업에 대한 반감과 부정적 인식이 기업에 대한 오해와 편견에서 비롯된 것이라는 주장이다(한국개발연구원, 2007; 전국경제인연합회, 2011).

친기업적 성향의 단체는 반기업정서가 1997년 외환위기 이후 기업의 구조조정과 정리해고, 노동운동, 비판적인 학자와 언론에 의해 확산된 것이라 주장한다. 이들은 기업의 긍정적 기여와 활동에 대한 교육과 홍보를 통해 이런 정서가 해소될 것으로 기대한다(한국개발연구원, 2007; 전국경제인연합회, 2011).

이 연구는 반기업담론에 관한 기존의 논의에서 간과되었던 국가의 역할에 분석의 초점을 두어 한국사회에서 기업과 기업인에 대한 부정적 인식이 형성되고 확산된 원인에 관한 새로운 설명을 시도한다. 좀더 구체적으로 1945년 광복부터 2000년대 초반까지 정권의 변화에 따라 주요한 반기업담론의 내용과 변동을 살펴본다. 이를 통해 이 연구는 국가와 통치세력이 정치적 정당성을 확보하기 위해 반기업정서를 적극적으로 동원했을 뿐 아니라 한국사회의 반기업문화를 만들어내는 데 중요한 역할을 했음을 보여줄 것이다.

기존연구는 한국의 경제발전 과정에서 국가와 기업 간의 협력적 관계를 강조했다(Amsden, 1989; Wade, 1990; Evans, 1995; 윤상우, 2005; 박길성·김경필, 2010; 임혁백, 2015). 국가는 기업과 기업인의 발전을 돕는 적극적인 후견인 역할을 했고 기업은 국가의 경제성장 정책에 적극적으로 참여하고 협력했다는 것이다. 이러한 발전국가

모델에 따르면 국가는 재벌과 기업인의 이익을 옹호하고 강화하는 역할을 주로 수행했으며 기업 활동에 방해가 될 수 있는 것을 억제하는 데 노력을 기울였다(임현진·김병국, 1991; 김병국·임혁백, 2000).

이 연구는 베버와 부르디외의 이론을 통해 기존의 발전국가론이 간과했던 근대국가의 다른 측면을 밝혀보고자 한다. 특히, 근대국가를 만드는 과정에서 국가가 행사했던 물리적 폭력과 상징적 폭력을 강조하고 기업과 기업인도 그 대상에서 예외가 아니었음을 보여줄 것이다.

해방 이후 기업 및 기업인에 대한 평가는 주기적으로 이루어졌다. 평가는 주로 정치권력이 교체되는 시기나 정치, 경제적 위기의 상황에서 정당성의 확보와 사회개혁을 위한 명분을 획득하기 위해 수행되었다. 1960년 4·19 혁명, 1961년 5·16 군사정변, 1972년 10월 유신(1972), 1980년 5·17쿠데타, 1993년 문민정부의 출범, 1998년 수평적 정권교체 등과 같은 정치세력의 교체기에 국가는 국민이 기업에 대해 가진 불만과 반감을 동원해 정치적 명분과 정당성을 얻고자 했다. 또한 1970년대 초반의 경제위기, 1987년 6월 민주항쟁, 1997년 외환위기와 같은 정치경제적 상황에서 대기업과 재벌에 대한 부정적 평가는 다시 부상했다.

지난 70년간 축적된 기업에 대한 부정적 평가는 오늘날 한국사회에 통용되는 기업에 대한 인식과 이미지를 형성하는 근간이 되었다. 특히, 국가는 기업에 대한 부정적 인식을 형성하는 데 중요한 역할을 했다. 구체적 논의에 앞서 근대국가의 특성과 통치방식에 대한 베버와 부르디외의 이론적 논의를 검토하고 이를 통해 한국의 정치변화와 반기업담론에 대한 경험적, 역사적 분석을 시도해 볼 것이다.

2. 근대국가와 상징폭력

1) 베버와 국가의 물리적 강제력

막스 베버는 근대국가를 정의하면서 국가의 활동과 업무내용보다는 국가가 지니는 특수한 수단에 더 주목했다(Weber, 1919/2007: 17~21). 그가 주목한 것은 국가의 '물리적 강제력'이다. 전통사회에서 가족, 종교단체, 지역영주 등 다양한 행위자는 폭력과 강제력을 일상적으로 사용했다. 하지만 근대사회에 들어선 후 특정한 영토 내에서 정당한 물리적 강제력을 독점적으로 사용할 수 있는 유일한 행위자는 국가뿐이다. 그 이외의 개인이나 조직은 오직 국가가 정하는 범위 내에서만 제한적으로 사용할 수 있다.

근대사회에서 '물리적 강제력을 사용할 권리'의 유일한 원천은 국가이다. 이러한 관찰을 통해 베버는 근대국가를 "특정한 영토 내에서 정당한 물리적 강제력의 독점을 (성공적으로) 관철시킨 유일한 인간 공동체"로 정의한다(Weber, 1919/2007: 20). 이 정의에 의하면 근대국가의 형성은 물리적 강제력이 국가에 의해 독점되고 국가의 지배력에 대한 정당성이 만들어지는 과정이라고 볼 수 있다.

비록 국가가 물리적 강제력을 독점적으로 사용할 수 있다하더라도 폭력과 강제력에 의지한 지배는 비효율적이고 안정성이 낮다. 더 효과적인 방법은 피지배 집단이 국가가 행사하는 권위에 자발적으로 복종하는 것이다. 그렇다면 국가는 어떤 방법을 통해 지배의 영속성을 높일 수 있는가? 그리고 국가의 지배는 어떠한 내적 정당성의 근거와 외적 수단에 기반을 둔 것일까? 주지하듯이 베버가 제시한 내적 정당성은 ① 관습과 전통에서 비롯된 권위, ② 비범한 개인의 카리스마에 의거한 권위, ③ 합법적 규약과 규칙에 근거한 권위 등의 세 가지 차원에 기반을 둔다.

이러한 내적 기반과 더불어, 베버는 국가의 지배가 유지되기 위해 권력을 집행할 행정 간부진이라는 인적 요건과 행정수단이라는 물적 요건이 필요함을 지적한다. 또한 관료제적 조직과 더불어 개인적 이해관계도 중요한 역할을 한다고 말한다. "가신의 봉토, 가산제 관리의 봉록, 근대 공무원 봉급, 기사의 명예, 신분적 특권, 공무원의 명예심 … 그리고 이런 보상들을 상실하지나 않을까 하는 두려움"이 근대국가의 지배력을 행사하는 과정에서 중요하게 작동한다(Weber, 1919/2007: 25~26). 베버는 주로 관료조직 및 이에 속한 관료들의 개인적 이해, 명예와 특권의 획득과 상실의 두려움에 초점을 두었다.

2) 부르디외와 국가의 상징폭력

막스 베버가 근대국가를 정의하는 데 물리적 강제력을 강조했다면 부르디외는 국가에 의해 독점적으로 사용되는 상징적 자원을 강조한다. 피에르 부르디외는 국가의 정의를 문화의 영역으로 확장한다. 그는 기존의 사회과학에서 국가에 대한 논의가 정치적, 물리적, 군사적 측면에 한정되었다는 것을 비판하고 문화적 영역으로 논의를 확장한다(이병호, 2007). 특히, 부르디외는 근대국가에 의해 이루어지는 상징자본(*symbolic capital*)의 독점과 상징자본을 이용한 상징폭력(*symbolic violence*)에 주목한다.

근대국가는 주어진 영토 안에서 상징적 폭력을 독점적으로 행사한다(Bourdieu, 1994). 국가는 다양한 영역에서 상징자본을 독점하고 이를 이용해 상징폭력을 행사한다. 예를 들어, 교육의 영역에서 국가는 개인이 획득한 학위를 공식적으로 승인하고 교수자격과 교사자격증을 인증함으로써 이 영역에서 주요하게 여겨지는 상징자본의 승인을 독점한다. 사법권의 영역에서도 국가는 사법적 자본을 독점한다. 전근대 사회에서 종교기관과 성직자가 누리던 사법의 권한은 점차 국가의 권한으로 이전되었다. 검사와 법관은 국가에 의해 임명되고 사법의 심급제와 상소에 대한 사항도 국가의 법령에 의해 이루어진다.

뿐만 아니라 국가는 일상생활에 통용되는 다양한 상징자본을 통제하고 특정한 사람의 공식적 정체성, 문서의 법적 효력을 결정하는 독점적 지위를 행사한다. 출생, 결혼, 사망과 관련된 공식문서를 발행하는 것도 국가이고 이러한 문서를 공증하는 역할을 하는 사람이 갖춰야 할 자격을 규정하고 이를 인증하는 것도 국가이다. 뿐만 아니라 시민권, 법적인 영주권, 투표권, 납세자, 부모, 소유권자와 같은 사회적으로 인정받은 개인의 정체성도 국가의 상징자본의 행사에서 비롯하는 것이다. 또한 가족, 협회, 노조, 정당과 같은 집단의 지위와 정체성도 국가가 행사하는 공인으로부터 자유롭지 못하다.

이처럼 근대사회에서 국가는 상징적 자본을 동원해 어떤 대상에 대한 공식적 명칭을 부여하고, 분류체계를 교정하고, 지위서열을 부여하는 일을 담당한다(Bourdieu, 1985: 732-734). 국가는 특정한 개인과 행위자에 대해 명확한 공식적 정체성(*official identity*)을 부여함으로써 그를 둘러싼 지위와 인식을 불식시킨다. 또한 국가는 공식적인 분류체계(*official classification*)를 제시함으로써 세계를 구성하고 세계를 만드는 역할을 한다(Bourdieu, 1989).

근대국가는 행위자에 대한 분류, 공식적 인정, 규율 등을 통해 어떠한 행위자와 대상에 대한 특정한 구분이 그 안에 거주하는 사람들에게 자연스럽고 당연한 것으로 받아들이게 한다. 국가는 상징폭력을 통해 명예를 수여하기도 하고 박탈하기도 한다. 국가는 특정한 행위자를 공식적으로 포상하기도 하고 어떤 행위자에 대해서는 공개적으로 부정적 낙인을 찍어 처벌하기도 한다. 국가의 명예를 받은 행위자는 특권적 지위를 획득하고 다른 사람이 누릴 수 없는 기회를 독점하는 정당성을 얻는다. 반면, 국가에 의해 공식적인 불명예를 받은 행위자는 다른 행위자가 주장하는 기회 및 권리를 박탈당하고 이러한 박탈은 사회적으로 정당화된다.

3. 정치권력의 변동과 반기업담론

1) 1945~1959년 사이의 정치변동과 반기업담론

한국사회에서 기업과 기업가에 대한 반감은 광복과 이승만 자유당 정권의 시기에 본격화되었다. 1945년부터 1960년 초반까지 정부수립, 한국전쟁, 자유당독재와 같은 사회변화와 혼란이 지속되었다. 이러한 격변기에 일부 기업인은 정권과의 밀접한 관계를 통해 향후 대기업으로 성장하는 기반을 다질 수 있었다. 해방 이후 일제식민지 귀속재산과 적산(敵産)을 처리하는 과정에서 일부 기업과 기업인에게 특혜가 주어졌다. 경전(1957), 남전(1957) 등과 같은 국영기업체를 불하하는 과정에서 소수의 기업가는 산업체를 비교적 헐값에 인수할 수 있었다.

한국전쟁의 복구과정에서도 정부와 밀착한 기업인은 막대한 자본을 축적했다. 이승만 정부는 비경쟁적 계약을 통해 특정 기업에게 전후 복구사업에 참여할 기회와 원조물자를 판매할 기회를 제공했다. 전쟁으로 공장이 파괴됐기 때문에 부족한 생필품은 수입으로 조달할 수밖에 없던 상황이었다.

그럼에도 불구하고 수입쿼터 및 수입허가제가 존재해 정부에 허가를 받은 기업과 상인만이 수입무역에 참여할 자격을 얻을 수 있었고 수출입무역 허가를 받은 기업가는 은행융자와 이자를 포함해 정부가 외환을 낮은 이율로 대출해주는 외화대부제, 외화선대제, 외화증서 대부제 등과 같은 부가적인 권리를 누릴 수 있었다.

이에 더해 1950년대의 극심한 인플레이션의 발생으로 무역상은 막대한 이익을 챙길 수 있었다. 물품수입을 통해 수십 배의 이익을 남겼기 때문에 외화대부를 받는 것 자체가 커다란 특혜였고 이를 둘러싼 크고 작은 비리가 끊이지 않았다(〈표 9-1〉 참고).

1950년대 한국의 기업인은 장기적 생산투자보다는 단기적 승부에 치중했고 합리적 경제활동보다는 특혜를 통해 이득을 챙기는 데 급급했다. 기업가는 생산시설 건설과 생산을 통한 기업 활동보다는 외화대부와 수출입 차익을 통해 자본축적을 이루었다(조기준, 1982; 서재진, 1991).

〈표 9-1〉 1950년대 반기업담론의 주요내용

연도	주요한 이슈와 내용
1950	'조선기계흥업'의 적산 부정처분, '풍국제분' 은행대부금 횡령사건
1951~1953	무역상의 폭리, 양곡관리 위반, 대한항공 의류 밀수
1954	금융기관의 무작정 대출, 산업자금 부정대출
1955	기업체 융자결정
1956	고려물산 밀수적발, 태창방직 및 금성방직 27억 특혜융자
1957	정부 은행주 불하의혹, 한국은행의 특혜융자, 기업세금포탈 및 달러암매
1959	대기업에 대한 특혜원조 융자, 재벌기업의 나주비료 주식독점

출처: 조동성(1990).

기업가는 스스로 개척을 통해 경제적 이익과 사업의 확장을 기획하기보다는 정치인 또는 행정실권을 가졌던 관료와의 유착을 통해 사업을 시도하는 수준에 머물렀다(조기준, 1982: 172). 이러한 방법으로 자본을 축적한 기업에 의해 제당, 제분, 모직, 시멘트, 플라스틱 등의 업종이 독과점되었다(신유근, 1984).

해방 이후 적산처리와 한국전쟁 이후의 복구과정에서 기업과 기업가에 대한 부정적 인식과 감정이 축적되기 시작했다. 〈표 9-1〉이 보여주듯이 1950대 기업에 대한 비판적인 담론은 밀수, 세금포탈, 횡령 등 사회의 기본적 규범 및 법제도와 관련된 기업의 사회, 윤리적 문제가 주를 이루었다.

기업 및 기업가에 대한 부정적 평가는 학술적 연구에서도 쉽게 발견된다. 대표적 경제사학자인 조기준은 한국전쟁을 경험하면서 "기업인은 문자 그대로 탐욕스러운 축재자가 되었을 뿐이다. 막스 베버가 지적한 대로 이들은 천민자본가에 불과"하다고 평가 내린다(조기준, 1982: 172). 국제학술지에 한국경제발전 초기의 기업가정신을 소개했던 김경동은 1950년대의 기업가를 "정치적 자본가"로 명명하고 당시의 기업가가 "투기, 가격조작, 탈세 및 누적적 인플레이션 등과 같은 … 비합리적(*non-rational*) 과정을 통해 자본을 축적했다"고 주장했다(Kim, 1976: 469). 이처럼 1950년대에는 기업가가 정당하지 못한 수단을 통해 재산을 축적했다는 인식이 서서히 형성되었다.

2) 1960년대 정치변동과 반기업담론

(1) 4 · 19 혁명과 부정축재자 명단

한국사회의 저변에 잠재하던 부정축재 기업가에 대한 반감은 1960년 4 · 19 혁명을 통해 공론화되었다. 4월 혁명 기간 동안 관료 및 정치권력과 결탁한 부정축재자를 처벌해야 한다는 주장이 제기되었다. 이승만과 자유당 정권이 퇴진한 이후에도 이러한 여론은 잠잠해지지 않았다. 1960년 5월 10일 "종로 2가 탑골공원 앞에 모여든 2백여 명의 청년들은 부정축재자의 재산을 몰수하라는 구호를 외치며 종로입구 화신 쪽으로 향해 시위에 들어갔다. … 시위는 출동한 군대에 의해 해산되었다"(〈경향신문〉, 1960. 5. 11).

이러한 대중적 요구에 허정 과도정부는 1960년 6월 1일부터 20일까지 부정축재자에게 자진신고 기간을 주었다. 6월 15일 재무부에 출두해 탈세혐의를 자신 신고한 삼호의 정재호(당시 기업규모 2위)를 시작으로 삼성의 이병철 회장 등 9개 기업의 재벌은 총 36억 8, 200만 환에 해당하는 탈세를 신고했다(《동아연감》, 1960).

재벌의 탈세와 부정축재는 신문에 연일 대서특필되었다. 기업에 대한 국민의 반감은 더 커졌고 재벌기업의 전 재산을 몰수해 국고로

환원해야 한다는 주장이 제기됐다. 여론에 밀린 검찰은 1960년 6월 21일 51명의 기업인에 대한 조사를 벌였고 5개 재벌(삼성, 개풍, 대한산업, 삼호, 태창)의 전 재산을 국고로 환원할 것을 선포한다(〈동아일보〉, 1960. 7. 1).

1960년 9월 1일 정부와 검찰은 46개의 부정축재 기업명단을 공개하고 탈세액 196억 원을 환수하겠다고 발표했다. 기업이 부정축재를 통해 성장했다는 사실이 국가에 의해 공인된 것이다. 주요 일간지의 1면 전체에 부정축재 기업가, 기업명, 부정축재 액수가 세세하게 발표되었다. 가장 많은 액수를 환수해야 하는 삼성의 이병철을 시작으로 기업의 규모와 환수액에 따라 부정축재자 발표순서가

〈표 9-2〉 정부가 발표한 '부정축재자' 명단

(1960년)

재벌	회사명
이병철	삼성재벌(삼성물산, 제일제당, 제일모직, 근영물산, 효성물산, 안국화재, 동양제당 등)
정재호	삼호재벌(삼호방직, 조선방직, 대전방직, 제일화재보험 등)
이정림	개풍재벌(대한양회, 개풍상사 등)
설경동	대한전선, 대한방직, 대동제당 등
이양구	동양시멘트, 동양제과 등

재벌	회사명	재벌	회사명
구인회	락희화학, 반도상사 등	최태섭	동화산업, 한국유리
남궁련	극동해운, 한국구관 등	최태보	한국유리 등
양춘선	흥아공작소	이용범	대동공업
함창희	독립산업	백남일	태창방직
김원전	고려제지	이경용	달성제사
최재형	무학주정	조성철	중앙산업
정주영	현대건설	조정구	삼부토건
김용산	극동건설	이석구	대림산업
김성곤	금성방직	송영수	전주방식
조성철	중앙산업	김상홍	삼양사

출처: 〈동아일보〉(1960.9.1).

정해졌다(〈동아일보〉, 1960. 9. 1). 〈표 9-2〉는 검찰에 의해 발표된 부정축재와 탈세혐의를 받은 기업과 기업인이다.

언론에 대대적으로 보도되었던 부정축재자 리스트에는 1960년 당시 10대 재벌과 1950년대 이후 빠르게 성장한 기업과 기업인이 대부분 포함되었다. 흥미로운 것은 당시 정부의 발표가 기업을 중심으로 이루어진 것이 아니라 기업가를 중심으로 이루어졌다는 점이다. 다시 말해 문제의 원인을 기업조직의 행태에 두기보다는 기업가 개인에 초점을 두고 접근했다.

4 · 19 혁명 이후 1년 동안 부정축재자 처리는 가장 중요한 사회적, 정치적 쟁점이 되었다. 부정축재자에 대한 사회적 관심이 어느 정도였는지는 당시 관련 기사의 수가 주요 신문사마다 연간 4백 회를 넘었다는 점을 통해 간접적으로 알 수 있다. 1960년에 부정축재자에 대해 〈경향신문〉은 446개, 〈동아일보〉는 482개의 기사를 보도했다(네이버 뉴스 라이브러리). 신문이 발행되지 않은 휴일을 고려하면 부정축재자에 관한 기사가 1년 사이에 하루 평균 2편 정도 보도된 셈이다.

(2) 5 · 16 군사정변과 경제성장 정책

부정축재 문제는 중요한 정치적 쟁점이었음에도 처벌과 재산환수는 1년이 넘도록 지지부진한 상태로 남았다. 이런 상황에 속에서 박정희는 5 · 16 군사정변으로 정권을 장악했다. 민주정부를 무력으로 전복한 군사정부는 부정축재자에 대한 단죄를 실행함으로써 개혁적 이미지를 만들고 정변의 정당성을 얻고자 했다. 군부는 5월 28일 부정축재자처리 기본요강을 발표하고 부정축재자 24명을 긴급 구속했다. 구속된 기업인은 부정축재를 속죄하고 전 재산을 포기하겠다는 각서를 쓰고 군사정부에 협력한다는 약속을 한 뒤에야 7월 14일 석방될 수 있었다(전국경제인연합회, 2011). 부정축재 기업인은 풀려났지만 최고군사위원회에 의해 새롭게 제정된 법안에 의해 처벌을 받게 될 예정이었다.

폭압적 상황에 직면한 기업인은 자신에게 부여된 부정적 이미지를 수용하는 저자세를 보인다. "창의와 자유경쟁을 신봉하는 우리 경제인은 혁명 전까지 관에 예속된 비자주적 경제운용을 강요당했고 이러한 폐단이 결정적으로 국민경제의 파행적 후진성과 다수빈곤을 남기게 했던 것입니다"(가칭 한국경제인창립준비위원회, 1961. 11. 1).

민주적 정통성이 취약했던 박정희는 경제성장을 통해 정치적 정당성을 확보하려 했다. 기업인은 이러한 상황을 이용해 군사정권과의 타협을 시도한다. 부정축재자 1호로 불렸던 삼성의 이병철은 박정희를 만나 국민이 원하는 방식대로 처벌하면 경제상황이 악화될 것이라 말한다.

> 이른바 부정축재자를 처벌한다면 그 결과는 경제의 위축으로 나타날 것이며, 이렇게 된다면 당장 세수(稅收)가 줄어 국가운영에 타격을 받을 것입니다. 오히려 경제인들에게 경제건설의 일익을 담당하게 하는 것이 국가에 이익이 될 줄 압니다(이병철, 2014: 185).

이병철은 당장의 징벌 대신 국가의 경제건설에 참여할 기회를 요청했다.

> 경제인들에게 벌금 대신 공장을 건설케 하여 그 주식을 정부에 납

부케 하는 방안을 제의했다. 그렇게 납부하면 사람에게는 시간의 여유가 생기고, 정부는 그때 가서 과연 국가에 해를 끼쳤는가, 국가에 이바지했는가를 다시 평가할 기회를 가질 수 있을 것이라고 이유를 덧붙였다(이병철, 2014: 187).

이병철의 제안은 그대로 받아들여졌고 부정축재 처벌대상자는 제철, 시멘트, 비료, 나일론, 섬유 등 기간산업과 관련된 공장을 건설해 국가에 납부하기로 했다.

박정희 정부는 이승만 정부와의 결탁을 통해 성장했던 기업인의 자원과 경험을 경제발전에 동원할 수 있다고 생각했고 이러한 기대는 궁지에 몰렸던 재벌의 이해와 일치했다. 재벌은 "부정축재라는 오명을 씻기 위해 열심히 뛰었다"(전국경제인연합회, 2011: 91).

1962년부터 시행된 경제개발 5개년 계획에서 정부의 투자허가를 받은 기업은 대부분 부정축재 혐의로 체포된 당시의 재벌이 주축을 이루었다. 처벌을 받아야 할 부정축재 기업가가 정부의 비호와 특혜를 받으며 더욱 성장하게 되는 역설이 발생했다.

경제성장은 1960년대 한국사회의 시대적 과제였으나 성과에 대한 최대의 수혜는 재벌과 대기업이라는 인식이 강했다. 1960년대 반기업담론의 주요한 내용은 정부의 특혜와 관련된 기업의 폭리가 주를 이루었다(〈표 9-3〉 참고).

1964년 반기업담론의 중심에는 '삼분(三紛) 폭리' 사건이 있었다. 설탕(제일제당), 밀가루(대한제분), 시멘트(동양시멘트, 대한양회) 등 이른바 삼분을 생산하던 재벌기업이 독과점적 지위를 이용해 막대한 폭리와 세금포탈을 저질렀지만 공화당 정권은 이를 눈감아주

〈표 9-3〉 1960년대 반기업담론의 주요내용

연도	주요한 이슈와 내용
1960	부정축재자 조사, 5대재벌 전 재산 국고환원
1961~1963	부정축재 처리요강 발표, 기업인 26명 구속, 부정축재 기업에 감독관 파견
1964	삼분(三紛: 밀가루, 설탕, 시멘트)폭리 문제
1965	재벌(삼성, 금성, 삼호, 판본, 화신)에 대한 대출특혜
1966	삼성 한국비료 사카린 밀수사건
1967	원양대기업에 대한 특혜융자
1968	독과점업체 규제
1969	부실기업체 정리

는 대가로 거액의 정치자금을 챙긴 사건이다. 1964년 정국을 뒤흔든 삼분폭리에 관한 기사는 〈경향신문〉에만 한 해 동안 188개의 기사가 실렸고 재벌기업에 대한 사회적 반감은 고조되었다.

1965년에는 특정 재벌기업에 대한 금융대출 특혜가 정치, 사회적 쟁점으로 부상했다. 특혜융자 문제는 1967년에도 가장 큰 사회적 쟁점이 되었다. 1966년에 발생한 삼성의 사카린 밀수사건은 정부의 특혜를 받는 재벌기업이 밀수(密輸)를 저질렀다는 점에서 커다란 충격을 주었다(〈동아일보〉, 1966. 9. 16). 〈동아일보〉에서 한 해 동안 이 사건과 관련된 188개의 기사를 보도할 정도였다. 삼분폭리 사건은 기업의 독과점에 의해 발생했지만 문제는 해결되지 않았다. 오히려 해가 갈수록 독과점에 의한 피해가 다른 산업으로 확대되면서, 1960년대 후반 기업에 대한 반감도 높아졌다.

1960년대 중반 이후 정부와 일부 대기업에 의해 진행된 산업화 과정에서의 소수 기업에 대한 특혜와 정경유착은 지속적으로 비판을 받았다. 정부의 산업화 전략은 기업에 대한 부정적 인식을 심화시켰다. 이러한 인식은 당시에 시행된 지식인에 대한 전국단위 조사에서 그대로 나타났다. 1966년 교수 761명과 언론인 754명을 대상으로 한 조사에서 한국의 산업화 과정에서 가장 큰 혜택을 받는 수혜 층이 재벌 및 대기업주라고 생각하는 응답자는 52.4%였고 중소기업주라고 응답한 경우는 0.9%에 불과했다(홍승직, 1967).

3) 1970년대 정치변동과 반기업담론

(1) 1970년대 초반 경제위기와 8·3조치

1960년대에 외국차관을 통해 설립된 기업들이 1970년대 초 세계적인 경제위기와 기업경영의 미숙으로 몰락의 위기를 맞았다. 외국차관을 빌린 기업의 2/3가 파산의 위험에 처하자, 전경련을 중심으로 기업인은 정부와 대통령이 이 문제를 해결해줄 것을 요청했다(전국경제인연합회, 2011). 장기집권의 정당성을 경제성장에 두었던 박정희는 재벌기업의 몰락을 방관할 수 없었다.

1972년 8월 3일 박정희 대통령은 헌법상의 대통령 비상긴급조치에 근거해 '경제의 성장과 안정에 관한 긴급명령'(8·3조치)을 선포한다. 8·3조치는 기업과 비공식적 사채에 대한 이자지불을 동결하고 채무기업에 구제금융을 지원하는 것이었다. 기업의 도산으로 한국경제 전체가 위기에 몰리는 것을 막기 위한 조치였지만 시장경제에서는 상상할 수 없는 일이었다(홍은주·이은형·양재찬, 2013; 김정렴, 2006). 이 긴급명령으로 기업가는 자신의 무책임한 사업확장으로 발생한 부채를 감면받는 예외적 특혜를 누렸다.

1969년을 고비로 한국경제는 상대적 침체기에 들어서게 되고 인플레이션과 저임금정책으로 경제상황이 어려워졌다. 1970년대 초반은 정치적으로도 혼돈의 시기였다. 1969년 대통령의 3선을 허용하는 헌법이 개정됨으로써 박정희 대통령의 장기집권이 가능해졌고 이를 반대하는 재야세력의 충돌이 심해졌다.

1971년 8대 국회의원 선거에서 공화당은 113석을 얻어 다수당을 유지했지만 신민당도 89석을 얻음으로써 개헌을 저지할 수 있는 강한 야당의 자리에 올랐다. 국회를 통한 합법적인 헌법개정이 불가능해진 박정희는 1972년 10월 17일 국회해산, 정당 및 정치활동의 중지 등 현행헌법의 일부기능을 정지시키고 전국에 비상계엄을 선포했으며 10월 유신을 통해 종신집권을 공식화한다(임혁백, 2015).

3선 개헌과 10월 유신을 통해 정치적 리더십과 정당성의 위기에 직면한 박정희는 자신의 장기집권을 정당화하기 위해 더욱 빠른 경제성장을 추구한다. 박정희는 중화학공업화를 통해 1980년대 초까지 수출 1백만 달러와 1인당 국민소득 1천 달러를 달성하겠다는 목표를 천명한다. 정권의 명운이 달린 중화학공업을 진행하기 위해 소수의 재벌기업에 금융지원과 노동통제 같은 특혜를 제공함으로서 재벌과 유신정권의 공생관계는 더욱 심화되었다(임현진 · 김병국, 1991).

(2) 유신정권과 반기업담론

1972년 8 · 3조치를 통해 박정희 대통령은 기업의 생존과 시장질서를 결정할 만큼 자신의 영향력이 막강하다는 것을 과시할 수 있었다. 또한 같은 해 10월에 이뤄진 10월 유신을 통해 박정희는 영구집권을 확보할 수 있게 되었다. 통치에 대한 정당성이 취약했던 유신정권은 기업에 대한 상징폭력을 행사함으로써 정권의 목표에 따라 기업과 기업인을 동원할 수 있었다. 유신정권이 시작된 직후에

〈표 9-4〉 정부가 발표한 '반사회적기업인' 명단

(1973년)

이름	회사명				
고정훈	광성공업, 아진화성, 아진흥업, 삼화통상				
박용운	연세개발, 연세화학				
곽용규	천양상사, 천양수산				
이름	회사명	이름	회사명	이름	회사명
강숙현	동해실업	김운배	대광목재	박영수	경남섬유
정재호	삼호방직	신진수	한국천도	박응철	고려석면
신영술	한국철강	예관수	삼안산업	김성백	아주산업
장인섭	한일목재	정규성	삼양수산	김영동	삼기무역
현수창	동양고무	엄주상	인화실업	김운배	대광목재
조영일	대성산업	오인명	신흥목재	서병욱	범한산업
고태선	남창산업	김택권	한일화섬	장영봉	한국알미늄
구차철	화남물산	신홍규	동아석유	최경남	제너럴서플라이
김동철	삼양고무	김진석	신창개발	안종만	한국차량기계
박태식	한국비락	문상호	현대화섬	권서정	관광호텔 만년장

출처: 〈동아일보〉(1973.4.6).

발표된 '반사회적기업인' 명단(〈표 9-4〉 참고)은 재벌과 기업인에 대해 국가권력에 대한 공포감을 심어주기에 충분했다.

1972년 8·3조치를 진행하는 과정에서 총 4만 677건(총 3,456억 원)의 사채 지원이 접수됐다. 정부에 신고 된 사채의 3분의 1에 해당하는 1,137억 원이 기업주가 자기 기업에 빌려준 사채였다는 것이 밝혀졌다. 부도위기를 이유로 정부지원을 요청했던 적지 않은 기업이 '자기사채'를 했던 것이다. 경영자 본인이나 가족과 친지 등을 통해 회사 돈을 빼돌려 사채놀이를 한다는 소문이 사실로 드러났고 그중에는 유력한 대기업도 상당수 포함되었다(김정렴, 2006: 324~331).

파렴치한 기업인을 처벌하라는 사회여론에 정부는 1973년 4월 6일, 81개 업체 73명의 반사회적기업인 명단을 발표했다. 명단에는 1960년

〈표 9-5〉 1970년대 기업관련 이슈

연도	주요한 이슈와 내용
1970	삼행개발 특혜사건
1971	대성목재 부실, 경인에너지 전환사채 승인
1972	8/3 사채동결조치, 기업공개촉진
1973	반사회적기업인 73명 명단공개, 과점주주에 대한 제재
1974	재벌소유 부동산 실태조사, 석유회사 치부문제
1975	호남정유 공해, 재벌소유 농경지 문제, 기업공개 및 재무구조개선
1976	중화학 특혜 금융, 대기업 보호문제
1977	대기업 부당이익 규제, 제일제당 과대광고
1978	현대아파트 특혜분양사건, 재벌 편중융자, 기업부실, 재세산업 몰락
1979	부실기업 금융지원 중단, 율산그룹 몰락

출처: 신유근(1984).

재벌 2위에 올랐던 삼호방직 정재호를 비롯해 상당수의 중견기업이 포함되었다. 강숙현, 정규성, 장인섭 등은 업무상횡령, 장영봉은 배임과 사문서위조, 최경남은 부정수표단속법 위반 혐의로 각각 구속됐고 나머지는 수배됐다. 정부는 반사회적기업인에 포함된 기업인은 향후 5년 동안 신용대출을 할 수 없는 강력한 금융징계를 동시에 내렸다. 정작 금융제재보다 훨씬 더 가혹한 것은 기업 및 기업가에 대한 사회적 낙인이었다.

하지만 어떠한 기준으로 특정인이 반사회적기업인 명단에 포함되었는지는 명확하지 않았다. 정부가 밝힌 반사회적(反社會的) 기업인의 기준은 1972년 말 "경영능력과 신용이 나빠서 기업을 부실시키고 은행에 결손을 입힌 기업체"였는데 상당히 모호하고 자의적인 면이 강했다. 정부의 발표를 연일 보도했던 언론조차 "반사회적 기업인으로 지목된 인사 중에는 최선을 다했는데도 역부족으로 부실화된 경우도 없지 않겠고, 개인적으로 동정의 여지가 없지 않은 인사도 있겠으나 …"라는 우려를 신문사설에 포함할 정도였다(〈동아일보〉, 1973. 4. 10).

이러한 모호함에도 불구하고 정부가 만들어낸 상징폭력의 위력은 대단했다. '반사회적기업인' 명단은 1960년에 사용된 '부정축재자' 명단에 버금가는 파괴력을 발휘했다. 언론은 연일 반사회적기업인의 악행을 들춰내는 기사를 내보냈고 명단에 오른 기업인은 대부분 몰락의 길을 걷게 되었다.

1970년대 후반은 종합상사 제도의 창설, 수출기업에 대한 정부의 지원강화, 중화학공업에 대한 집중적 지원이 이루어진 시기이다. 이 과정에서 중화학 특혜 금융과 대기업에 대한 과도한 보호, 수출금융 비중의 과도화가 사회적 문제로 부각되었다. 특혜 금융조치, 중화학공업 육성, 종합무역상사 등 정부의 지원이 소수의 재벌에게 집중적으로 이루어졌고 그 결과 재벌의 규모와 영향력은 급속도로 팽창했다.

1972년 10대 재벌은 평균 7. 5개의 계열기업을 소유하고 7. 7개의 산업분야에서 활동했는데 1979년 10대 재벌의 평균 계열사는 25. 4개, 산업분야는 17. 6개로 증가한다(조동성, 1990: 184). 유신정권의 정치적 정당성 확보를 위해 진행된 중화학공업화 전략은 향후 한국의 경제가 재벌중심의 산업구조로 재편되는 결정적 원인이 되었다.

4. 1980년대 정치변동과 반기업담론

1) 신군부의 집권과 부정축재자 처벌

1979년 10월 26일 중앙정보부장 김재규의 박정희 대통령 시해사건으로 유신정권은 급히 막을 내렸다. 갑작스런 통치공백의 틈을 노린 전두환과 신군부는 12・12쿠데타(1979)와 5・17쿠데타(1980)로 정권을 장악했다. 신군부의 집권과정에서도 이전의 정치권력 변동 시기에 사용되었던 기업인에 대한 상징폭력이 동원되었다.

신군부는 영향력 있는 기업가와 기업에게 박정희 정부와 결탁해 부정축재했다는 낙인을 찍어 경제권력을 장악하고자 했다(서재진, 1991: 191). 이러한 조치는 12・12쿠데타 이후 본격화된다. 신군부는 "기업윤리와 공공이익을 침해한 기업인들을 엄중히 문책할 것"을 천명했다(〈매일경제〉, 1979. 12. 18). 신군부가 박정희 정부 동안 부정축재를 한 기업의 명단을 작성하며 조만간 부정축재자에 대한 처벌과 축출이 이뤄질 것이라는 외신보도가 나오기 시작했다. 이한빈 경제부총리까지 나서서 근거 없는 보도라며 기업인을 직접 안정시켰지만(〈동아일보〉, 1979. 12. 28) 이 보도는 곧 현실화되었다.

신군부는 박정희 정부에서 수출 진흥을 통해 수차례 훈장과 대통령표창을 받은 동명산업을 반사회적인 악덕기업으로 몰아 강제 해체시키고 동명그룹의 소유자인 강석진을 구속했다. 신군부는 동명그룹에 대한 조사와 처벌 이유를 "도의와 사명을 저버리고 … 부정축재를 일삼는 악덕 기업행위"를 근절하는 데 있다고 공식적으로 발표했다(〈경향신문〉, 1980. 6. 19). 당시 한국 10대 기업이었던 동

명그룹의 재산은 국보위에 의하여 강압적으로 '사회환원'됐다(〈경향신문〉, 1980. 7. 26).[1]

이뿐 아니라 신군부는 숙정(肅正)의 일환으로 1980년 7월 19일 은행, 보험, 증권기관의 임직원 431명을 해임하고 7월 22일에는 정부투자기관 등 산하 127개 기관 임직원 1,819명에 대한 숙정을 발표한다. 1960년대 정치적 정당성을 얻는 데 사용되었던 '부정축재자 처벌'과 1970년대 초반에 사용되었던 '반사회적기업인'이라는 상징 폭력이 신군부에 의해 다시 이용되었을 뿐 아니라 '사회환원'이라는 미명하에 사적재산을 강탈하는 물리적 폭력도 동시에 동원된다.

2) 전두환 정부의 재벌정책과 반기업담론

전두환 정부는 정치적 정당성을 획득하기 위해 집권초기에 반재벌정서를 적극적으로 조장하고 이를 정치적으로 이용했다. 모든 언론을 장악하고 통제했던 신군부는 재벌의 문제점을 신문기사와 방송을 통해 집중적으로 보도했다. 기업과 기업인에게 우호적이었던 매체도 재벌에 대한 비판에 동원됐다.

대표적 친기업 언론이었던 〈매일경제〉는 1980년 3월 21일부터 4월 3일까지 "재벌의 실상과 허상"을 연재하며 재벌의 비윤리성, 부채경영, 독과점, 부동산투기, 비합리적 투자결정, 문어발식 확

1 동명그룹 사건은 신군부가 기업주를 반사회적기업인으로 지목해 명예를 훼손했고 범죄혐의가 없는데도 강제수사를 하면서 고문 등의 가혹행위를 통해 재산을 몰수한 '강제헌납'이었음이 2008년 진실·화해를 위한 과거사정리위원회에 의해 밝혀졌다(〈한겨레〉, 2008. 10. 22).

장, 정경유착과 특혜 등의 문제점을 10회에 걸쳐 상세하게 보도했다. 주요한 방송과 일간지도 재벌의 폐해와 문제점을 부각시켰다.

이와 더불어 전두환 정부는 박정희 정부의 핵심적인 정책기조와 상이한 경제정책을 통해 정통성을 획득하고자 했다. 특히, "김재익, 강경식, 금진호로 구성된 '자유시장' 팀은 박정희 정부에 의해 진행된 중화학공업 집중투자는 과잉투자였고, 이것이 1980년 마이너스 경제성장의 원인이라고 주장했다"(김은미 · 장덕진 · Granovetter, M., 2005: 79). 전두환의 경제팀은 유신정권의 중화학공업 정책을 실패로 규정하고 유신정권과 차별되는 '민간주도 경제'를 주요한 경제정책으로 추진한다.

재벌에 대한 비판적 사회분위기를 조성한 전두환 정부는 재벌규제와 재벌기업 정리를 통해 정권의 정통성을 얻고자 했다. 재벌에 대한 규제는 5공화국의 출범과 동시에 시작되었다. 첫 번째 행동은 1980년 9월 27일 "계열기업 정리를 위한 조치"였다. 9 · 27조치에 따라 26개 주요 재벌은 166개의 계열기업을 매각하고 4백 12만 9천 평의 비업무용 부동산을 매각하도록 지시받았다. 재벌은 190개의 계열기업을 매각하거나 정리해야 했다.

이 정책은 대기업과 재벌에 대한 국민의 반감을 심화시키고 재벌을 규제하는 전두환 정부에 대한 당위성을 높여주기는 했지만 정책적 실효성을 거두지는 못했다. 재벌이 소유한 부실기업을 정리, 투기적 부동산을 매각, 부채 줄이기를 강요하는 정책을 집행했지만 이러한 조치는 재벌의 반발로 인해 아무런 성공을 거두지 못했다(장세진, 2003: 61). 박정희 정부와 마찬가지로 전두환 정부도 경제성장을 통해 정당성을 획득하려 했기 때문에 재벌기업과의 타협과 협력은 피할 수 없는 숙명이었다.

전두환 정부의 재벌정책이 시행되고 3년이 지난 후 재벌은 120개의 새로운 기업을 설립하거나 인수했고 재벌에 대한 경제력 집중은 훨씬 심화되었다. 또한 26개의 재벌기업은 3년간 처분한 부동산의 20배나 더 많은 땅을 추가로 구입했다(〈매일경제〉, 1984. 3. 28).

재벌과 대기업의 사회적 지배력이 증가함에 따라 국민의 반감도 높아졌다. 1980년부터 1988년까지 〈동아일보〉 사설에서 대기업에 관한 내용을 분석한 연구에 따르면 대기업의 사회적 영향력 증대와 대규모성으로 인한 문제를 비판하는 사설이 전체의 43.2%, 정경유착과 부동산투기 등에 대한 비판은 28.4% 그리고 경영과 소유 문제에 대한 비판은 28.8%였다(조동성, 1990: 312~322).

1980년부터 1986년까지 〈신동아〉와 〈월간조선〉에는 기업의 비리와 문제를 고발하는 글이 월평균 2편 정도 다루어졌다(서재진, 1991). "노동착취, 문어발식 기업합병과 독점, 정부특혜, 부동산투기, 외자의존의 종속적 성장, 금융부조리, 탈세, 과잉경쟁, 잦은 도산, 사치, 기술혁신의 부실" 등이 두 월간지가 다룬 재벌기업에 대한 키워드였다(서재진, 1991: 89).

기업에 대한 부정적 인식의 축적은 기업가 및 전문경영인에 대한 학술적 평가에도 영향을 미쳤다. 1980년대 초반에 발표된 연구에서 한국의 기업가와 전문경영인의 기업가정신을 높게 평가한 경우는 거의 없었다. 1987년 〈매일경제〉의 조사에 따르면 기업 및 기업인에 대한 인식은 대체로 부정적이었다.

조사대상의 68.9%는 기업 집단과 정부 간에 정경유착이 있다고 응답했다. 또한 대다수 응답자는 기업인이 부를 축적하고 기업의 규모가 확장된 것은 정상적인 노력의 결과가 아니라 특혜와 부동산투기 같은 비정상적인 경영의 결과에서 비롯된 것이라고 인식했다.

재벌에 대한 이미지를 묻는 문항에서 "돈이 많다"(40.5%), "특혜를 받는 집단이다"(35.9%), "권력을 동원할 수 있다"(11.4%) 등과 같은 부정적 응답이 많았고 경제성장의 기여와 일자리 제공의 측면에서 긍정적으로 평가하는 경우는 소수에 불과했다(〈매일경제〉, 1987.3.24). 한국의 경영인은 "타인자본 의존, 전통 없는 모방경영, 백화점식 경영, 혈연적 경영, 적당주의 경영, 불로소득 경영"을 한다고 응답했고 심지어는 기업인으로서의 직업의식과 윤리의식이 희박하다는 평가를 받았다(양춘, 1993: 52~53).

3) 6월 민주항쟁과 노태우 정부

1987년 6월 민주항쟁으로 대통령 직선제를 포함하는 헌법개정이 이루어졌다. 하지만 야권의 분열로 1987년 12월 대통령선거에서 군부 출신 노태우가 당선됨으로써 군부통치는 지속되었다. 1988년 4·26총선에서 집권당인 민정당은 299명 중에 절반에도 크게 모자라는 125석을 얻었고 야당은 174석을 차지했다.

여소야대(與小野大)의 상황에서 야당은 '5공비리조사 특별위원회'를 구성해 전두환 정부의 비리 의혹사건에 대한 국회청문회를 연다. 5공화국의 유력한 정치권력자뿐 아니라 이들과 연루혐의를 받는 많은 기업인이 청문회에서 증인으로 불려 나왔다. "권력자 중에서 누가 무슨 목적으로 얼마나 많이 재벌들에게 자금을 받았는가와 그 반대급부로 정치권력자는 재벌에게 어떠한 특혜를 주었는가를 밝히는 일이 '5공 비리' 조사의 핵심이 되었다"(이장규, 1995).

청문회 기간 동안 전두환 정부에 기부한 기업 및 기업인의 명부와 이들이 헌납한 금액이 언론을 통해 연일 보도되었다. 이 사건은 재벌기업이 성장할 수 있었던 주요한 원인이 정권과의 유착과 특혜에서 비롯됐다는 인식을 한층 더 강화시키는 역할을 했다.

여소야대의 상황 속에서 정치권은 재벌에 대한 비판을 지속적으로 제기했고 노태우 정부는 이러한 정치권의 비판에 수동적으로 대응했다.

> 재벌 비판에 관한 한 정치권과 언론은 신물이 나도록 재탕 삼탕을 거듭하면서 분위기를 몰아갔다. 정치 쪽에서도 재벌을 상대로 부의 집중현상에 대한 한풀이를 해대는 형국이었다. 이처럼 재벌에 대한 비판은 여론이 앞장을 섰고 정부는 그저 따라가는 분위기였다(이장규, 1995: 213).

실제로 1991년 노재봉 국무총리는 관훈클럽 토론회에서 "지금 우리는 기업권력과 정치권력이 일대 대결을 벌이고 있는 겁니다"라는 말을 하면서 정부가 재벌과 갈등적 관계임을 강조했다. 조순 경제부총리도 "대기업들부터 정신을 차리지 않으면 우리 경제는 천민자본주의로 전락하고 말 것"(이장규, 1995) 이라며 공개적으로 선언했다.

집권초기 재벌을 비판하는 노력이 있었지만 노태우 정부는 경제 상황이 악화되면서 재벌에 비판적 입장을 가진 조순 재경부 장관 및 김종인 청와대 경제수석을 비교적 온화하고 친기업적인 인사로 교체한다. 정권 중반 이후부터 노태우 정부는 친재벌적 정책으로 전환한다.

5. 1990년대 정치변동과 반기업담론

1) 문민정부의 출범

1993년, 1961년 5·16 군사정변 이후 33년 만에 문민정부가 출범한다. 1990년 노태우 대통령의 민정당과 합당을 통해 민자당을 만들었던 김영삼은 1992년 대통령선거에 당선된다. 군부 및 보수세력과의 연합을 통해 정권을 장악한 김영삼 대통령은 문민정부로서의 정당성을 획득하기 위한 일련의 정치적 변혁을 시도했다(조대엽, 1999). 1993년 군부를 장악하던 하나회를 해체하고, 1995년에는 12·12쿠데타 및 5·18민주화운동 관련자를 처벌했다.

김영삼 정부의 '역사 바로 세우기' 추진과정에서 전두환, 노태우 정부에 대한 단죄가 이루어졌고 곧이어 두 군사정부에서 성장했던 기업 및 기업인에 대한 사법적 심판이 이어졌다. 재벌기업의 총수는 군사정부에 뇌물을 제공하고 특혜를 받은 혐의로 검찰의 수사를 받았다.

1995년 검찰의 수사결과 노태우 대통령에게 뇌물을 준 삼성 이건희 회장, 대우 김우중 회장, 동아 최원석 회장, 대림 이준용 회장, 한보 정태수 회장 등이 재판을 받고 실형을 선고받았다. 재판과정에서 재벌기업은 정부가 발주하는 공사를 수주, 신규 사업 인허가를 받거나 정부로부터의 경영상 불이익을 피하려 뇌물을 제공했음이 밝혀졌다. 삼성(250억), 현대(250억), LG(210억), 대우(240억), 동아(230억), 한보(150억)와 같은 대표적 재벌이 뇌물을 준 것으로 드러났다.

검찰조사에서 "대우그룹 김우중 회장은 잠수함기지 공사 수주 대가로 노태우 대통령에게 50억을 줬더니 흡족하지 않는 표정을 지어 나중에 50억 원을 더 줬다고 진술했다"(〈한겨레〉, 1995. 12. 19). 삼성그룹 이건희 회장은 노태우 전 대통령에게 2백50억을 준 이유를 묻는 검찰의 질문에 "3공 말부터 대통령에게 돈을 주는 게 관례 비슷하게 되었다"고 진술함으로써 그동안 꾸준히 뇌물을 제공해왔다는 것을 시인했다(〈한겨레〉, 1995. 12. 19).

대우와 한보는 뇌물을 제공했을 뿐 아니라 불법으로 모아진 비자금을 불법적으로 실명 전환까지 한 것으로 밝혀졌다. 이 사건을 통해 정경유착을 해결할 방안에 대한 정책적, 학술적 논의가 심화되었다. 하지만 1996년 9월 김영삼 대통령은 전두환과 노태우에게 정치뇌물을 제공한 혐의로 기소된 23명의 재벌총수를 모두 사면했다. 정부는 악화된 경제를 회복하기 위해서 재벌의 범죄기록을 제거하기로 했다고 발표했다(〈동아일보〉, 1997. 9. 30).

2) 김영삼 정부의 재벌개혁

출범 초 김영삼 대통령은 시장영역에서의 민주주의를 달성하겠다는 대의를 내세우고 재벌개혁을 시도했다(김은미 외, 2005: 108~112). 문민정부의 정통성을 주장했던 김영삼 정부의 재벌개혁은 두 가지 차원에서 진행됐다.

첫째는 기업 내부 운영의 민주주의에 관한 것으로, 소유와 경영의 분리에 초점을 두었다. 재벌총수 가족에 의한 기업소유와 비민주적 경영행태를 개선하기 위한 정책이 추진됐다. 기업 내부의 민주주의는 신경제 5개년 계획(1993)과 공정거래법 개정으로 진행됐지만 결과적으로 재벌의 소유와 경영을 분리시키려는 개혁은 성과를 거두지 못했다.

둘째는 시장의 민주화를 통한 재벌개혁이었다. 재벌이 누렸던 특혜와 정치적 이익을 제거하는 것을 목표로 추진된 이 정책은 금융실명제(1993)와 부동산실명등록제(1995)로 구체화됐다.

초반에 재벌기업에 대한 개혁과 규제를 추진했던 김영삼 정부는 집권 중반 이후 규제완화와 재벌육성 정책으로 돌아섰다. 경제성장과 팽창을 이뤄야 한다는 한국사회의 기대와 재벌의 압력에서 자유로울 수 없었다. 시장권력을 지배하는 재벌과의 협력 없이는 경제성장을 이룰 수 없다는 현실적 제약 때문이었다.

김영삼 정부 중반 이후에 진행됐던 기업의 국제경쟁력을 높이려는 규제철폐 정책은 재벌이 주력산업과 관련 없는 다양한 분야로 사업을 확장시키는 결과를 가져왔다. 재벌의 집중도와 시장지배력은 과거 군사정권의 시기보다 더 강화됐다. 1987년부터 1997년까지 30대 재벌의 계열기업 수는 평균 16개에서 27.3개로 늘어났다. 1997년에 5대 재벌(현대, 삼성, LG, 대우, SK)은 평균 52.7개의 계열기업을 거느렸다(김균·김대환, 1999: 44).

6. 김대중 정부의 재벌정책과 반기업담론

1) 1997년 경제위기와 정권교체

1997년 한국경제는 국가부도의 상황에 몰린다. 정치권에 뇌물제공을 통해 제철산업에 진출했던 한보가 1997년 1월 부도를 맞이했고 뒤를 이어 3월에 삼미그룹, 4월에 진로그룹, 5월에 대농그룹, 6월에 한신공영그룹이 줄지어 부도를 냈다. 7월에는 재계 서열 8위였던 기아자동차가 위기에 직면했다. 순식간에 30대 재벌 중에서 8개가 몰락했고 하루 평균 40개의 중소기업이 도산하면서 금융기업이 막대한 채무를 떠안게 됐다. 설상가상으로 동남아시아의 금융위기가 급속하게 동아시아 국가로 확산되었다. 위기의식을 느낀 해외채권자는 한국의 기업과 은행에 대한 대출연장을 거부하고 자본을 빠르게 회수하기 시작했다.

1997년 11월 21일 정부가 IMF에 550억 달러 구제금융을 신청했을 때 한국은행의 외환보유고는 바닥난 상황이었다. 파산직전의 상황에서 한국정부는 IMF와 세계은행이 제시하는 강압적 요구를 수용할 수밖에 없었고 심지어 1997년 대통령 후보도 IMF와의 조약을 따르겠다는 서약을 해야 했다. 한국의 경제는 IMF의 통치를 받게 되었고 IMF의 요구에 따라 경제정책과 기업 구조조정을 추진하게 되었다.

국가부도의 상황에서 치러진 대통령선거에서 야당후보가 당선됨으로써 헌정사상 최초로 평화적이고 수평적인 정권교체가 이루어졌다. 김대중 정부는 상대적으로 취약한 정치적 기반을 만회할 동력을 재벌개혁을 통해 얻고자 했다. 재벌개혁과 재벌기업 구조조정은 1998년 출범한 김대중 정부의 핵심적인 정책과제가 되었다.

재벌에 대한 비판의 홍수 속에서 김대중 정부의 광범위한 재벌개혁은 합법적 권위와 정당성을 쉽게 획득했다. 정부는 '기업구조개혁 5+3 원칙'을 바탕으로 재벌개혁을 추진했다.

1998년 2월에 5대 핵심과제로 경영투명성 제고, 상호채무보증 해소, 재무구조 개선, 기업지배구조 개선, 업종전문화 강화를 시행했다(김은미 외, 2005). 1999년 8월에는 재벌개혁에 대한 3대 보완과제로 순환 출자 및 부당 내부거래 억제, 금융지배 차단, 변칙상속 방지정책 등을 실시했다.

이러한 개혁조치는 재벌의 소유, 경영, 전략, 자본획득 방식 등 지금까지 재벌의 성장과 발전을 가능하게 했던 핵심적인 전략과 방식에 대한 정당성을 부정하는 것이었다(Shin & Chang, 2003/2004).

2) 재벌책임론과 비판적 담론

1997년 경제위기는 다양한 요인이 복합적으로 결부되어 나타난 것이지만 재벌이 한국경제의 몰락과 한국사회 전체를 위기로 몰아놓은 주범으로 지목됐다(Shin & Chang, 2003/2004). 재벌 마녀사냥이 시작됐고 재벌기업의 주요 특징이 경제 비효율적, 사회적 악으로 간주됐다(유승민, 2000). IMF, 세계은행, 서구의 학자와 유력 언론이 재벌비판에 가장 적극적이었고 한국의 언론과 중견학자가 이에 동참했다.

1998년과 2000년 사이에 재벌에 대한 비판적 담론이 홍수처럼 쏟

아져 나왔다. 시민단체와 학계는 토론회, 심포지엄, 연구논문, 단행본의 형태로 재벌에 대한 부정적 담론을 지속적으로 만들었다. 학계의 주류와 보수적 성향의 언론도 비판에 동참했고 재벌을 옹호하는 목소리는 거의 없었다. "독단경영, 총수의 황제경영, 세습적 독재체제, 재벌총수의 독재, 경영권 세습, 문어발식의 과도한 사업확장, 과도한 부채 경영, 방만한 투자와 부실한 경영, 분식회계, 경영불투명성, 차입경영, 정실자본주의, 도덕적 해이(*moral hazard*)" 등과 같은 어휘가 재벌을 묘사하고 분석하는 학술용어로 사용되었다(장하성, 1998; 공제욱, 1998; 김기원, 1999; 강철규, 1999; 최정표, 1999; 참여연대, 1999; 김균 · 김대환, 1999; 김윤태, 2000; 김병국 · 임혁백, 2000).

이런 상황 속에서 재벌이 사회적 비판에 대응하고 저항하는 것은 상상하기 어려웠다. 대부분의 재벌은 비판을 수용하는 저자세를 보였다. 정부와 IMF가 제시한 기업구조조정의 방향에 역행하는 재벌기업은 사멸의 위험을 감수해야 했다. 경제위기를 기회삼아 더 공격적인 사업확장을 노렸던 대우그룹의 해체(1999)가 대표적 사례이다(신장섭, 2014).

대우 김우중 회장은 대우그룹이 분해된 배경을 "반(反)기업 정서에 영합한 것이지요. '이 기회에 대기업들을 제대로 손을 봐야 한다'는 생각을 가진 사람들도 있었구요"라고 설명한다(신장섭, 2014: 236). 재벌에 대한 사회적 비판과 반감 없이 한국의 가장 영향력 있는 5대 재벌의 하나였던 대우를 해체하는 것은 불가능했을 것이다.

3) '퇴출기업' 리스트

대우그룹의 해체는 재벌에 대한 한국사회의 신화와 권위가 몰락하는 상징적 사건이었다(박길성 · 장하성, 2005). 대우그룹만의 일이 아니었다. 정부의 구조조정 대상에서 자유로웠던 재벌기업은 하나도 없었다. 한 경제신문 기자가 "지금은 기업을 파산시키는 것이 마치 개혁인 것처럼 여겨지는 상황이다"(〈매일경제〉, 1998. 6. 8)라고 비판할 정도였다.

모든 재벌기업은 국가로부터 생존과 사멸 가능성에 관한 판정을 받아야 했고 낙제점을 받은 회사는 '부실기업' 혹은 '퇴출대상'이라는 낙인과 함께 퇴출되었다. 국가에 의한 일방적 상징폭력에 의해 기업과 그 속에서 일하는 수많은 직원의 운명이 좌우되었다.

김대중 정부는 1998년 초반 정부 내에 기업부실판정위원회를 설치해 313개 업체를 대상으로 퇴출대상을 분리하는 작업을 진행했다. 1998년 6월 18일 금융감독위원회는 기업을 "정상", "회생가능", "회생불가" 등의 3단계로 분류하고 판정대상 기업의 17.6%인 55개의 기업에 '회생불가' 판정을 내렸다.

회생불가 판정을 받은 기업은 조기퇴출 절차를 밟도록 했다. 5대 그룹(삼성, 현대, 대우, SK, LG) 계열기업 20개, 6~64대 그룹 계열기업의 32개사, 비재벌 계열 3개사 등이 퇴출대상에 포함됐다. 한편, 채권은행으로부터 협조융자를 받은 11개 재벌 중 한화, 동아건설, 고려합성(고합), 해태, 신호, 뉴코아, 한일 등은 부실 계열사의 퇴출과 계열그룹 전반에 대한 재조정을 명령받았다.

매우 제한된 기간에 이루어진 퇴출기업 선정과정은 의혹과 논란 속에서 진행됐다(〈동아일보〉, 1998. 6. 9). 시장의 원칙보다 정부와 대통령의 영향력이 크게 작용했다. 발표 전 금융권에서 제출한 리스트를 받아본 김대중 대통령은 기업의 숫자가 너무 적다며 5대 그룹 계열사도 퇴출대상에 포함시킬 것을 지시했다(〈매일경제〉, 1998. 6. 8). 실제 정부의 리스트에는 5대 그룹의 계열사가 20개 포함되었다. 흥미롭게도 리스트에 포함된 5대 그룹의 계열사는 평균 4개인데, 이는 대통령의 지시를 따르면서 만들어진 인위적 결과였다.

1차 퇴출대상 기업에 대한 조치가 미흡하다는 비판이 일자 정부는 2000년 11월 3일 2차 퇴출대상 기업을 선정했다. 금융감독위원회는

〈표 9-6〉 정부가 발표한 '퇴출기업' 명단

(1998년)

그룹 순위	그룹명	기업명				
5대 (20개 기업)	현대	현대리바트, 현대중기산업, 선일상선, 현대알루미늄				
	삼성	삼성시계, 이천전기, 대도제약, 한일전선				
	대우	한국산업전자, 한국자동차연료, 오리온전기부품, 동우공영, 대창기업				
	LG	LG전자부품, 원전에너지, LG오엔스코닝, LG이엔씨				
	SK	마이TV, SK창고, 경진해운				
그룹 순위	그룹명	기업명	그룹명	기업명	그룹명	기업명
6~64대 (32개 기업)	통일	일화	우방	태성주택	동국무역	동국전자
	갑을	신한견직	쌍용	범아석유	한일합성	이화상사
	동아	동아엔지니어링	한화	오트론 한화관광	신호	영진테크 신호상사 신호전자통신
	뉴코아	시대축산 시대유통 뉴타운기획	해태	해태유통 해태전자 해태제과	효성	동광화성 효성미디어 효성원넘버
	고합	고합아이티 고합정밀화학 에프씨엔	거평	대한중석 거평산업개발 거평종합건설	한일	한일합섬, 진해화학, 남주개발, 신남개발
비계열		대한모방, 양영제지, 우정병원				

출처: 금융감독위원회(1998.6.18).

287개 부실징후 기업에 대한 심사를 통해 회생가능성이 적은 52개사에 대한 구조조정을 단행했다. 퇴출기업은 삼성상용차를 포함해 19개, 법정관리 대상은 대한통운, 동아건설, 태화쇼핑, 청구, 해태상사, 서한, 우방, 〈영남일보〉 등 10개였다. 진도, 고합 등 20개는 매각 대상으로 분류되었고 갑을방적 등 3개사는 합병 대상으로 분류됐다.

이처럼 국가는 '부실기업' 선정과 '기업퇴출'에 주도적으로 개입했고 상징폭력이 적절하게 사용되었다. 정부가 발표한 퇴출대상 리스트는 '기업살생부'라고 불렸고, 리스트에 기재된 기업은 '부실기업 합동장례식'을 치러야 했다(〈한겨레21〉, 2000. 11. 7). 경제전문가들은 정부의 선정기준이 모호하고 숫자를 맞추기에 급급한 측면이 강하다고 비판했지만 그러한 비판과 지적이 국가에 의한 상징폭력의 위력을 약화시킬 수는 없었다. 정부에 의해 '부실기업', '퇴출기업'이라는 낙인을 받은 기업은 생존할 수 없었다.

1997년 경제위기 이후 진행된 재벌에 대한 학계, 언론, 시민단체의 비판 그리고 상징폭력을 동원한 정부의 기업퇴출로 인해 한국사회에서 재벌과 재벌총수에 대한 부정적 인식이 한층 더 공고해졌다. 하지만 그것이 재벌의 영향력을 약화시지는 못했다. 비록 경제위기를 거치면서 많은 재벌기업이 사멸했지만 살아남은 4대 재벌(삼성, 현대, SK, LG)의 시장지배력과 사회 전반에 대한 영향력은 훨씬 더 강해졌다(장세진, 2003; 윤상우, 2005; 김은미 외, 2005; 최장집, 2010; 장하성, 2014). 집권초반 재벌해체를 선언했던 김대중 정부도 중반 이후에는 재벌과의 타협과 협력을 통한 정권의 안정을 도모했다. 이러한 정책의 전환은 역대 정권이 보여줬던 양상과 크게 다르지 않았다.

7. 결론 및 토론

한국인은 대기업과 재벌기업인에 대해 매우 부정적 인식과 반감을 가졌다. 이 연구는 광복부터 2000년대 초반까지 한국의 주요한 정치적 국면마다 기업과 기업인에 대해 어떠한 평가가 진행되었는지를 살펴보았다. 이를 통해 반기업담론은 특정한 사건이나 특정한 기업가 혹은 기업의 일탈적 행동에 의해 일시적으로 만들어진 것이 아니라 반복적으로 축적된 역사적 구성물이라는 것을 확인했다.

특히, 국가와 지배적 정치세력은 한국인의 마음속에 기업에 대한 부정적인 인식과 반감을 심어주는 핵심적 역할을 했다. 모든 정권은 자신의 정치적 기반과 통치의 정당성을 확보하기 위해 기업 및 기업가와 의도적인 갈등과 타협을 반복했다. 국가권력을 장악한 신진 정치세력은 대중이 가진 기업에 대한 반감을 활용해 기업에 대한 상징적 폭력과 기업인에 대한 부정적 평가를 단행했다.

광복 이후 한국의 주요한 정치적 변화과정에서 반기업정서는 국가에 의해 재생산됐다. 우선, 4·19 혁명 이후 주요 대자본가와 기업은 부정축재 혐의로 여론과 정치권력으로부터 공격을 당했다. 기업형성 및 성장과정에 대한 평가는 군사정부의 집권초기에 다시 재현되었다. 5·16 군사정변으로 집권한 군부는 주요 기업인을 부정축재 혐의로 체포했으며 1980년 신군부 역시 재벌기업인에게 박정희 정부와 결탁해 부정축재했다는 낙인을 찍었다. 정권의 교체기에 이루어진 부정축재자 및 기업인에 대한 처리는 기업인이 부정축재자 혹은 정경유착과 같은 이미지를 갖게 된 중요한 역할을 했다.

민주화로 등장한 문민정부에서도 대기업과 재벌에 대한 부정적 평가는 반복되었다. 1993년 출범한 김영삼 정부는 대기업에 대해 군사정권에 대한 정치적 헌금과 정경유착을 통해 성장했다고 진단하고 재벌개혁을 중요한 정책과제로 삼았다. 김대중 정부는 재벌기업을 IMF외환위기의 주범으로 간주하고 재벌해체를 주장하기도 했다.

이처럼 국가는 상징폭력을 통해 기업과 기업인에 대한 부정적 정체성을 공식화하는 역할을 했다. 기업인은 1960년과 1961년에는 '부정축재자'로 낙인찍혔고 1973년에는 '반사회적기업인'이라는 불명예가 더해졌다. 국가에 의한 상징폭력은 1980년대 전두환 정부와 노태우 정부에 의해서도 반복되었다. 김영삼 정부에서 진행된 군사정부에 대한 사법적 단죄는 군사정권과의 정경유착을 통해 성장했던 재벌기업 소유주에 대한 사법적 징벌로 이어졌다. 마지막으로 IMF 구제금융을 경험하면서 대기업은 한국경제를 파탄 낸 주범으로 평가되었다. '퇴출기업'이라는 정부의 공식명칭이 수여될 때마다 '기업의 합동장례식'이 치러졌다.

흥미로운 점은 시기별로 반기업담론의 구체적 내용에 변화가 있다는 점이다. 1960년대와 1970년대에는 기업가 개인의 도덕성과 기업이 부를 축적한 방식에 대한 비판이 주를 이루었다면, 1990년대에는 개인보다는 기업조직의 행태와 경영방식에 대한 비판으로 변화되었다. 다시 말해 국가는 기업가 개인과 인물에 대한 상징폭력을 행사하는 방식에서 기업조직에 대한 상징폭력으로 전환했다.

지난 70년간 모든 정권의 출범기에 국가는 재벌기업에 대한 부정적 평가를 단행했다가 곧바로 재벌에 대한 전폭적 후원자가 되는 일을 반복했다. 한국의 허약한 정치세력은 자본과 기업가에 대한 물리적, 상징적 폭력을 통해 자신의 정당성을 획득하려 했지만 곧

이어 경제권력과 타협하지 않을 수 없었다. 한국 정치권력의 허약성은 재벌과 대기업의 이익과 지배력을 강화시켜주는 것으로 귀결되었고 기업에 대한 부정적 인식은 한국인의 마음속에 한층 더 공고해졌다.

이 연구의 한계를 논의하고 후속연구를 위한 과제를 제안하는 것으로 글을 마무리한다. 무엇보다 반기업담론의 형성과 변화에 관한 연구방법과 자료의 심화가 필요하다. 이 연구는 신문기사를 바탕으로 분석을 시도했지만 반기업담론에 대해 전 기간에 걸쳐 기업보도와 관련된 모든 기사와 내용을 수집하고 분석한 것은 아니다. 이러한 한계는 후속연구를 통해 보완되어야 한다.

둘째, 이 연구는 시기별로 반기업담론을 정리하는 데 충실했지만 시기별 특징을 비교분석하는 일에는 소홀했다. 1960년대 '부정축재자'에 관한 담론과 1970년대의 '반사회적기업인'에 관한 비판적 담론 그리고 1998년 '부실기업'에 대한 담론의 특징을 시기별로 비교하고 어떠한 연속성과 차이점이 있는가를 비교분석하는 연구가 더 필요하다. 이 같은 시기별 분석을 통해 한국사회에서 가장 지속적으로 유지되는 기업 및 기업인에 대한 부정적 담론과 인식이 무엇인가를 보여주는 연구가 수행된다면 기업에 관한 한국사회의 인식을 이해하는 데 기여할 수 있을 것이다.

이 연구는 한국사회의 반기업담론에 관한 역사적 분석의 시작일 뿐이다. 더 체계적인 자료수집과 분석을 통한 후속연구가 이어지기를 기대한다.

참고문헌

강철규, 1999, 《(재벌개혁의) 경제학: 선단경영에서 독립경영으로》, 서울: 다산출판사.

공제욱, 1998, "IMF 구제금융 이후 한국자본주의의 재벌구조 개편", 〈경제와 사회〉, (38): 73~90쪽.

김기원, 1998, "IMF 사태 이후 재벌의 구조조정", 〈경제와 사회〉, (40): 8~37쪽.

______, 2002, 《재벌개혁은 끝났는가》, 서울: 한울.

김대환·김 균, 1999, 《한국 재벌개혁론》, 서울: 나남.

김병국·임혁백, 2000, "동아시아 '정실 자본주의'의 신화와 현실: 한국, 대만, 태국", 〈계간 사상〉, 45(여름호): 7~74쪽.

김수한·이명진, 2014, "한국사회의 반기업정서", 〈한국사회학〉, 48(1): 39~70쪽.

김윤태, 2000, 《재벌과 권력》, 서울: 새로운사람들.

김은미·장덕진·Granovetter, M., 2005, 《경제위기의 사회학》, 서울: 서울대학교출판부.

김정렴, 2006, 《(김정렴 회고록) 최빈국에서 선진국 문턱까지: 한국 경제정책 30년사》, 서울: 랜덤하우스중앙.

대한상공회의소, 2003, 〈우리나라 반기업정서의 현황과 과제〉, 서울: 대한상공회의소.

______, 2012, 〈2011년 하반기 기업호감지수(CFI)〉, 서울: 대한상공회의소.

박길성·김경필, 2010, "박정희 시대의 국가-기업 관계에 대한 재검토: 기업을 분석의 중심으로", 〈아세아연구〉, 53(1): 126~154쪽.

박길성·장하성, 2005, "기업의 지배구조와 시장 권위", 조대엽·박길성 외, 2005, 《한국사회 어디로 가나?: 권위주의 이후의 권위구조, 그 대안의 모색》, 서울: 굿인포메이션.

서재진, 1991, 《한국의 자본가 계급》, 서울: 나남.

송 복, 1990, 《한국사회의 갈등구조》, 서울: 현대문학.

송원근·이상호, 2005, 《재벌의 사업구조와 경제력 집중》, 파주: 나남.

신유근, 1984, 《한국기업의 특성과 과제》, 서울: 서울대학교출판부.

신장섭, 2014, 《김우중과의 대화: 아직도 세계는 넓고 할 일은 많다》, 서울: 북스코프.
양 춘, 1993, "한국인의 전통가치와 직업의식", 양춘 · 박길성 (엮음), 《오늘의 한국사회》, 서울: 나남, 37~58쪽.
유승민, 2000, 《재벌, 과연 위기의 주범인가: 위기 이후 재벌정책의 평가와 과제》, 서울: 비봉출판사.
육성으로 듣는 경제기적 편찬위원회, 2013, 《코리안 미러클》, 파주: 나남.
윤상우, 2005, 《동아시아 발전의 사회학》, 파주: 나남.
윤영민, 2014, "기업과 개인의 잘못에 대한 공중의 반응 차이: 정당성 이론의 적용과 반기업정서 탐색을 위한 실험연구", 〈홍보학연구〉, 18 (2) : 247~287쪽.
윤영민 · 최윤정, 2009, "반 대기업 정서, 위기 책임성, 그리고 사과 수용 간 관련성: 삼성 그룹 비자금 관련 위기와 농심 새우깡 이물질 위기를 중심으로", 〈한국언론학보〉, 53 (1) : 288~304쪽.
이병철, 2014, 《호암자전》, 파주: 나남.
이병호, 2007, "두 얼굴의 근대국가: 상상의 국가와 실재의 국가", 〈한국사회학〉, 41 (3) : 215~252쪽.
이장규, 1995, 《실록 6공경제: 흑자 경제의 침몰》, 서울: 중앙일보사.
임혁백, 2014, 《비동시성의 동시성: 한국 근대정치의 다중적 시간》, 서울: 고려대학교출판부.
임현진 · 김병국, 1991, "노동의 좌절, 배반된 민주화", 〈계간 사상〉, 11: 109~168쪽.
장세진, 2003, 《외환위기와 한국 기업집단의 변화: 재벌의 흥망》, 서울: 박영사.
이재열 · 장진호 · 정원칠 · 정한울 · 한준, 2006, 〈기업의 사회적 책임, 패러다임 바뀌나〉, EAI CRS 브리핑, (2), 서울: 동아시아연구원(EAI).
장하성, 1998, "재벌개혁 어떻게 할 것인가?", 〈당대비평〉, 3: 202~223쪽.
______, 2014, 《한국 자본주의: 경제민주화를 넘어 정의로운 경제로》, 성남: 헤이북스.
전국경제인연합회, 2011, 《전경련 50년사》, 서울: 전국경제인연합회.
정한울 (대표집필), 2013, "반기업정서와 CSR 인식의 국제비교: 다양성과 유형별 특성", 〈CSR Monitor〉, 2: 8~25쪽.

조기준, 1982, 《한국경제근대화와 기업인》, 서울: 한국방송사업단.
조대엽, 1999, 《한국의 시민운동: 저항과 참여의 동학》, 서울: 나남.
조대엽·박길성 외, 2005, 《한국사회 어디로 가나?: 권위주의 이후의 권위구조, 그 대안의 모색》, 서울: 굿인포메이션.
조동성, 1990, 《한국재벌연구》, 서울: 매일경제신문사.
참여연대, 1999, 《한국 5대 재벌백서: 1995~1997》, 서울: 나남.
최장집 (지음), 박상훈 (개정), 2010, 《민주화 이후의 민주주의: 한국 민주주의의 보수적 기원과 위기》, 서울: 후마니타스.
최정표, 1999, 《재벌시대의 종언》, 서울: 고원.
한국개발연구원, 2007, 〈'반기업정서'의 실체 파악을 위한 조사 연구〉, 서울: KDI 경제정보센터.
홍승직, 1967, 〈한국인의 가치관 연구〉, 서울: 고려대 아세아문제연구소.

Amsden, A. H., 1989, *Asia's next giant: South Korea and late industrialization*, NY: Oxford University Press.
Bourdieu, P., 1985, "Social space and the genesis of groups", *Theory and Society*, 14(6): pp. 723-744.
______, 1989, "Social space and symbolic power", *Sociological Theory*, 7(1): pp. 14-25.
______, 1994, "Rethinking the state: Genesis and structure of the bureaucratic field", *Sociological Theory*, 12(1): pp. 1-18.
Evans, P., 1995, *Embedded autonomy: States and industrial transformation*, NJ: Princeton University Press.
Kim, K. D., 1976, "Political factors in the formation of the entrepreneurial elite in South Korea", *Asian Survey*, 16(5): pp. 465-477.
Shin, J. S., & Chang, H. J., 2003, *Restructuring 'Korea Inc.': Financial crisis, corporate reform, and institutional transition*. 장진호, 2004, 《주식회사 한국의 구조조정: 무엇이 문제인가》, 파주: 창비.
Wade, R., 1990, *Governing the market: Economic theory and the role of government in East Asian industrialization*, NJ: Princeton University Press.

Weber, M., 1919, *Politik als Beruf.* 전성우, 2007, 《직업으로서의 정치》, 파주: 나남.

______, 1978, *Economy and Society*, In Roth, G., & Wittich, C. (Eds.), Berkeley, CA: University of California Press.

10

한국정당의 기업의식

유진숙 · 김원섭 · 용미란

1. 서 론

트위터를 비롯한 SNS(*social network service*)는 2008년 미국 대통령선거와 2011년 서울시장 재보궐 선거 등을 기점으로 정치커뮤니케이션의 핵심적 기제로 등장하고 있다. 이에 따라 SNS가 전통적 정치커뮤니케이션의 구조와 성격을 근본적으로 변화시키는가에 대한 논쟁이 촉발되고 있다. 낙관론자는 SNS가 엘리트 중심적이고 폐쇄적이며 위계적인 전통적 정치커뮤니케이션의 구조를 쌍방향적이고 평등한 구조로 전환시킴으로써 대의 민주주의적 기제를 약화시키고 참여민주주의 콘셉트를 실현할 수 있게 한다고 본다. 반면 회의론자는 SNS의 참여활성화 기능에 대하여 의문을 제기하며 궁극적으로 SNS는 전통적 정치커뮤니케이션의 구조에 흡수 · 통합됨으로써 보완적 기능만 수행할 것이라고 주장하고 있다.

이 논쟁의 한계는 두 주장이 공히 충분한 경험적 연구결과를 제시하지 못하고 있다는 점이다. 특히, 전통적 정치커뮤니케이션의 핵심 행위자인 정당이 트위터 안에서도 정치담론을 생산하고 있는지, 어떤 정치담론을 생산하고 있는지에 대한 연구는 매우 부족한 형편이다.

이 연구는 트위터에 나타난 한국정당의 경제정책에 대한 담론을 분석함으로써 실질적으로 전통적 정치커뮤니케이션의 구조가 어떻게 유지 또는 변화되고 있는지 분석해 보고자 한다.

빅데이터 분석을 위하여 이 연구는 최근 다양한 이슈영역에서 활용되고 있는 컴퓨터 기반 문헌분석방법인 언어네트워크 방법을 적용했다. 언어네트워크 방법은 질적 연구방법을 컴퓨터기술에 기반을 두고 계량화함으로서 과학적 엄밀성을 제고하고자 개발되었으며 단어와 단어 사이의 관계와 연결망구조를 분석함으로써 관계성으로 체계와 구조를 시각화해 파악하는 데 유리한 연구방법이다.

이 연구는 크게 4개 절로 구성되었다. 2절에서는 이론적 논쟁과 선행연구에 대한 검토가 이루어질 것이며, 3절에서는 방법론에 대한 설명이 이루어진다. 4절에서는 트위터상 정당의 경제정책담론을 새누리당, 새정치민주연합, 정의당 · 통합진보당을 중심으로 분석한다. 5절에서는 이 연구의 함의에 대해 논의한다.

2. 이론적 논의와 선행연구

1) 트위터와 정치커뮤니케이션

SNS는 사회적 연결망을 형성시켜주는 인터넷 또는 모바일서비스를 의미한다. SNS는 개인이 특정 시스템 안에서 공적 또는 준 공적 프로필을 창출하고 연계된 일련의 다른 이용자 리스트를 만들어내며 시스템 안에서의 다양한 연계망을 획득해가는 공간이다(Bode, Vraga, Borah, & Shah, 2014: 416).

그중, 특히 트위터는 상호 동의 없는 팔로우가 가능하기 때문에 단방향으로 이루어지며 리트윗 기능을 통해 정보가 급속히 무한대로 확산될 수 있다는 점에서 가장 효과적인 정치커뮤니케이션 도구로 평가받는다(송현주, 2011: 95).

즉, 트위터의 특징은 소수 정보의 다수 확산 시스템이며 확산된 정보의 재확산이 리트윗을 통해 범위와 속도가 상상을 초월하는 수준으로 가속화된다는 데 있는 것이다(임연기, 2013: 173; 조화순·김정연, 2012: 101).

SNS가 정치커뮤니케이션에 미치는 영향은 최근 다양한 국내, 국제 정치적 요인의 자극으로 활발하게 논의되고 있다. 인터넷과 SNS의 영향력은 웹 1.0에서 웹 2.0으로의 이행을 통해 일방향적 소통구조가 쌍방향구조로 변화하고 이용자가 스스로 정보를 생산하고 평가하고 확산할 수 있게 됨으로써 급속히 증폭되었다(Eimhjellen, Wollebæk, & Strømsnes, 2014: 733).

국제적으로는 2008년에 열린 미국의 대통령선거(Bode et al., 2014;

Takaragawa, 2012), 2011년 튀니지와 이집트의 민주화운동 등이 SNS를 통한 정치커뮤니케이션에 대한 관심을 촉발시켰다. 국내적으로는 트위터의 승리, SNS 민주주의시대라는 평가가 등장하였던 서울시장 보궐선거(최민재 · 이홍천 · 김위근, 2012), 안철수 신드롬, 팟캐스트 열풍, 인증샷 투표독려 캠페인, 소셜테이너(*socialtainer*)의 여론주도(장우영 · 이현출, 2012: 158) 등이 중요한 기점이 되었다. 처음 트위터 선거캠페인이 시작되었던 2010년 지방선거 당시 트위터 이용자는 불과 63만 명에 지나지 않았으나 3년 만인 19대 총선 때는 640만 명으로 급증했다는 점은 트위터의 강력한 영향력을 시사한다(장우영 · 이현출, 2012: 166).

그러나 SNS 정치커뮤니케이션이 실제로 정치적 참여를 활성화하고 민주화하며 더 나아가 전통적 정치커뮤니케이션 구조를 근본적으로 전환시키는가라는 질문은 치열한 논쟁의 대상이다(Breuer & Farooq, 2012: 1; Raynauld, Giasson, & Darisse, 2011: 70; 성민규, 2012: 32).

이들 낙관론자들은 SNS 정치커뮤니케이션이 기존의 뉴스미디어 커뮤니케이션방식을 근본적으로 대체한다고 주장한다. 낙관론자들은 트위터를 비롯한 SNS 정치커뮤니케이션이 대의민주주의의 엘리트 중심적, 위계적, 폐쇄적 성격을 변화시켜 보다 민주적인 커뮤니케이션의 형성에 기여한다고 주장한다. SNS 정치커뮤니케이션의 혁명성에 대한 기대는 하버마스의 공론장이론이 상징하듯 보다 근본적이고 전면적인 민주주의 작동방식의 등장에 대한 기대와 맞물려있다. 인터넷은 소수의견도 검열의 두려움 없이 자유롭게 표출될 수 있다는 점에서 새로운 커뮤니케이션 방식에 적합한 공간을 열어주었다(송현주, 2011: 86).

낙관론자의 입장은 두 가지 핵심 주장으로 요약된다. 일차적으로 이들은 기존 대의민주주의적 제도의 약화와 일반시민의 직접민주주의적 행동의 강화를 주장한다. 이들은 웹기술의 발전은 인적 조정의 필요성을 낮추며 따라서 조직적 위계는 약해질 뿐만 아니라 웹기술의 발전을 통해서 집단행동 조직이 용이해짐에 따라 전통적 조직의 중요성은 약해진다고 본다(Eimhjellen et al., 2014: 734). 트위터 이용자는 정치참여가 활발하다는 연구결과(이기석·이은혜·곽경란·박지윤·제래미·김주환, 2011; 민정식, 2012), 트위터 매개유력자의 63%가 공인(公人)이 아니라 일반 사인(私人)이며 뉴미디어 환경에서의 일반인의 영향력 확대를 반영한다는 주장(이상록·이지연·성경, 2012) 등도 이에 속한다.

두 번째로 이들은 SNS의 비판적·진보적 기능을 강조한다. 이들은 전통적인 미디어산업에 종사하는 전문적 언론인은 일반시민 기자들의 도전과 비판에 직면하고 있으며 SNS는 완전히 새로운 차원의 미디어환경을 연다고 주장한다(Bruns, 2012: 99). 트위터 매개유력자들의 다수(73%)가 정부 비판적 성향을 보여준다는 연구결과(이상록 외, 2012: 7)나 트위터 사용이 정치교육의 학습과정을 민주화시킨다는 연구결과(Blair, 2013) 등도 SNS 공간의 진보성가설과 대체가설에 중요한 자원을 제공하고 있다. SNS는 자유로운 정치적 표현과 정치참여의 활성화에 기여한다는 것이다(Bode et al., 2014: 414; Utz, 2009).

이에 미디어뉴스의 효과에 집중하는 기존 정치커뮤니케이션 연구방법의 한계(송현주, 2011: 86), 분산된 개인행태에 초점을 맞추는 기존의 행태주의적 커뮤니케이션 연구방법의 한계(임연기, 2013: 168) 등을 지적하며 연결네트워크의 속성과 구조를 강조하는 새로운 접근방법이 대두되고 있다. SNS의 민주적·혁명적 기능은 터키(Sancar, 2013), 아랍(Sayed, 2011), 키르기스스탄(Turdubaeva, 2014), 중국(Zhang, 2014) 같은 권위주의 체제를 대상으로 한 연구에서 특히 강조된다.

반면 회의론자는 SNS 정치커뮤니케이션의 혁명성에 대해 냉소적이다. 이들은 SNS 정치커뮤니케이션을 전통적 정치커뮤니케이션의 확장이나 보완 또는 축소와 왜곡으로 평가한다.

회의론의 핵심 주장은 두 가지이다. 첫째, 이들은 SNS 낙관주의가 환상이자 기술결정주의일 뿐이라고 일축한다. 대부분의 SNS 사용자는 비판적 집단행동에 참여하기보다는 온라인게임에 열중한다. 그리고 보다 많은 정보와 사회적 연계가 자동으로 정치적 적극성으로 이어지는 것은 아니라는 것이다(Boyd, 2008: 241). 또한 SNS가 제공하는 정보에 대한 이용자의 신뢰도 낮게 나타난다(Turdubaeva, 2014: 187).

이들은 오히려 온라인이 전통적인 정치참여가 축소되고 적은 노력과 낮은 현실세계효과가 연계된 게으른 활동가(*Slacktivist*)적 정치행동을 확산시키는 부작용을 낳는다고 지적한다(Breuer & Farooq, 2012: 3). '게으른 활동가'는 게으름뱅이(*slacker*)와 활동가(*activist*)가 조합된 신조어로서 정치적 효과가 미미한 온라인 활동에 자족하는 집단을 칭한다.

회의론자들의 두 번째 지적은 인터넷과 SNS가 전통적 정치커뮤니케이션의 틀을 벗어나지 않는다는 점이다. 인터넷 이용이 정치참여에 미치는 긍정적 효과는 지극히 낮은 수준이며 기존의 사회적 자본이 미치는 효과와 큰 차별성을 보여주지 않는다(Boulianne, 2009).

트위터 사용자의 75%가 상위 1%의 여론주도층을 팔로잉하고 있다는 소셜네트워크 분석 전문기업 사이람의 2010년 분석결과(이상록·이지연·성경, 2012: 16)와 매체의 변화에 상관없이 같은 정치성을 띤 사람끼리의 유유상종 현상을 보여준다는 지적(박한우·조성은·임연수·윤호영·박세정·최수진, 2011: 59) 등은 SNS 정치 커뮤니케이션 역시 전통적 커뮤니케이션의 구조와 그리 상이하지 않음을 시사한다. 전통적으로 주도적이었던 소수의 기득권층이 여전히 커뮤니케이션 구조를 독점하고 있다는 주장이다(Raynauld et al., 2011: 709).

이 연구 역시 인터넷과 SNS의 정치커뮤니케이션 활성화 효과는 기존 정치커뮤니케이션의 위계적 구조와 성격을 근본적으로 변화시키지 못한다는 입장에서 출발한다. 이 관점에서 볼 때 SNS는 정당이나 언론과 같은 전통적 대의민주주의 제도를 직접민주주의적 기제로 대체하기보다는 정당-시민사회 관계의 맥락을 유지하는 가운데 정당의 커뮤니케이션 기술의 효율화와 입체화에 기여한다고 할 수 있다(Jungherr, 2014: 239). 일례로 최근 연구는 전통적 뉴스 미디어인 신문 방송과 정치인의 트위터가 핵심의제를 공유하고 있음을 보여준다. 보수정치인 트위터와 보수신문 간에는 높은 상관관계가 존재한다는 점도 시사적이다(최진호·한동섭, 2011: 501; 손경수·윤영철, 2013: 164).

따라서 SNS상의 정치커뮤니케이션 분석에서도 역시 전통적 커뮤니케이션 구조의 위계적 질서를 고려할 필요가 있다. 이 관점에서 미시적 차원(개인)-중위 차원(조직)-거시적 차원(사회) 그리고 조직의 성격에 따른 SNS 효과의 차별성에 주목한 연구는(Breuer & Farooq, 2012) 의미 있는 단서를 제공한다. 이에 따르면 SNS가 정치참여를 활성화시키는 효과는 개인 간의 미시적 차원에서보다는 정당이나 시민단체와 같은 전통적인 여론주도 행위자들의 차원에서 극대화된다. 중위 차원에서의 조직들에 있어서 SNS 활용은 명확하게 비용효과성을 개선하며 자원을 확대함으로써 상당히 효율적으로 활동영역을 확장하는 것이다(Breuer & Farooq, 2012: 10).

이때 SNS 활용을 통한 커뮤니케이션 활성화의 정도는 실질적으로 규모, 조직적 관성, 구조, 구성원의 연령대, 자원 또는 지향성과 같은 다양한 조직 요소에 달려있다(Eimhjellen et al., 2014: 735). 일정 정도의 규모와 조직적 유연성을 갖고 있는 경우, 구성원의 평균적 연령대가 젊은 경우, 기술적 혁신이 가능한 정도의 자원을 확보하고 있는 경우 그리고 광범위한 참여를 지향하는 경우 그 조직은 SNS 활용을 적극적으로 추진한다는 것이다.

정당은 SNS 활용을 통해 정치커뮤니케이션의 활성화를 추구하는 중위 단위의 대표적 조직으로 볼 수 있다. 실제로 최근 정치인이나 전통적인 미디어산업의 언론인들은 페이스북, 트위터, 유튜브 등 새로운 매체를 적극적으로 통합하고 있으며 선거캠페인이나 언론활동에서 활발하게 활용하고 있다(Jungherr, 2014: 239). 장우영은 대부분의 액티비스트도 팔로우 관계를 통하여 정당과 연결되어 있으며 정당들도 80~90%의 상호 팔로잉률을 보인다는 점을 밝힌다(장우영, 2012: 16).

그러나 정치인이 트위터를 어떻게 활용하며 어떤 정치적 메시지를 전달하는지에 대해서는 아직 충분히 경험적으로 연구되지 않고 있다. 2011년 4월 27일 재보선에서의 강재섭 후보와 손학규 후보의 트위터 활용행태 분석(홍주현・박미경, 2011: 258), 16개 광역자치단체장의 트위터 사용현황과 유형화(엄석진・황한찬・윤영근, 2014: 386), 유시민, 이정희, 송영길, 김문수의 트위터상 이미지 구축방식 분류(홍숙영・조승호, 2011), 18대 국회의원의 트위터 활용행태(금혜성, 2011: 189) 등의 연구들이 정치인의 트위터 활용행태를 분석하고 있다.

그러나 위에 언급한 대부분의 연구는 트위터 활용행태에 대한 조사에 집중되었으며 트위터 내부의 메시지에 대한 빅데이터 연구는 매우 드물다. 트윗 공간에서 정치인의 선거전략 행태를 분석한 장우영・이현출의 빅데이터 분석연구(2012), 정치인 트윗 내용과 전통적 뉴스미디어 내용을 비교분석한 최진호・한동섭의 연구(2011), 정치인 트위터 메시지 및 이름언급 연결망 분석(윤호영・박한우, 2011) 등이 그에 속한다.

그러나 이 연구들 역시 트위터 내부의 정치적 담론구조를 분석하기보다는 선거전략(장우영, 2012)이나 의제 간 상관관계(최진호・한동섭, 2011) 또는 트위터 발언유형(윤호영・박한우, 2011)을 분석하고 있다. 즉, 트위터상에서 어떤 정책적・이념적 담론이 형성되는지에 대한 분석은 아직 본격적으로 이루어지지 않았다.

2) 정당의 경제정책 노선

이 연구는 트위터상의 정치적 담론구조를 분석함으로써 위와 같은 연구 공백을 메워보고자 한다. 일차적 문제제기는 정당이 트위터상에서 이념·정책적 담론을 확산시키는가이다. 두 번째 질문은 정당의 이념·정책적 담론 구조가 어떤 형태를 띠고 있으며 정당 간 차별성을 보이는가라는 질문이다.

특히, 이 연구에서는, 특히 한국 정당의 경제관을 분석대상으로 설정하였다. 지난 19대 총선과 18대 대통령선거에서는 경제민주화가 화두로 떠오르며 경제정책에 대한 대중적 관심을 환기시킨 바 있다.

일반적으로 좌우 이념적 스펙트럼은 경제관련 정당이념의 측정에 가장 기본적인 카테고리로 활용된다. 그러나 이 글에서는 조금 더 세분화하여 자율주의, 후견주의, 개입주의의 세 가지 카테고리로 분류하고자 한다. 세분화된 분류는 좌-우 스펙트럼의 이분법적 분류로 포착되기 힘든 한국의 복합적 양상을 설명하는 데 유리하다(김원섭·남윤철·신종화, 2015).

첫째, 자율주의적 입장은 전통적인 우파 자유주의에 가까운 노선으로서 시장원칙의 자율성을 강조한다. 이 입장은 시장의 투명성과 기업경쟁력의 향상을 통한 경제문제의 해결을 주장한다. 일례로 반재벌 정서는 정경유착과 같은 탈법경영과 지배주주의 비윤리적 기업경영으로 유발된 것이며, 이러한 문제는 기업지배구조의 개선과 경영투명성의 개선을 통해 극복될 수 있다는 것이다(권영준, 2005).

둘째, 후견주의적 입장은 적극적 개입을 통한 기업육성과 자본주의를 관리하고자 하는 노선으로서 개발독재의 역사적 경로와 연계된 노선이다. 이 입장은 국가의 적극적 역할을 지지하되 국가가 친기업적 환경의 조성과 같이 시장친화적 방식으로 시장에 개입해야 한다고 본다. 이 입장에 따르면 고용창출, 성장동력 육성, 지역경제 활성화 등은 모두 기업이 뛰어야 실현가능한 일이다. 이 때문에 정부가 규제 조치로 기업 활동을 위축시킨다면 경제활성화와 성장에 심각한 장애를 초래하게 된다(좌승희, 2012). 정부는 기업의 활동을 돕기 위해 적극적으로 경제적, 문화적으로 후원해야 한다. 예를 들면, 반기업정서의 완화를 위해서 정부는 학교교육에서 경제교육을 강화하고 기업이 이룩한 경제적 사회적 성과에 대한 대국민 홍보를 강화해야 한다(한국개발연구원, 2007; 대한상공회의소, 2003; 〈중앙일보〉, 2004).

마지막으로 셋째 방향은 전통적인 좌파 사민주의에 가까운 개입주의적 입장이며 국가의 적극적 개입을 통한 시장관리와 기업규제 강화논리이다(김용렬, 2005; 권영준, 2005). 이 입장에 따르면(송원근, 2006; 한국개발연구원, 2007; 권영준, 2005), 한국의 시장에는 정경유착, 탈법과 불법 행동이 만연해있으며 이는 인재형 재난, 부정부패, 중소기업의 몰락 등 사회 전반에 심각한 영향을 주는 문제를 야기하고 있다. 따라서 이러한 문제는 적극적으로 시정될 필요가 있으며 이는 정부가 사회를 대변해 기업 활동을 법적, 윤리적으로 규제함으로써 달성될 수 있다.

이때 정부의 규제는 소극적 방식과 적극적 방식으로 실시될 수 있다. 소극적 규제는 기업의 불법적 활동에 대한 개입이다. 정경유착에 따른 불법 정치자금과 부정과 부패에 대한 법적 재제, 불법적 경영권 세습, 중소기업 간의 하도급 비리문제에 대한 규제 등이 이에 속한다고 할 수 있다(권영준, 2005; 한국개발연구원, 2007). 이와 달리

적극적 규제는 재벌구조의 개혁과 같이 거시적 규제확대를 의미한다. 적극적 개입은 지배주주의 부당한 통제력을 약화하며 기업지배구조를 개혁하는 것을 목표로 삼는다(송원근, 2006). 순환출자 금지, 출자총액제한 부활, 금산분리 강화, 지주회사 규제강화, 계열사 간 내부거래 규제 등이 국가의 강제적 규제정책으로 실행될 수 있다.

3. 언어네트워크 분석방법

언어네트워크 분석, 네트워크 텍스트 분석 등으로 호칭되는 언어네트워크 분석방법은 기존의 정성적 문헌분석방법을 컴퓨터 기법을 활용해 기술적으로 정교화하고 과학적 엄밀성을 제고하는 과정에서 등장하였다(박치성 · 정지원, 2013: 74). 이 방법은 기존 문헌분석방법이 갖고 있는 노동집약적이고 주관적 성격의 한계를 컴퓨터 프로그램을 활용한 자료의 계량화로 극복하고자 한다. 언어네트워크 분석방법은 STEAM 교육의 연구논문 분석(김방희 · 김진수, 2014), 빅데이터 관련 신문기사의 의미연결망 분석(최윤정 · 권상희, 2014), 토픽모델링을 통한 신문자료의 오피니언 마이닝에 관한 연구(강범일 · 송민 · 조화순, 2013), 언어네트워크 분석기법을 활용한 인간배아복제 신문보도 분석(김만재 · 전방욱, 2012), 언어네트워크 분석을 이용한 신종 감염병 보도 분석(박기수 · 이귀옥 · 최명일, 2014), 구제역위기 언론보도 분석(양기근, 2012), 김대중 · 노무현 대통령 사후평가에 대한 미디어의 언어구성(이완수 · 최명일, 2014), IT산업 정책발전을 위한 정부조직 개편논의에 대한 텍스트 네트워크 분석(박치성 · 정지원, 2013) 등 다양한 이슈영역의 문헌분석에서 활용되고 있다.

언어네트워크 분석에서 도출된 네트워크 구조 간 차이를 비교할 때 사용되는 지표는 개별적 노드(*node*, 단어)의 국소적(*local*) 특성을 나타내는 연결선 수(*degree*), 네트워크의 전역적(*global*) 특성을 나타내는 밀도(*density*), 중심성(*centrality*) 등이 있다(장정우 · 최경호, 2012: 55).

이 방법은 노드단어와 노드 사이의 연결 관계를 링크로 표시함으로서 단어 간의 연관성과 맥락의 분석에 더욱 집중한다. 연결 정도는 한 노드가 맺는 결점의 숫자로 정의되며 연결 정도가 많아서 정보전달 구조에서 핵심적 역할을 하는 노드가 중심단어로 포착된다. 즉, 중심단어는 이를 제거할 경우 연결망이 와해되다시피 할 정도로 중요한 역할을 담당한다(장정우 · 최경호, 2012: 55).

노드와 노드 사이의 연결 관계를 표시하는 링크는 이들 단어가 서로 관계를 맺는 구조나 연결망 형태의 특징을 파악하고 관계성으로 그 체계 및 구성단위의 의미를 파악하는 데 중요하다(최윤정 · 권상희, 2014: 244). 즉, 단어속성은 연결망 점(*node*)으로 표현되고 인과관계나 상호관계는 선(*link*)으로 표시됨으로써 기존의 평면적 내용분석보다 입체적이고 가시적인 분석이 가능해지는 것이다(김방희 · 김진수, 2014: 675). 이때 분석에 사용될 노드(개념)의 설정 후 다른 개념과의 관계설정에서 가장 중요한 문제는 개념 간의 거리, 즉 근접성의 측정이다(박치성 · 정지원, 2013: 84).

이 논문에서는 구조화되지 않은 데이터에서 주제(*topic*)를 탐색하기 위한 알고리즘, 토픽모델링을 사용한다. 이 과정에서는 중심단어와 연결단어의 원문 빈도, 단어 빈도, 중요도, 연관도 등이 계산된다. 중심단어와 연결단어 간의 연계구조를 구성하는 단어네트워크를 의미를 해석하는 준거틀로서 포착하는 것이다. 토픽모델링 결과는 시각화된 그래프로 제시될 수 있다.

이 분석에서는 특히 유니그램 혼합 모형을 적용한 토픽모델링을 실시했다. 기본적인 유니그램 모형에서는 텍스트에 쓰인 단어는 확률 분포에서 무작위로 추출됐다고 가정한다. 그러나 모든 텍스트에는 특정한 주제가 있으며 주제에 따라 쓰이는 단어는 대체로 비슷한 패턴을 갖는다. 예컨대 대학에 관한 글이라면 교수, 학생 등의 단어가 높은 빈도로 출현할 것이다. 이처럼 주제에 따라 단어의 분포가 달라진다고 가정한 것이 유니그램 혼합 모형이다. 이 모형에서는 여러 가지 주제가 확률적으로 중첩되었다고 본다.

토픽모델링 과정에서는 중심단어와 연결단어를 규정하게 된다. 중심단어는 텍스트에서 도출된 주요주제(*topic*)를 말하며, 연결단어는 중심단어와 연관성이 높은 연관주제를 가리킨다. 중심단어 중요도가 높을수록 해당 주제 내에서 가장 핵심적인 단어임을 의미하는 반면 연결단어 중요도는 높을수록 연결된 단어 가운데 중요도가 높음을 말한다. 연관도는 중심단어와 연결단어 간의 연관성을 뜻한다.

마지막으로 이 연구에서는 토픽모델링 분석방법이 텍스트 내용 분석 방법에 의해 보완되고 있다. 토픽모델링은 반복되는 단어와 그 연결의 중요성에 대한 객관적 자료를 제공한다. 하지만 이것만으로는 담론의 세부적인 내용파악이 어려운 경우가 많다. 토핑모델링 분석방법이 연결된 단어의 구체적인 내용에 대해서는 명확한 자료를 제공하지 않는 경향이 있기 때문이다. 이 때문에 텍스트 분석을 통해 텍스트의 세부적 내용을 구체적으로 확인하는 것이 필요하다. 특히, 이 연구처럼 정당들 간의 정책담론의 차이를 비교 분석하는 것을 목표로 하는 경우에는 사용된 텍스트의 내용을 분석하여 토픽모델링 분석결과의 정확성과 신뢰성을 높일 수 있다.

4. 트위터에 나타난 정당의 경제정책 노선

이 연구는 2012년과 2013년 총 2년 동안 국회의원 3백 명 중 트위터 비사용자를 제외한 257명이 작성한 전체 트위터 메시지(트윗) 총 227,045건을 바탕으로 실시됐다. 데이터 수집은 전문업체인 (주)메트릭스를 통해 이루어졌다. 분석대상은 새누리당, 새정치민주연합, 정의당·통합진보당으로 재분류하였다. 새누리당과 새정치민주연합은 데이터 수집과 분석 기간 중 당명을 변경했다. 이에 따라 한나라당 소속이었던 의원은 새누리당으로, 민주통합당(민주당) 소속이었던 의원은 새정치민주연합으로 분류했다.

수집된 정당별 트윗 현황은 〈표 10-1〉과 같다. 새누리당은 128명, 새정치민주연합은 118명, 정의당·통합진보당은 11명의 국회의원이 트위터 활동을 벌였다. 작성된 전체 트윗 개수는 새정치민주연합이 130,253개로 가장 많았으며 새누리당 85,269개, 정의당·통합진보당 11,523개 순이었다. 국회의원 1인당 트윗 개수는 새정치민주연합이 약 1,103.84개로 가장 많았으며 새누리당이 약 666.16개로 가장 적었다. 정의당·통합진보당은 1인 평균 약 1,047.55개의 트윗을 작성했다.

<표 10-1> 정당별 트윗 작성 현황

(단위: 건)

	최소	최대	평균	전체
새누리당(128명)	1	3,240	666.16	85,269
새정치민주연합(118명)	19	3,271	1,103.84	130,253
정의당 · 통합진보당(11명)	271	1,674	1,047.55	11,523
평균	97	2,728.33	939.18	75,681.67 (총합: 227,045)

데이터 분석에서는 KISRC와 (주)이투온의 STAR(Social Text Analysis & Research) 솔루션을 활용했다. STAR는 언어네트워크 분석을 포함한 빅데이터 분석 솔루션으로 이 연구에서는 텍스트에 대한 빈도분석과 유니그램 혼합 모형(Mixture of Unigrams Model)을 적용한 토픽모델링을 실시했다. 토픽모델링 결과는 네트워크 시각화 프로그램인 게피(Gephi)를 사용하여 그래프로 제시했다. 마지막으로 텍스트 내용분석은 토픽별로 각 정당의 정책담론을 잘 표현해주는 사례를 선별해 제시하였다.

1) 빈도분석 결과

빈도분석에서는 형태소 분석을 바탕으로, 각 정당 별로 경제와 관련된 단어가 얼마나 출현하고 있는지를 살폈다. 그 결과 정당별 중복을 제외하고 경제와 관련된 총 81개 단어가 도출됐으며 새누리당은 43개, 새정치민주연합과 정의당 · 통합진보당은 각 47개 단어가 출현하고 있었다.

빈도수 분석은 두 단계에 걸쳐 이루어졌다. 첫 번째 단계는 각 정당이 고유하게 사용하는 단어가 무엇인지 분석하였으며 두 번째 단계에서는 정당 간에 중첩되는 단어를 분석하였다. 정당별로 고유하게 나타나는 단어는 정당 정책노선의 내적 일관성과 집중성을 측정하는 데 의미가 있으며 정당 간 중첩 현상은 정당 간 이념적·정책적 거리를 측정하는 데 중요하다.

먼저 정당별 단독출현과 중복출현 단어를 살피면 〈표 10-2〉와 같다. 새누리당은 총 13개의 단어가 단독으로 출현했으며 개발, 지역경제 활성화, 지역발전, 농업, 농촌 등 개발중심적·후견주의적 경제정책 노선을 시사한다. 새정치민주연합은 가계부채, 경협, 부자감세, 재벌개혁 등 총 12개의 단어가 단독출현했으며 이는 개입주의적 입장으로 분류될 수 있다. 정의당·통합진보당은 가장 많은 21개 단어가 단독출현했으며 골목상권, 민주노총, 단식노동, 역외탈세, 철도노조 등 역시 개입주의적 입장으로 해석 가능한 단어를 포함한다.

〈표 10-2〉 각 정당 트윗의 단독출현 단어

당	내용
새누리당 (13)	개발, 건설, 공기업, 근로자, 농업, 농촌, 부채, 산업, 소비자, 소상공인, 재래시장, 지역경제 활성화, 지역발전
새정치민주연합 (12)	가계부채, 경협, 농민, 부자, 부자감세, 소득, 은행, 임금, 재벌개혁, 재산, 중산층, 직원
정의당 · 통합진보당 (21)	철도 노동자, 철도노조, 철도노조 지도부, 철도노조 파업, 철도민영화, 철도민영화 반대, 철도민영화 저지, 철도 파업, 골목상권, 공장, 노동조합, 단식농성, 민주노총, 민주노총 전남, 역외탈세, 부당 노동행위, 삭발 단식, 쌀 목표 가격, 월세, 혈세, 중소기업 적합 업종
새누리당 + 새정치민주연합 (9)	가난, 시장, 예산, 일자리, 일자리 창출, 전통시장, 창조경제, 투자, 회사
새정치민주연합 + 정의당 · 통합진보당 (5)	복지 국가, 빚, 예산안, 증세, 최저임금
총합 (21)	경제, 경제민주화, 고용, 기업, 노동, 노동자, 노조, 대기업, 돈, 민생, 민영화, 복지, 비정규직, 사업, 삼성, 서민, 서민 경제, 세금, 재벌, 중소기업, 파업

단어의 중복출현은 새누리당과 새정치민주연합, 새정치민주연합과 정의당·통합진보당, 모든 정당 등 총 3개 카테고리로 관찰되었다. 특이할 만한 사항은 새누리당과 정의당·통합진보당 간에는 전혀 중복출현하는 단어가 없다는 점이다. 이는 새누리당과 정의당·통합진보당 간의 이념적 거리가 가장 멀다는 것을 시사한다.

반면 새정치민주연합은 새누리당 및 정의당·통합진보당과 동시에 중복출현하는 단어를 상당수 공유하고 있으며 이는 새정치민주연합의 이념적·정책적 중도주의를 반영한다. 새누리당과 새정치민주연합에서는 가난, 시장, 예산, 일자리, 전통시장, 창조경제, 투자, 회사 등 9개의 단어가 중복출현했으며, 새정치민주연합과 정

〈표 10-3〉 정당별 상위 15개 최빈 단어

순위	새누리당			새정치민주연합			정의당·통합진보당		
	단어	*tf*	%	단어	*tf*	%	단어	*tf*	%
1	경제	300	0.068	경제민주화	742	0.073	노동자	49	0.056
2	사업	257	0.058	돈	533	0.052	삼성	44	0.050
3	예산	244	0.055	서민	527	0.052	돈	40	0.045
4	서민	225	0.051	사업	446	0.044	사업	40	0.045
5	기업	212	0.048	경제	420	0.041	서민	38	0.043
6	돈	210	0.048	노동자	404	0.040	민영화	37	0.042
7	경제민주화	183	0.042	기업	392	0.039	파업	36	0.041
8	시장	161	0.037	재벌	391	0.038	철도민영화	32	0.036
9	복지	160	0.036	예산	383	0.038	민주노총	30	0.034
10	일자리	152	0.035	민생	377	0.037	단식 농성	29	0.033
11	대기업	126	0.029	대기업	348	0.034	세금	26	0.030
12	창조경제	123	0.028	일자리	290	0.028	경제민주화	25	0.028
13	민생	119	0.027	복지	280	0.028	철도노조	23	0.026
14	개발	110	0.025	중소기업	253	0.025	복지	23	0.026
15	중소기업	101	0.023	노동	239	0.023	기업	23	0.026

의당 · 통합진보당 간에는 복지국가, 빚, 예산안, 증세, 최저임금 등 5개 단어가 중복출현했다. 모든 정당에서 중복출현한 단어는 경제, 경제민주화, 고용, 기업, 노동, 노동자 등 총 21개가 발견됐다. 이 단어는 당시 경제정책 영역에서 일반적으로 거론되었던 핵심의제를 보여준다.

다음으로 각 정당별로 빈도 기준으로 상위 15개의 단어를 추출한 결과는 〈표 10-3〉과 같다. 여기서 '*tf*'는 텍스트 내에서 언급된 빈도수를, %는 전체가 아닌 경제와 관련된 단어 중의 차지하는 비율을 의미한다. 최빈 단어 조사는 정당의 경제정책 노선에서 이슈 간 중요도 순위를 판별하는 데 중요하다.

새누리당의 경우 경제, 사업, 예산, 서민, 기업, 돈 등이 상호편차가 그리 크지 않은 가운데 상위를 점하고 있으며 경제민주화와 시장은 오히려 7, 8위의 하위 빈도수를 보여준다. 이는 개발중심적이되 자율주의적 입장보다는 후견주의적 입장으로 분류될 수 있다.

반면 새정치민주연합의 경우 경제민주화가 압도적 우위로 첫 번째 최빈 단어로 기록되었으며 돈, 서민, 사업이 뒤를 따른다. 이는 개입주의적 노선으로 분류될 수 있다.

정의당 · 통합진보당의 경우 노동자, 삼성, 돈, 사업 등이 최빈 단어로 포착되었으며 이는 개입주의적 노선, 특히 계급갈등에 기반을 둔 전통적 좌파 경향성으로 분류될 수 있다.

2) 토픽모델링 결과

빈도분석과 마찬가지로, 토픽모델링에서도 새누리당과 새정치민주연합, 정의당·통합진보당 등 3개 정당으로 나누어 실시했다. 이를 통해 각 정당별 주요주제를 도출했으며, 정성적으로 경제와 관련된 결과만 추출했다. 3개 정당에 대한 토픽모델링 결과는 〈표 10-4〉와 같다.

새누리당에는 행복-서민, 행사-시장, 예산-민생과 국민, 경제-경제민주화가 가장 중요한 5개 중심단어-연결단어 연계구조로 포착되었다. 새정치민주연합의 경우 민주주의-민생, 한국-서민, 국가-복지와 경제민주화, 언론-민생이 상위 5개 중심단어-연결단어 연계구조로 나타났다. 정의당·통합진보당의 경우 토픽모델링을 통해 두 개의 연계구조만이 나타났는데 이는 철도민영화 반대-의견과 의견-철도민영화 반대이다. 정의당·통합진보당의 경우 분석대상 트윗 수의 절대량이 부족한 것이 토픽모델링의 구조적 한계로 나타났다.

〈표 10-4〉의 결과를 네트워크 시각화 도구인 게피를 사용해 〈그림 10-1〉과 같이 작성했다. 시각화를 통하여 양대 정당의 경제정책 노선 간 차별성은 더욱 명료하게 드러나고 있다. 새누리당은 경제와 관련된 이슈들이 분절적으로 논의되고 있으며 예산, 경제민주화, 민생만이 다른 단어와 연계되어 나타나고 있다.

새누리당의 경우 경제민주화는 경제를 주요 연결단어로 등장하며 언어네트워크의 구조적 맥락도 기업친화적이며 온건하다. 경제민주화의 과도한 개입주의적 해석에 대한 우려와 비판적 맥락의 트

〈표 10-4〉 토픽모델링 결과 요약

정당	구분	내용
새누리당	중심(20)	경제민주화, 경제, 기업, 농민, 대기업, 민생, 복지, 사업, 서민, 성장, 시장, 예산, 이야기, 전통 시장, 중소기업, 중요, 창조경제, 행복, 행사, 현장
	연결(22)	경제민주화, 경제, 국민, 대기업, 민생, 민주당, 복지, 사람, 사업, 서민, 성장, 시장, 예산, 이야기, 전통 시장, 정부, 중소기업, 중요, 창조경제, 행복, 행사, 현장
새정치 민주연합	중심(27)	경제, 국가, 기업, 노동, 노동자, 노조, 대통령, 민생, 민영화, 민주주의, 박근혜 복지, 서민, 대기업, 언론, 예산, 이유, 일자리, 재벌, 정권, 정책, 중소기업, 법안, 중요, 지원, 참석, 한국, 합의
	연결(30)	경제 경찰, 국가, 국민, 기업, 나라, 노동, 대기업, 마음, 민생, 민주주의, 민주화, 복지, 사람, 서민, 아이, 언론, 예산, 이유, 일본, 재벌, 정권, 정부, 정책, 정치, 중소기업, 지원, 참석, 한국, 합의, 혁신
정의당 · 통합진보당	중심(2)	의견, 철도민영화 반대
	연결(2)	의견, 철도민영화 반대

웟이 상당수 등장한다. 중심단어 복지는 정부 및 성장의 2개 연결단어와 네트워크구조를 형성하고 있으며 전반적으로 과도한 복지에 대한 비판과 성장과 고용친화적 복지정책 노선을 반영하고 있다. 대기업과 중소기업의 성장을 위해서는 대기업의 발전과 육성이 필수적이라는 상생과 공존의 맥락으로 등장한다.

반면 새정치민주연합의 경우에는 이슈 간 관계가 비교적 유기적으로 나타나며, 특히 경제민주화, 민생, 재벌은 다양한 다른 이슈 영역과 연계되어있다. 이는 경제정책 노선의 중요도뿐만 아니라 정책논리 간의 내적 통합성과 연계성을 시사하는 것이다. 새정치민주연합의 경우 경제민주화는 재벌, 국가, 복지 등의 주요 연결단어로 등장하고 있으며 비교적 명료한 개입주의적 노선을 반영하고 있다.

민영화 중심단어는 시장자율성에 대한 강한 비판적 노선을 담고 있으며 중심단어 대기업과 연결단어 중소기업은 대기업규제를 통

〈그림 10-1〉 새누리당 · 새정치민주연합 토픽모델링 결과

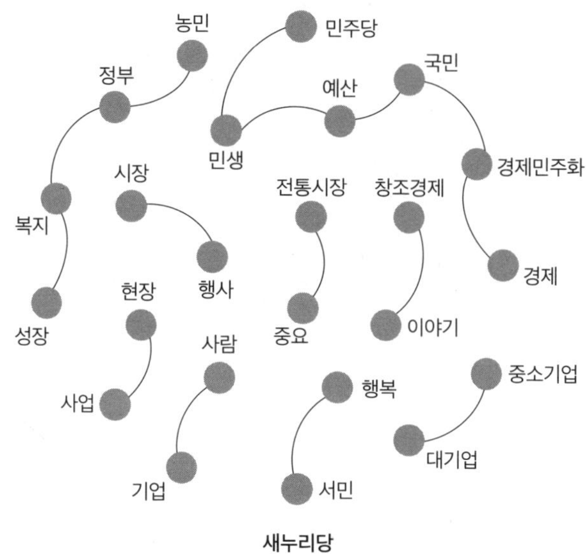

새누리당

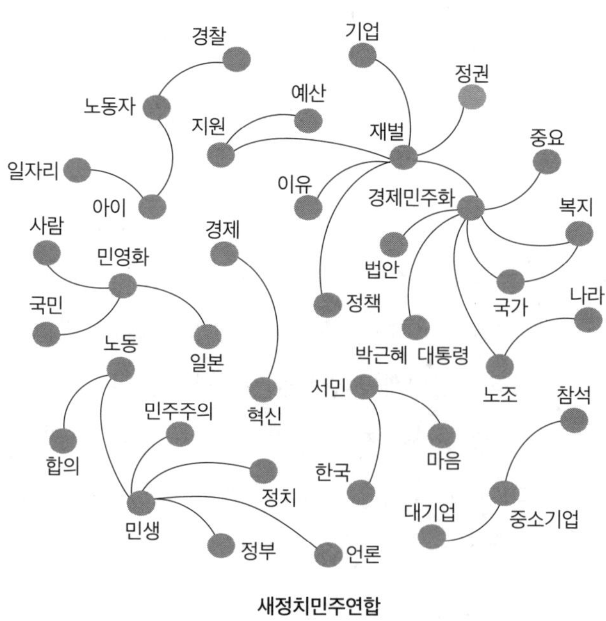

새정치민주연합

〈표 10-5〉 새누리당 주요 토픽

토픽	국회의원	트윗
경제 민주화	심재철	경제민주화 담론도 좋지만 실생활문제와 직결된 경제활성화가 먼저다. 국회가 경기활성화 입법을 뒷받침해야 하며, 경기를 살리는 데 보탬이 되지 않는 경제민주화 입법은 잠시 유보하는 등 속도 조절할 필요가 있다.
	정의화	분배 없는 성장 안 되듯 성장 없는 분배도 불가능하다. 시장경제 질서에 기반을 둔 경제의 민주화가 필요하다. 지금의 경제민주화를 앞세운 주장들은 시장경제질서를 훼손할 정도로 너무 나간 것 아닌가?
	하태경	이번 대통령의 가장 큰 과제는 경제민주화와 평등을 촉진하면서도 경제성장과 일자리 창출을 억제하지 않는 비전과 정책을 제시하는 것입니다. 그러나 문, 안의 경제민주화 정책은 경제성장과 일자릴 망칠 가능성이 높습니다.
성장 + 복지	김성태	복지사회는 단순한 지원보다는 일자리창출로 이어질 수 있는 방향으로 진행되어야 한다.
	박상은	무상복지를 포함한 과도한 국가기능은 이제 한 번 재점검이 필요합니다. 지속성장 없는 지속복지는 그 말로가 어디인지 우리에게 실증으로 보여주고 있습니다.
	정몽준	누구나 복지는 말하지만 아무도 성장을 얘기하지 않는데 세계경제위기 극복을 위해서는 잠재성장률 제고가 대안, 성장 없이는 일자리도 복지도 없습니다.
국가 + 복지	김성태	복지사회는 단순한 지원보다는 일자리창출로 이어질 수 있는 방향으로 진행되어야 한다. 무상이라는 단어는 참으로 유혹적이다.
	이우현	RT 무분별한 복지정책 확대는 나라 망하는 가장 빠른 길입니다. @sungsohee92: 2006년 스웨덴 선거에서 좌파들이 패배한 원인은, 실업률과 공공부문의 비효율성 때문.
	정의화	옛날 공짜라면 양잿물도 마신다는 말 있다. 세상에 공짜는 없다는 건 경제학기본. 조세부담은 반인데 노르딕 국가수준의 복지를 약속하면 당장에는 국민이 좋아하겠지만 국가재정은?
대기업 + 중소기업	나성린	기업이 살아야 일자리 만들고 세금 내겠죠. 중소기업의 60%가 대기업의 하청기업인데 대기업 수출 잘돼야 되겠죠. 해야 할 일은 대기업이 중소기업을 동반자로 같이 잘 되도록 하는 것입니다. 노키아처럼 기업들 일순간에 가는 무한경쟁 시대입니다!
	정몽준	민생투어 둘째 날, 명예 목포시민으로서 시장님 뵙고 영암 대불산업단지에서 기업인, 근로자들과 간담회, 현대 삼호조선소에서 사업다각화 차원에서 풍력발전에 투자해달라는 제안, 취업난 속의 인력난인데 중소기업이 잘 돼야 대기업도 삽니다.
	최경환	재벌이 잘못한 점이 있다면 고치고 개혁해야죠. 그러나 중소기업을 살리고 중소기업이 중견기업으로 성장하기 위해서는 재벌과 대기업의 힘이 필요합니다. 이 양면을 정확히 파악해서 지원할 것은 지원하고, 개혁할 것은 개혁해야 좋은 일자리도 생깁니다.

〈표 10-6〉 새정치민주연합 주요 토픽

토픽	국회의원	트윗
경제민주화 + 재벌	김기식	경제민주화를 위해서는 경제력집중과 독점의 폐해를 막기 위한 재벌대기업 규제와 함께 벤처기업과 중소기업을 지원하고 육성하는 것이 필요합니다.
	원혜영	경제민주화는 바로 재벌대기업들의 탐욕과 독점, 그리고 불법과 특혜행위를 근절하는 것에서부터 시작하는 것입니다.
	이인영	경제민주화의 첫 번째 과제는 재벌권력의 시장지배구조를 개혁해 시장독재를 방지하고 중소기업과 자영업 그리고 노동자들의 경제기본권을 보장하고 보호하는 것에서 출발해야 합니다.
민생	문재인	박근혜 정부와 새누리당이 강조하는 민생의 중심에 노동이 있습니다. 경제민주화와 복지의 핵심도 노동입니다. 노동자와 노동조합을 적처럼 대하면서 민생을 말하고 국민의 행복을 말하는 것은 어불성설입니다.
	안철수	오늘 고용노동정책을 발표했습니다. 특히, 일자리는 민생문제의 핵심입니다. 정치가 바뀌어야 민생이 살아납니다. 대결과 증오의 정치를 끝내고, 민생을 기준으로 대화와 합의를 이끌어내야 합니다. 일자리 문제, 반드시 풀겠습니다.
	이목희	피땀으로 이룩한 민주주의는 짓밟혀져 있고, 박근혜 대통령은 오늘도 민생 민생을 강조했습니다. 민주주의 없이는 민생도 없으며, 있다면 그것은 오직 '부자민생'뿐이라는 것이 역사의 교훈입니다.
민영화	신기남	경제자유구역 내 영리병원 허용 반대합니다. 그렇게 되면 연이어 의료민영화의 봇물이 터질 텐데요. 복지국가의 요소인 건강보험체계가 붕괴됩니다.
	오영식	민영화논리는 위험하고, 그래서 경계해야 할 대표적인 신자유주의 경제논리 중 하나입니다. 인천공항, KTX 민영화 추진은 반드시 저지시켜야 합니다.
	이인영	노동자가 파업하면 불법이고 국민의 세금으로 일궈낸 공기업과 공공기관을 민영화하는 것은, 말하자면 팔아먹는 것과 같은 행위는 범법이 아닌가?
대기업 + 중소기업	강창일	우여곡절 끝에 공공기관 SI 입찰을 중소기업에게만 허용하는 법안을 통과시켰습니다. 대기업 SW사업은 실질적으로 중소기업들이 하기 때문에 실정에도 맞다고 봅니다.
	김기식	경제민주화를 위해서는 경제력집중과 독점의 폐해를 막기 위한 재벌대기업 규제와 함께 벤처기업과 중소기업을 지원하고 육성하는 것이 필요합니다.
	민병두	프랜차이즈 가맹점 영업지역보호, 납품단가 후려치기 징벌적 손해배상 소송제, 대기업 임원 보수공개, 담합행위 등에 대한 고발권을 감사원, 중소기업청, 조달청등으로 확대하는 경제민주화 4법을 통과시켰습니다. 일감몰아주기 근절과 금융-산업 분리도 조만간 통과!

한 중소기업육성을 핵심내용으로 하는 반대기업, 친중소기업적 내용을 포괄한다. 이는 중소기업의 성장을 위해서는 대기업 육성이 필요하다는 새누리당의 노선과 명료하게 차별적이다. 또한 민생이 노동, 민주주의 정부와 결합되어있다. 이는 새정치민주연합이 민생해결을 위해 정부가 노동문제에 적극적으로 개입할 것을 주장하고 있기 때문이다.

5. 결론과 함의

이 연구는 전통적으로 주요 정치담론담지자 중 하나인 정당이 SNS 정치커뮤니케이션 구조에서 어떤 담론을 생산하는지 파악하기 위하여 트위터상의 경제정책 노선을 분석하였다. 이 연구는 이를 통해 SNS가 전통적 정치커뮤니케이션의 위계적 질서를 해체함으로써 정당을 포함한 대의민주주의적 조직의 역할을 약화시킬 것이라는 SNS 낙관론과 그에 대해 비판하는 회의론 간의 논쟁을 검토하였다.

분석결과는 트위터상에서의 한국 정당의 경제정책 노선 담론구조의 차별성을 보여준다. 단어 빈도분석에서 새누리당과 새정치민주연합 및 정의당·통합진보당이 사용하는 최빈 단어 리스트는 비교적 명료한 차이를 보여주었다. 새누리당에 나타난 일련의 최빈 단어는 개발정책을 강조하되 시장자율성보다는 국가개입을 통한 개발정책을 선호하는 후견주의적 노선을 반영한다고 볼 수 있다. 반면 새정치민주연합과 정의당·통합진보당에 나타난 최빈 단어 목록은 개입주의적 노선을 반영하는 것으로 해석될 수 있으며 특히 정의당·통합진보당에서는 계급적 성격이 보다 부각되고 있다.

흥미로운 점은 새누리당과 정의당·통합진보당 간에는 한 단어도 최빈 단어로 중복출현하지 않은 반면 새누리당과 새정치민주연합, 새정치민주연합과 정의당·통합진보당 간에는 다수의 단어가 중복출현하고 있다는 점이다. 이는 새정치민주연합이 이념적·정책적으로 새누리당과 정의당·통합진보당 간의 중간에 위치하고 있으며 새누리당과 정의당·통합진보당 간의 이념적·정책적 격간이 명료하게 존재하고 있음을 확인해준다.

토픽모델링은 새누리당과 새정치민주연합을 대상으로 이루어졌으며 역시 두 정당 간의 차이를 비교적 명료하게 시각화해 보여주고 있다. 새누리당의 중심단어와 연결단어는 경제민주화 외에도 창조경제, 시장, 전통시장 등 개발과 기업, 시장을 지향하고 있으며 각 노드 간의 연결망이 분절적으로 형성되어있다. 반면, 새정치민주연합의 경우 중심단어와 연결단어는 경제민주화, 서민, 민생 등 개입주의적 관점을 반영하고 있으며 전체 연결망 역시 훨씬 유기적이고 밀집된 형태를 보여주고 있다.

이 분석결과는 SNS 정치커뮤니케이션의 구조하에서도 전통적인 담론담지자인 정당의 이념적·정책적 논쟁이 진행되고 있음을 보여준다. 또한 SNS상에서도 자율주의/개입주의/후견주의 등 일반적인 정당 간 이념적·정책적 담론구조가 재생산되고 있음을 보여준다.

이 연구의 의의는 일차적으로 트위터를 비롯한 SNS 내부에서 정당의 담론활동에 대한 연구의 공백을 메웠다는 데 있다. 이 연구결과는 SNS 정치커뮤니케이션에 대한 낙관론보다는 회의론을 지지한다. 전통적 대의민주주의 기제인 정당은 직접민주주의적 SNS 정치커뮤니케이션 구조를 통해 대체 또는 축소되기보다는 SNS를 적극적으로 통합·활용하고 있다는 것이다.

참고문헌

강범일·송 민·조화순, 2013, "토픽 모델링을 이용한 신문 자료의 오피니언 마이닝에 대한 연구", 〈한국문헌정보학회지〉, 47(4): 315~334쪽.

권영준, 2005, "(21세기의 도전, 일자리 문제: 전망과 대책) 반재벌정서와 재벌개혁의 과제", 〈NSI 정책연구 보고서 2005-08〉, 서울: 국가경영전략연구원.

금혜성, 2011, "정치인의 SNS 활용: 정치적 소통 도구로서의 트위터", 〈한국정당학회보〉, 10(2): 189~220쪽.

김만재·전방욱, 2012, "언어네트워크 분석 기법을 활용한 인간배아복제 신문 보도 분석", 〈생명윤리〉, 13(2): 19~34쪽.

김방희·김진수, 2014, "네트워크 텍스트 분석법을 활용한 STEAM 교육의 연구 논문 분석", 〈초등과학교육연구〉, 33(4): 674~682쪽.

김용열, 2004, "반기업정서와 기업 경쟁력", 〈e-Kiet 산업경제정보〉, 191.

김원섭·남윤철·신종화, 2015, "한국 언론의 기업에 관한 입장", 〈한국사회〉, 16(2): 51~86쪽.

대한상공회의소, 2003, 〈우리나라 반기업정서의 현황과 과제〉, 서울: 대한상공회의소.

민정식, 2012, "트위터 이용과 정치참여: 트위터 이용 형태를 중심으로", 〈언론과학연구〉, 12(2): 274~303쪽.

박기수·이귀옥·최명일, 2014, "언어 네트워크 분석을 이용한 신종 감염병 보도 분석: 다제내성균 보도 사례를 중심으로", 〈디지털융복합연구〉, 12(2): 343~351쪽.

박치성·정지원, 2013, "텍스트 네트워크 분석: 사회적 인식 네트워크(*socio-cognitive network*) 분석을 통한 정책이해관계자 간 공유된 의미 파악 사례", 〈정부학연구〉, 19(2) : 73~108쪽.

박한우 · 조성은 · 임연수 · 윤호영 · 박세정 · 최수진, 2011, "스마트 미디어와 SNS, 과연 커뮤니케이션 혁명의 도구인가(1) : 정치, 사회 부분 진단", 〈한국언론학회 학술대회 발표논문집〉, 53~70쪽.

성민규, 2012, "소셜미디어의 문화정치: '저널리즘의 미학화'에 놓인 '과잉' 커뮤니케이션", 〈커뮤니케이션 이론〉, 8(1) : 30~60쪽.

손경수 · 윤영철, 2013, "매스미디어와 정치인 트위터 간 상호정보이용 행태 분석: 신문의 보도이념과 정치인의 이념성향을 중심으로", 〈한국언론학보〉, 한국언론학회, 57(3) : 162~188쪽.

송원근, 2006, "재벌 개혁의 여러 층위들: 삼성 재벌을 중심으로", 〈동향과 전망〉, 68 : 173~202쪽.

송현주, 2011, "사회 연결망을 통한 정치 커뮤니케이션 연구의 필요성과 성과", 〈커뮤니케이션 이론〉, 7(2) : 75~104쪽.

양기근, 2012, "구제역 위기 언론보도 분석: 언론보도의 양적 특징, 프레임 및 내용 분석을 중심으로", 〈한국위기관리논집〉, 8(6) : 83~105쪽.

엄석진 · 황한찬 · 윤영근, 2014, "광역자치단체장의 트위터 활용: 누가 어떻게 트위터를 행정에 활용하는가?", 〈한국행정학보〉, 48(3) : 381~412쪽.

윤호영 · 박한우, 2011, "한국 정치인들의 트위터 활용 방식: 정치인 트위터 메시지 및 이름언급 연결망 분석", 〈동아인문학〉, 20 : 559~582쪽.

이기석 · 이은혜 · 곽경란 · 박지윤 · 제래미 · 김주환, 2011, "트위터 이용자 특성에 관한 연구(싸이월드, 페이스북을 비교 대상으로) : SNS 이용 정도와 대인관계관련, 사회적 이슈관련, 매체관련 변인과의 관계 분석", 〈한국HCI학회 학술대회발표논문집〉, 1043~1050쪽.

이상록 · 이지연 · 성 경, 2012, "트위터 안의 정치담론에 나타난 매개 유력자 분석: 2012년 4 · 11 총선 주요 이슈를 중심으로", 〈미디어 경제와 문화〉, 10(4) : 7~38쪽.

이완수 · 최명일, 2014, "한국 대통령 죽음에 대한 집단기억: 김대중 · 노무현 대통령 사후평가에 대한 미디어의 언어구성", 〈한국언론학보〉, 58(5) : 123~152쪽.

임연기, 2013, "TNA를 활용한 '교육복지'에 대한 언론보도의 비교 분석", 〈교육학연구〉, 51(2) : 199~224쪽.

장우영, 2012, "트위터 액티비스트 연결망 특성과 이슈파급 영향력: 19대 총선을 사례로", 〈비교민주주의연구〉, 8(2): 5~36쪽.

장우영·이현출, 2012, "제 19대 총선 트위터스피어 참여관찰: 격전지 선거구를 중심으로", 〈의정연구〉, 18(2): 157~182쪽.

장정우·최경호, 2012, "언어네트워크분석을 이용한 통계법 내용분석", 〈통계연구〉, 17(2): 53~66쪽.

조화순·김정연, 2012, "소셜미디어의 매체 특성과 참여의 커뮤니케이션: 반값등록금 관련 블로그와 트위터 내용분석", 〈사이버커뮤니케이션학보〉, 29(2): 95~130호.

좌승희, 2012, "반기업정서의 배경과 기업에 대한 올바른 이해", 〈2012 한국경제연구원 심포지엄 '경제민주화와 기업가 정신'〉, 서울: 대한상공회의소.

〈중앙일보〉, 2004. 8. 21, "정부의 '반기업정서 해소' 바람직하다", URL: http: //news. joins. com/article/378746

최민재·이홍천·김위근, 2012, "소셜네트워크서비스 이용이 정치적 의사결정에 미치는 영향: 2011년 10·26 서울특별시장 보궐선거 사례", 〈언론과학연구〉, 12(2): 502~533쪽.

최윤정·권상희, 2014, "'빅데이터' 관련 신문기사의 의미연결망 분석", 〈사이버커뮤니이션학보〉, 31(1): 241~286쪽.

최진호·한동섭, 2012, "언론의 정파성과 권력 개입: 1987년 이후 13~17대 대선캠페인 기간의 주요일간지 사설 분석", 〈언론과학연구〉, 12(2): 534~571쪽.

한국개발연구원, 2007, 〈반기업정서의 실체 파악을 위한 조사 연구〉, 서울: KDI 경제정보센터.

홍숙영·조승호, 2011, "마이크로 블로깅에서의 정치인 이미지 구축 방식: 정치인의 트위터 메시지 분석을 중심으로", 〈디지털융복합연구〉, 9(3): 95~104쪽.

홍주현·박미경, 2011, "선거 기간 중 트위터에 나타난 후보자와 유권자의 정치적 행위(*political action*) 연구", 〈사이버커뮤니케이션학보〉, 28(4): 257~301쪽.

Blair, A., 2013, "Democratising the learning process: The use of Twitter in the teaching of politics and international relations", *Politics*, 33(2): pp. 135-145.

Bode, L., Vraga, E. K., Borah, P., & Shah, D. V., 2014, "A new space for political behavior: Political social networking and its democratic consequences", *Journal of Computer-Mediated Communication*, 19(3): pp. 414-429.

Boulianne, S., 2009, "Does internet use affect engagement?: A meta-analysis of research", *Political Communication*, 26(2): pp. 193-211.

Boyd, D., 2008, "Can social network sites enable political action?", *International Journal of Media and Cultural Politics*, 4(2): pp. 241-244.

Breuer, A., & Farooq, B., 2012, "Online political participation: Slacktivism or efficiency increased activism? Evidence from the Brazilian Ficha Limpa campaign", ICA annual conference, San Francisco, U.S.A.

Bruns, A., 2012, "Journalists and Twitter: How Australian news organisations adapt to a new medium", *Media International Australia*, 144(1): pp. 97-107.

Eimhjellen, I., Wollebæk, D., & Strømsnes, K., 2014, "Associations online: Barriers for using web-based communication in voluntary associations", *Voluntas*, 25(3): pp. 730-753.

Jungherr, A., 2014, "The logic of political coverage on Twitter: Temporal dynamics and content", *Journal of Communication*, 64(2): pp. 239-259.

Raynauld, V., Giasson, T., & Darisse, C., 2011, "Citizen-driven political blogs as web-based research samples: Opportunities and challenges", *Graduate Journal of Social Science*, 8(3): pp. 65-92.

Sancar, G., 2013, "Political public relations 2.0 and the use of Twitter of political leaders in Turkey", *Online Journal of Communication and Media Technologies*, 3(1): pp. 181-194.

Sayed, N., 2011, "Towards the Egyptian revolution: Activists' perceptions of social media for mobilization", *Journal of Arab & Muslim Media Research*, 4(2-3): pp. 273-298.

Takaragawa, S., 2012, "The 2008 U.S. presidential election and new digital technologies: Political campaigns as social movements and the significance of collective identity", *Tamara Journal for Critical Organization Inquiry*, 10(4): pp. 73-89.

Turdubaeva, E., 2014, "Political parties and interest groups member's patterns of social network site usage in Kyrgyzstan", *Styles Of Communication*, 6(1): pp. 170-190.

Utz, S., 2009, "The (*potential*) benefits of campaigning via social network sites", *Journal of Computer-Mediated Communication*, 14(2): pp. 221-243.

Zhang, X., & Lin, W. Y., 2014, "Political participation in an unlikely place: How individuals engage in politics through social networking sites in China", *International Journal of Communication*, 8(1): pp. 21-42.

찾아보기

ㄱ · ㄴ

ㅇ

ㅈ · ㅊ

ㅋ · ㅌ · ㅎ

기타

인명

게재논문 발표지

제 1부 반기업정서와 기업의식

김수한 · 이명진, 2014, “한국사회의 반기업정서”, 〈한국사회학〉, 제 48집 1호: 39~70쪽.

김원섭 · 남윤철 · 신종화, 2015, “한국 언론의 기업에 대한 입장: 한겨레신문과 조선일보의 사설을 중심으로”, 〈한국사회〉, 제 16집 2호: 51~86쪽.

이명진, 2016, “한국사회의 대기업 이미지 평가”, 〈아세아연구〉, 제 59권 1호: 6~35쪽.

제 2부 반기업정서와 기업의식

조대엽 · 홍성태, 2015, “기업의 시민성과 시장공공성”, 〈한국사회〉, 제 16집 2호: 3~49쪽.

김수한 · 박정민, 2015, “한국인이 바라는 기업의 사회적 책임 활동: 기업평가에 따른 차이”, 〈한국사회〉, 제 16집 2호: 159~189쪽.

이명진 · 최지영, 2015, “기업의 사회적 책임이 반기업정서에 미치는 영향: 시민사회활동가의 평가를 중심으로”, 〈한국사회〉, 제 16집 2호: 87~115쪽.

김혜영 · 이재경, 2015, “한국의 반기업정서: 성별 차이를 중심으로”, 〈한국사회〉, 제 16집 2호: 117~158쪽.

제 3부 반기업담론의 정치

조대엽, 2016, “한국 시민정치의 전개와 반기업주의”, 〈아세아연구〉, 제 59권 1호: 36~75쪽.

김수한, 2016, “정치사회의 변화와 반기업담론: 한국사회의 반기업담론에 관한 역사적 탐구, 1945-2000”, 〈아세아연구〉, 제 59권 1호, 76~113쪽.

유진숙 · 김원섭 · 용미란, 2016, “트위터에 나타난 정당의 경제정책 노선: 언어네트워크 분석”, 〈아세아연구〉, 제 59권 1호: 114~142쪽.

저자소개

조대엽 고려대 사회학과 교수

이명진 고려대 사회학과 교수

김원섭 고려대 사회학과 교수

김수한 고려대 사회학과 교수

김혜영 숙명여대 정책산업대학원 교수

신종화 서울과학종합대학원대학교 교수

유진숙 배재대 정치언론안보학과 교수

홍성태 고려대 노동문제연구소 교수

남윤철 고려대 사회학과 박사과정

박정민 고려대 사회학과 박사과정

이재경 고려대 사회학과 박사과정

최지영 고려대 사회학과 박사과정

용미란 고려대 미디어학부 박사과정